KOLLEG POLITIK UND WIRTSCHAFT

# Internationale Politik und Wirtschaft

## Frieden, Sicherheit und Globalisierung

**Unterrichtswerk für die Oberstufe**

**bearbeitet von:**
Kersten Ringe
Jan Weber

**mit Beiträgen von:**
Christine Betz

**C.C. Buchner Verlag · Bamberg**

# Kolleg Politik und Wirtschaft

# Internationale Politik und Wirtschaft

## Frieden, Sicherheit und Globalisierung

Bearbeitet von Kersten Ringe und Jan Weber,
mit Beiträgen von Christine Betz

1. Auflage, 1. Druck 2015
Alle Drucke dieser Auflage sind, weil untereinander unverändert, nebeneinander benutzbar.

Dieses Werk folgt der reformierten Rechtschreibung und Zeichensetzung. Ausnahmen bilden Texte, bei denen künstlerische, philologische oder lizenzrechtliche Gründe einer Änderung entgegenstehen.



Redaktion: Meike Rademacher, Stephanie Gebhardt
Grafische Gestaltung: HOCHVIER GmbH & Co. KG, Bamberg
Druck und Bindung: Offizin Andersen Nexö Leipzig GmbH, Zwenkau

www.ccbuchner.de

ISBN 978-3-661-73005-9

## ZUR BENUTZUNG DER LEHR- UND ARBEITSBÜCHER

Unsere Oberstufenreihe **Kolleg Politik und Wirtschaft** geht in die nächste Generation. In den neu bearbeiteten Titeln tragen wir verstärkt der sich durchsetzenden **Kompetenzorientierung** Rechnung. Ziel der Bände bleibt es, den Schülerinnen und Schülern Anregungen zur selbstständigen Arbeit zu geben und den Unterrichtenden Hilfen für einen methoden- und handlungsorientierten Unterricht anzubieten.

### Zum Aufbau der Kapitel

Der Kapitelaufbau folgt dem Doppelseiten- bzw. 4-Seiten-Prinzip. Dieser Aufbau erleichtert die Strukturierung der Unterrichtsstunden.

| | |
|---|---|
| **Einführung** | Jedes Kapitel beginnt mit einem Problemaufriss, einer Lernstandserhebung und der Formulierung der im Kapitelverlauf zu erwerbenden Kompetenzen. |
| **Materialien** | Die Materialienseiten sind multiperspektivisch angelegt und vertiefen zentrale Themenaspekte. Sie ermöglichen einen vielseitigen und kompetenzorientierten Unterricht. In Infokästen und in der Randspalte werden zentrale Begriffe und wichtige Zusatzinformationen knapp erklärt, um eine genaue fachwissenschaftliche Verwendung zu erleichtern. Die Darstellung aktueller Kontroversen fördert die Urteilskompetenz der Schüler.<br>Material und Aufgaben für das erhöhte Anforderungsniveau werden gekennzeichnet ✪. |
| **Aufgaben** | Jede Themeneinheit schließt mit Aufgaben ab, die gezielt auf die Probleme und Zusammenhänge vorangegangener Lernsequenzen eingehen. Angebote in der Randspalte zum Helfen Ⓗ und Fordern Ⓕ unterstützen die Binnendifferenzierung des Unterrichts, methodische Hinweise Ⓜ fördern die Handlungsorientierung. Semesterübergreifende Aufgaben werden extra gekennzeichnet. |
| **Methoden** | Methodenseiten nehmen für das jeweilige Thema zentrale Fachmethoden und Arbeitsweisen auf und stärken so die Methodenkompetenz. |
| **Zusammenfassungen** | Orientierungswissen am Ende der Unterkapitel sichert das erworbene Wissen und ermöglicht eine Wiederholung zentraler Inhalte. |
| **Kompetenzen anwenden** | Kompetenzseiten runden die Kapitel ab und wenden die am Kapitelbeginn formulierten Kompetenzen mit komplexen Aufgabenstellungen an. |

Das **Register** dient dem Auffinden zentraler **Begriffe** und ermöglicht Querverbindungen innerhalb der einzelnen Themengebiete.
Aufgrund der besseren Lesbarkeit wird im Folgenden darauf verzichtet, immer beide Geschlechter anzusprechen („Bürgerinnen und Bürger"...), auch wenn selbstverständlich beide gemeint sind.

INHALT

Über QR-Codes können in verschiedenen Kapiteln digitale Inhalte direkt angesteuert werden. Diese können außerdem über die Eingabe von Mediencodes im Suchfeld auf www.ccbuchner.de aufgerufen werden.
Beispiel: 73005-01

# Was ist Krieg, was ist Frieden? Grundlagen der Sicherheitspolitik im 21. Jahrhundert

## Wann ist Krieg?

### M 1 ● Bilder vom Krieg

Kuba-Krise 1962: Flugzeuge und Kriegsschiffe der USA hindern sowjetische Frachter, die vermutlich Material zur Stationierung von Atomwaffen an Bord haben, Kuba anzulaufen.

Spezialeinheit bekämpft somalische Piraten.

1. Weltkrieg, Isonzoschlacht 1917

Syrische Regierungstruppen haben sich mit Rebellen erbitterte Kämpfe geliefert.

### M 2 ● Was ist Krieg? Eine wissenschaftliche Definition

**Zum Phänomen „neue" Kriege,** vgl. Kap. 1.1.4

*Die Arbeitsgemeinschaft Kriegsursachenforschung (AKUF) definiert das Phänomen Krieg anhand der folgenden Merkmale, die alle zugleich erfüllt sein müssen.*

(a) an den Kämpfen sind zwei oder mehr bewaffnete Streitkräfte beteiligt, bei denen es sich mindestens auf einer Seite um reguläre Streitkräfte [...] der Regierung handelt;

(b) auf beiden Seiten muss ein Mindestmaß an zentralgelenkter Organisation der Kriegführenden und des Kampfes gegeben sein [...];

(c) die bewaffneten Operationen ereignen sich mit einer gewissen Kontinuierlichkeit und nicht nur als gelegentliche, spontane Zusammenstöße, d.h. beide Seiten operieren nach einer planmäßigen Strategie, gleichgültig ob die Kämpfe auf dem Gebiet einer oder mehrerer Gesellschaften stattfinden und wie lange sie dauern.

Kriege werden als beendet angesehen, wenn die Kampfhandlungen dauerhaft, d.h. für den Zeitraum von mindestens einem Jahr, eingestellt bzw. nur unterhalb der AKUF-Kriegsdefinition fortgesetzt werden.

Als bewaffnete Konflikte werden [demgegenüber] gewaltsame Auseinandersetzungen bezeichnet, bei denen die Kriterien der Kriegsdefinition nicht in vollem Umfang erfüllt sind. In der Regel handelt es sich dabei um Fälle, in denen eine hinreichende Kontinuität der Kampfhandlungen nicht mehr oder auch noch nicht gegeben ist.

*Arbeitsgemeinschaft Kriegsursachenforschung, www.wiso.uni-hamburg.de, AKUF (12.8.2014)*

## M 3 ● Das Kriegsgeschehen weltweit

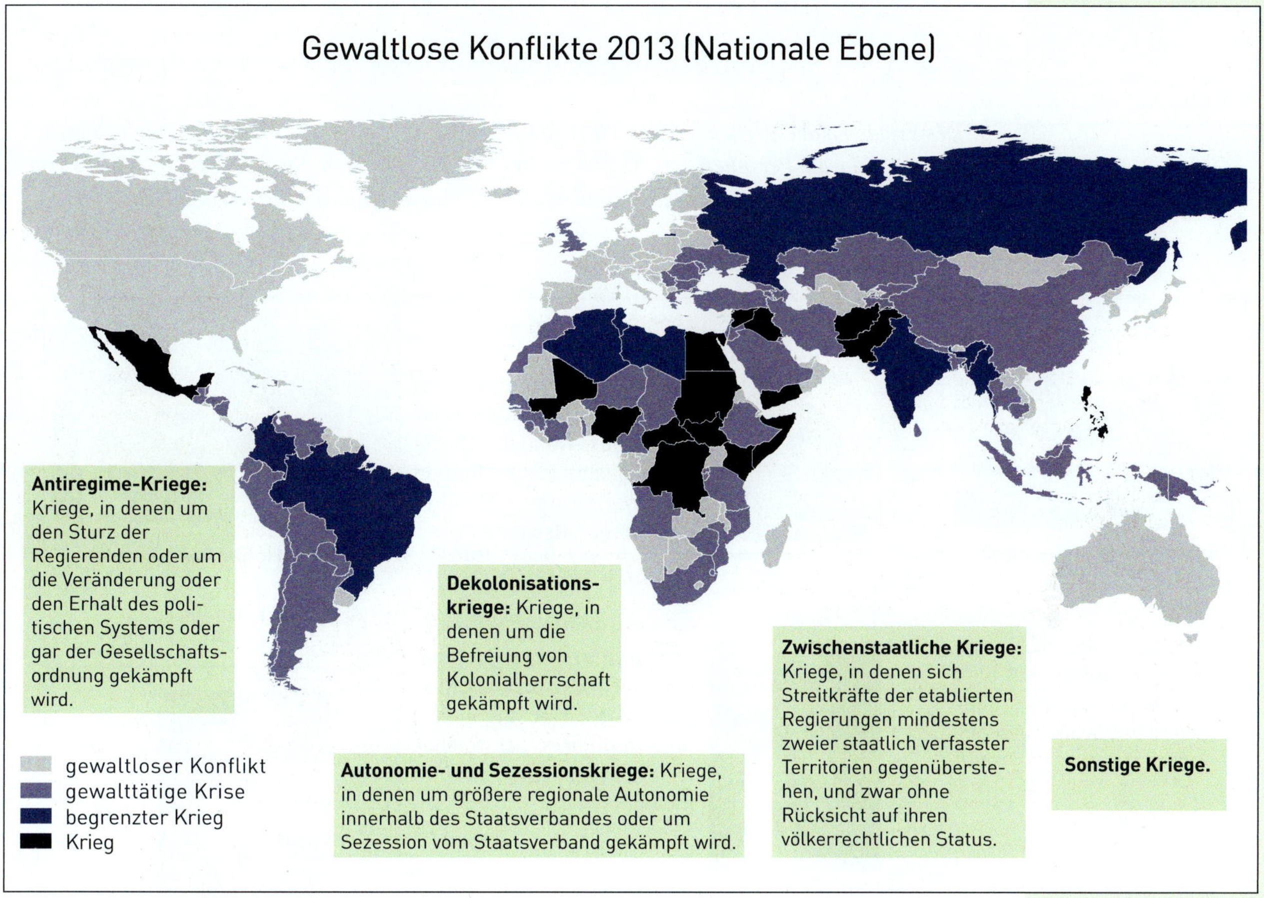


*Karte: Heidelberger Konfliktbarometer 2013, Texte: Arbeitsgemeinschaft Kriegsursachenforschung, www.wiso.uni-hamburg.de, AKUF*

### Aufgaben

1. a) Beschreiben Sie (arbeitsteilig) die unterschiedlichen Kriegs-Bilder (M 1).

   b) Entwickeln Sie auf der Grundlage Ihrer Beschreibungen eine (vorläufige) Definition des Begriffes „Krieg“ bzw. „kriegerischer Konflikt“.

2. Vergleichen Sie Ihre Kriegsdefinition mit der wissenschaftlichen Kriegsdefinition der AKUF (M 2–M 3).

3. a) Beschreiben Sie die regionale Verteilung von Krisen, Konflikten und Kriegen.

   b) Erläutern Sie (hypothesenartig), warum es in einigen Weltregionen häufiger zu Konflikten und Kriegen kommt.

**H** zu Aufgabe 1
Achten Sie dabei insbesondere auf folgende Aspekte: Welche Akteure sind zu sehen? Auf welche Weise wird der Konflikt ausgetragen? Werden Opfer des Krieges gezeigt? Gibt es erkennbare Konfliktgegenstände/-ursachen?

**F** zu Aufgabe 2
Grenzen Sie den Begriff des Krieges von weiteren aktuellen sicherheitspolitischen Herausforderungen ab.

# Frieden – ein Begriff mit vielen Facetten

## M 4 ● Der Friedensbegriff des Nobelkomitees: Friedensnobelpreisträger

*Der Friedensnobelpreis wird seit 1901 jährlich in Oslo an Personen und Organisationen verliehen, die sich in besonderem Maße für den Frieden verdient gemacht haben. Er geht auf den Stifter Alfred Nobel zurück, einem schwedischen Wissenschaftler.*

**1964 Martin Luther King,** USA
Führer der Bürgerrechtsbewegung in den USA, setzt sich gegen Rassismus und die Unterdrückung der schwarzen Bevölkerung ein.

**2007 Intergovernmental Panel on Climate Change (IPCC, Weltklimarat) und Al Gore,** USA
„für ihre Bemühungen, ein besseres Verständnis für die von Menschen verursachten Klimaveränderungen zu entwickeln und zu verbreiten“.

**1905 Bertha von Suttner,** Österreich
Ehrenpräsidentin des Ständigen Internationalen Friedensbüros, wendet sich mit ihrem pazifistischen Roman „Die Waffen nieder!“ vehement gegen Krieg.

**1979 Mutter Teresa,** Indien
Gründerin des Ordens „Missionare der Nächstenliebe“ und Initiatorin zahlreicher Hilfsprojekte für Arme in Indien.

**1971 Willy Brandt,** Deutschland
Bundeskanzler und Initiator einer neuen, auf Ausgleich und Entspannung zielenden Ostpolitik.

**2006 Muhammad Yunus,** Bangladesh
„für die Förderung wirtschaftlicher und sozialer Entwicklung von unten“ durch sogenannte Mikrokredite.

**1973 Henry A. Kissinger,** USA
Koautor des Vietnam-Friedensvertrags 1973.

**2005 International Atomic Energy Agency und Mohammed El Baradei**
„für ihren Einsatz gegen Missbrauch von Atomenergie“.

**2012 Europäische Union (EU)**
„Die Union und ihre Vorgänger haben über sechs Jahrzehnte zur Förderung von Frieden und Versöhnung beigetragen.“

*Zusammenstellung der Autorin, nach: www.dhm.de*

**Info**

## Frieden

Frieden in der Minimaldefinition kann beschrieben werden als „Abwesenheit von Gewalt". Ein erweiterter Friedensbegriff unterscheidet zwischen negativem Frieden, also der Abwesenheit von direkter, physischer Gewalt und Bedrohung und einem positiven Frieden, der als ein Zustand der sozialen Gerechtigkeit, des relativen Wohlstands, der politischen Teilhabe und des ökologischen Gleichgewichts gesehen wird. Der Übergang von negativen zum positiven Friedenszustand wird in der Friedensforschung dabei als ein Prozess gesehen, bei dem Gewalt abnimmt und Gerechtigkeit zunimmt.

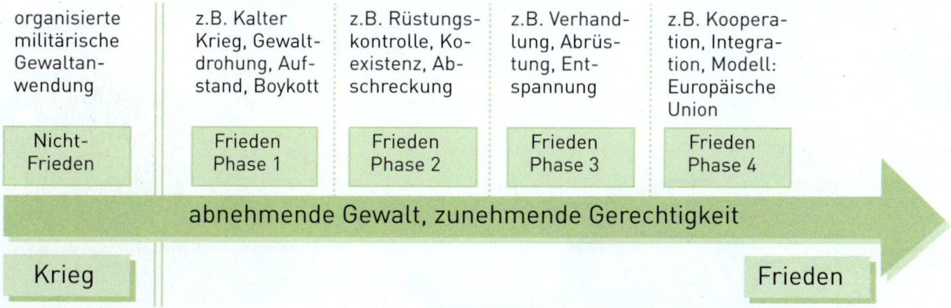


*Ragnar Müller, auf: www.dadalos-d.org/frieden/grundkurs_2/frieden.htm*

## M 5 ● Plakat Krisenherd

### Aufgaben

1. a) Arbeiten Sie die unterschiedlichen Vorstellungen von „Frieden", die in der Auswahl der Friedensnobelpreisträger/-innen (M 4) zum Ausdruck kommen, heraus.

   b) Ordnen Sie dem Friedensbegriff des Nobelpreiskomitees (M 4) in die wissenschaftlichen Friedensbegriffe (Infobox) ein.

2. a) Analysieren Sie das Plakat M 5 hinsichtlich des Friedensbegriffs der Hilfsorganisation Brot für die Welt.

   b) Diskutieren Sie ausgehend von Ihren bisherigen Ergebnissen, welche Erwartungen Sie an eine globale Friedenspolitik richten.

Ⓜ zu Aufgabe 1 a)
Differenzieren Sie den Friedensbegriff in einer MindMap aus.

Ⓗ zu Aufgabe 2 b)
Gehen Sie dabei auf die erarbeiteten Friedensbegriffe (Infobox) ein.

*Karikatur: Kostas Koufogiorgos*

Im Bewusstsein seiner Verantwortung vor Gott und den Menschen, von dem Willen beseelt, als gleichberechtigtes Glied in einem vereinten Europa dem Frieden der Welt zu dienen, hat sich das deutsche Volk [...] dieses Grundgesetz gegeben.

Grundgesetz der Bundesrepublik Deutschland, Präambel

# Bundeswehr, EU und NATO in neuen Kriegen?

# 1

Kann Deutschland, können internationale Akteure (EU, NATO) noch weltweit Frieden und Sicherheit herstellen und gewährleisten?
Inwieweit sich die Europäische Union zu einem sicherheitspolitisch relevanten Player der Weltgemeinschaft entwickelt hat, lässt sich anhand des Anti-Piraterie-Einsatzes vor Somalia beurteilen (Kap. 1.1). In diesem Kontext erarbeiten Sie die technisch und logistisch immer noch schwierige und vor allem innenpolitisch sowie gesellschaftlich stets kritisch beäugte Wandlung der Bundeswehr seit 1989/90 zu einer Armee out-of-area (außerhalb des NATO-Territoriums). Überdies beurteilen Sie, ob sich bzw. an welchen Auslandseinsätzen sich die Bundeswehr in der Zukunft beteiligen sollte.
Am Beispiel Afghanistan analysieren Sie sowohl die NATO-Agenda als auch die Konflikte innerhalb dieser Organisation (Kap. 1.2). Sie beurteilen rückblickend den Afghanistan-Einsatz und schätzen den zukünftigen Einfluss der NATO für die weltweite Sicherheitspolitik ein.

## KOMPETENZEN

Am Ende dieses Kapitels sollten Sie Folgendes wissen und können:

... die Entscheidungsstrukturen, Befugnisse bzw. Zuständigkeiten sowie Machtmittel und Ziele wesentlicher sicherheitspolitischer Akteure (Nationalstaaten, Europäische Union, NATO) kennen.

... die Handlungsmöglichkeiten und die Durchsetzungsfähigkeit sicherheitspolitischer Akteure in einem konkreten Konflikt analysieren.

... das Handeln von Konfliktparteien und von internationalen sicherheitspolitischen Spielern bewerten.

### Was wissen Sie schon?

1. Analysieren Sie die Karikatur.
2. Stellen Sie Hypothesen zur Beantwortung der Frage auf, wer welchen Zweck mit Auslandseinsätzen der Bundeswehr verfolgen könnte.

# 1.1 Einsatz der Bundeswehr im EU-Auftrag

## 1.1.1 Piraten: Warum gerade vor Somalia?

### M 1 Piraterie „vor“ Somalia 2007 und 2010/2011 im Vergleich

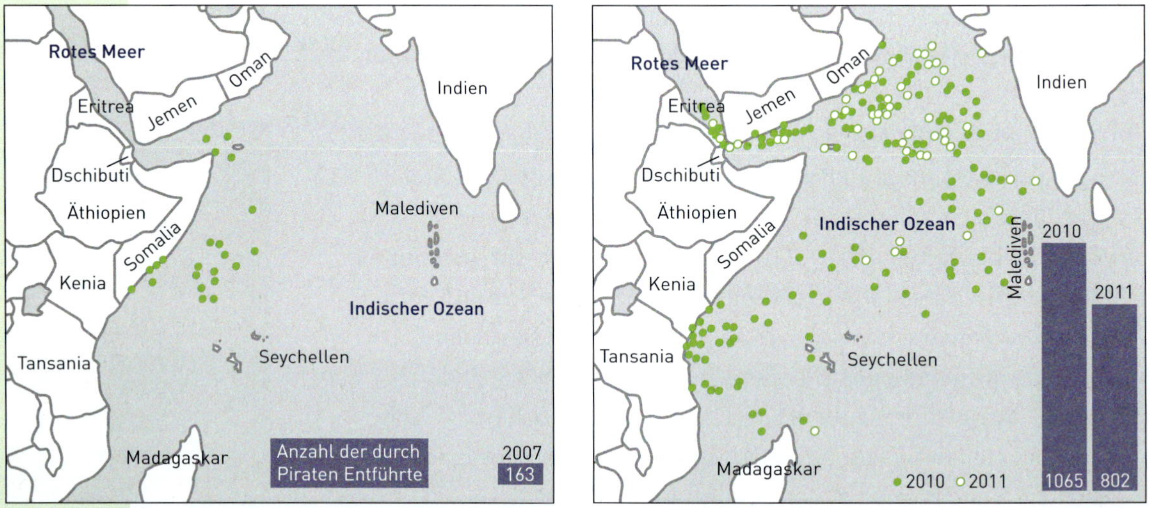


Die Punkte kennzeichnen Piratenübergriffe am Horn von Afrika 2007 bzw. 2011, die Balken, die jeweils gefangen genommenen Seeleute 2007–2011.

*Jonna Schürkes, Die vielen Formen des Krieges am Horn von Afrika (IMI-Studie 03/2012), Tübingen 2012, S. 6 (Karte: GAO-11-449T/Ergänzungen IMI)*

### M 2 Warum werden Fischer zu Piraten?

Europäische Fischfangflotten nutzen seit dem Zusammenbruch der somalischen Zentralregierung Anfang der 1990er Jahre das Fehlen einer Küstenwache und überfischen das Meer vor Somalia. 2006 versuchte Greenpeace auf das Problem aufmerksam zu machen, dass vor Somalia und in anderen Regionen durch illegalen Fischfang für die Ärmsten dieser Welt jährlich Milliarden von Verlusten entstehen. [...] Auch wenn die Schiffe häufig unter Billigflaggen fahren, sind die Profiteure meist klar zu benennen: Sie sitzen in der EU, den USA und Japan. [...]

Neben der Überfischung gefährdet auch die illegale Müllentsorgung die Sicherheit der Gewässer am Horn von Afrika. [...] Ein Sprecher des Umweltprogramms der Vereinten Nationen (UNEP), Nick Nutall, beschreibt in einem Interview mit Aljazeera die ökonomische Bedeutung der illegalen Müllentsorgung: „Europäische Unterneh-

**Info**

**Piraterie**

„Nur in Hollywoodfilmen sind Piraten so zuvorkommend, durch das Hissen einer Totenkopfflagge ihren Gegnern die Identifizierung und Bekämpfung einfach zu machen.“ (Claudia Haydt)
Nach Artikel 101 des Seerechtsübereinkommens der Vereinten Nationen (vom 18.12.1982) ist „Seeräuberei [...] jede rechtswidrige Gewalttat oder Freiheitsberaubung oder jede Plünderung, welche die Besatzung oder die Fahrgäste eines privaten Schiffes oder Luftfahrzeugs zu privaten Zwecken begehen und die gerichtet ist i) auf Hoher See gegen ein anderes Schiff oder Luftfahrzeug oder gegen Personen oder Vermögenswerte an Bord dieses Schiffes oder Luftfahrzeugs; ii) an einem Ort, der keiner staatlichen Hoheitsgewalt untersteht, gegen ein Schiff, ein Luftfahrzeug, Personen oder Vermögenswerte“. Nach dieser Definition wurden 2013 weltweit 264 Piratenangriffe auf See verzeichnet.

men stellten fest, dass es sehr billig ist, so seinen Müll zu entsorgen, wenn dies lediglich 2,50 Dollar pro Tonne kostet, während Müllentsorgungskosten in Europa bei 1.000 Dollar pro Tonne liegen. [...] Es geht um radioaktives Uran. Es geht um Blei und um Schwermetalle wie Cadmium und Quecksilber. Es geht um Industrieabfall, um Krankenhausmüll, Chemieabfälle."

*Claudia Haydt, Kanonenboote und Piraten. NATO, EU und die Kontrolle der Meere, in: IMI-Analyse 2008/008, S. 13*

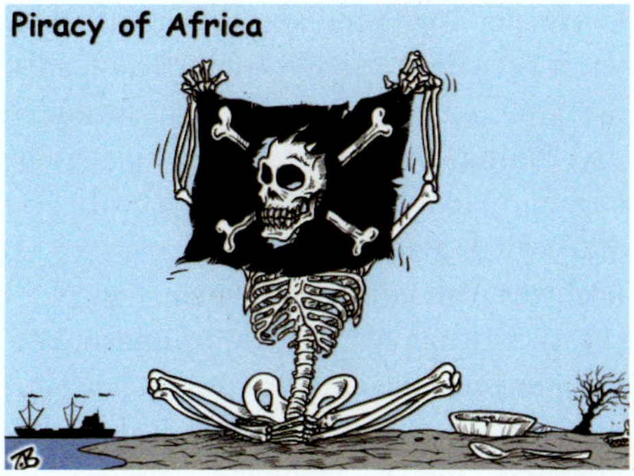


*Emad Hajjaj*

## M 3 ● Zur Entstehung der Lage in Somalia

In den vergangenen zwanzig Jahren hat Somalia unter feindseligen Machtteilungsbestrebungen gelitten, die das Land noch weiter auf eine politisch, wirtschaftlich und sozial benachteiligte Bahn geführt haben. [...] Die Übergangsregierung, die lediglich in der Lage ist, einzelne Blöcke im Herzen der Hauptstadt Mogadischu zu kontrollieren, verfügt [...] nicht über genug Macht, die Unzahl bestehender Probleme zu bewältigen. Die teilautonomen Gebiete Puntland und Somaliland bleiben sich selbst überlassen. Die Küsten und küstennahen Gebiete sind faktisch ein „Niemandsmeer". [...] Zur Überfischung und Verseuchung der somalischen Hoheitsgewässer kommen die endlosen Kampfhandlungen zwischen den Clans hinzu, die das Problem der Nahrungsmittelknappheit zusätzlich verschärfen. Verschiedene Stämme kämpfen erbittert um Rohstoffe wie Kohle, Khat [= meist gekaute Rauschpflanze], Nutztiere und Wasser. Viele Somalis haben keine andere Wahl, als in Gebiete abzuwandern, in denen die Ressourcenkonkurrenz gewaltlos ist und Lebensmittel leichter zugänglich sind. Dadurch wird jedoch ein Flüchtlings- und Vertriebenenproblem geschaffen und der Nachschub an untätigen jungen Männern als Kanonenfutter für gewaltsame Aktivitäten gewährleistet. [...]
Die von den Entführern verwendeten Waffen sind relativ einfach – Sturmgewehre, leichte Maschinengewehre und Panzerfäuste – und im Überfluss vorhanden. Es ist nicht schwer, sie über die unbewachten Grenzen Somalias zu bringen. [...] Piraterie hat sich zu einer alternativen Lebensgrundlage entwickelt, die finanziell einträglich ist und für viele Somalis einen Ausweg aus den ärmlichen Verhältnissen darstellt.

*Edward A. Ceska, Michael Ashkenazi, Piraterie vor den afrikanischen Küsten und ihre Ursachen, in: Aus Politik und Zeitgeschichte, 34-35, 2009, S. 33 ff.*

## M 4 ● Die Sicherheitslage in Somalia

Die Parteien im lang andauernden, bewaffneten Konflikt um Somalia waren [2013 erneut] verantwortlich für ernsthafte Verletzungen des internationalen Rechts [...].

**Rechtsbruch in regierungskontrollierten Gebieten**

Zivilisten wurden getötet und verletzt bei Kreuzfeuer sowie andauerndem Nahkampf zwischen Regierungssoldaten [und Aufständischen oder zwischen verfeindeten Gruppen] zur Eroberung von Straßenzügen. Im Juni [2013] führten [beispielsweise] ein Kampf zwischen Milizen rivalisierender Clans in Kismayo und offenbar wahllose Angriffe zu Dutzenden zivilen Todesopfern. [...]

### Humanitäre Katastrophe in Somalia

- anhaltender Kampf um pol. Macht/ Bürgerkrieg
- kaum handlungsfähige Übergangsregierung
- ca. 2 Mio. dringend Lebens- und Hilfsmittelbedürftige
- davon ca. 870.000 akut Hungernde
- ca. 450.000 akut unterernährte Kinder und schwangere Frauen
- ca. 1 Mio. Binnenflüchtlinge
- ca. 1 Mio. Flüchtlinge in Lagern in Nachbarländern (v. a. Kenia)

*(Stand: Juni 2014)*

### Link

*http://www.icc-ccs.org*
→ Live Piracy Report/ Laufend aktualisierter Report (mit Karte) der Internationalen Handelskammer zu Piratenüberfällen weltweit

**Al-Shabaab**
(arab. Jugend); gut ausgerüstete, militant-islamistische Bewegung, hervorgegangen aus der 2006 in Somalia entmachteten „Union islamischer Gerichte"; besetzte zeitweise sogar die Hauptstadt Mogadischu (2011 vertrieben); teilweise Kämpfer aus dem Ausland (u.a. Pakistan, Afghanistan, Tschetschenien); 2012 Anschluss an Terrornetzwerk al Qaida; bereits zuvor Terroranschläge auf zivile Ziele

In von der Regierung kontrollierten Gebieten stiegen die gezielten Tötungen an, auch die von Stammesältesten, Staatsbeamten und Journalisten. Die Täter sind meist unbekannt, wenngleich Al-Shabaab oft verantwortlich gemacht wird. [...]

**Rechtsbrüche von Al-Shabaab**

[...] Al-Shabaab hat gezielte Tötungen, Enthauptungen und andere Formen der Hinrichtungen vor allem an Individuen vorgenommen, denen Spionage vorgeworfen wurde. Al-Shabaab setzt die gewaltsame Rekrutierung von Erwachsenen und Kindern fort, unterhält eine willkürliche „Justiz" und beschneidet grundlegende Rechte. Al-Shabaab-Anhänger führten Angriffe mit unkonventionellen Sprengsätzen und Granaten aus und begingen Selbstmordanschläge, die auf Zivilisten zielten, insbesondere in Mogadischu. [...]

**Sexuelle Gewalt**

Frauen und Mädchen begegnen alarmierenden Dimensionen sexueller Gewalt überall im Land. Weibliche Binnenflüchtlinge sind in besonderer Weise gefährdet, von bewaffneten Männern – sowohl Regierungssoldaten als auch Milizionären – vergewaltigt zu werden. [...] Auch die [Zahl der] Berichte über sexuelle Ausbeutung und sexuellen Missbrauch durch [Angehörige der UN-Schutztruppe] AMISOM stieg an. [...]

**Vertriebene Personen und Zugang zu humanitärer Hilfe**

Der UN zufolge benötigen mehr als 870.000 Menschen humanitäre Notfallhilfe, viele von ihnen Flüchtlinge. Zehntausende Vertriebene verbleiben unter grässlichen Bedingungen in Mogadischu und sind wegen ihrer Clanzugehörigkeit Vergewaltigungen, Zwangsräumungen und Diskriminierungen ausgesetzt, begangen durch Regierungstruppen, verbündete Milizen oder Privatpersonen – Camp-Manager eingeschlossen, die als „gatekeeper" bekannt sind. Gatekeeper und Milizen kontrollieren die Flüchtlingslager, veruntreuten und stahlen Nahrungsmittelhilfe, die eigentlich für die Vertriebenen gedacht war. [...] Die Weltgesundheitsorganisation schätzt, dass es 1,5 Millionen Menschen [in Somalia] an Zugang zu medizinischer Versorgung mangelt.

**Angriffe auf die Medien**

Somalia bleibt nach wie vor eines der gefährlichsten Länder der Welt für Journalisten. Fünf Journalisten und Medienangestellte wurden 2013 getötet. [...] Diese Tötungen wurden überwiegend nicht geahndet. Eine Person wurde im März [2013] für die Tötung des Journalisten Hassan Yusuf Absuge im September 2012 zum Tode verurteilt und dann im August [2013] nach einem Gerichtsverfahren, das den internationalen Prozess-Standards nicht genügte, exekutiert.

*Human Rights Watch, World Report 2014; Übersetzung: Kersten Ringe*

## Info

### Staatsfunktionen

Um analysieren zu können, über welchen Grad „moderner Staatlichkeit" Staatsgebilde verfügen, sind politikwissenschaftlich drei Staatsfunktionen herausgearbeitet worden. Historisch hat sich (in Europa) zunächst die Sicherheitsfunktion von Staaten im 17. Jahrhundert etabliert, die Legitimitätsfunktion dann ab dem ausgehenden 18. und die Wohlfahrtsfunktion im Laufe des 19. Jahrhunderts:

| | Sicherheitsfunktion | Wohlfahrtsfunktion | Legitimitäts- und Rechtsstaatsfunktion |
|---|---|---|---|
| **Zweck** | Gewährleistung physischer Sicherheit für die Bürger | Verteilung materieller Ressourcen zur Unterstützung der Bürger | Politische Partizipation der Bürger und Rechtsstaatlichkeit |
| **Mittel (Auswahl)** | Staatliches Gewaltmonopol<br>• Entwaffnung privater Gewaltakteure<br>• Befriedung von Konflikten<br>• Verteidigung der Außengrenzen<br>• Staatliche Verwaltung zur Ressourcenkontrolle<br>• Erhebung von Steuern u. Ä. | • Sozial- und Arbeitsmarktpolitik<br>• Bildungspolitik<br>• Gesundheitspolitik<br>• Umweltpolitik<br>• Öffentliche Infrastruktur<br>• finanziert durch Steuern, Zölle, Gebühren, Abgaben | • Wahrung der Menschenrechte<br>• Unabhängige Justiz<br>• Unbestechliche, effiziente Verwaltung<br>• Hohes Maß politischer Freiheiten (Vereinigungs-, Versammlungsfreiheit...)<br>• Wahlen, Abstimmungen |

*Nach: Ulrich Schneckener, Transnationaler Terrorismus, Frankfurt a. M. 2006, S. 182 f.*

## M 5 ● Typologie fragiler Staatlichkeit

Auf der Basis der drei Staatsfunktionen (vgl. Infobox) lässt sich, wenn auch etwas holzschnittartig, eine Typologie fragiler Staaten entwickeln.

a)

<table>
<tr><th></th><th>Typ 1<br>Schwache Staaten<br>(weak states)</th><th>Typ 2<br>Versagende oder verfallende Staaten<br>(failing states)</th><th>Typ 3<br>Gescheiterte Staaten<br>(failed states)</th></tr>
<tr><td>Sicherheitsfunktion</td><td>• staatliches Gewaltmonopol noch weitgehend existent</td><td>• staatliches Gewaltmonopol stark eingeschränkt<br>• daher: Gewährleistung von Sicherheit durch den Staat stark beeinträchtigt</td><td rowspan="3">• nicht mehr durch den Staat erfüllt<br>• teilweise Anarchie<br>• teilweise Staatsfunktionen durch nichtstaatliche Akteure wie Warlords übernommen, deren Herrschaft auf Gewalt und Unterdrückung aufbaut</td></tr>
<tr><td>Wohlfahrtsfunktion</td><td>• Defizite</td><td rowspan="2">• staatliche Dienstleistungen und Infrastruktur eingeschränkt</td></tr>
<tr><td>Legitimations-/ Rechtsstaatsfunktion</td><td>• Defizite</td></tr>
</table>

*Auf der Grundlage von: Ulrich Schneckener, Transnationaler Terrorismus, Frankfurt a. M. 2006, S. 183 f.*

b) Der Failed State Index 2013

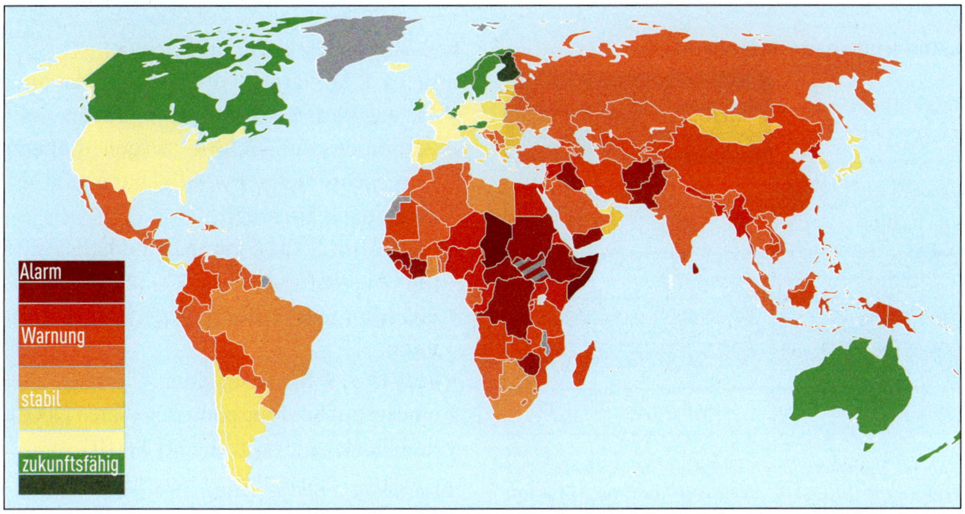


Der Failed States Index wird von einem Forscherteam in den USA jährlich erstellt. Anhand von 12 Indikatoren wird die Wahrscheinlichkeit gemessen, dass ein Staat kollabiert und Gewalt im Inneren ausbricht. Deutschland ist in dem Index nur in der zweitbesten Gruppe, da es bei den Indikatoren „demografische Probleme", „differente wirtschaftliche Entwicklung" und „Betroffenheit von Flüchtlingsproblemen" schlechte Bewertungen erhielt.

## Aufgaben

1. Beschreiben Sie die Entwicklungen der vom somalischen Gebiet ausgehenden Piraterie von 2007–2011 (M 1).
2. Gliedern Sie das Bedingungsgefüge, durch das Piraterie zustande kommt, nach Ursachen und Auswirkungen/Folgen (M 2).
3. Ordnen Sie Somalia in die Typologie fragiler Staatlichkeit ein (M 3–M 5, Info).
4. Arbeiten Sie hypothesenartig mögliche Interessen der EU und Deutschlands heraus, die Piraterie im Indischen Ozean bzw. im Roten Meer zu bekämpfen.

Ⓜ zu Aufgabe 2
Visualisieren Sie das Bedingungsgefüge in einem systematischen Schaubild (z. B. Concept-Map oder Fischgrät-Diagramm).

Ⓕ Referieren Sie – auf der Grundlage eigener Recherchen –, wie sich in Somaliland, einem Teil Somalias, stabile, quasi staatliche Strukturen herausbilden konnten. Recherchehinweis: http://www.zeit.de/2013/32/afrika-somaliland

## 1.1.2 Die Bundeswehr vor Somalia – humanitärer Zweck oder Interessenpolitik?

**Piratenangriffe weltweit**

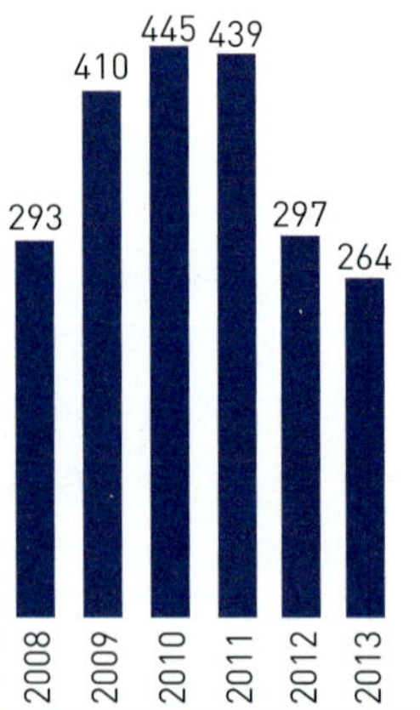


*www.icc-ccs.org*

### M 6 ● DIHK-Präsident Driftmann: Bundeswehr soll Handelsrouten schützen

Wir müssen [die Bundeswehr] endlich auf die aktuellen sicherheitspolitischen Herausforderungen einstellen. Dabei geht es um unsere ureigenen legitimen Interessen – auch die der Wirtschaft. Wir sind Vize-Weltmeister im Export. Für uns wäre es eine Katastrophe, wenn die Handelswege, insbesondere nach Südostasien, dauerhaft eingeschränkt oder bedroht wären. Die dürfen wir nicht Piraten überlassen. Zudem: Die USA haben seit der Finanzkrise als Absatzmarkt an Bedeutung für uns verloren. Stattdessen engagieren wir uns jetzt stärker in Südostasien und Teilen Südamerikas. Wenn also die Schifffahrts- und Handelswege dorthin nicht mehr sicher sind, was glauben Sie, was wir hierzulande für Probleme bekommen! Nicht nur wirtschaftliche, sondern auch haushaltspolitische, arbeitsmarktpolitische und gesamtgesellschaftliche. Auch für diese Aufgabe brauchen wir die Bundeswehr.

*Interview: Annette Beutler, Frank Thewes, in: Focus, 30.8.2010*

*Hans Heinrich Driftmann war von 2009 bis 2013 Präsident des Deutschen Industrie- und Handelskammertages.*

### M 7 ● Wirtschaftliche Interessen an sicheren Handelsrouten

**a) Die größten Frachtschiff-Flotten**

| | | Zuladung in Mio. Bruttoregistertonnen | Zahl der Schiffe |
|---|---|---|---|
| 1 | Griechenland | 202,4 | 3.213 |
| 2 | Japan | 197,2 | 3.795 |
| 3 | Deutschland | 114,8 | 3.798 |
| 4 | China | 107,9 | 3.651 |
| 5 | Südkorea | 47,5 | 1.189 |
| 6 | USA | 46,4 | 1.972 |

*Zahlen: United Nations Conference on Trade and Developement (UNCTAD), Review of Maritime Transport 2011, New York, Genua 2011, S. 43 (Zahlen gerundet)*

**b) Kosten der Piraterie vor Somalia**

insg. ca. 7 Milliarden US-Dollar ($); davon ...

- ca. 3,2 Mrd. $ durch höheren Kraftstoffverbrauch der Schiffe wegen höherer Durchschnittsgeschwindigkeiten und erzwungener Umwege
- ca. 1 Mrd. $ für private Sicherheitskräfte und Ausrüstung
- 635 Mio. $ für erhöhte Versicherungsprämien
- 160 Mio. $ für Lösegelder

Wert aller auf See transportierten Waren (2008): 11,8 Billionen $ (Schätzung der WTO)

*Anna Bowden, Shikha Basnet, The economic cost of Somali piracy 2011, www.oceansbeyondpiracy.org*

### M 8 ● Die völkerrechtliche Legitimation des EU-Einsatzes

**Zusammensetzung und Befugnisse des UN-Sicherheitsrates**
→ Kap. 2.1.3

*2008 verabschiedete der UN-Sicherheitsrat folgende Resolution:*

Der Sicherheitsrat [der Vereinten Nationen], [...] nach wie vor zutiefst besorgt über die Bedrohung, die Seeräuberei und bewaffnete Raubüberfälle auf See gegen Schiffe für die rasche, sichere und wirksame Leistung humanitärer Hilfe an Somalia, die internationale Schifffahrt und die Sicherheit der gewerblichen Seeschifffahrt dienenden Schifffahrtswege sowie für andere gefährdete Schiffe und die in Übereinstimmung mit dem Völkerrecht durchgeführten Fischereitätigkeiten darstellen, in Bekräftigung seiner Achtung der Souveränität, der territorialen Unversehrtheit, der

politischen Unabhängigkeit und der Einheit Somalias, [...] mit dem erneuten Ausdruck seiner Entschlossenheit, die langfristige Sicherheit der auf dem Seeweg erbrachten Hilfslieferungen des Welternährungsprogramms (WFP) an Somalia zu gewährleisten, [...]
feststellend, dass Vorfälle von Seeräuberei und bewaffnete Raubüberfälle auf Schiffe in den Hoheitsgewässern Somalias und auf Hoher See vor der Küste Somalias die Situation in Somalia verschärfen, die nach wie vor eine Bedrohung des Weltfriedens und der internationalen Sicherheit in der Region darstellt, [...]
fordert die Staaten und Regionalorganisationen, die über die entsprechenden Kapazitäten verfügen, auf, sich aktiv am Kampf gegen die Seeräuberei und bewaffnete Raubüberfälle auf See vor der Küste Somalias zu beteiligen, insbesondere indem sie, im Einklang mit dieser Resolution und den einschlägigen Bestimmungen des Völkerrechts, Marinefahrzeuge und Militärluftfahrzeuge entsenden sowie Boote, Schiffe, Waffen und ähnliches Gerät, die bei der Begehung seeräuberischer Handlungen und bewaffneter Raubüberfälle auf See vor der Küste Somalias verwendet werden oder für deren Verwendung es einen hinreichend begründeten Verdacht gibt, beschlagnahmen und beseitigen.

*UN-Resolution 1846 (2008), zitiert nach: www.un.org/depts/german/sr/sr_08/sr1846.pdf, 2.12.2008*

## M 9 ● Aufgaben der Bundeswehr im Rahmen der Operation Atalanta

*Die Bundeswehr leitet aus der Resolution 1846 des UN-Sicherheitsrates und dem Auftrag der Europäischen Union folgende konkrete Aufgaben und Befugnisse ab:*

- Gewährung von Schutz für die Schiffe des Welternährungsprogramms unter anderem durch die Präsenz von bewaffneten Kräften an Bord dieser Schiffe, insbesondere wenn sie die Hoheitsgewässer Somalias durchqueren;
- im Einzelfall und bei Bedarf Schutz von zivilen Schiffen im Operationsgebiet;
- Überwachung der Gebiete vor der Küste Somalias, einschließlich der somalischen Hoheitsgewässer, die Gefahren für maritime Tätigkeiten, insbesondere des Seeverkehrs, in sich bergen;
- Durchführung der erforderlichen Maßnahmen, einschließlich des Einsatzes von Gewalt, zur Abschreckung, Verhütung und Beendigung von seeräuberischen Handlungen oder bewaffneten Raubüberfällen, die im Operationsgebiet begangen werden könnten;
- Aufgreifen, Festhalten und Überstellen von Personen, die in Verdacht stehen, seeräuberische Handlungen oder bewaffnete Raubüberfälle begangen zu haben, sowie Beschlagnahme der Seeräuberschiffe, der Ausrüstung und der erbeuteten Güter. Diese Maßnahmen erfolgen mit Hinblick auf die eventuelle Strafverfolgung durch Deutschland, andere Mitgliedstaaten der Europäischen Union oder aufnahmebereite und zur Strafverfolgung bereite Drittstaaten.

Deutsche Marine-Soldaten der Boarding-Kompanie trainieren das Landen auf einem Schiff (Februar 2009).

*Christoph Reik, Fragen und Antworten zur Operation Atalanta, www.bundeswehr.de, 14.8.2012*

### Deutsche Soldaten vor Somalia

- Obergrenze Bundestagsmandat: 1.400
- tatsächlich eingesetzt (Mai 2014): 360
- eine Fregatte mit zwei Bordhubschraubern, ein Versorgungsschiff und ein Seefernaufklärungsflugzeug
- ggf. Unterstützung durch andere deutsche Kampfschiffe

## M 10 Verteidigungspolitische Richtlinien der Bundesrepublik Deutschland

Deutschlands Platz in der Welt wird wesentlich bestimmt von unseren Interessen als starker Nation in der Mitte Europas und unserer internationalen Verantwortung für Frieden und Freiheit. Deutsche Sicherheitspolitik ist den Werten und Grundsätzen der freiheitlich demokratischen Ordnung des Grundgesetzes und des Völkerrechts verpflichtet.

Deutschland nimmt als gestaltendes Mitglied der internationalen Staatengemeinschaft seine Interessen wahr und setzt sich aktiv für eine bessere und sichere Welt ein. Wir wollen als starker Partner in einem vereinten Europa dem Frieden der Welt dienen.

Deutsche Sicherheitsinteressen ergeben sich aus unserer Geschichte, der geografischen Lage in der Mitte Europas, den internationalen politischen und wirtschaftlichen Verflechtungen des Landes und der Ressourcenabhängigkeit als Hochtechnologiestandort und rohstoffarme Exportnation. Sie sind nicht statisch, sondern veränderlich in und mit internationalen Konstellationen und ihren Entwicklungen.

Die sicherheitspolitischen Ziele Deutschlands sind:

- Sicherheit und Schutz der Bürgerinnen und Bürger Deutschlands;
- territoriale Integrität und Souveränität Deutschlands und seiner Verbündeten;
- Wahrnehmung internationaler Verantwortung

Zu den Sicherheitsinteressen gehören:

- Krisen und Konflikte zu verhindern, vorbeugend einzudämmen und zu bewältigen, die die Sicherheit Deutschlands und seiner Verbündeten beeinträchtigen;
- außen- und sicherheitspolitische Positionen nachhaltig und glaubwürdig vertreten und einzulösen;
- die transatlantische und europäische Sicherheit und Partnerschaft stärken;
- für die internationale Geltung der Menschenrechte und der demokratischen Grundsätze einzutreten, das weltweite Respektieren des Völkerrechts zu fördern und die Kluft zwischen armen und reichen Weltregionen zu reduzieren;
- einen freien und ungehinderten Welthandel sowie den freien Zugang zur Hohen See und zu natürlichen Ressourcen zu ermöglichen

Sicherheit für unser Land zu gewährleisten, bedeutet heute insbesondere, Auswirkungen von Krisen und Konflikten auf Distanz zu halten und sich aktiv an deren Vorbeugung und Einhegung zu beteiligen.

Deutschland ist bereit, als Ausdruck nationalen Selbstbehauptungswillens und staatlicher Souveränität zur Wahrung seiner Sicherheit das gesamte Spektrum nationaler Handlungsinstrumente einzusetzen. Dies beinhaltet auch den Einsatz von Streitkräften.

Die verfassungsrechtlich gebotene Einbindung des Deutschen Bundestages beim Streitkräfteeinsatz bleibt auch in Zukunft unverzichtbare Grundlage deutscher Si-

### Info

### Die Bundeswehr im Grundgesetz

Das Grundgesetz für die Bundesrepublik Deutschland verpflichtet die Bundesrepublik, die Bundeswehr zur Wahrung von „Menschenrechten als Grundlage jeder menschlichen Gemeinschaft, des Friedens und der Gerechtigkeit in der Welt" (Art. 1, Abs. 2 GG) einzusetzen. Jeder Einsatz – ob im Ausland oder zur unmittelbaren Verteidigung des eigenen Territoriums – steht, anders als in vielen anderen Staaten, unter Parlamentsvorbehalt. Von der Regierung beantragte Auslandseinsätze (und auch deren Verlängerung) muss der Bundestag mit absoluter Mehrheit zustimmen („Parlamentsbeteiligungsgesetz" von 2005). Bei der Landesverteidigung im Falle eines Angriffs (Feststellung des „Verteidigungsfalls") ist sogar eine Zweidrittel-Mehrheit von Bundestag und Bundesrat notwendig (Art. 115a GG). Daher wird die Bundeswehr auch als „**Parlamentsarmee**" bezeichnet.

Teilweise in einem Spannungsverhältnis dazu steht das Recht des Bundes, „Hoheitsrechte auf zwischenstaatliche Einrichtungen [zu] übertragen" und „sich zur Wahrung des Friedens einem System gegenseitiger kollektiver Sicherheit ein[zu]ordnen" (Art. 24 GG). Wenn die Verfügungsgewalt von Streitkräften an intergouvernementale Instanzen (z.B. EU) teilweise übertragen oder die Armee in ein Sicherheitsbündnis eingeflochten ist (z.B. NATO), können Bündnisinteressen und Parlamentsentscheidung einander möglicherweise entgegenstehen, was die militärische Handlungsfähigkeit der Bundesrepublik einschränkt.

*Autorentext*

cherheitspolitik. Militärische Einsätze ziehen weitreichende politische Folgen nach sich. In jedem Einzelfall ist eine klare Antwort auf die Frage notwendig, inwieweit die Interessen Deutschlands und die damit verbundene Wahrnehmung internationaler Verantwortung den Einsatz erfordern und rechtfertigen und welche Folgen ein Nicht-Einsatz hat. [...]

Die traditionelle Unterscheidung von äußerer Sicherheit und öffentlicher Sicherheit im Inneren verliert angesichts der aktuellen Risiken und Bedrohungen mehr und mehr ihre Bedeutung. Die Wahrung unserer Interessen ist heute nur ressortgemeinsam möglich. Deshalb ist eine gesamtstaatliche, umfassende und abgestimmte Sicherheitspolitik erforderlich, die politische und diplomatische Initiativen genauso umfasst wie wirtschaftliche, entwicklungspolitische, polizeiliche, humanitäre, soziale und militärische Maßnahmen.

*Bundesministerium der Verteidigung, Verteidigungspolitische Richtlinien, Berlin 2011, S. 4 ff.*

## M 11 ● Ergebnisse der Mission Atalanta aus Sicht der EU

*Die Europäische Union kommentiert im November 2012 die Ergebnisse der Mission Atalanta wie folgt:*

Seit dem Beginn der [...] Operation ATALANTA

- gab es eine 100%-ige Erfolgsquote des bereitgestellten Begleitschutzes für Schiffe des Welternährungsprogramms, die humanitäre Hilfsgüter für die somalische Bevölkerung liefern.
- wurden ebenso Schutz für Transporte der AMISOM bereitgestellt, die bedeutsam für den Erfolg der Mission der Afrikanischen Union in Somalia sind. [...]

Als ein Ergebnis der engen Zusammenarbeit mit Regierungen in der Region wie der der Republik Seychellen konnten Piraterie-Verdächtige, die von der EU NAVFOR gefangen wurden, mit Blick auf eine [spätere] Anklage kompetenten Behörden übergeben werden.

*www.eunavfor.eu/about-us/mission (Stand: 28.11.2012)*

## M 12 ● Piratenangriffe am Horn von Afrika 2013

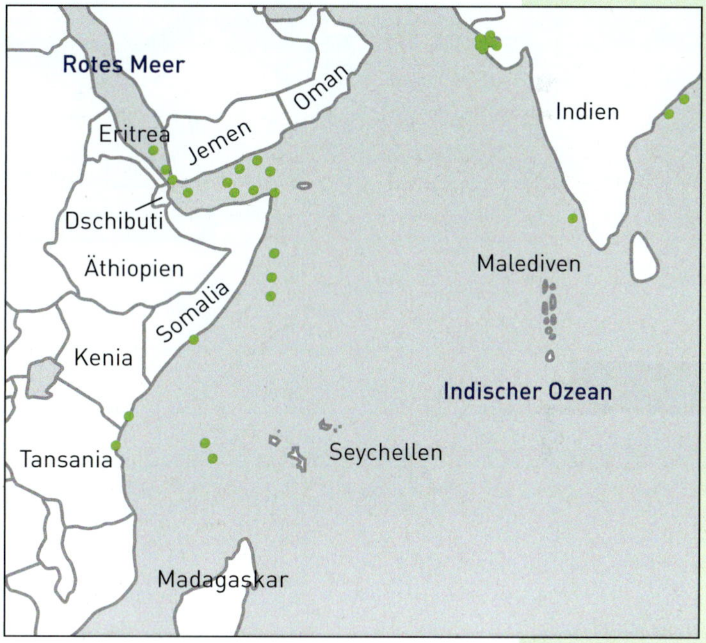


*http://www.icc-ccs.org/piracy-reporting-centre/live-piracy-map/piracy-map-2013 (30.4.2014)*

### Aufgaben

1. Fassen Sie die sicherheitspolitischen Interessen sowie Grundsätze, Ziele und Mittel deutscher Sicherheitspolitik der Bundesrepublik Deutschland zusammen (M 6, M 9, M 10).
2. Erläutern und gewichten Sie die (wahrscheinlichen) Interessen der Bundesrepublik Deutschland am Anti-Piraterie-Einsatz (M 6–M 11).
3. Erörtern Sie – ausgehend von Hans Heinrich Driftmanns Aussage zu den Motiven für Auslandseinsätze der Bundeswehr (M 6) – die deutsche Beteiligung an der Operation Atalanta. Beachten Sie dabei auch die Entwicklung der Piraterie (M 1, M 12).

**M** zu Aufgabe 2
Bepunkten Sie die auf einem Plakat festgehaltenen, präzise formulierten Interessen in Ihrem Kurs, wobei jeder Teilnehmer drei frei verteilbare Klebepunkte erhält.

**H** zu Aufgabe 3
Vergleichen Sie die Zahl und die Ausdehnung der Piratenangriffe 2007, 2011 und 2013.

## 1.1.3 Folgt die EU vor Somalia ihrer Sicherheitsstrategie?

In ihrer Sicherheitsstrategie von 2003 bzw. 2008 beschreiben die Mitglieder der Europäischen Union die sicherheitspolitischen Herausforderungen und Bedrohungen für die Staatengemeinschaft und legen Ziele und Folgen für die Gemeinsame Außen- und Sicherheitspolitik (siehe Infobox) fest.

### M 13 Die Sicherheitsstrategie der Europäischen Union

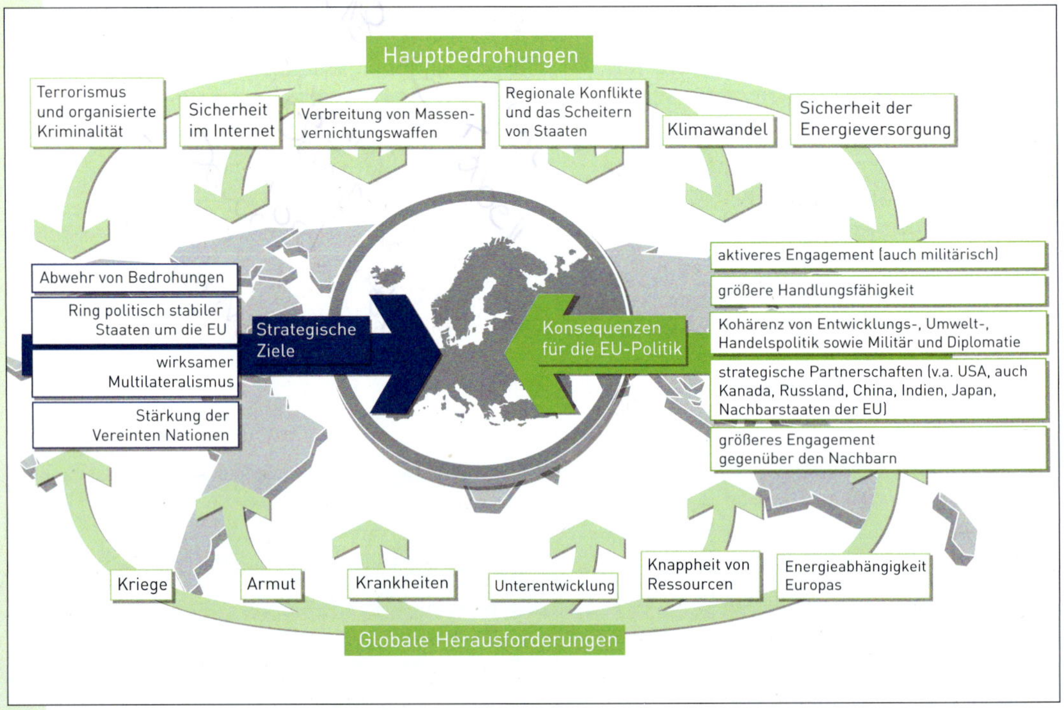


*Nach: bpb, Europäische Sicherheits- und Verteidigungspolitik, 24.9.2009 (www.bpb.de)*

**Info**

### Gemeinsame Außen- und Sicherheitspolitik der EU

Seit dem Vertrag von Maastricht (1992) existiert die Gemeinsame Außen- und Sicherheitspolitik der Europäischen Union (GASP); weitergeführt wird sie durch den Vertrag von Lissabon (2009): Der Europäische Rat (das Gremium der Staats- und Regierungschefs) muss die Leitlinien der GASP einstimmig beschließen. Ebenso einstimmig müssen die Außenminister im Rat der EU unter Vorsitz des Hohen Vertreters für Außen- und Sicherheitspolitik über die – dann für alle Mitgliedstaaten verbindlichen – konkreten außen- und sicherheitspolitischen Maßnahmen befinden; eine Parlamentsbeteiligung ist nicht vorgesehen. Drei Beschlusstypen sind möglich: 1) *Aktionen der EU* (früher „Gemeinsame Aktionen"), also beispielsweise Sanktionen gegen einen Staat, Entsendung von Beobachtern oder (Kampf-)Truppen; 2) *Gemeinsame Standpunkte*, also Leitlinien für die jeweils nationalen Außenpolitiken; 3) *Durchführungsbeschlüsse*, die die Umsetzungsmodalitäten dieser Standpunkte regeln.
Anders als zum Beispiel beim Binnenmarkt handelt es sich aber bei der GASP nicht um ein supranational, sondern ein vorwiegend intergouvernemental geregeltes Politikfeld der EU. Das Einstimmigkeitsprinzip führte in der Vergangenheit häufig zu sehr uneinheitlichem außenpolitischen Verhalten oder zu nur minimalen Konsensformulierungen. Zum Beispiel beteiligten sich Großbritannien und Spanien am nicht durch die UNO legitimierten Irak-Einmarsch der USA (ab 2003), Deutschland, Frankreich und Österreich hingegen nicht. Aufgrund energiepolitischer und historischer Interessengegensätze war die Haltung der EU-Staaten gegenüber Russland im Georgien-Konflikt (2008) inkonsistent. Einstimmigkeit herrscht(e) hingegen bei der UN-legitimierten Absicherung der Wahlen in der Demokratischen Republik Kongo (2006) und beim Anti-Piraterie-Einsatz am Horn von Afrika (seit 2008). *Autorentext*

## M 14 Operation Atalanta – der Auftrag der EU-Soldaten

*Am 10.11.2008 beschloss der Rat der Europäischen Union die „Gemeinsame Aktion 2008/851/GASP über die Militäroperation der Europäischen Union als Beitrag zur Abschreckung, Verhütung und Bekämpfung von seeräuberischen Handlungen und bewaffneten Raubüberfällen vor der Küste Somalias". Umfang und Art der Beteiligung der Mitgliedstaaten wird darin allerdings nicht geregelt.*

**Artikel 2 - Auftrag**

Atalanta führt unter den durch das einschlägige Völkerrecht, insbesondere durch die VN-Seerechtskonvention sowie die Resolutionen 1814 (2008), 1816 (2008) und 1838 (2008) des VN-Sicherheitsrates festgelegten Bedingungen und im Rahmen der verfügbaren Kapazitäten folgende Aufgaben aus:

a) Gewährung von Schutz für die vom WEP gecharterten Schiffe, unter anderem durch die Präsenz von bewaffneten Kräften von Atalanta an Bord dieser Schiffe, insbesondere wenn sie die Hoheitsgewässer Somalias durchqueren;

b) im Einzelfall bei Bedarf Schutz von Handelsschiffen in den Gebieten, in denen sie im Einsatz ist;

c) Überwachung der Gebiete vor der Küste Somalias, einschließlich der somalischen Hoheitsgewässer, die Gefahren für maritime Tätigkeiten, insbesondere des Seeverkehrs, bergen;

d) Durchführung der erforderlichen Maßnahmen, einschließlich des Einsatzes von Gewalt, zur Abschreckung, Verhütung und Beendigung von seeräuberischen Handlungen oder bewaffneten Raubüberfällen, die in den Gebieten, in denen sie präsent ist, begangen werden könnten;

e) Aufgriff, Festnahme und Überstellung von Personen, die seeräuberische Handlungen oder bewaffnete Raubüberfälle begangen haben oder im Verdacht stehen, diese Taten begangen zu haben, [...] und Beschlagnahme der Schiffe der Seeräuber oder bewaffneten Diebe oder der nach einem seeräuberischen Akt oder eines bewaffneten Raubüberfalls gekaperten Schiffe [...] im Hinblick auf die eventuelle Strafverfolgung durch die zuständigen Staaten [...].

*© Europäische Union http://eur-lex.europa.eu, 29.11.2012*

### Operation Atalanta in Zahlen

- Ø ca. 1.500 Soldaten im Einsatz
- 4-7 Kampfschiffe
- 1-2 Versorgungsschiffe
- 2-4 Aufklärungsflugzeuge
- Größe des überwachten Gebietes: ca. 4 Mio. $km^2$ (10-fache Größe Deutschlands)
- Gefangennahme von 154 Piraterie-Verdächtigen
- Schutz von ca. 890.000 Tonnen Hilfsgütern des Welternährungsprogramms
- Kosten (deutscher Anteil 2014): ca. 100 Mio. Euro

*Daten: www.eunavfor.eu/about-us/mission/ (Stand: 18.6.2014)*

### AMISOM

- UN-mandatierte Stabilisierungstruppe der afrikanischen Union auf dem Festland Somalias;
- knapp 10.000 vorwiegend ugandische und burundische Soldaten (Stand: April 2012);
- vorwiegend finanziert durch die EU (insg. ca. 325 Mio. Euro von 2007-2012) und die USA

### Aufgaben

1. Beschreiben Sie die Sicherheitsstrategie der EU und konkretisieren Sie die „strategischen Ziele" und „politischen Konsequenzen" an Ihnen bekannten oder selbst konstruierten Beispielen (M 13).
2. Arbeiten Sie heraus, inwieweit es sich bei der Operation Atalanta um einen (un)typischen Anwendungsfall der Gemeinsamen Außen- und Sicherheitspolitik der EU handelt (M 13).
3. Überprüfen Sie, ob die Operation Atalanta als gelungene Maßnahme zum Erreichen sicherheitsstategischer Ziele der EU angesehen werden kann (M 13, M 14).

## 1.1.4 Heute nur noch „neue Kriege“?

### M 15 ● Alte und neue Kriege im Bild

Ukrainische Soldaten und Panzer sind für den Fall einer russischen Invasion in Position gebracht, 18. März 2014, Andriivka, Ukraine

Bewaffnete Tuareg-Rebellen auf ihren Pick-ups; Nordmali im Februar 2012

### M 16 ● Neue Kriege – Ablösung der Staatenkriege

Von der politischen Öffentlichkeit lange Zeit unbemerkt, hat der Krieg in den letzten Jahrzehnten schrittweise seine Erscheinungsform verändert. Der klassische Staatenkrieg, der die Szenarien des Kalten Krieges noch weithin geprägt hat, scheint zu einem historischen Auslaufmodell geworden zu sein; die Staaten haben als die faktischen Monopolisten des Krieges abgedankt, und an ihre Stelle treten immer häufiger parastaatliche, teilweise sogar private Akteure – von lokalen Warlords und Guerillagruppen über weltweit operierende Söldnerfirmen bis zu internationalen Terrornetzwerken –, für die der Krieg zu einem dauerhaften Betätigungsfeld geworden ist. Nicht alle, aber doch viele von ihnen sind Kriegsunternehmer, die den Krieg auf eigene Rechnung führen und sich die dazu benötigten Einnahmen auf unterschiedliche Art und Weise verschaffen: Sie werden durch reiche Privatleute, Staaten oder Emigrantengemeinden finanziell unterstützt, verkaufen Bohr- und Schürfrechte für die von ihnen kontrollierten Gebiete, betreiben Drogen- und Menschenhandel oder erpressen Schutz- und Lösegeld, und durchweg profitieren sie von den Hilfslieferungen internationaler Organisationen, da sie die Flüchtlingslager (oder zumindest die Zugänge zu ihnen) kontrollieren. Wie auch immer aber die Kriegsparteien zu den erforderlichen Mitteln gelangen – stets ist die Finanzierung des Krieges, anders als in den klassischen Staatenkriegen, ein wichtiger Aspekt der Kriegführung selbst. [...]

Freilich sind, wenn im Folgenden den Ökonomien des Krieges und der Gewalt besondere Aufmerksamkeit geschenkt wird, darüber ideologische Faktoren keineswegs zu vernachlässigen. Ethnisch-kulturelle Spannungen und zunehmend auch religiöse Überzeugungen spielen in den neuen Kriegen eine wichtige Rolle. Die [...] auf dem Balkan geführten Kriege, die Kriege in der Kaukasusregion sowie die Afghanistan-Kriege wären ohne ethnische und religiöse Gegensätze anders verlaufen oder hätten überhaupt nicht stattgefunden. [...]

Angesichts der Unübersichtlichkeit der Konfliktgründe und Gewaltmotive bevorzuge ich den unscharfen, aber offenen Begriff der neuen Kriege, wobei ich mir durchaus darüber im Klaren bin, dass sie so neu eigentlich gar nicht sind, sondern in mancher Hinsicht eine Wiederkehr des ganz Alten darstellen. [...]

[Es] werden namentlich drei Entwicklungen zu verfolgen sein: zunächst die bereits angesprochene Entstaatlichung beziehungsweise Privatisierung kriegerischer Gewalt. Sie wurde dadurch möglich, dass die unmittelbare Kriegführung in den neuen Kriegen relativ billig ist. Leichte Waffen sind allenthalben günstig zu erhalten und erfordern keine langen Ausbildungszeiten. Diese Verbilligung hat mit der zweiten für die neuen Kriege charakteristischen Entwicklung zu tun, der Asymmetrisierung kriegerischer Gewalt, also dem Umstand, dass in der Regel nicht gleichartige Gegner miteinander kämpfen. Es gibt keine Fronten mehr, und deshalb kommt es auch nur selten zu Gefechten und eigentlich nie zu großen Schlachten, sodass sich die militärischen Kräfte nicht aneinander reiben und verbrauchen, sondern sich gegenseitig schonen und die Gewalt stattdessen gegen die Zivilbevölkerung richten. Diese Asymmetrisierung wiederum ist dadurch gekennzeichnet, dass in ihr bestimmte Formen der Gewaltanwendung, die zuvor untergeordnete taktische Elemente einer militärischen Strategie waren, selbst eine eigenständige strategische Dimension erlangt haben. Das gilt für den Partisanenkrieg, wie er sich nach dem Ende des Zweiten Weltkriegs entwickelt hat, und insbesondere für den Terrorismus. Man kann hier – und damit ist die dritte Tendenz benannt, die für die neuen Kriege typisch ist – von einer sukzessiven Verselbstständigung oder Autonomisierung vordem militärisch eingebundener Gewaltformen sprechen. In der Folge haben reguläre Armeen die Kontrolle über das Kriegsgeschehen verloren, und diese ist zu erheblichen Teilen in die Hände von Gewaltakteuren geraten, denen der Krieg als Auseinandersetzung zwischen Gleichartigen fremd ist.

Nahezu alle Kriege, die in den letzten zehn bis zwanzig Jahren unsere Aufmerksamkeit für kurze oder längere Zeit in Anspruch genommen haben, entwickelten sich an den Rändern und Bruchstellen der einstigen Imperien, die bis zu Beginn des vorigen Jahrhunderts die Welt beherrscht und unter sich aufgeteilt hatten [...].

Neben ethnischen Konflikten, deren Ursprünge teilweise bis in die vorkoloniale Zeit zurückreichen und die von den Kolonialmächten zur Herrschaftssicherung ausgenutzt worden sind, spielen dabei nicht selten auch religiös-kulturelle Differenzen eine erhebliche Rolle. [...] Außerdem beuten die Kriegsakteure solche Unterschiede nur zu gern als ideologische Ressource aus, mit der sich Anhänger gewinnen und Unterstützung mobilisieren lassen. [...] Kurz, ethnische wie religiöse Gegensätze sind meist nicht die Ursachen eines Konflikts, sondern sie verstärken ihn nur. Die neuen Kriege werden von einer schwer durchschaubaren Gemengelage aus persönlichem Machtstreben, ideologischen Überzeugungen, ethnisch-kulturellen Gegensätzen sowie Habgier und Korruption am Schwelen gehalten und häufig nicht um erkennbarer Zwecke und Ziele willen geführt. Besonders dieses Gemisch unterschiedlicher Motive und Ursachen macht es so schwer, diese Kriege zu beenden und einen stabilen Friedenszustand herzustellen. [...]

Inzwischen kann es keinen Zweifel mehr daran geben, dass die vielen Staatsbildungsprozesse in der Dritten Welt sowie an der Peripherie der Ersten und Zweiten Welt gescheitert sind. Als eine der wichtigsten Ursachen für dieses Scheitern muss der Mangel an integren und korruptionsresistenten politischen Eliten genannt werden, die im Zugriff auf den Staatsapparat nicht die Möglichkeit zur persönlichen Bereicherung, sondern Aufgabe und Pflicht sehen. [...] Entgegen einer verbreiteten Vorstellung, die man in den Debatten über die Ursachen der neuen Kriege und die Chancen zu ihrer Beendigung immer wieder hören kann, deutet keineswegs Armut als solche auf die Gefahr einer Eskalation von Gewalt und den bevorstehenden Ausbruch von Kriegen hin; allenfalls das Nebeneinander

**Herfried Münkler (*1951)**

deutscher Politikwissenschaftler (Humboldt-Universität Berlin); bekannt geworden durch Theorie der Neuen Kriege und Imperiumstheorie von bitterem Elend und unermesslichem Reichtum ist ein aussagekräftiger Indikator für die Wahrscheinlichkeit, mit der innergesellschaftliche Auseinandersetzungen in offene Bürgerkriege umschlagen. [...]

Bei der Entstehung der neuen Kriege spielen also mehrere Ursachen zusammen, von denen keine als die eigentliche und entscheidende herausgehoben werden kann.

*Herfried Münkler, Die neuen Kriege, Bonn 2002, S. 7 ff.*

## M 17 ● Weltweite Konflikte niedriger, mittlerer und hoher Intensität

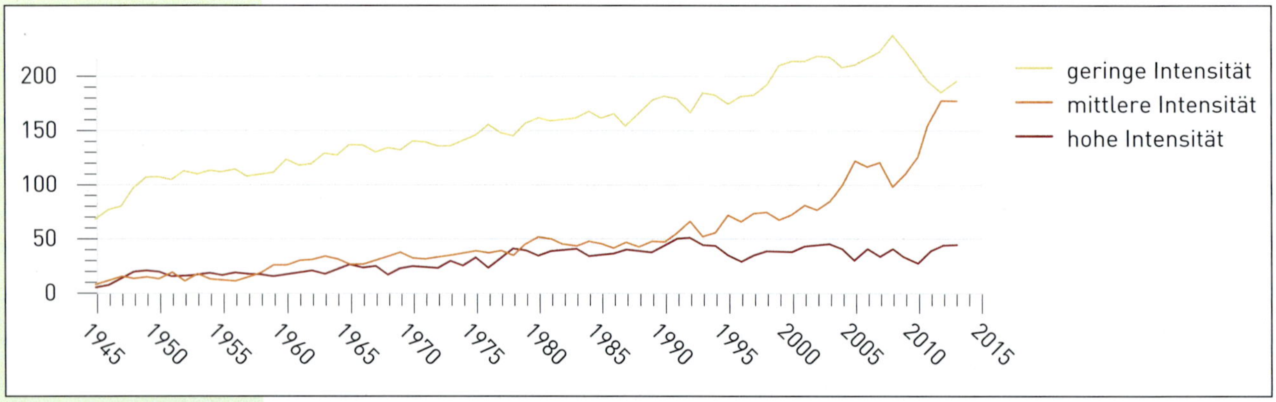


*Heidelberger Institut für internationale Konfliktforschung (Hg.), Konfliktbarometer 2013, Heidelberg 2013, S. 16*

## M 18 ● „Neue Kriege" als Gewaltmärkte

[In] den letzten dreißig Jahren [hat sich] vor allem in Afrika ein Typus organisierter Gewalt herausgebildet [...], der sich dadurch auszeichnet, dass er keine scharfe Unterscheidung zwischen Kriegs- und Friedenszustand zulasst [...]. Im selben Maße ist die Unterscheidbarkeit von regulären und irregulären Kämpfern und Truppen verloren gegangen und die Kämpfe sind, wie Herfried Münkler sagt, asymmetrisch: Sie werden nicht zwischen statusgleichen Gegnern ausgetragen, sondern zwischen halbstaatlichen oder privaten Gewaltunternehmern und Bevölkerungen. [...]

[Die] Privatisierung und Ökonomisierung von Gewaltbeziehungen [bildet] ein zentrales Element der Dauerkriege [...]. [Dabei] handelt es sich [...] um „ökonomische Strategien des Gewalthandelns, die aus Sicht der Führungskräfte, der Gewaltunternehmer, durchaus rentabel erscheinen. [...]

Ein Gewaltmarkt ist [...] ein von Erwerbszielen bestimmtes Handlungsfeld, in dem sowohl Warentausch als auch Raub und diverse Kombinationen von beidem – wie Lösegelderpressung durch Entführungen, Zölle, Schutzgelder etc. – realisiert werden. Handelsgüter sind Waffen, Drogen, Nahrungsmittel, örtliche Rohstoffvorkommen oder Geiseln. „Diamantenschmuggler im heutigen Zaire, Qat-Händler in Somalia, Smaragdschmuggler in Kolumbien und nicht zuletzt die Konvois mit Nahrungsmittelhilfe in Somalia und Bosnien lassen in bestimmten Perioden diesen Wirtschaftszweig zum wichtigsten Einkommenssektor der Kriegsherren werden.", so Georg Elwert. [...]

Auch die Produktion von Gewalt selbst folgt ökonomischen Gesichtspunkten. Wenn die Kämpfer sich selbst versorgen, also rauben und plündern, reduziert das die laufenden Kosten für die Kriegsherren und trägt zugleich zur Strategie des Gewalteinsatzes bei: Da geht es um das Schüren von Angst, die Erzeugung von Flüchtlingsbewegungen und die Möglichkeit der Rekrutierung von Kämpfern oder Zwangsarbeitskräften. Die Mittel der Gewalt sind preiswert. [...] Ermordung bzw. Einschüchterung der Bevölkerung erfolgen kostengünstig und effizient.

In der Tat ist der Umstand, dass sich die Gewalt weniger gegen eine andere Partei als gegen die Bevölkerung richtet, eines der wichtigsten Merkmale der Dauerkriege. Denn die sofort einsetzenden Flüchtlingsbewegungen, die eilig errichteten Lager, die [...] Hilfsaktionen der internationalen Gemeinschaft stellen wichtige Ressourcen der Gewaltökonomie und ihrer Dauer dar: Dazu gehört die Strategie, Hilfskonvois selbst für die Ausrüstung und Ernährung der eigenen Truppen zu nutzen, ja, durch gezielte Aktionen gegen die Zivilbevölkerung gewissermaßen im Ausland zu bestellen. Oder man verlangt in erheblichem Umfang Schutzgelder und Zölle dafür, dass die Konvois ungeplündert oder nur leicht beraubt die Wege zu den Lagern passieren dürfen. [...]

Hilfskonvoi in Somalia

Gewaltmärkte haben [...] eine starke Tendenz zur Selbststabilisierung, da andere Reproduktionsmöglichkeiten durch die dauernde Gewalt und Gewaltandrohung verloren gehen.

*Harald Welzer, Klimakriege. Wofür im 21. Jahrhundert getötet wird, Frankfurt a. M. 2008, S. 139 ff.*

## Aufgaben

1. a) Beschreiben Sie die Bilder (M 15).
   b) Vergleichen Sie die Vorstellungen von „Krieg" und „Soldat", die durch die Bilder zum Ausdruck gebracht werden (M 15).
2. Charakterisieren Sie „neue Kriege" nach Münkler und Welzer (M 16, M 18).

| | Akteure | Ziele | Kriegsende, Unterscheidbarkeit von Krieg und Frieden | Intensität | Dauer | Finanzierung | Kriegsrecht | Kriegsführung | vornehmliche Opfergruppen |
|---|---|---|---|---|---|---|---|---|---|
| „Alte Kriege" | Staaten (Völkerrechtssubjekte) | Überwindung des Gegners | eindeutig (Kapitulation, Friedensvertrag) | hoch (z.B. Schlachten) | eher kurz | staatlich (Steuern, Verkauf von Kriegsanleihen) | gültig für alle Parteien | Armeen, schwere Waffen | Soldaten |
| „Neue Kriege" | | | | | | | | | |

**H** zu Aufgabe 2
Stellen Sie die Merkmale der „alten" Staatenkriege denen der „neuen Kriege" tabellarisch gegenüber und berücksichtigen Sie Münklers zentrale Begriffe „Entstaatlichung", „Asymmetrisierung" und „Autonomisierung".

3. Analysieren Sie die Statistik zur Intensität der Konflikte weltweit (M 17) und ordnen Sie Ihre Ergebnisse in den Zusammenhang „neue Kriege" ein (M 16).
4. Prüfen Sie, ob es sich beim Anti-Piraterie-Einsatz der EU vor der Küste Somalias und bei den Konflikten auf dem somalischen Festland um „neue Kriege" handelt.

## Das Zivilisatorische Hexagon: Friedlichkeit in und zwischen Staaten analysieren

*Für den Friedensforscher Dieter Senghaas (geb. 1940) ist die Zivilisierung des Konfliktaustrags davon abhängig, dass bestimmte Bedingungen, auch innerhalb der Staaten, erfüllt sind.*

Wo zivilisierte Politik zur Zivilisierung des Zusammenlebens der Menschen innerhalb von modernen Gesellschaften beiträgt, wird ein solches Projekt im Idealfall von den folgenden sechs Sachverhalten gekennzeichnet:

**1. Entprivatisierung von Gewalt (Gewaltmonopol):**
Wesentlich für jeden Zivilisierungsprozess ist die Entprivatisierung von Gewalt bzw. die Herausbildung eines legitimen, in aller Regel staatlichen Gewaltmonopols, dem die einzelnen Bürger untergeordnet sind („Entwaffnung der Bürger"). Wo das Gewaltmonopol zusammenbricht, also die Wiederaufrüstung und Wiederbewaffnung der einzelnen Bürger eine Chance bekommen, findet statt, was [...] im Hinblick auf entsprechende Vorgänge als [...] „Irakisierung" oder „Ukrainisierung" politischen Konfliktverhaltens bezeichnet wird, nämlich die Renaissance von Bürgerkriegssituationen.

**2. Kontrolle des Gewaltmonopols und Herausbildung von Rechtsstaatlichkeit (Verfassungsstaat):**
Ein Gewaltmonopol, das nicht durch Rechtsstaatlichkeit eingehegt wird, wäre im Grenzfall nichts mehr als eine beschönigende Umschreibung von Diktatur. Dann wären seine gesellschaftlichen Träger nichts anderes als eine von mehreren Konfliktparteien in einer potenziellen Bürgerkriegssituation. Soll demgegenüber das Gewaltmonopol als legitim akzeptiert werden, bedarf es der Institutionalisierung rechtsstaatlicher Prinzipien und öffentlicher demokratischer Kontrolle, auf deren Grundlage sich Konflikte in einem institutionellen Rahmen fair austragen lassen.
Rechtsstaatlich verfasste politische Ordnungen hegen das Gewaltmonopol ein. Es verliert dadurch seinen ursprünglichen Charakter, nämlich einfach eine Instanz von letztlich kriegerisch errungener, also willkürlicher Vormacht zu sein. [...]
Überdies zeichnen sich solche politischen Ordnungen auch im gesellschaftlichen Bereich durch eine Fülle von institutionalisierten Formen der Konfliktartikulation, des Konfliktmanagements, der Konfliktregelung und der Konfliktlösung aus. Konflikte jedweder Art, seien es Interessens- oder Identitätskonflikte, werden dabei von vornherein als „normal" und legitim erachtet, wobei in intakten rechtsstaatlichen Ordnungen Interessenskonflikte häufiger sind als Identitätskonflikte und die ersteren in aller Regel leichter bearbeitbar sind als die letzteren.

**3. Interdependenz und Affektkontrolle:**
Die Entprivatisierung von Gewalt („die Entwaffnung der Bürger") und die Sozialisation in eine Fülle von institutionalisierten Konfliktregelungen implizieren eine Kontrolle von Affekten. Solche Selbstkontrolle wird maßgeblich durch die Herausbildung von großflächig angelegten Verflechtungen [...] unterstützt, weil diese, zu beobachten vor allem in arbeitsteiligen Ökonomien, ein erhebliches Maß an Berechenbarkeit erfordern und in der Folge Erwartungsverlässlichkeit mit sich bringen. [...] Affektkontrolle [...] meint dabei die in differenzierten Gesellschaften sich aus diversen komplexen Handlungszusammenhängen ergebende Selbstkontrolle bzw. Selbstbeherrschung. Sie ist Grundlage nicht nur von Aggressionshemmung und Gewaltverzicht, sondern darauf aufbauend von Toleranz und Kompromissfähigkeit. Beide Einstellungen sind wahrscheinlich überhaupt nicht denkbar ohne vorgängig eingeübte Selbstdisziplin. In ihr findet das Autonomiestreben von Individuen und von Gruppen, das moderne Gesellschaften kennzeichnet, ein unerlässliches Korrektiv.

**4. Demokratische Beteiligung:**
In politisierbaren Gemeinschaften müssen Interessen auf breiter Front artikulationsfähig und in den gängigen politischen Prozess integrierbar sein. Je offener und flexibler dabei das rechtsstaatlich-demokratische Institutionsgefüge ist, um so belastungsfähiger wird es bei anhaltenden und möglicherweise sich ausweitenden politischen Anforderungen sein. [...]

**5. Soziale Gerechtigkeit:**

In Gesellschaften mit einem erheblichen Politisierungspotenzial ist eine aktive Politik der Chancen- und Verteilungsgerechtigkeit, letztlich ergänzt um Maßnahmen der Bedürfnisgerechtigkeit (Sicherung der Grundbedürfnisse), unerlässlich, weil nur dann sich die Mehrzahl der Menschen in einem solchen politischen Rahmen fair behandelt fühlt. Die materielle Anreicherung von Rechtsstaatlichkeit, insbesondere im Sinne eines Anteils an Wohlfahrt, ist also nicht eine politische Orientierung, der in solchen Gesellschaften nach Belieben gefolgt werden kann oder auch nicht; sie ist vielmehr eine konstitutive Bedingung der Lebensfähigkeit von rechtsstaatlichen Ordnungen und damit des inneren Friedens. Rechtsstaatlich verfasste Gesellschaften tun deshalb gut daran, die Frage der Gerechtigkeit niemals zur Ruhe kommen zu lassen, zumal wenn die ihnen zugrunde liegenden Ökonomien, in der Regel Marktwirtschaften, systembedingt eher Ungleichheit als Gleichheit produzieren.

**6. Konstruktive politische Konfliktkultur:**

Gibt es in einer aufgegliederten, aber deshalb auch zerklüfteten Gesellschaft faire Chancen für die Artikulation und den Ausgleich von unterschiedlichen Interessen, kann unterstellt werden, dass ein solches Arrangement verlässlich verinnerlicht wird, eine Bereitschaft zur produktiven Auseinandersetzung mit Konflikten vorliegt und kompromissorientierte Konfliktfähigkeit einschließlich der hierfür erforderlichen Toleranz zu einer selbstverständlichen Orientierung politischen Handelns wird. Dann kann noch ein weiterer Faktor hinzutreten: Das Gewaltmonopol und die Rechtsstaatlichkeit werden in politischer Kultur verankert, denn ohne diese blieben beide ohne emotionale Grundlage. Die materiellen Leistungen („soziale Gerechtigkeit") erweisen sich dabei als eine wichtige Brücke zwischen dem Institutionsgefüge und dessen positiver emotionaler Absicherung („Bürgergesinnung").

**Das Hexagon als Verarbeitung historischer Erfahrungen**

Im Zivilisatorischen Hexagon wird eine historische Erfahrung aus der neuzeitlichen Geschichte in Teilreligionen Europas gebündelt. Historisch betrachtet hat sich seit dem Ende des europäischen Mittelalters zunächst das Gewaltmonopol herausgebildet; dieses Monopol war das Ergebnis lang anhaltender politischer Ausscheidungskämpfe (in der Regel von Kriegen) um Vormachtstellungen. Zusammen mit der Herausbildung des Gewaltmonopols begannen sofort die Konflikte um die Kontrolle dieses Gewaltmonopols; langfristig mündeten sie in die Institutionalisierung von Rechtsstaatlichkeit. Die Ausdifferenzierung und Vernetzung der sich modernisierenden Gesellschaft in der Folge großflächig werdender Verkehrswirtschaften und immer feinmaschigerer Kommunikationsstrukturen erfolgten zeitverschoben. Den Kampf um demokratische Partizipation, vorstellbar nur auf der Grundlage sozial mobil gewordener Gesellschaften, ging einher mit Auseinandersetzungen um soziale Gerechtigkeit, insbesondere Verteilungsgerechtigkeit. Parallel dazu entfaltete sich schrittweise eine politische Konfliktkultur liberaler Prägung.

*Dieter Senghaas, Frieden als Zivilisierungsprojekt, in: Ders. (Hg.), Zum irdischen Frieden, Frankfurt/ M. 2004, S. 30 ff.*

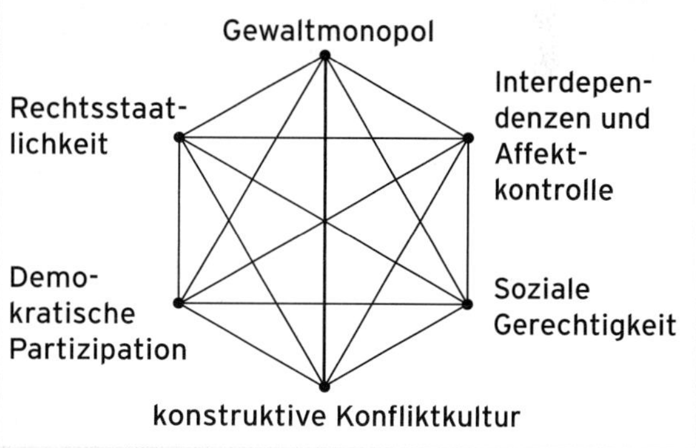


## Aufgaben

1. Geben Sie die Bedingungen wieder, die zu einer zivilisierten Austragung von Konflikten innerhalb von Staaten erfüllt sein sollten.
2. Arbeiten Sie heraus, ob und inwieweit sich das „Zivilisatorische Hexagon" auch dazu verwenden lässt, den Grad der Friedlichkeit zwischen Staaten einzuschätzen.
3. Beurteilen Sie den Grad der Friedlichkeit Somalias anhand des „Zivilisatorischen Hexagons".

## Transformation der Bundeswehr

**1989**
- Bundeswehr: Truppenstärke ca. 495.000 Soldaten (davon ca. 218.000 Wehrdienstleistende)
- Nationale Volksarmee der DDR (NVA): Truppenstärke ca. 155.000 Soldaten (zzgl. Grenztruppen)

**1990**
- Auflösung der NVA
- Verteidigungsetat (inkl. NVA): 57,54 Mrd. DM (29,42 Mrd. Euro) = 15,1% des Bundeshaushalts
- 2 + 4-Verträge (zur deutschen Einigung) setzen maximale Truppenstärke auf 370.000 Soldaten fest
- Erster „Out-of-area-Einsatz": u.a. Minenräumung im Persischen Golf

**1992**
- Beginn der Unterstützungseinsätze im Rahmen der Staatenzerfallskriege Jugoslawiens

**1994**
- Truppenstärke: 370.000 Soldaten (davon ca. 150.000 Wehrdienstleistende)
- Bundesverfassungsgericht urteilt, dass der Bundestag allen Auslandseinsätzen der Bundeswehr (nach Art. 24 GG) zustimmen muss (Parlamentsarmee).

**1999**
- Erster Kampfeinsatz der NATO und der Bundeswehr, Bombardierung der jugoslawischen Armee zum Schutz von verfolgten Kosovo-Albanern; kein UN-Mandat

## 1.1.5 Auslandseinsätze auch in Zukunft? Die Transformation der Bundeswehr zur Parlamentsarmee „out-of-area"

### M 18 ● Wichtige Auslandseinsätze der Bundeswehr

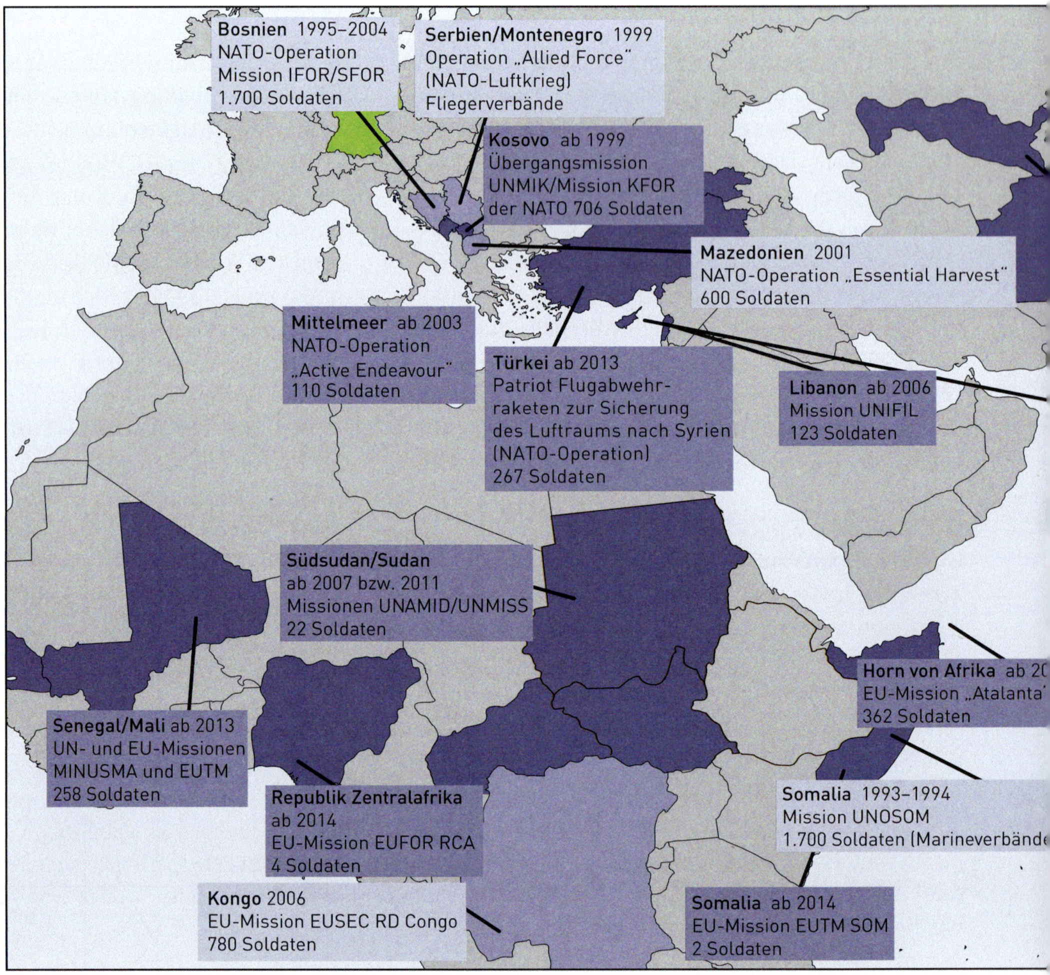


*Zahlen: Bundeswehr, Stand: 16.6.2014*

### M 19 ● Die Linke: Abzug aller deutschen Truppen aus dem Ausland!

*Ein Großteil der Abgeordneten im Bundestag ist nicht grundsätzlich gegen Auslandseinsätze der Bundeswehr. Neben einzelnen Volksvertretern anderer Parteien lehnt die Fraktion „Die Linke" aber jeglichen Einsatz deutschen Militärs im Ausland ab.*

Die Kosten für die Auslandseinsätze [der Bundeswehr] sind für das Jahr 2013 mit 1,1 Milliarden Euro veranschlagt. Davon entfallen alleine für den Afghanistaneinsatz (ISAF) der Bundeswehr etwas über eine Milliarde Euro. Die realen Kosten liegen meist wesentlich höher als die veranschlagten. Laut einer Studie des Deutschen Instituts für Wirtschaftsforschung (DIW) liegen die Kosten allein für den Afghanistan-Einsatz unter Berücksichtigung volkswirtschaftlicher Belastungen bei drei Milliarden Euro pro Jahr.

DIE LINKE lehnt die Auslandseinsätze der

Bundeswehr vor allem aus zwei Gründen ab: Zum einen muss das Friedensgebot der Charta der Vereinten Nationen strikt befolgt und in den Mittelpunkt von Konfliktlösungen gestellt werden. Zum anderen ist

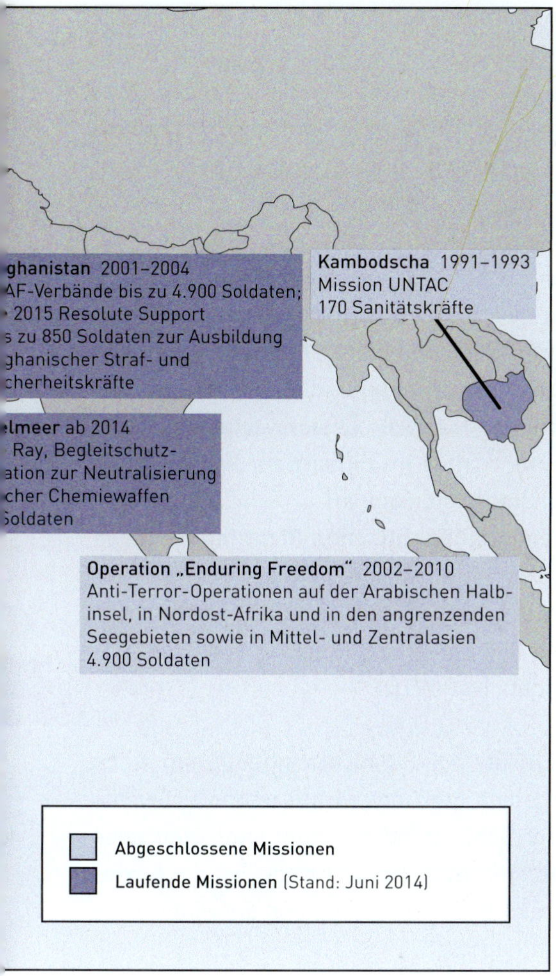


es eine Tatsache, dass der Einsatz von Militär keine Konflikte löst. Militärs sind oftmals Teil des Problems. [...] [I]n militärischen Kampfhandlungen leidet zuerst und vor allem die Zivilbevölkerung. Bestenfalls werden oberflächlich die unmittelbaren Kampfhandlungen eingedämmt. Militäreinsätze haben, so zeigen es die Erfahrungen auf dem Balkan, in Afghanistan und Libyen, oftmals zur Folge, dass den Menschen ein einseitiger Lösungsversuch von außen aufgezwungen wird. Das Resultat war und ist häufig eine Art militärische Dauerbesatzung, um den Ausbruch neuer Gewalthandlungen zu verhindern („frozen Conflicts"). Mit dieser Strategie schafft man keinen Frieden. Zivile Krisenvorsorge sowie ziviles Konfliktmanagement spielen im Vergleich zu den militärischen Maßnahmen nahezu keine Rolle mehr. [...]

Hinzu kommt, Deutschland wird seine „Verantwortung in der Welt" nicht durch den Einsatz der Bundeswehr gerecht, sondern nur durch eine faire und transparente Außen-, Sicherheits- und Wirtschaftspolitik – kurz um einer echten Friedenspolitik, die ihren Namen verdient. DIE LINKE lehnt alle Auslandseinsätze, auch mit UN-Mandat, ab und fordert den vollständigen Abzug der Bundeswehr aus allen Einsatzgebieten. [...] Die militärischen Potenziale Deutschlands – und der EU – sollen zurückgebaut und der Verteidigungsetat verkleinert werden. DIE LINKE fordert zivile Krisenvorbeugung und Konfliktlösung als Alternative zu Kriegseinsätzen, deshalb soll mehr Geld in die Entwicklungszusammenarbeit und die zivile Krisenprävention investiert werden.

*DIE LINKE, Positionspapiere, Auslandseinsätze der Bundeswehr, www.linksfraktion.de, 20.11.2013*

- UN-Mandat zur Einrichtung einer ständigen NATO-Schutztruppe im Kosovo (KFOR); Gesamtstärke 2012: 6.000 Soldaten (davon 1.230 deutsche)

**2001**
- Terroranschläge in den USA (11.9.); NATO ruft ersten Bündnisfall aus
- Zweiter Kampfeinsatz: im Rahmen des UN-Mandats ISAF sind deutsche Soldaten in Afghanistan zur Sicherung der Regierung sowie als zivile Aufbauhelfer im Einsatz

**2008**
- Beginn der Anti-Piraterie-Operation Atalanta (UN-Mandat)

**2011**
- Truppenstärke: 221.000 Soldaten (davon ca. 9.300 Wehrdienstleistende)
- Verteidigungsetat: 31,55 Mrd. Euro = 10,3% des Bundeshaushalts
- Aussetzung der Wehrpflicht zum 1. Juli

**2013**
- Nato-Einsatz an der syrischen Grenze des EU-Beitrittskandidaten Türkei

**2014**
- großteiliger Abzug aus Afghanistan

## Aufgaben

1. Beschreiben Sie die Transformation der Bundeswehr seit der Wiedervereinigung.
2. Geben Sie die Argumente der Bundestagsfraktion „Die Linke" gegen (zukünftige) Auslandseinsätze der Bundeswehr wieder (M 19).
3. a) Entwickeln Sie eine Gegenposition zur Haltung der Fraktion „Die Linke". Berücksichtigen Sie dabei mindestens die Werte „Sicherheit" und „Frieden" sowie das Kriterium „(internationales und Menschen-)Recht".

   b) Nehmen Sie Stellung, ob die Bundeswehr im Ausland eingesetzt werden sollte.

**H** zu Aufgabe 3
Ordnen Sie die Argumente für und gegen Auslandseinsätze Ihnen bekannten Urteilskategorien/-kriterien zu.

ORIENTIERUNGSWISSEN

**Anti-Piraterie-Einsatz der EU vor Somalia**
M 9

Bei der **Operation Atalanta** handelt es sich um den größten gemeinsamen Out-of-area-Einsatz der EU-Staaten. Zum einen sollten maritime Zufahrtswege für Hilfsorganisationen, zum anderen eigene Handelswege gesichert werden. Damit deckt sich der UN-mandatierte Auftrag mit der EU-Sicherheitsstrategie (ESS), nach der nicht nur die Bewahrung der Menschenrechte und aktiver Multilateralismus Leitlinie der Gemeinsamen Außen- und Sicherheitspolitik (GASP) der EU sein soll, sondern insbesondere die Sicherung der eigenen Außengrenzen (durch einen Ring stabiler Staaten um die EU), des Handels und der Energieeinfuhr in die Union. Kritiker bemängeln, dass die EU für die Symptom-, sprich Piratenbekämpfung deutlich mehr Mittel einsetzt als für die Behebung der Ursachen der Seeräuberei.

**Out-of-area-Einsätze der Bundeswehr**
M 10, M 13

Bei der Bundeswehr handelt es sich um eine sogenannte Parlamentsarmee, d. h. dass alle Auslandseinsätze vom Bundestag beschlossen bzw. turnusmäßig verlängert werden müssen. Diese Regelung wurde 2005 mit dem **„Parlamentsbeteiligungsgesetz"** rechtlich kodifiziert. Hieran zeigt sich besonders deutlich der Wandel der Bundeswehr nach 1990 von einem stehenden Heer zur Gebietsverteidigung gegen einen klar definierten Gegner hin zu einer Armee im Einsatz zur **Verteidigung deutscher Interessen** in den unterschiedlichsten Weltregionen.
Diese Interessen sind definiert in den **Verteidigungspolitischen Richtlinien**. Neben dem klassischen Gebietsschutz finden sich hier vor allem die Konfliktprävention (insofern deutsche Interessen berührt werden), Bekenntnis zu Bündnissystemen (NATO), Förderung der Menschenrechte und des Völkerrechts (UNO) sowie die Bewahrung ungehinderten und freien Welthandels (vgl. WTO).

**Somalia – ein „neuer Krieg"?**
M 16, M 18

Zwar handelt es sich beim Anti-Piraterie-Einsatz der EU nicht eindeutig um einen „neuen Krieg", denn z. B. wird von den Organisatoren der Piraterie das Schwelen eines Konflikts aus ökonomischen Gründen nicht intendiert. Allerdings sind auch mehrere Merkmale erfüllt: Hauptsächliches Merkmal „neuer Kriege" ist die **Asymmetrie**. Diese herrscht völker- und kriegsrechtlich, weil höchstens auf einer Seite reguläre Staatstruppen kämpfen, und waffentechnisch.
Ein weiteres wichtiges Unterscheidungsmerkmal: In „alten Staatenkriegen" wurde die Gewalt zur Beendigung des Krieges – nämlich zur Überwindung des Gegners – eingesetzt. „Neue Kriege" sind zumindest vonseiten der privaten Akteure eher auf **Dauerhaftigkeit** angelegt, da die Teilnehmer (ökonomischen) Gewinn aus dem Gewaltzustand ziehen.

**Auslandseinsatz vor Somalia**
M 19

Kritiker werfen der Bundespolitik vor, reine Handelsinteressen am Horn von Afrika zu verfolgen und die Bewahrung und Wiederherstellung der Menschenrechte höchstens als sekundäres Ziel zu betrachten. Selbst Befürworter von Auslandseinsätzen sehen Optimierungsbedarf. Zum einen solle mehr Wert auf die Konfliktverhütung denn auf die Intervention gelegt werden. Zum anderen müssten von vornherein realistischere Ziele gesetzt werden – z. B. Stabilisierung des staatlichen Gewaltmonopols anstatt vollständige Demokratisierung.

KOMPETENZEN ANWENDEN

## Militärische Auslandseinsätze (der Bundeswehr) bewerten

„Von deutschem Boden darf nie wieder ein Krieg ausgehen". Ein Satz, der, formuliert nach dem Zweiten Weltkrieg, nichts von seiner Gültigkeit verloren hat. Die albtraumhaften Ereignisse der Jahre 1939 bis 1945, ausgelöst durch ein extremistisch-größenwahnsinniges Regime und getragen durch eine ganze Nation, hat vor allem den Deutschen jede Form der Kriegslüsternheit ausgetrieben. Bis heute. Das ist die gute Nachricht. Die schlechte: Der Pazifismus europäischen Zuschnitts ist keine weltweite Bewegung geworden. Bis heute nicht. Und er wird es so schnell auch nicht werden. Dutzende von bewaffneten Konflikten gab es in den vergangenen Jahren. Neben Angriffskriegen und Unabhängigkeitskriegen auch so genannte Verteidigungskriege wie der Feldzug in Afghanistan. Es war ein „guter" Krieg, damals 2001, im Angesicht des Schreckens, den al-Qaida mit den Anschlägen auf die USA verbreitet hatte. Das Land am Hindukusch war nicht nur Brut- und Ausbildungsstätte von radikal-islamistischen Terroristen, sondern auch beherrscht von einem Regime, das als unmenschlich, brutal und rückständig betrachtet wurde. Es fiel nicht wirklich schwer, diese Invasion zu rechtfertigen.

[...] Jede Verlängerung oder Ausweitung eines Bundeswehr-Auslandseinsatzes, sei es auf dem Balkan oder Tornado-Aufklärungsflüge über Afghanistan, muss dem Parlament mühsam abgerungen werden. Das ist auch gut so. Ein Land wie Deutschland mit seiner Vergangenheit darf es sich nicht leicht machen mit dem Kriegführen. Aber es sollte auch nicht davor zurückschrecken.

Natürlich ist es wünschenswert, für jeden Konflikt eine politische Lösung zu finden. Wünschenswert, aber unrealistisch. Und wenn sich die internationale Gemeinschaft gezwungen sieht, militärisch zu intervenieren, dann sollte Deutschland nicht außen vor bleiben. Dieses Land ist eine der größten Wirtschaftsnationen, es steht auf Platz 13 der bevölkerungsreichsten Länder der Welt, es ist ein Global Player, dem zum Glück Großmannssucht und Geltungsdrang in 60 Jahren Frieden und Wohlstand fremd geworden sind. Es ist zudem NATO und EU-Mitglied und gern und angesehener Makler in der internationalen Politik.

Ein so wichtiger Teil der internationalen Gemeinschaft kann und sollte sich nicht drücken, wenn es Ernst wird. Und die hämischen Kommentare der Alliierten nach dem von einem deutschen Offizier angeordneten Luftangriff in Afghanistan zeigen: Nur wer mitkämpft, bekommt Respekt. Und wer Respekt genießt, darf mitreden. Und wer mitredet, darf mitbestimmen. Dass es nicht verkehrt sein muss, wenn Deutschland mitbestimmt, zeigt sich bei der neuen US-Strategie für den Einsatz am Hindukusch: Sie orientiert sich in Teilen an dem, wie die Bundeswehr ursprünglich in Afghanistan gekämpft hat: mit Pflugscharen statt mit Schwertern.

*Niels Kruse, Nur wer kämpft, darf mitreden, www.stern.de, 11.9.2009*

### Aufgaben

1. Geben Sie die Position und die Argumentation Kruses für Auslandseinsätze der Bundeswehr wieder.
2. Vergleichen Sie Kruses Begründungen für Auslandseinsätze mit den Verteidigungspolitischen Richtlinien sowie den Interessen der Bundesrepublik an dem Einsatz vor Somalia.
3. Nehmen Sie Stellung zu Kruses Position. Beziehen Sie hierbei auch Ihre Kenntnisse zu „neuen Kriegen" mit ein.

# 1.2 Die NATO in Afghanistan – erfolgreicher Einsatz eines sich verändernden Bündnisses?

## 1.2.1 Afghanistan-Mission erfolgreich beendet?

### M 1 ● NATO-Abzug aus Afghanistan

*Karikatur: Jürgen Tomicek*

### M 2 ● Warum kämpft(e) die NATO in Afghanistan?

„Nichts wird mehr sein, wie es war." Diese spontane Reaktion auf die Anschläge vom 11. September 2001 ging um die Welt. 19 al-Qaida-Terroristen hatten vier Passagier-Flugzeuge entführt und auf Ziele in den USA zugesteuert. Die ersten beiden Flugzeuge brachten die Zwillingstürme des World Trade Centers zum Einsturz, das dritte Flugzeug steuerten die Terroristen in das Pentagon. Die vierte Maschine stürzte wenig später in Pennsylvania ab. Ihr Ziel war das Weiße Haus in Washington. Insgesamt starben bei den Anschlägen mehr als 3.000 Menschen, doppelt so viele wurden verletzt. [...]

Unter dem Eindruck der Anschläge wurde der 11. September 2001 vielfach als historische Zäsur, als Paradigmen- oder Epochenwechsel gewertet. Zugleich rückte das Bedrohungsszenario durch den islamistischen Terror an die Spitze der internationalen Sicherheitsagenda. Bereits einen Tag nach den Anschlägen verabschiedete der UN-Sicherheitsrat eine Resolution, in der diese als eine „Bedrohung des Weltfriedens" verurteilt wurden. Die NATO beschloss am 4. Oktober zum ersten Mal in ihrer Geschichte den Bündnisfall. „Ein bewaffneter Angriff gegen einen Bündnispartner wird als Angriff gegen alle angesehen", so der damalige Generalsekretär George Robertson. [...]

Auch die damalige US-Regierung unter Präsident George W. Bush reagierte auf die Anschläge umgehend mit einem Kurswechsel: Der Kampf gegen den Terror wur-

**NATO**

- Nordatlantisches Militärbündnis (Beistandpflicht bei Angriff auf ein Mitglied)
- gegründet 1949
- zurzeit 28 Mitgliedstaaten aus Nordamerika und Europa

**Taliban**

- radikal islamische Gruppierung/en
- Ursprünge in pakistanischen Religionsschulen (talib (arab.) = Student, Suchender)
- herrschten in Afghanistan von 1996-2001
- Ideologie: völlige Entrechtung von Frauen (z. B. Burka-Zwang, Schulverbot), drakonische Körperstrafen, Musikverbot u.Ä.

**ISAF**

- *International Security Assistance Force* unter Führung der NATO
- Frieden erzwingende Stabilisierungs- und Aufbaumission in Afghanistan
- legitimiert durch UN-Resolution vom 20.12.2001
- größte Truppenstärke: ca. 140.000 Soldaten (2010)

de zur zentralen Aufgabe der US-Außenpolitik erklärt. Die erste militärische Maßnahme war die Operation „Enduring Freedom". Zu dieser gehörte der Einmarsch der NATO-Truppen in Afghanistan am 7. Oktober 2001. Osama bin Laden, Drahtzieher der Attentate und Kopf des Terrornetzwerks al-Qaida, sollte gefasst und die Taliban-Diktatur, die al-Qaida im Land Unterschlupf gewährte, sollte gestürzt werden. Im Dezember 2001 wurden die Taliban entmachtet. In den darauffolgenden zehn Jahre wurde Osama bin Laden zum meist gesuchten Mann der Welt. Am 2. Mai 2011 erschoss ihn schließlich ein Sonderkommando der US Navy Seals in seinem Versteck im pakistanischen Abbottabat.

*bpb, Hintergrund aktuell, 9/11 und die Folgen, www.bpb.de, 29.11.2012*

**OEF-A**

- *Operation Enduring Freedom – Afghanistan* unter Führung der USA
- Teil weltweiter Operationen zur Terrorismus-Bekämpfung
- nicht eindeutig durch UN-Sicherheitsrat legitimiert

## M 3 ● Woran misst die NATO ihren Erfolg in Afghanistan? Ziele ab 2008/09

Mit der Vereinbarung [von 2009], bis zum Jahr 2011 rund 134.000 afghanische Soldaten und 82.000 Polizisten ausbilden zu wollen, gibt es nun ein konkretes Ziel, das die Mission eingrenzt. [...]
Es gehe „nicht darum, unsere Demokratie auf Afghanistan zu übertragen", sagte Jung [Bundesverteidigungsminister 2005-2009] und fügte hinzu: „Unser Auftrag ist ein Sicherheitsauftrag." Ein Rückfall Afghanistans in die Zeit, in der es Ausbildungslager für Terroristen war, solle verhindert werden. [...] Bislang hat die Regierung [...] in Bundestagsdebatten gerne als Erfolg herausgestellt, dass auch ein Stück Demokratieexport bereits gelungen sei, wenn etwa darauf verwiesen wurde, dass Mädchen inzwischen wieder zur Schule gehen können. Die Taliban hatten Mädchen und Frauen komplett aus dem öffentlichen Leben verbannt. [...]
Gleichwohl ermuntern die USA die Regierung des afghanischen Präsidenten Hamid Karsai zu einem Dialog mit den gemäßigten Taliban. So forderte Außenministerin Hillary Clinton in Den Haag, dass die extremistischen Taliban von denen getrennt werden müssten, die sich ihnen nur aus Verzweiflung angeschlossen hätten. Eine Beteiligung von gemäßigten Taliban an einer afghanischen Regierung würde das Land aber sicher auf einen anderen Pfad führen als den einer Demokratie nach westlichem Muster. Aber dieser Weg könnte schneller Richtung Exit, also zum Abzug der ausländischen Truppen führen.

*www.derwesten.de, 1.4.2009*

## M 4 ● NATO-Ziele erreicht?

a) Entwicklung der Zahl afghanischer Streitkräfte

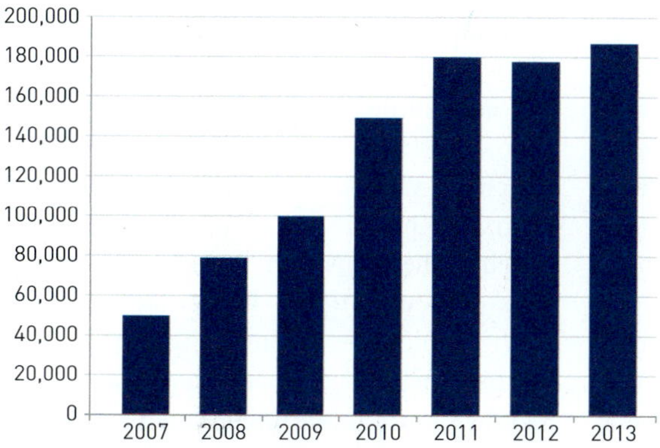


b) Entwicklung der Zahl afghanischer Polizeikräfte

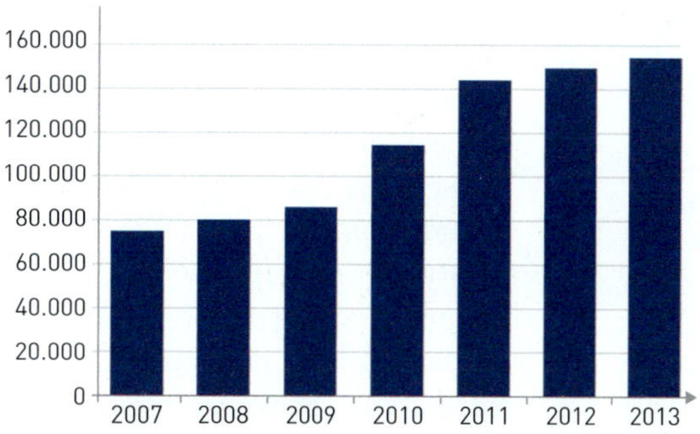


*Zahlen: Ian S. Livingston, Michael O'Hanlon, Brookings Afghanistan Index, 31.3.2014, S. 6*

## M 5 NATO-Ziele verfehlt?

### a) Getötete Zivilisten in Afghanistan

*Regierungsgegner verursachten [z.B. durch Selbstmordanschläge] 2.959 Todesfälle afghanischer Zivilisten im Jahr 2013 im Zusammenhang des Afghanistan-Krieges. Somit sind Regierungsgegner im Jahr 2013 für 74% der Todesfälle von Zivilisten im Kontext des Konflikts verantwortlich.*

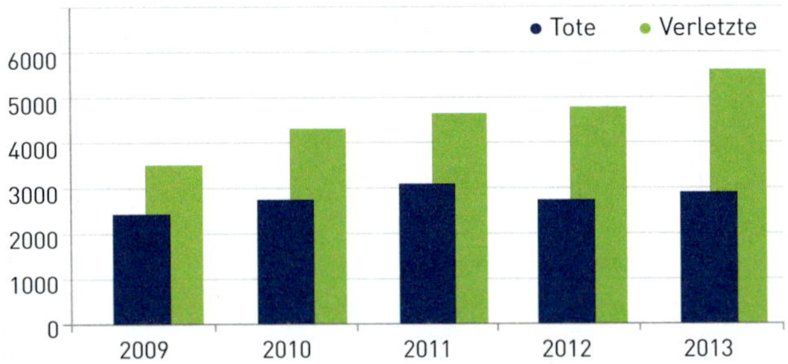


*Zahlen: United Nations Assistance Mission in Afghanistan (UNAMA), Afghanistan Annual Report 2013, Kabul 2014, S. 3*

### b) Entwicklung der Korruption in Afghanistan

*Die Nichtregierungsorganisation* Transparency International *veröffentlicht jährlich den* Annual Corruption Perceptions Index (CPI), *in dem die Länder nach dem Maß der Bestechlichkeit von Regierung, Verwaltung, Sicherheitskräften und Wirtschaft eingestuft werden:*

| Jahr | Rang Afghanistan | Zahl der untersuchten Länder |
|---|---|---|
| 2005 | 117 | 159 |
| 2006 | k.A. | 163 |
| 2007 | 172 | 180 |
| 2008 | 176 | 180 |
| 2009 | 179 | 180 |
| 2010 | 176 | 178 |
| 2011 | 180 | 182 |
| 2012 | 174 | 176 |
| 2013 | 172 | 174 |

*Zahlen: Ian S. Livingston, Michael O'Hanlon, Brookings Afghanistan Index, 31.3.2014, S. 19*

## M 6 Die Situation in Afghanistan

Die Provinz [Kundus] im Norden Afghanistans ist der Inbegriff für die deutsche Beteiligung am Afghanistan-Krieg. Hier haben die Deutschen nach dem Hauptstützpunkt im wesentlich ruhigeren Masar-i-Scharif den größten Außenposten betrieben. [...] Mit Sorge beobachteten die Afghanen im vergangenen Oktober, wie die letzten Soldaten gingen, zu prekär erschien ihnen die Sicherheitslage, zu wenig trauten sie ihren eigenen Sicherheitskräften zu, für Ordnung zu sorgen. Der Abzug erfolge zu früh, so war die allgemeine Auffassung. [...]

Mohammed [...] [lebt] etwa 80 Kilometer von Kundus-Stadt entfernt und gilt inzwischen wieder als eines der gefährlichsten Gebiete der Provinz. „Nur das Zentrum meines Distrikts ist noch sicher", sagt Mohammed am Telefon. [E]r bittet darum, nicht unter seinem richtigen Namen in der Zeitung erwähnt zu werden – aus Angst vor Repressalien der Taliban. [...] Die Aufständischen haben in den vergangenen Monaten ihre Schlagkraft deutlich erhöht, das gilt auch für andere Distrikte wie Char Darah und Archi. „In der Vergangenheit haben die Taliban in kleinen Gruppen agiert und Anschläge gegen die Regierungstruppen durchgeführt", sagt Mohammed. „Aber jetzt ist ihre Präsenz gewaltig und stellt eine ernsthafte Bedrohung dar." [...]

Sybille Schnehage engagiert sich seit 25 Jahren in Kundus. Sie betreibt den deutschen Verein Katachei, der Schulen in der Provinz bauen lässt, Näherinnen ausbildet und Nothilfe leistet. Immer wieder bereist sie den Norden Afghanistans, um sich den Fortschritt der Projekte selbst anzusehen. Doch so viel Angst wie dort im Moment herrscht, hat sie seit Langem nicht mehr erlebt. „Die Menschen haben große Sorgen vor der Zukunft, sie fühlen sich hilflos", sagt Schnehage. Nach 17 Uhr traue sich kaum noch jemand auf die Straße, Anschläge und Entführungen seien an der Ta-

**Stellvertreterkonflikt**

Konflikt, in dem sich zwei (oder mehr) Länder nicht direkt, sondern in und „vertreten" durch Drittstaaten gewaltsam auseinandersetzen gesordnung. Vom Nachbarn ihres afghanischen Projektleiters forderten Kidnapper unglaubliche 40 Millionen US-Dollar Lösegeld. Sonst werde er, so die Drohung, seinen Sohn nie wieder sehen. Der verzweifelte Mann brachte zwar einige Tausend Dollar auf, doch die geforderte Summe war für ihn natürlich jenseits aller Möglichkeiten. Seinen Sohn erhielt er nicht lebend zurück – die Entführer legten den ermordeten Jungen vor der Haustür ab. [...] Gesetzlosigkeit präge den Alltag der Menschen.

Das hat aus ihrer Sicht vor allem damit zu tun, dass es den jungen Menschen an Perspektiven mangelt: Der Hauptfehler des westlichen Einsatzes sei es gewesen, keine nachhaltigen wirtschaftlichen Strukturen zu schaffen. So gebe es nun unzählige Afghanen, die keine Jobs finden. Vor allem seit dem Abzug des Militärs, für das viele junge, gut ausgebildete Einheimische als Übersetzer, Fahrer oder Boten arbeiten konnten, gebe es nun nur noch wenige Möglichkeiten, um die Familie zu ernähren.

*Tobias Matern, Die Taliban sind zurück, Süddeutsche Zeitung, 15.9.2014*

## M 7 ● Getötete Soldaten aus NATO-Staaten im Afghanistan-Krieg

| | Insgesamt | davon aus ... | | |
|---|---|---|---|---|
| | | USA | Großbritannien | Deutschland |
| 2001 | 12 | 12 | 0 | 0 |
| 2002 | 70 | 49 | 3 | 10 |
| 2003 | 58 | 48 | 0 | 6 |
| 2004 | 60 | 52 | 1 | 0 |
| 2005 | 131 | 99 | 1 | 4 |
| 2006 | 191 | 98 | 39 | 0 |
| 2007 | 232 | 117 | 42 | 7 |
| 2008 | 295 | 155 | 51 | 3 |
| 2009 | 521 | 317 | 108 | 7 |
| 2010 | 711 | 499 | 103 | 9 |
| 2011 | 566 | 418 | 46 | 7 |
| 2012 | 402 | 310 | 44 | 0 |
| 2013 | 160 | 127 | 9 | 1 |
| 2014* | 75 | 55 | 6 | 0 |

*Zahlen: www.icasualties.org*

*Stand: Dezember 2014

## Aufgaben

1. Analysieren Sie die Karikatur (M 1).
2. Geben Sie die Motive und die (sich verändernden) Ziele der NATO(-Staaten) für eine Militärintervention in Afghanistan seit 2001 wieder (M 2, M 3).
3. Analysieren Sie die Statistiken zur Entwicklung der Sicherheit in Afghanistan und stellen Sie deren Aussagen einander gegenüber (M 4, M 5).
4. Erörtern Sie, ob es sich bei der Afghanistan-Intervention der NATO um einen sicherheitspolitischen Erfolg handelt (M 3–M 7).

M zu Aufgabe 4
Führen Sie eine Podiumsdiskussion durch zu der Frage „Afghanistan-Mission der NATO – ein sicherheitspolitischer Erfolg für Afghanistan und den Westen?" Beteiligte: NATO-Generalsekretär, Vorsitzender des Beirats von Transparency International, Bundesminister der Verteidigung, Innenminister Afghanistans.

## 1.2.2 Die NATO im 21. Jahrhundert – richtige Strategie für den Frieden?

### M 8 Was ist von der NATO zukünftig zu erwarten?

Die NATO schwindet dahin... weil sie keine Lösungen für neue Bedrohungen anbieten kann. [...] Die NATO wird überhäuft mit neuen Aufgaben, Mitgliedern und Einsätzen [...]. [Sie hat] sich von einer verschworenen Allianz im Angesicht des Kalten Krieges zu einem lockeren Zusammenschluss gleichgesinnter Staaten gewandelt [...].

*Peter van Ham, Direktor der Global Governance-Abteilung des niederländischen Instituts für internationale Beziehungen Clingendael in Den Haag*

Die NATO ist nötiger denn je... weil nur sie den Rahmen für multilaterale Einsätze bieten kann. [...] [Aus] dem Zerfall von Staaten, Bürgerkriegen und ethnischen Konflikten rühren [...] Entwicklungen, die unmittelbar die Sicherheit von Bündnismitgliedern berühren und die deshalb gemeinsames Handeln erfordern. [...] [M]assive Verletzung von Menschenrechten, wie sie in ethnischen Vertreibungen und Genoziden geschieht, [erfordern] Maßnahmen der internationalen Gemeinschaft [...], die von der NATO durchgeführt werden [...]. Keine dieser Aufgaben kann von einem Staat allein, selbst nicht von den USA, mit Aussicht auf Erfolg in Angriff genommen werden.

*Karl Kaiser, Gastprofessor am Weatherhead Center for International Affairs und der Kennedy School of Government der Harvard University*

*Friedensstifter oder Fachidiot? Was die NATO noch – oder nicht mehr kann, IP, März 2008, S. 16 ff.*

### M 9 Grundsätze der NATO – der Nordatlantikvertrag von 1949

**Artikel 1**

Die Parteien verpflichten sich, in Übereinstimmung mit der Satzung der Vereinten Nationen, jeden internationalen Streitfall, an dem sie beteiligt sind, auf friedlichem Wege so zu regeln, dass der internationale Friede, die Sicherheit und die Gerechtigkeit nicht gefährdet werden, und sich in ihren internationalen Beziehungen jeder Gewaltandrohung oder Gewaltanwendung zu enthalten, die mit den Zielen der Vereinten Nationen nicht vereinbar sind.

**Artikel 5**

Die Parteien vereinbaren, dass ein bewaffneter Angriff gegen eine oder mehrere von ihnen in Europa oder Nordamerika als ein Angriff gegen sie alle angesehen wird; sie vereinbaren daher, dass im Falle eines solchen bewaffneten Angriffs jede von ihnen in Ausübung des in Artikel 51 der Satzung der Vereinten Nationen anerkannten Rechts der individuellen oder kollektiven Selbstverteidigung der Partei oder den Parteien, die angegriffen werden, Beistand leistet, indem jede von ihnen unverzüglich für sich und im Zusammenwirken mit den anderen Parteien die Maßnahmen, einschließlich der Anwendung von Waffengewalt, trifft, die sie für erforderlich erachtet, um die Sicherheit des nordatlantischen Gebiets wiederherzustellen und zu erhalten.

**Artikel 6**[1]

Im Sinne des Artikels 5 gilt als bewaffneter Angriff auf eine oder mehrere der Parteien jeder bewaffnete Angriff

- auf das Gebiet eines dieser Staaten in Europa oder Nordamerika, auf das Gebiet der Türkei oder auf die der Gebietshoheit einer der Parteien unterliegenden Inseln im nordatlantischen Gebiet nördlich des Wendekreises des Krebses;

- auf die Streitkräfte, Schiffe oder Flugzeuge einer der Parteien, wenn sie sich in oder über diesen Gebieten oder irgendeinem anderen europäischen Gebiet, in dem eine der Parteien bei Inkrafttreten des Vertrags eine Besatzung unterhält oder wenn sie sich im Mittelmeer oder im nordatlantischen Gebiet nördlich des Wendekreises des Krebses befinden.

*www.nato.int, 26.6.2014*

*[1]In der anlässlich des Beitritts Griechenlands und der Türkei 1952 durch Artikel 2 des Protokolls zum Nordatlantikvertrag geänderten Fassung.*

**Wendekreis des Krebses**
- 23°26'16" nördlicher Breite
- Grenze zwischen Tropen und Subtropen

## M 10 ● Politische und militärische Organisation der NATO

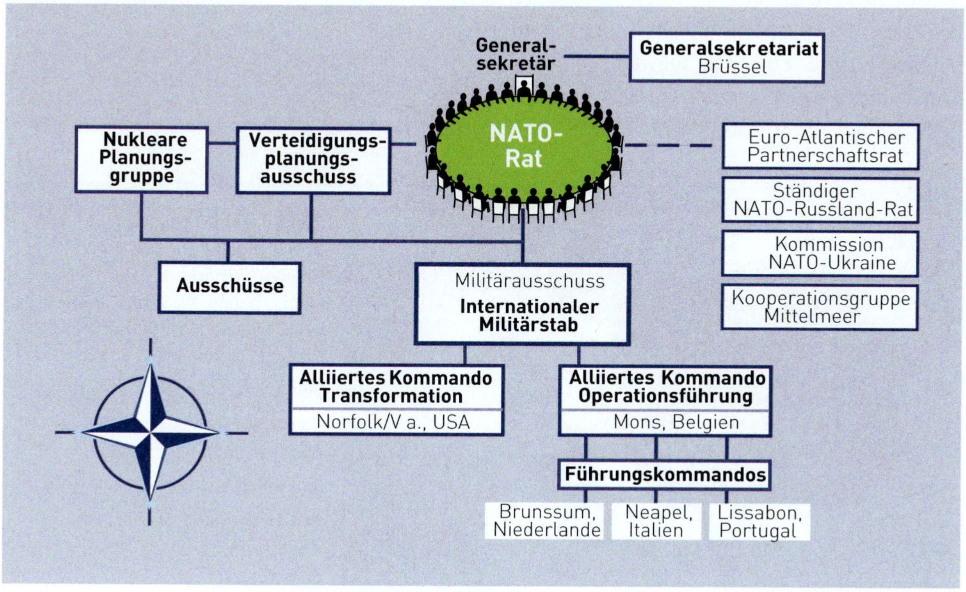


*Bergmoser + Höller Verlag AG, 621101*

**NATO-Rat**
- höchstes NATO-Organ bestehend aus den Verteidigungsministern der Mitglieder bzw. ständiger Botschafter
- Beschlüsse nach dem Einstimmigkeitsprinzip

## M 11 ● Geschichte der NATO in drei Phasen

Die erste Phase, der Ost-West Konflikt, war mit rund 40 Jahren Dauer die bei weitem längste und dominiert noch heute in weiten Teilen der Öffentlichkeit das Bild der Allianz. In dieser Phase war die NATO in erster Linie ein Instrument westlicher Selbstbehauptung gegen eine politisch-militärische Herausforderung durch die Sowjetunion und ihrer Verbündeten. Militärische Aufgabe der NATO war die Verteidigung des Bündnisterritoriums gegen eine Invasion – eine Aufgabe, die [...] ausschließlich durch Abschreckung, d.h. durch die bloße Androhung von Gewalt, wahrgenommen werden konnte. [...]

Die zweite Phase der NATO, vom Fall der Berliner Mauer 1989 bis zu den Terrorangriffen auf die USA im September 2001, war geprägt von einer zunehmenden gesamteuropäischen Verantwortung des Bündnisses. Politisch äußerte sich diese Verantwortung im Aufbau partnerschaftlicher Beziehungen mit den ehemaligen Gegnern in Mittel- und Osteuropa. Militärisch manifestierte sich die gesamteuropäische Rolle der NATO in ihren „peacekeeping“-Operationen auf dem westlichen Balkan. Diese Einsätze waren bereits Ausdruck der Tatsache, dass ein passiver, allein auf Abschreckung gegrün-

**peacekeeping**
Alle (militärischen und zivilen) Maßnahmen, die dazu geeignet sind, dauerhaften Frieden in einer Konfliktregion zu sichern; abzugrenzen u.a. von peace enforcement (Friedenserzwingung) und peace making (Friedensherstellung)

deter Ansatz in den neuen Konflikten keine Wirkung mehr haben würde. Ebenso machten sie deutlich, dass Bündnisinteressen und Bündnisraum nicht mehr deckungsgleich waren und die NATO in die Lage versetzt werden musste, auch jenseits des eigenen Bündnisterritoriums handeln zu können. [...][1]

Die Terroranschläge vom 11. September 2001 markierten den Beginn der dritten Phase der NATO. Nun war endgültig deutlich geworden, dass die größten Bedrohungen transatlantischer Sicherheit nicht mehr [...] aus Europa kommen würden, sondern von jenseits des Kontinents. Das traditionelle Selbstverständnis der NATO als eines rein „eurozentrischen" Bündnisses war damit obsolet. [...] Durch die Anwendung der kollektiven Beistandsverpflichtung auf den Terrorangriff eines „non-state actor" wurde die NATO selbst zum Teil einer globalen Auseinandersetzung.

*Michael Rühle, Entwicklungslinien des atlantischen Bündnisses, in: Aus Politik und Zeitgeschichte 43, 2006, S. 4*

*[1] Im bis 2010 gültigen NATO-Strategiepapier „The Alliance's Strategie Concept" vom 24.4.1999 findet sich diese Erweiterung des Aktions- über den Bündnisraum hinaus („out-of-area") sowie die – sehr umstrittene – Möglichkeit, auch ohne einen UN-Beschluss in einem Nicht-Mitgliedsland zu intervenieren. Erstmals war die NATO nicht mehr nur reines Verteidigungsbündnis („out-of-defense").*

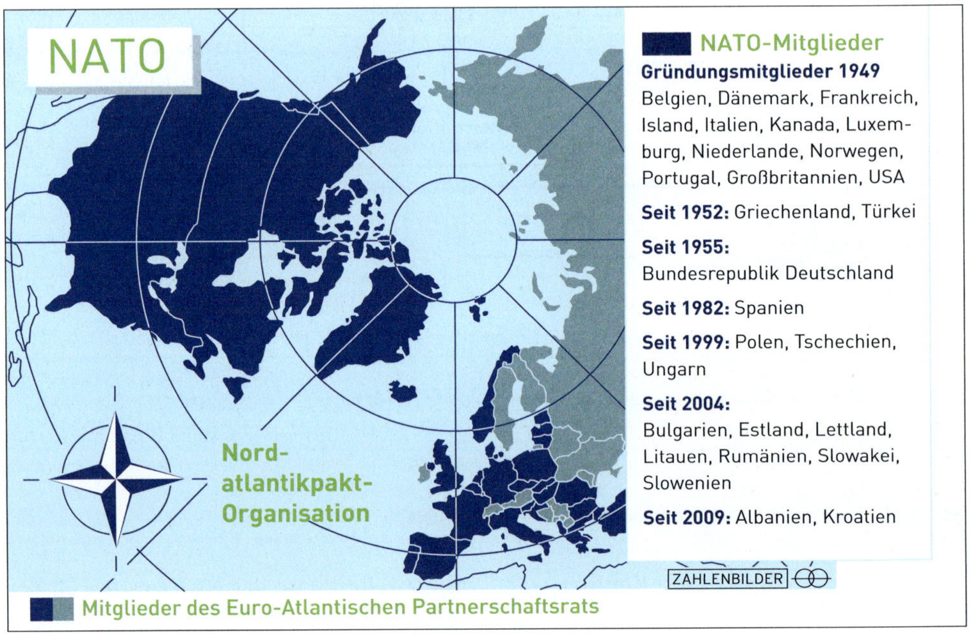


*Bergmoser + Höller Verlag AG, 62110*

## M 12 ● Klaus Naumann: Was nützt Europa die NATO?

[V]or allem die Ungewissheit über die Zukunft der EU, ausgelöst durch die europäische Währungskrise [...], [ist ein Sicherheitsproblem]. Mindern kann man die Schwächung Europas nur, wenn eine ausgleichende Macht wie die USA – die letztlich ein starkes Europa wollen – den nach Einigung strebenden Europäern Rückhalt gibt und die sich entfernenden Staaten wie Großbritannien und auch die Türkei an Europa bindet.

Hinzu kommen die ungelösten europäischen Dauerbrenner wie die Staatenprovisorien auf dem Balkan und die offenen Fragen in Moldawien, Georgien sowie zwischen Armenien und Aserbaidschan. Keine

dieser Fragen kann Europa aus eigener Kraft lösen, auch weil es alleine zu schwach und zu gespalten ist, um Russland zu Kompromissen zu bewegen. [...]
Die Türkei ist ein für die Sicherheit Europas nicht zu ersetzender Partner, [...] [sie] braucht als Land mit vielen unruhigen Grenzen und kaum berechenbaren Nachbarn [u.a. Syrien, Iran] Versicherung und Verankerung; die kann es nur in einem mit den USA verbündeten Europa finden. Doch die Türkei ist zutiefst enttäuscht von der EU, weil diese Mitglieder aufgenommen hat, die kaum die Forderungen erfüllen, die man an die Türkei stellt, und die zum Teil, im Gegensatz zum verlässlichen Verbündeten Türkei, vor 20 Jahren noch im Lager der Feinde des Westens standen.

*Klaus Naumann, Heute wertvoller denn je. Die NATO ist unverzichtbar für die Sicherheit in Europa und in der Welt, in: Internationale Politik 1/2013, S. 110-116*

## M 13 ● Die NATO-Strategie von 2010

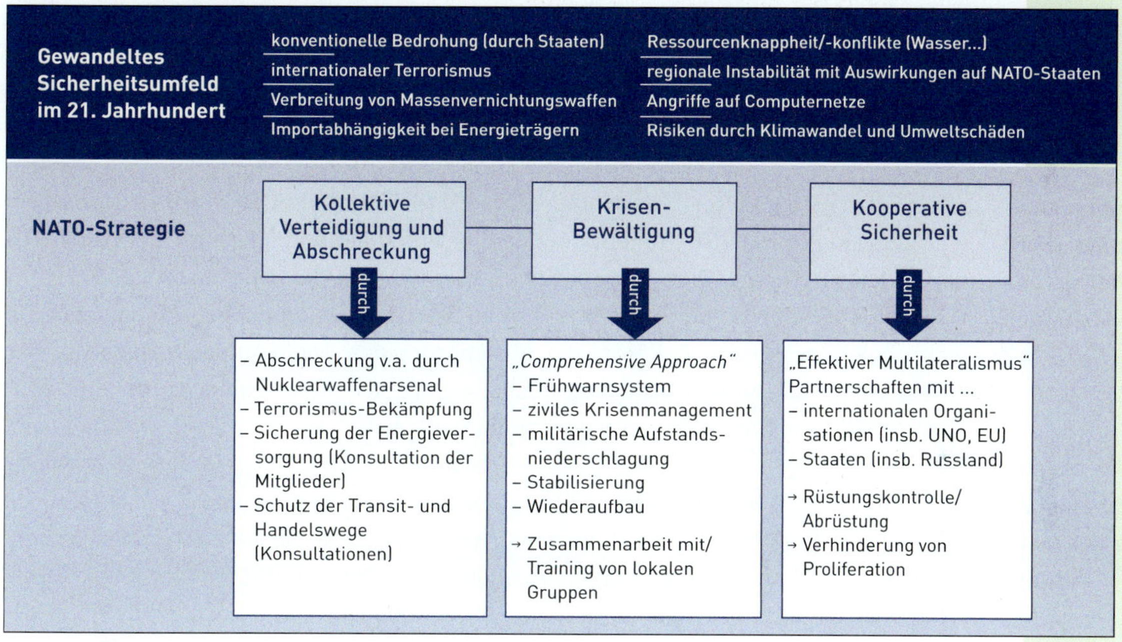


*Autorengrafik*

**Zum Verhältnis NATO – Russland**
→ siehe Kap. 3.1.3

## Aufgaben

1. Positionieren Sie sich vorläufig zu den beiden Zitaten zum zukünftigen Einfluss der NATO. Begründen Sie Ihre erste Einschätzung (M 8).
2. Charakterisieren Sie die Entwicklung der NATO seit 1990 als Reaktion auf die Veränderungen der geopolitischen Machtverhältnisse (seit 1989) und des gewandelten „Sicherheitsumfelds" seit 1989/90 und 2001 (M 9–M 12).
3. Überprüfen Sie die Zitate (M 8) vor dem Hintergrund des Afghanistan-Einsatzes sowie der NATO-Strategie von 2010. Berücksichtigen Sie auch die Einschätzung Naumanns (M 12).
4. Entwickeln Sie Kriterien, nach denen sich die NATO für oder gegen die Beteiligung an einer militärischen Intervention entscheiden sollte.

F Stellen Sie die Geschichte, die aktuelle Zusammensetzung und die Ziele der Schanghaier Organisation für Zusammenarbeit (SOZ) dar und beurteilen Sie anschließend die Frage, ob es sich dabei um einen (zukünftigen) Gegenspieler der NATO „im Osten" handeln (wird).

**Entwicklung der NATO**
M 9, M 11

Die „**North Atlantic Treaty Organization**" (**NATO**) umfasste bei ihrer **Gründung 1949** zwölf Mitgliedstaaten und hatte den Zweck, ein militärisches Gegengewicht gegen den Warschauer Pakt in Osteuropa zu bilden. Definiertes Ziel war die Verteidigung des eigenen Territoriums mit dem primären Mittel der Abschreckung. Die zweite Phase begann mit dem Zusammenbruch des Warschauer Paktes 1989/1990 und endete mit den Terroranschlägen in den USA 2001. Sie war geprägt durch das aktive militärische Eingreifen in die Staatszerfallskriege im ehemaligen Jugoslawien, also durch out-of-area-Einsätze (Einsätze außerhalb des Bündnisgebiets der NATO). Die **dritte Phase seit 2001** ist erstens geprägt durch den massiven Einsatz in Afghanistan, zweitens durch die Aufnahme ehemaliger Warschauer-Pakt-Staaten (z. B. Polen, Tschechische Republik, die baltischen Staaten, Kroatien) sowie durch eine deutliche Ausweitung der Agenda nicht nur auf Terrorismus-Bekämpfung, sondern auch etwa auf Ressourcensicherung, die präventive Stabilisierung von Regionen und Cyber-Attacken.
Insgesamt ist also von einer **Ausweitung** sowohl des Bündnisraums und der Operationsgebiete sowie der inhaltlichen Aufgaben zu sprechen. Auch eine drastische Änderung der Mittel hin zur Anwendung militärischer Gewalt geht damit einher.

**Afghanistan-Einsatz der NATO – Anlass und Entwicklungen**
M 2, M 3

Nach den al-Qaida-Terroranschlägen am 9.11.2001 in den USA wurde bislang zum einzigen Mal vom NATO-Rat der sogenannte **Bündnisfall** ausgerufen, der die NATO-Allierten verpflichtet, dem angegriffenen Mitglied militärisch beizustehen.
Die NATO-Soldaten operierten im Rahmen der UN-Mission **ISAF** in Afghanistan mit den Zielen Terrorismusbekämpfung, Absicherung des zivilen Aufbaus, Sicherung der Regierung und Demokratisierung. Insbesondere der letzte Punkt wurde aber spätestens 2009 mangels Erreichbarkeit fallengelassen.

**Afghanistan-Einsatz der NATO – Bilanz**
M 6

Die NATO blickt auf eine gemischte Bilanz des Einsatzes zurück. Zwar sind einige Erfolge im Bildungsbereich zu verzeichnen, und die Zahl der afghanischen Sicherheitskräfte erreicht zahlenmäßig das angestrebte Niveau. Aber weder kann für die Loyalität der afghanischen Armee und Polizei gebürgt werden noch ist die Korruption nachhaltig bekämpft worden. Zudem kamen 2011 mehr Zivilisten durch militärische Gewalt um als jemals zuvor. Auch die westlichen Truppen hatten gerade in den Jahren 2009 bis 2011 schmerzhafte Verluste zu tragen.

**Zukunft der NATO**
M 13

Zwar hat die Libyen-Krise 2011 gezeigt, dass die Nordatlantikorganisation nach wie vor das handlungsfähigste Militärbündnis ist. Aber es drohen **interne Konflikte** zwischen den USA, die ihren auch militärischen weltweiten Führungsanspruch behaupten wollen, den Westeuropäern, die auf einer unbedingten Bindung an die UNO beharren und ein gutes Verhältnis zu Russland anstreben (auch zur Energieversorgung), sowie den neuen osteuropäischen NATO-Staaten, die sich – geschichtlich bedingt – in starker Opposition zu Russland befinden. Strategisch ist die Schwierigkeit einer **Überdehnung** erkennbar: Die sehr umfassende NATO-Strategie von 2010 ist für Kritiker ein Beleg dafür, dass das Bündnis prinzipiell nahezu für jeden Konflikt in der Welt zuständig sein könnte.

## Zur Zukunft von Sicherheitsbündnissen

Dass das Militärbündnis auf einem von zwei großen Kriegen verwüsteten Kontinent einen dauerhaften Frieden sichern würde, hatte 1949 kaum einer zu hoffen gewagt. Das ist eine beispiellose Erfolgsgeschichte. Aber daneben ist [...] auch sichtbar geworden, dass die inzwischen größer gewordene NATO an Beweglichkeit und Entscheidungsfreude verloren hat. [...] Die Zukunft der NATO ist ungewiss.

Klassische Verteidigungsbündnisse sind auf die Wahrung des Status quo ausgelegt. Kern ihres Funktionierens ist die Definition des Bündnisfalls: Ein potentieller Angreifer soll wissen, dass er sich die Mitglieder des Bündnisses nicht einzeln vornehmen kann, sondern beim Angriff auf einen es mit allen zu tun bekommt. [...] In den ersten vierzig Jahren hat die NATO immer wieder mit dieser Herausforderung zu tun gehabt, bei der es letzten Endes um die Rolle der USA in Europa ging. Aber diese Herausforderung gibt es nicht mehr.

Die NATO war, wie ein kurzer Blick in ihre Geschichte zeigt, freilich von Anfang an mehr als nur ein klassisches Verteidigungsbündnis. Einem der ersten Generalsekretäre, dem Briten Lord Ismay, wird die Bemerkung zugeschrieben, ihre Aufgabe in Europa sei, die Sowjets draußen, die Amerikaner drinnen und die Deutschen unten zu halten. Zieht man davon die spezifisch britische Perspektive und die Sorgen der unmittelbaren Nachkriegszeit ab, so haben sich die erste und dritte Aufgabe inzwischen erledigt: Die Russen stellen militärisch keine Bedrohung der europäischen Sicherheit dar, sondern sind zum Bestandteil eines europäischen Wirtschaftsverbundes geworden. Öl und Erdgas sind inzwischen wichtiger als Panzer und Raketen. Und bei den Deutschen ist nichts mehr von ihrer einstigen militärischen Aggressivität zu sehen. Bleibt also der zweite Punkt: die Amerikaner dauerhaft an Europa zu interessieren.

Aber hat sich dieses Erfordernis mit dem Wegfall der beiden anderen Herausforderungen nicht ebenfalls erledigt? So jedenfalls argumentieren die NATO-Gegner. Nun kann man darüber streiten, ob die nach wie vor vorhandenen russischen Atomwaffen eine Bedrohung Europas darstellen, derentwegen man auf die USA angewiesen sei. Aber das innereuropäische Misstrauen, das nur durch die USA begrenzt werden kann, ist mit dem Beitritt der neuen Mitglieder eher gewachsen als geschwunden. Polen, Tschechien und manche andere fühlen sich sicherheitspolitisch auf die USA angewiesen – trotz EU-Mitgliedschaft. [...] Es ist fraglich, ob die europäische Stabilität ohne die Präsenz der USA Bestand hätte. Aber welchen Preis werden die Europäer dafür zu zahlen haben, und wie werden dabei die Lasten verteilt? Diese Frage ist bislang unbeantwortet geblieben. An ihr entscheidet sich die Zukunft der NATO.

*Herfried Münkler, in: Frankfurter Rundschau, 8.4.2009*

*Herfried Münkler ist Professor für Politikwissenschaft an der Humboldt-Universität zu Berlin.*

### Aufgaben

1. Geben Sie die Bedeutung der NATO für die europäischen Staaten nach Herfried Münkler wieder.
2. „Es ist fraglich, ob die europäische Stabilität ohne die Präsenz der USA Bestand hätte." Erläutern Sie diese Aussage.
3. Entwickeln Sie vor dem Hintergrund von Münklers Ausführungen ein strategisches Programm, das es der NATO (auch) zukünftig erlauben würde, als wesentlicher sicherheitspolitischer Spieler aufzutreten.

Skulptur vor UN-Hauptquartier in New York

In der Erwägung der Tatsache, dass es zur Förderung der Zusammenarbeit unter den Nationen und zur Gewährleistung des internationalen Friedens und der internationalen Sicherheit wesentlich ist,

- bestimmte Verpflichtungen zu übernehmen,
- nicht zum Kriege zu schreiten
- 
- 

nehmen die unterzeichnenden Staaten die Verpflichtungen an, die sich aus der damit verbundenen Gründung eines weltumspannenden Staatenbundes ergeben. Insbesondere wird festgelegt, dass

- 
- 

# Strategien der internationalen Sicherheits- und Friedenspolitik

# 2

Auch ein Vierteljahrhundert nach dem Ende des Ost-West-Konfliktes hat sich die Hoffnung vieler Menschen auf eine friedliche Epoche der Weltgeschichte nicht erfüllt. Zwar sind zwischenstaatliche militärische Konflikte selten(er) geworden, die Fälle innerstaatlicher Gewaltanwendungen haben dagegen drastisch zugenommen. In jüngsten brutalen Kriegen (z. B. Somalia, Kongo, Afghanistan, Sudan) hat vor allem die Zivilbevölkerung zu leiden.
Am Beispiel des syrischen Bürgerkrieges und dessen Analyse erschließen Sie sich in Kapitel 2.1 den Zusammenhang von innerstaatlichen bzw. regionalen Konflikten mit internationalen Sicherheits- und Menschenrechtsfragen. Nicht nur in diesem Konflikt richten sich hohe Erwartungen an die Vereinten Nationen (UNO) sowie den Sicherheitsrat, die diese Konflikte befrieden und lösen sollen. Die Arbeitsweise und politische Handlungsfähigkeit der UNO sowie insbesondere des Sicherheitsrates steht daher im Mittelpunkt dieses Kapitels.
Vor dem Hintergrund dieser Analyse steht die Frage nach der zukünftigen Weltordnung, die häufig mit dem Begriff der Global Governance verbunden wird, im Mittelpunkt (Kapitel 2.2). Insbesondere an der Etablierung und Arbeitsweise des Internationalen Strafgerichtshofes (ICC) erarbeiten und diskutieren Sie die Möglichkeiten und Grenzen einer Verrechtlichung internationaler Politik.

## Was wissen Sie schon?

1. Analysieren Sie das Bild und deuten Sie seine Symbolik hinsichtlich der Herausforderungen und Ziele einer weltumspannenden politischen Organisation.
2. a) Entwickeln Sie ausgehend von Ihren Ergebnissen die Eckpunkte (z. B. Ziele, Prinzipien der Zusammenarbeit) des Gründungsvertrages einer solchen internationalen Organisation.
   b) Diskutieren Sie die Umsetzbarkeit Ihres politischen Programmes.

## KOMPETENZEN

Am Ende dieses Kapitels sollten Sie Folgendes wissen und können:

... Grundsätze, Befugnisse bzw. Zuständigkeiten, Entscheidungsstrukturen sowie Machtmittel der Vereinten Nationen (UNO) kennen.

... internationale Konflikte anhand von Kategorien bzw. Leitfragen analysieren.

... die Handlungsmöglichkeiten und die Durchsetzungsfähigkeit internationaler Organisationen in einem konkreten Konflikt analysieren und begründet einschätzen.

... Tendenzen Internationaler Beziehungen anhand des Konzeptes der „Global Governance“ analysieren.

# 2.1 Die Vereinten Nationen – Wächter über Frieden und Sicherheit?

## 2.1.1 Vom lokalen Protest zum Bürgerkrieg – die Eskalation des Syrien-Konflikts

### M 1 Krieg in der Geisterstadt – ein „Ortstermin"

Azaz ist eine Geisterstadt, seitdem sich die Rebellen der Freien Syrischen Armee (FSA) und die regulären Truppen des syrischen Machthabers Baschar al-Assad eine Schlacht liefern. Nur ein kleiner Rest ist geblieben. Jene, die zu arm sind für die Flucht. Und einige Aktivisten. Niemand hier weiß, wo die nächsten Granaten einschlagen werden, wann die Hubschrauber über der Stadt kreisen, um Stellungen der Rebellen mit Raketen zu beschießen, wann Panzer in die Stadt rollen, um die Aufständischen zu vertreiben. [...]

Abu Anas [Kommandeur einer der Rebellen-Gruppen in Azaz] sieht sich [ein] Video an, auf dem er und seine Leute die Panzer sprengen. „Mir tut es leid, wenn die Soldaten sterben [...] Die meisten möchten desertieren, ich helfe ihnen dabei. Aber sie müssen sich entscheiden." Mehr als vierzig Deserteure kämpfen in Azaz auf der Seite der FSA gegen ihre ehemaligen Kameraden. Zwei davon sind die einstigen Gefreiten Fawaz, 21, und Faris, 20. Sie haben sich Tücher um ihre Gesichter gewickelt, um ihre Identität zu schützen. Sie erzählen vom moralischen Verfall der Regierungstruppen. 16 Monate ihres 18 Monate währenden Wehrdienstes hatten sie abgeleistet, bevor sie fliehen konnten. „Man hatte uns gesagt, dass wir gegen Terroristen kämpfen", erzählt Fawaz. „Anfangs habe ich das auch geglaubt." Aber in Azaz sah er, wie Offiziere Zivilisten erschossen, Frauen vergewaltigten und Häuser plünderten, wie Artillerie, Panzer und Hubschrauber wahllos in Wohnviertel schossen. Viele wollen es ihnen gleichtun, sagen die beiden, trauen sich aber nicht. Fahnenflüchtige werden sofort erschossen.

*Carsten Stormer, Die Schlacht um Azaz, in: Frankfurter Rundschau, 28.7.2012*

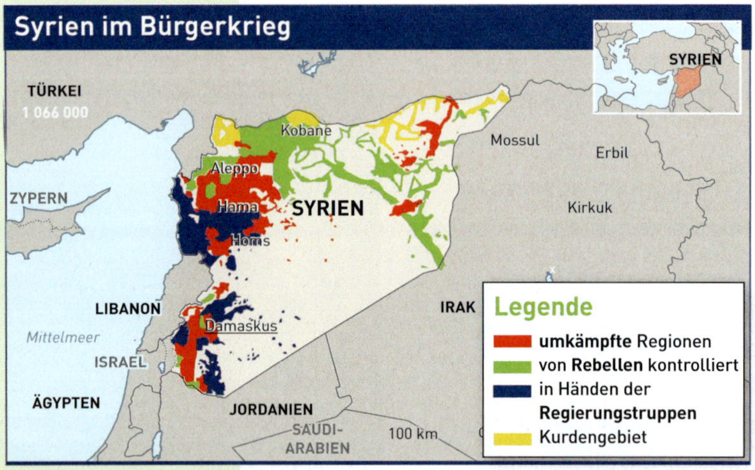


*Nach: dpa 19852, Stand: Januar 2014*

Ein Kämpfer der syrischen Rebellen feuert auf Kampfflugzeuge und Helikopter, Aleppo, Syrien, 15.8.2012

## M 2 Vom lokalen Protest zum Bürgerkrieg: Ursachen und Dynamik des Syrien-Konflikts

**a) [Die Genese des syrischen Bürgerkriegs lässt sich in vier Phasen unterteilen:]**

Die erste von März bis Ende April 2011 ist die Zeit friedlicher Demonstrationen. Ermutigt durch den arabischen Frühling fordern nicht nur Angehörige der vernachlässigten sunnitischen Unterschicht Freiheit, Demokratie und soziale Gerechtigkeit. [...] Als Anfang März zornige Väter gegen die Festnahme ihrer Kinder protestieren, schießt der Geheimdienst. Es gibt viele Tote. [...] Es gibt Kräfte, die keine Beruhigung wollen. Ende April sind auf einmal Waffen und Geld da. [...]

In Phase zwei, von Mai bis August 2011, treten die ersten bewaffneten Kämpfer auf. Darunter Scharfschützen, die sowohl auf Demonstranten als auch auf Sicherheitskräfte schießen. Sie heizen die Lage dramatisch an. Dass es diese Provokateure gibt, ist weitgehend unstreitig; umstritten ist, für wen sie arbeiten. Für inländische oder ausländische Geheimdienste, für Rebellen? [...] Demonstrieren wird gefährlicher, die Kundgebungen aber werden größer. Auch das Regime organisiert Märsche, an denen bis zu eine Million Menschen teilnehmen, Mitglieder der sunnitischen Mittel- und Oberschicht, Alawiten und Christen. Auch sie fordern Demokratie, aber mit Assad. [...]

In der dritten Phase, von August bis Ende 2011, präsentieren sich die bewaffneten Rebellen als Schutztruppe friedlicher Demonstranten. Doch [w]o sie mit Demonstranten auftreten, suchen die bewusst die Konfrontation mit den Sicherheitskräften. Rebellen, Zivilisten, Soldaten und Polizisten sterben. Gleichzeitig greifen extremistische Rebellen zunehmend alawitische Zivilisten an, die sie pauschal als Vertreter des Regimes betrachten. Alawiten rächen sich an Sunniten. Die Kämpfe werden sektiererisch [= gesellschaftliche Gruppen betreffend].

In der vierten Phase, von Anfang 2012 bis heute [Stand: September 2012], verselbständigen sich die bewaffneten Rebellen. Und radikalisieren sich. [...] Es kommt zu schweren Gefechten mit den staatlichen Sicherheitskräften, die sich ebenfalls radikalisiert haben.

Die demokratischen Demonstranten der ersten Tage werden an den Rand gedrängt. Aus den friedlichen Protesten ist ein erbarmungsloser Bürgerkrieg zwischen Anhängern der Regierung und Anhängern der bewaffneten Opposition geworden. Die Regierungstruppen bombardieren gnadenlos Wohngebiete, in denen sich Rebellen verbergen. Sie töten dabei auch Zivilisten. Die Rebellen exekutieren immer häufiger „feindliche" Zivilisten. Einige arbeiten eng mit Terrorkommandos von al-Qaida zusammen. [...]

Der Slogan „Assad tötet sein eigenes Volk" geht an der Realität dieses gegenseitigen Mordens vorbei. Beide Seiten töten das „eigene" Volk. Ein Drittel der Getöteten dürften Sicherheitskräfte sein, ein Drittel Rebellen, ein Drittel Zivilisten. Regierung und Rebellen töten wahrscheinlich gleich viele Zivilisten. [...]

Dieses Machtspiel wird auf vier Ebenen ausgetragen. Auf der ersten Ebene versuchen die USA, Qatar und Saudi-Arabien, den Iran-Verbündeten Assad zu stürzen, um dadurch den Einfluss Teherans im Mittleren Osten zu schwächen. [...] Auf der zweiten Ebene kämpfen extremistische Sunniten und al-Qaida-Kämpfer aus aller Welt gegen das „ketzerische" Schiiten- und Alawitentum. Auf der dritten versuchen die USA [...] Russland aus dem Mittleren Osten zu verdrängen. [...] Auf der vierten schließlich ringen Regierung und Opposition unter großen Blutopfern um die Macht in Syrien. [...]

*Jürgen Todenhöfer, Volk gegen Volk, in: Süddeutsche Zeitung, 3.9.2012*

*Jürgen Todenhöfer war von 1972-1990 Bundestagsabgeordneter (CDU), danach Medien-Manager. Er reist weltweit in Krisenregionen und wurde im November 2011 als einer der wenigen westlichen Journalisten zu Syriens Präsidenten Assad vorgelassen.*

Erklärfilm zum Syrienkonflikt

Mediencode: 73005-01

### Opferzahlen in Syrien

Schätzung der Toten seit Ausbruch der Kämpfe (März 2011):
UN: 93.000 Tote (Stand: Juni 2013), ab Juli 2013 Zählung bzw. Schätzung aufgrund der nicht zu überblickenden Lage eingestellt.
Syrische Beobachtungsstelle für Menschenrechte: 150.000 (April 2014)

### b) Parteien im syrischen Bürgerkrieg

**Freie Syrische Armee (FSA)**
- Enstanden im Sommer 2011 nach der blutigen Niederschlagung friedlicher Massenproteste aus Deserteuren der syrischen Armee
- Mehrere zehntausend Kämpfer, nahezu ausschließlich Syrer
- Eigentlich säkuläre Kämpfer; Verdacht der teilweisen Unterwanderung durch Islamisten

bekämpfen einander

**Assad-Regime**
- Säkuläre Einparteiendiktatur(Baath-Partei)
- Präsident Baschar al-Assad (Nachfolger seines Vaters Hafiz)
- Blutige Unterdrückung politischer Gegner
- Armee: ca. 180.000 Soldaten mit guter Ausrüstung; teilw. Loyalitätsprobleme
- Unterstützt von Hisbollah-Milizionären
- Ziel: Machterhalt

kooperieren vereinzelt pragmatisch

bekämpfen einander

bekämpfen einander

**Ahrar al-Scham (Bewegung der freien Syrer") und Suqur al-Scham**
- Teil der „Islamischen Front" (vgl. Karte)
- Entstanden Mai 2011 durch amnestierte politische Gefangene, u. a. islamistische Hardliner
- Zusammen bis zu 30.000 Kämpfer und gute Ausrüstung
- Ziele: islamischer Staat, aber Berücksichtigung der Vorstellungen der syrischen Bevölkerung

Verhältnis unklar

**Dschabhat al-Nusra**
- Al-Quaida nahe, islamistisch-terroristische Gruppierung
- Ca. 10.000 Kämpfer, viele aus dem Ausland
- Ziele: radikalislamisches, panarabisches Kalifat; keine verhandelbare, im engeren Sinn politische Zielsetzung

*Autorengrafik (ohne kurdische Konfliktpartei)*

## M 3 ● Der Aufstand in Syrien als regionaler Krisenherd

**Türkei** (Pro Aufständische)
- organisiert (ohne offizielles Bekenntnis) Nachschub für Aufständische
- Aufnahme von Flüchtlingen in großer Zahl
- befürchtet die Bildung eines autonomen Kurdenstaates auf syrischem Territorium, wodurch die „Kurdenfrage" zu einem erneuten Konflikt auch innerhalb der Türkei führen könnte.

**Libanon** (gespalten)
- Sunniten im Libanon unterstützen syrische Opposition mit Medikamenten und Waffen
- schiitische Hisbollah Milizen (Regierung) agieren pro Assad

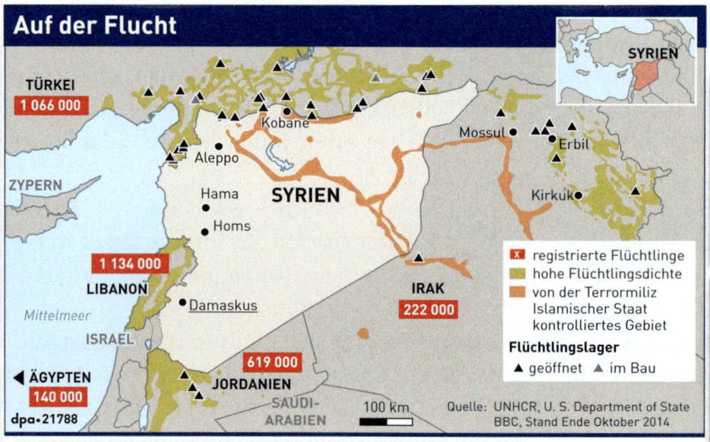


**Israel** (gespalten)
- will verhindern, dass Hisbollah oder al-Qaida an syrische Massenvernichtungswaffen kommen
- Assads Sturz würde Erzfeind Iran schwächen

**Iran** (Pro Assad)
- hat Assad-Regime grenzenlose Unterstützung zugesagt
- schiitische Machthaber im Iran befürchten Schwächung der Schiiten in Syrien bei Sturz Assads

**Saudi-Arabien/Katar** (Pro Aufständische)
- unterstützen islamisch-konservative Oppositionelle in Syrien
- Assads Sturz würde Erzfeind Iran schwächen
- das sunnitische Herrscherhaus erwartet bei Sturz Assads Stärkung der Glaubensbrüder in Syrien

## Aufgaben

1. Beschreiben Sie die Auswirkungen des Konfliktgeschehens im syrischen Bürgerkrieg für die Betroffenen (Zivilbevölkerung, Aufständische, Soldaten der syrischen Armee) (M 1).
2. Analysieren Sie den Syrien-Konflikt. Beachten Sie dabei insbesondere Konfliktursachen, -gegenstände sowie die beteiligten Akteure der unterschiedlichen Ebenen. (M 1–M 3)
3. Diskutieren Sie die (mögliche) Verantwortung der Weltgemeinschaft für die Befriedung des Konfliktes und die Bewältigung seiner humanitären Folgen.

Ⓜ zu Aufgabe 2
Visualisieren Sie Ihre Konfliktanalyse in einem Strukturbild.

## Internationale Konflikte strukturiert analysieren

Die vorliegende Übersicht zeigt Untersuchungsbereiche und Leitfragen auf, mit denen inner- und zwischenstaatliche Konflikte analysiert werden können. Dabei ist es wichtig, dass Sie bei der Analyse eines konkreten Konflikts Aspekte fokussieren, die für diesen besonders relevant sind, also für Ihre konkrete Untersuchungsaufgabe eine Auswahl und Reduktion der Untersuchungsaspekte vornehmen.

| 1. Konfliktinhalt | |
|---|---|
| **Fragen an den Konflikt** | **Bearbeitungsvorschläge** |
| • Worum geht es in dem Konflikt?<br>• Welche Streitfragen und welche Konfliktebenen gibt es?<br>• Welche unterschiedlichen Konfliktgruppen gibt es?<br>• Wer ist in welcher Weise von dem Konflikt betroffen? | Den Konfliktgegenstand ermitteln, Akteure und deren Interessen analysieren.<br>Die Situation der Bevölkerung im Konflikt darstellen.<br>Die Konfliktebenen (lokal, regional, national, zwischenstaatlich und international) unterscheiden. |
| **2. Konfliktverlauf** | |
| **Fragen an den Konflikt** | **Bearbeitungsvorschläge** |
| • Welche konkreten Anlässe gab es?<br>• Welche Stationen und Entwicklungen sind festzustellen?<br>• Wie sieht die Geschichte des gesamten Konflikts aus?<br>• Wie (in)kompatibel sind die jeweiligen Forderungen der Konfliktbeteiligten?<br>• Wie verhalten sich die internationalen Hauptakteure?<br>• Welche Unterstützungen / Sanktionen liegen ihrerseits vor? | Eine knappe Vorgeschichte ermitteln ist hilfreich, um die Konfliktparteien verstehen zu können.<br>Aufmerksamkeit auf Probleme im internationalen System als Hintergrund der Konflikte richten.<br>Ergebnisse beschreiben und Entwicklungstendenzen der internationalen Politik beurteilen, z. B. Verträge, Boykottmaßnahmen, militärische Interventionen. |
| **3. Konfliktstrukturen** | |
| **Fragen an den Konflikt** | **Bearbeitungsvorschläge** |
| • Welche Interessen spielen in dem Konflikt eine Rolle und lassen sich Interessen bündeln?<br>• Welche Machtmittel (wirtschaftliche, militärische, rechtliche, religiöse, ethnische ...) werden eingesetzt?<br>• Welche strukturellen Ursachen hat der Konflikt? | Machtverhältnisse einschätzen und Folgen abschätzen, z. B. politische, ökonomische, militärische Stärke.<br>Die Struktur des internationalen Systems analysieren und angemessene politisch-institutionelle Reaktionen ableiten. |
| **4. Konfliktprognose** | |
| **Fragen an den Konflikt** | **Bearbeitungsvorschläge** |
| • Wie wird sich der Konflikt weiterentwickeln?<br>• Welche Kompromiss- und Lösungskonzepte werden vorgelegt?<br>• Gibt es Lösungsmöglichkeiten und welche weiteren Vorschläge sind denkbar?<br>• Sind existierende Organisationen geeignet, die Aufgabe einer Prävention / Befriedung von Konflikten wirksam leisten zu können? | Kompromisse suchen und beurteilen, z. B. Verhandlungen, Verständigung, gemeinsame Projekte.<br>Alternative Lösungsmöglichkeiten einordnen und beurteilen.<br>Den Reformbedarf vor dem Hintergrund gewandelter Friedensgefährdungen ermitteln und Chancen einschätzen. |
| **5. (Mediale) Wahrnehmung und Beurteilung des Konflikts** | |
| **Fragen an den Konflikt** | **Bearbeitungsvorschläge** |
| • Welche Rolle spielen die Medien in dem Konflikt / wie gestaltet sich die mediale Darstellung?<br>• Wie sind erzielte Ergebnisse politisch zu beurteilen? | Die Präsenz des Konflikts in den Medien ermitteln und verfolgen.<br>Die Themensetzung (Agenda-Setting) und Parteinahme von Medien unterscheiden. |

## 2.1.2 Wie reagiert die internationale Staatengemeinschaft? Die UN und der Syrien-Konflikt

### M 4 Syrien und die Vereinten Nationen – Chronologie der Bemühungen um Frieden und Humanität

*Seit Beginn des syrischen Bürgerkrieges lassen sich verschiedene Bemühungen der internationalen Staatengemeinschaft – vor allem vertreten durch die Vereinten Nationen und ihre Teil- bzw. Sonderorganisationen – zur Bewältigung der humanitären Katastrophe sowie zur Herbeiführung des Friedens beobachten:*

| | |
|---|---|
| **3. August 2011** | Nach Monaten der Gewalt verurteilen die Mitglieder des Sicherheitsrates der Vereinten Nationen die Gewalt in Syrien (präsidentielle Erklärung). |
| **23. August 2011** | Der UN-Menschenrechtsrat verurteilt die Gewalt. |
| **19. Dezember 2011** | Die UN-Vollversammlung kritisiert Syrien wegen der Gewalt gegen Demonstranten. Syrien erklärt sich bereit, Beobachter der Arabischen Liga einreisen zu lassen. |
| **24. Februar 2012** | UN und Arabische Liga ernennen den früheren UN-Generalsekretär Kofi Annan zum Sondergesandten für Syrien; seine Aufgabe besteht darin, auf diplomatischem Wege den Konflikt zu entschärfen. |
| **27. März 2012** | Syrien akzeptiert Annans Friedensplan, der u.a. einen Waffenstillstand vorsieht. |
| **14. April 2012** | Der UN-Sicherheitsrat erteilt einer 300 Mann starken unbewaffneten Beobachtertruppe (UNSMIS) zur Überwachung der Waffenruhe gemäß des Friedensplanes das Mandat. Es ist die erste verabschiedete Resolution zum Syrien-Konflikt. |
| **19. Juli 2012** | Zum dritten Mal seit Beginn des Bürgerkrieges scheitert eine Resolution am Veto Russlands und Chinas. |
| **2. August 2012** | Der Sondergesandte für Syrien, Kofi Annan, erklärt, sein Amt nicht über den 31. August hinaus verlängern zu wollen. |
| **16. August 2012** | Der UN-Sicherheitsrat beschließt für den 19. August die Beendigung der Beobachtermission UNSMIS, da die Bedingungen für eine Fortsetzung nicht mehr gegeben seien. |
| **ab April 2013** | Es verdichten sich Hinweise auf den Einsatz von Giftgas, wobei die Verantwortlichkeiten zwischen Regierungstruppen und Oppositionellen umstritten sind. Der Verdacht des Einsatzes von Chemiewaffen wird von der internationalen Staatengemeinschaft im Sommer 2013 als bestätigt angesehen. |
| **10. September 2013** | Auf Druck Russlands stimmt die syrische Regierung der Sicherstellung und Verschrottung ihres Chemiewaffenarsenals durch Kontrolleure der „Organisation für das Verbot chemischer Waffen" (OPCW) gemäß der internationalen Chemiewaffenkonvention zu, der Syrien damit ebenfalls beitritt. Vorausgegangen waren u.a. US-amerikanische Drohungen, den Einsatz von Chemiewaffen zur Not durch eine militärische Intervention zu verhindern. Die OPCW ist eine zwar organisatorisch eigenständige internationale Vertragsorganisation, die jedoch die Kooperation mit den Organen der UN nutzt. |

| | |
|---|---|
| **7. Januar 2014** | Unter Aufsicht von OPWC-Kontrolleuren beginnt die Verschiffung von chemischen Waffen aus Syrien. |
| **Januar 2014** | In Genf findet die „Syrien-Konferenz" statt, mit Vertretern der syrischen Regierung, der syrischen Opposition sowie zahlreicher regionaler und internationaler Mächte (nicht jedoch Iran) unter Leitung von UN-Generalsekretär Ban Ki-Moon. Sie wird Ende Januar ergebnislos abgebrochen. |
| **Februar 2014** | Ebenfalls in Genf verhandelt der UN-Sonderbeauftragte Brahimi in Einzelgesprächen mit den unmittelbaren Konfliktparteien – direkte Verhandlungen finden nicht statt – über Möglichkeiten eines Waffenstillstands und der Bildung einer Übergangsregierung. Auch wenn Brahimi später die Konfliktparteien an einen Tisch bekommt, muss er sein Scheitern eingestehen. |

*Zusammenstellung des Autors*

**Info**

### Die Vereinten Nationen

Die Vereinten Nationen (international: UNO = United Nations Organization) wurden am 24.10.1945 von damals 51 Staaten unter dem Eindruck der Katastrophe des Zweiten Weltkrieges mit dem Ziel gegründet, durch eine globale Organisation künftig Frieden und Sicherheit in der Welt zu gewährleisten. Seither hat sich die Zahl der Mitgliedstaaten auf 193 (2012) erhöht, und die Vereinten Nationen haben ihre Tätigkeitsbereiche auf zahlreiche weitere Weltprobleme, wie zum Beispiel die Bekämpfung des Hungers oder den Menschenrechtsschutz, ausgeweitet.

*Autorentext*

**Erklärfilm zu den Vereinten Nationen**

Mediencode: 73005-02

## M 5 ● Die UNO und die humanitäre Krise in Syrien

Mehr als sieben Millionen Syrer werden 2014 nach Schätzungen der UN als Flüchtlinge von Nothilfe abhängig sein – in Syrien selbst oder im Ausland. Fast drei Millionen von ihnen müssten in Nachbarländern versorgt werden [...]. Hinzu kämen [laut Vereinten Nationen] Millionen von Menschen, die wegen des anhaltenden Bürgerkrieges in Syrien in ihren Heimatorten mit Lebensmittelspenden unterstützt werden müssten. Insgesamt riefen die Hilfsorganisationen der UN die internationale Gemeinschaft in einem Appell zur Bereitstellung von rund [...] 4,7 Milliarden Euro für hilfebedürftige Syrer im kommenden Jahr auf.

Nach tagelanger Verzögerung haben die UN eine Luftbrücke für Zehntausende notleidende Bürgerkriegsflüchtlinge [...] gestartet. Ein Flugzeug mit 40 Tonnen Mehl, Nudeln, Zucker, Salz, Speiseöl und anderen Lebensmitteln sei am Sonntag in Kamischli eingetroffen [...]. Die Menschen in der unwegsamen Region im Nordosten Syriens litten unter einem extrem harten Winter [...]. Aufgrund des schlechten Wetters hätten UN-Hilfsorganisationen den für Donnerstag angesetzten Beginn der Luftbrücke verschieben müssen. Das vom Welternährungsprogramm gecharterte Flugzeug startete den Angaben zufolge in Erbil, Irak. Weitere elf Flüge des WFP mit Lebensmitteln sollen in den nächsten Tagen folgen, um 30.000 Bürgerkriegsopfer einen Monat zu versorgen.

*dpa/epd, UN rechnen mit mehr als sieben Millionen Flüchtlingen, www.FAZ.net, 16.12.2013*

## M 6 ● Die „Familie“ der Vereinten Nationen

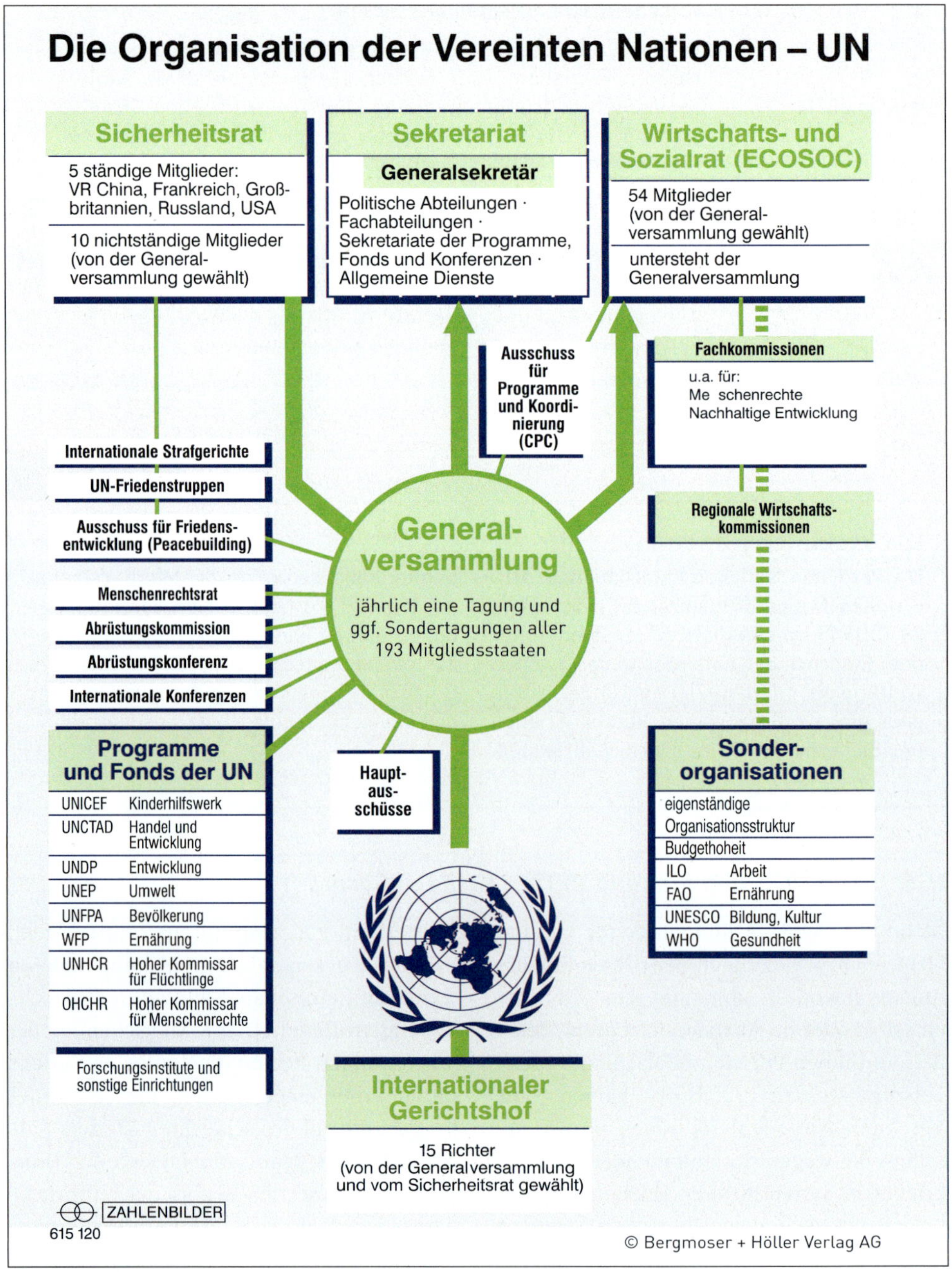




## Aufgaben

**1** a) Beschreiben Sie die Maßnahmen, die die internationale Staatengemeinschaft zur Befriedung des syrischen Bürgerkrieges ergriffen hat.

b) Analysieren Sie darauf aufbauend die Rolle der Vereinten Nationen (bzw. ihrer Teil- und Sonderorganisationen) bei der Lösung des Syrien-Konfliktes (M 4–M 6).

**2** Arbeiten Sie (hypothesenartig) Möglichkeiten und Grenzen der Vereinten Nationen heraus, bewaffnete Konflikte wie den syrischen Bürgerkrieg zu befrieden.

**H zu Aufgabe 1 b)**
Unterscheiden Sie dabei zwischen einer befriedenden, deeskalierenden oder einer eskalierenden Rollenausübung.

## 2.1.3 Das Ringen um ein internationales Mandat – der syrische Bürgerkrieg im UN-Sicherheitsrat

### M 7 ● Wer ist zuständig? Die Hauptorgane der Vereinten Nationen

Das im Laufe der Jahre entstandene, äußerst komplexe UN-System besteht aus den **Hauptorganen** und den durch die UNO geschaffenen Hilfsorganisationen (z.B. Kinderhilfswerk UNICEF, Entwicklungsprogramm UNDP) sowie den durch Abkommen an die UNO gebundenen Sonderorganisationen (z.B. Welterziehungsorganisation UNESCO, Internationaler Währungsfonds IWF). [...]

Die in der Regel einmal jährlich über mehrere Monate tagende **Generalversammlung**, in der alle Mitgliedstaaten gleichberechtigt vertreten sind, stellt in erster Linie ein Diskussionsforum für Weltprobleme dar. Sie gibt Empfehlungen, die allerdings die Mitgliedstaaten oder den Sicherheitsrat nicht binden, ist aber für Fragen der UN-Organisation, wie etwa von Reformvorhaben, das Entscheidungsorgan.

Der **Sicherheitsrat** besteht aus fünf ständigen und zehn nichtständigen, von der Generalversammlung auf zwei Jahre gewählten Mitgliedern. Der Sicherheitsrat stellt fest, ob eine Bedrohung des Friedens vorliegt, und kann Zwangsmaßnahmen zur Wahrung des Weltfriedens beschließen, die von Wirtschaftssanktionen bis zur Anwendung von Waffengewalt zur Herstellung und Sicherung des Friedens reichen „Beschlüsse des Sicherheitsrates [...] bedürfen der Zustimmung von neun Mitgliedern einschließlich sämtlicher ständigen Mitglieder" (Art. 27 Charta der Vereinten Nationen). Mit einem Nein kann also jedes ständige Mitglied Beschlüsse verhindern, besitzt also das Vetorecht. Die UNO-Mitglieder sind verpflichtet, die Resolutionen des Sicherheitsrates umzusetzen; bei militärischen Einsätzen ist die UNO allerdings immer darauf angewiesen, dass ausreichend Streitkräfte zur Verfügung gestellt werden.

Der **UN-Generalsekretär** ist der höchste

**Der Sicherheitsrat der Vereinten Nationen**
- trägt die Hauptverantwortung für die Wahrung des Weltfriedens und der internationalen Sicherheit
- fasst Beschlüsse mit bindender Wirkung für alle UN-Mitglieder

*© Bergmoser + Höller Verlag AG 615 124*

**Die gegenwärtigen Mitglieder**

Neben den fünf ständigen Mitgliedern sind derzeit folgende zehn Staaten nichtständige Mitglieder des UN-Sicherheitsrates: Litauen, Tschad, Chile, Nigeria, Jordanien (Amtszeit bis 31.12.2015) sowie Angola, Malaysia, Venezuela, Neuseeland und Spanien (Amtszeit bis 31.12.2016). Spanien setzte sich in einer Kampfabstimmung gegen den Mitbewerber Türkei durch.

Verwaltungsbeamte und Repräsentant, der den Sicherheitsrat auf, seiner Ansicht nach, bedrohliche Entwicklungen hinweisen kann. Er wird auf Vorschlag des Sicherheitsrates von der Generalversammlung für fünf Jahre gewählt, mit der Möglichkeit einer einmaligen Wiederwahl. Seit 2007 ist der Südkoreaner Ban Ki-Moon Generalsekretär der UN.

*Reinhard Reuter, in: Frieden, Sicherheit und internationale Wirtschaft, Bamberg 2011, S. 101*

## M 8 ● Widerstreit der Positionen im UN-Sicherheitsrat

**Vorsitz im UN-Sicherheitsrat**

Der Vorsitz im UN-Sicherheitsrat, der offiziell als Präsidentschaft bezeichnet wird, rotiert in alphabetischer Reihenfolge (englische Staatsbezeichnungen) zwischen seinen ständigen und nichtständigen Mitgliedern. An den Verhandlungen nimmt zusätzlich – jedoch ohne Stimmrecht – der Generalsekretär der UN teil.

### „Frankreich beruft Sondersitzung des Sicherheitsrates ein"

*Im Folgenden können Sie im Rahmen eines Planspiels (Simulation) die Möglichkeiten, den Syrien-Konflikt im Rahmen der Vereinten Nationen zu lösen oder zumindest seine Folgen zu lindern, selbst ausloten und dabei die Funktionsweise des UN-Sicherheitsrates erfahren. Für dieses Spiel wird folgende Situation angenommen:*

Vor dem Hintergrund der dargestellten politischen Entwicklungen, der weiteren Eskalation der Gewalt sowie der immer problematischeren humanitären Situation nicht nur in Syrien, sondern auch und gerade in den Flüchtlingscamps der Nachbarstaaten, hat Frankreich in seiner Funktion als amtierender Vorsitzender des UN-Sicherheitsrates eine Sondersitzung des Gremiums einberufen, bei der die Außenminister der Mitgliedstaaten dem Vernehmen nach anwesend sein werden.
Erklärtes Ziel des französischen Außenministeriums ist es, die Einigung auf eine Resolution voranzubringen, die gleichermaßen geeignete Maßnahmen zur Befriedung des Konfliktes wie auch zur Linderung der humanitären Katastrophe im Nahen Osten unter dem Dach der Vereinten Nationen ermöglicht.

*Autorentext*

**Volksrepublik China**

China ist das bevölkerungsreichste Land der Erde und hat seinen weltpolitischen Einfluss in den vergangenen 15 Jahren auf der Grundlage eines enormen Wirtschaftswachstums erheblich steigern können. Gewachsen ist dadurch das Selbstvertrauen in internationalen Verhandlungen und der Wunsch, den weltpolitischen Einfluss der USA und der EU zu begrenzen, ohne diese Räume als wichtige Handelspartner (Export) zu verlieren.
Dies wird auch als erforderlich angesehen, um nach der Schwächung der eigenen Machtposition im Libyen-Konflikt wieder weltpolitische Stärke zu demonstrieren: In diesem Fall war nach eigener Auffassung die – von China durch Enthaltung akzeptierte – Einrichtung einer Flugverbotszone als „Freifahrtschein" für eine „Intervention zum Umsturz" missbraucht worden.
Nicht zuletzt aufgrund des eigenen Umgangs mit politischer Opposition und religiösen Minderheiten verfolgt China die außenpolitische Doktrin der Nichteinmischung in innere Angelegenheiten souveräner Staaten. Der – durch die rasante Industrialisierung entstandene – wachsende Energiebedarf wird zum Beispiel durch Öl und Gas aus dem Iran und Syrien gedeckt. Die exklusiven, auf der Doktrin der Nichteinmischung basierenden Beziehungen zu vom Westen „geächteten" Staaten sichern deren Ressourcenlieferungen an China.

**Russische Föderation**

In den Jahren nach der Auflösung des Warschauer Paktes als militärisches Gegenbündnis zur NATO (1989/1991) hat Russland weltpolitischen Einfluss eingebüßt. Die EU hat sich um Staaten erweitert, die zum eigenen Einflussgebiet gehörten. Die USA haben zwar ihre formulierte Absicht aufgegeben, auf dem Gebiet der neuen NATO-Partner Polen und Tschechien Raketenabwehrstationen zu errichten, gleichwohl verstößt die Ausdehnung der US-amerikanischen Einflussnahme in Osteuropa (Ukraine, Georgien) gegen die russischen Sicherheitsinteressen und wird daher als Provokation aufgefasst. Trotz der durch Präsident Obama eingeleiteten Entspannung zwischen den USA und Russland will Moskau eine Ausweitung des Machtbereichs von USA und NATO verhindern und zu einer stärkeren weltpolitischen Rolle zurückfinden.

Während die russische Regierung dem „Arabischen Frühling" eher als Zuschauer folgte, verfolgt sie im Syrien-Konflikt fundamentale ökonomische und geopolitische Interessen: Russische Energiekonzerne sind in großem Umfang in Syrien engagiert, die russische Rüstungsindustrie sieht in Syrien einen sehr wichtigen Abnehmer. Zudem besitzt Russland im syrischen Tartus seinen einzigen Marinestützpunkt außerhalb des „postsowjetischen" Raumes mit direktem Zugang zum Mittelmeer – ein geostrategisch unverzichtbarer Stützpunkt, der nicht durch einen Regimewechsel in Damaskus gefährdet werden sollte.

Nicht zuletzt agiert Russland im Sicherheitsrat als Gegenmacht zu westlichen Interventionsplänen, um nach der Schwächung der eigenen Machtposition im Libyen-Konflikt wieder weltpolitische Stärke zu demonstrieren: In diesem Fall war nach eigener Auffassung die – von Russland mitgetragene – Einrichtung einer Flugverbotszone als „Freifahrtschein" für eine „Intervention zum Umsturz" missbraucht worden.

**Vereinigte Staaten von Amerika**

In den Jahren nach der Auflösung des Warschauer Paktes (1989/1991) und dem Ende der Blockkonfrontation haben die USA massiv weltpolitischen Einfluss gewonnen. Sie gelten als die derzeit einzig verbliebene militärische, politische und wirtschaftliche Weltmacht. Allerdings ist auch diese Position fragil: die Kampfeinsätze in Afghanistan und im Irak haben die USA finanziell und militärisch bis an die Grenzen belastet, hinzu kommt eine nachhaltige ökonomische Verunsicherung in Folge der globalen Wirtschafts- und Finanzkrise.

Trotz dieser Probleme sind die USA weiterhin bemüht, ihren Machteinfluss in Osteuropa und dem Nahen Osten zu sichern bzw. auszuweiten, um sowohl die eigenen ökonomischen (Ressourcenbeschaffung) als auch sicherheitspolitischen (Bekämpfung von Terrorismus und Proliferation in Regionen begrenzter Staatlichkeit) Interessen zu wahren. Dabei treten – wie im Falle Georgiens (2008) oder im Atomkonflikt mit dem Iran – immer wieder Konflikte mit Russland zu Tage. Zudem verstehen sich die USA als „Schutzmacht" Israels, das einen – womöglich gar atomaren – Angriff aus dem Iran fürchtet.

Den Entwicklungen des „Arabischen Frühlings" als Demokratisierungsprozess stehen die USA unter Verweis auf den Grundwert der Freiheit grundsätzlich positiv gegenüber; so waren die USA auch federführend an der Intervention in Libyen beteiligt. Syrien gilt den USA aufgrund seiner prononciert anti-amerikanischen Haltung sowie der engen Bindung an den (vermutlich) an einem Atomprogramm arbeitenden Iran als „Sicherheitsrisiko" im Nahen Osten; gleichwohl befürchten die USA eine „Kettenreaktion" im Falle einer militärischen Intervention, die zu einer weiteren Destabilisierung der Region und dem Aufflammen weiterer Konflikte – etwa zwischen Iran und Israel – führen könnte.

**Bundesrepublik Deutschland**

Deutschland ist Gründungsmitglied und Kernland der EU und tritt für eine gemeinsame Außen- und Sicherheitspolitik ein, die sich eng an der Charta der Vereinten Nationen (militärische Einsätze nur mit UN-Mandat) und an den Menschenrechten orientiert. Alleingänge auf internationaler Ebene werden demgegenüber abgelehnt. Trotz der traditionellen Verbundenheit mit den USA (Westbindung nach 1945) wird eine Ausweitung des Einflusses der USA, aber auch Russlands und Chinas auf die UN-Institutionen abgelehnt.

Deutschland engagiert sich unter UN-Mandat im Ausland (z.B. Afghanistan bis 2014), was jedoch Kritik der Bevölkerung hervorruft und aufgrund knapper Mittel an die Grenzen der militärischen Möglichkeiten führt.

Deutschland ist derzeit (2011/2012) nicht-ständiges Mitglied des UN-Sicherheitsrates, strebt aber mittelfristig einen ständigen Sitz an. Die Reputation Deutschlands bei den Vereinten Nationen und insbesondere den westlichen Verbündeten hat jedoch empfindlich gelitten, da man sich bei der Beschlussfassung über eine Intervention in Libyen der Stimme enthalten und auch in der Folge geringes militärisches Engagement gezeigt hatte.

**Frankreich**

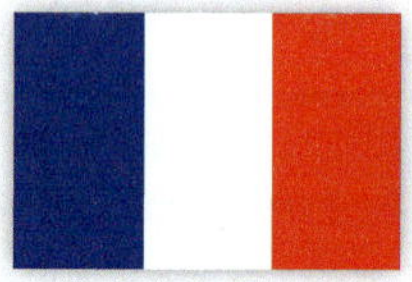

Frankreich ist Gründungsmitglied und Kernland der EU und tritt für eine gemeinsame Außen- und Sicherheitspolitik ein, die sich eng an der Charta der Vereinten Nationen (militärische Einsätze nur mit UN-Mandat) und an den Menschenrechten orientiert. Alleingänge auf internationaler Ebene werden demgegenüber abgelehnt. Ebenso möchte Frankreich eine Erweiterung des Einflusses der USA, Russlands und Chinas auf die UN-Institutionen verhindern.

Aufgrund seiner Geschichte als Kolonialmacht versteht sich Frankreich noch heute als verantwortlich für die Entwicklungen in Nordafrika und dem Nahen Osten. Die historischen Verbindungen zu Syrien ergeben sich aus dem Völkerbunds-Mandat für Syrien und den Libanon, das Frankreich zwischen 1923 und 1943 wahrnahm.

Im Libyen-Konflikt galt Frankreich als wesentlicher Motor einer internationalen Intervention und beteiligte sich mit eigenen Einheiten an der vom Sicherheitsrat mandatierten Intervention. Frankreich verfügt mit seiner Fremdenlegion und anderen Spezialtruppen durchaus über Erfahrung und eine entsprechende Logistik zum Einsatz in (Halb-)Wüstenregionen.

**Info**

### Erklärungen und Resolutionen – die politische Rhetorik des Sicherheitsrates

Die UN-Charta sieht als Dokument der Beschlüsse des Sicherheitsrates in erster Linie Resolutionen vor, die rechtlich für alle Mitgliedstaaten bindend sind.

Da Resolutionsentwürfe aufgrund des Vetorechts der Ständigen Mitglieder zu scheitern drohen, stellen tatsächlich verabschiedete Resolutionen gerade auch in ihrer sprachlichen Gestalt einen Kompromiss zwischen unterschiedlichen Wahrnehmungen und Interessen dar. Sie variieren zwischen dem „Ausdruck tiefer Besorgnis" oder der „Sorge" um den Frieden in einer Region – der schwächeren Form der Aufmerksamkeit des Sicherheitsrates für einen Konflikt – bis hin zur „Kritik" oder gar der „Verurteilung", wobei zu beachten ist, ob dabei eine allgemeine Situation (z. B. „Gewalt in Syrien") oder eine konkrete Konfliktpartei angesprochen wird. Können sich die Mitglieder des Sicherheitsrates auf keinen Resolutionstext einigen, besteht die Möglichkeit, eine „präsidentielle Erklärung" zu beschließen; diese wird im Konsens beschlossen und anschließend vom Präsidenten veröffentlicht werden. Sie sind politisch wichtige Dokumente, haben aber keinen rechtsverbindlichen Charakter. *Autorentext*

**Entwurf für eine Resolution des Sicherheitsrates der Vereinten Nationen**

Die Delegation ______ schlägt den geehrten Mitgliedern des

Sicherheitsrates folgenden Text zur Beschlussfassung am ______ vor:

Resolution des Weltsicherheitsrates Nr. 4321 vom ______

Der Sicherheitsrat gibt seiner ______ ❶

über ______ ❷ in Syrien Ausdruck.

Er unterstreicht, dass ______ ❸

Der Sicherheitsrat ______ ❹ ______ ❺

des/der gegenwärtigen ______ ❻ :

1. ______ ❼

2. ______ ❽

❶ Beunruhigung, Sorge, Kritik ...

❷ die Situation, Lage, Aggression, den Krieg, den Bürgerkrieg, das unangemessene Vorgehen gegen Zivilisten ...

❸ *Hier sollten Sie sich auf die Charta der Vereinten Nationen beziehen.*

❹ ruft dazu auf, fordert dringend auf, bittet, ersucht zu prüfen ...

❺ die Parteien, die Streitparteien, die syrische Regierung ...

❻ Konfliktes, Kampfes, Krieges, Auseinandersetzung ...

❼ z. B. ... jede militärische Handlung einzustellen ...

❽ *Hier sollten Sie das Vorgehen der UNO (Art. 41 und 42 der Charta der Vereinten Nationen) konkretisieren.*

## Aufgaben

1. Simulieren Sie die von Frankreich einberufene Sondersitzung des UN-Sicherheitsrates. Sie übernehmen dabei die Rolle der Außenminister der teilnehmenden Staaten sowie weiterer Delegationsmitglieder und argumentieren auf der Grundlage Ihrer Positionskarten (M 8) sowie der UN-Charta (vgl. M 9, M 12). Abweichend von den Regelungen der UN-Charta kommt im Spiel ein Resolutionsentwurf zustande, wenn ihm mindestens drei Mitglieder des UN-Sicherheitsrates einschließlich aller ständigen Mitglieder zustimmen.
2. Überprüfen Sie Verlauf und Ergebnis Ihrer Simulation hinsichtlich ihrer Plausibilität.
3. Im Zusammenhang des Syrien-Konfliktes sind im Frühjahr 2012 mehrere Resolutionsentwürfe, die eine Verurteilung der syrischen Regierung und die Ergreifung von Sanktionsmaßnahmen vorsahen, im UN-Sicherheitsrat gescheitert (vgl. M 4). Erläutern Sie die damit zum Ausdruck kommenden Schwierigkeiten einer Einigung im UN-Sicherheitsrat.

Ⓜ zu Aufgabe 1
Analysieren Sie die Positionen und Interessen der vorgestellten Mitgliedsstaaten des UN-Sicherheitsrates zum Syrien-Konflikt und seiner Lösung durch die internationale Staatengemeinschaft (M 8).

Ⓜ Visualisieren Sie die Interessenkonstellation in einem Schaubild. Erläutern Sie die darin zum Ausdruck kommenden Schwierigkeiten einer Einigung im UN-Sicherheitsrat.

METHODE

# Theorien der Internationalen Beziehungen

Politische Theorien dienen dazu, die politische Realität so zu systematisieren, dass allgemeine Grundsätze und Regelmäßigkeiten sichtbar werden. Trotz der Vielfalt in der Theorielandschaft Internationaler Beziehungen lassen sich als zentrale Denkschulen die drei – auf sehr unterschiedlichen Grundannahmen beruhenden – Großtheorien des **Realismus**, des **Liberalismus** (Idealismus) und des **Institutionalismus** identifizieren.

## Realismus

Die realistische Schule basiert vor allem auf den theoretischen Überlegungen des amerikanischen Politikwissenschaftlers Hans Joachim Morgenthau (1904-1980). Politische bzw. gesellschaftliche Akteure streben seiner Auffassung nach stets nach Erhalt oder Ausweitung ihrer Macht, weshalb Morgenthau ähnlich wie schon Thomas Hobbes (1588-1679) das Zusammenleben der Menschen als „Krieg aller gegen aller" versteht. Morgenthau überträgt dieses Konzept der **Anarchie** auf die internationalen Beziehungen. Da auf dieser Ebene eine zentrale Entscheidungs- und Sanktionsgewalt fehlt, sei die internationale Politik durch den **Hauptakteur** des **nach Macht strebenden souveränen Nationalstaates** gekennzeichnet. Oberstes Ziel nationalstaatlicher Außenpolitik sei demnach die Durchsetzung der eigenen Interessen (Territorien, Ideologien, Ressourcen) gegen die Interessen anderer Staaten.
Gleichwohl könne auch in der Anarchie der „realistischen" internationalen Politik Frieden (bzw. Nicht-Krieg) herrschen. Nach Auffassung der Vertreter dieser „Schule" gibt es im Wesentlichen zwei Konstellationen, die Frieden garantieren: einerseits könne ein mächtiger Nationalstaat in der Rolle eines Hegemons das Aufkommen von (bewaffneten) Konflikten unterbinden; andererseits könne Frieden gewahrt werden, wenn sich zwei starke Staaten bzw. Staatenverbünde in einem bipolaren Machtgleichgewicht gegenseitig (etwa durch Abschreckung und Rüstungswettlauf) „neutralisieren". Folgerichtig ist die bipolare Weltordnung des „Kalten Krieges" und die Tatsache, dass ein Dritter Weltkrieg verhindert werden konnte, ein wichtiger Anwendungsfall der realistischen Theorie internationaler Beziehungen.

## Liberalismus

Die liberalistische Denkschule steht in direktem Gegensatz zu den theoretischen Annahmen des Realismus' und geht auf das idealistische Menschenbild von Immanuel Kant (1724-1804) zurück. Deshalb wird der Liberalismus von Anhängern des Realismus' auch abwertend als **Idealismus** bezeichnet. Kant nahm an, dass der Mensch von Natur aus vernunftbegabt, lernfähig und einsichtsvoll ist sowie sein Handeln an Normen und Ideen bzw. Idealen orientiert.
Moderne Vertreter des Liberalismus wie der amerikanische Politikwissenschaftler Andrew Moravcsik gehen deshalb nicht davon aus, dass souveräne Nationalstaaten die **zentralen Akteure** im System der internationalen Beziehungen sind. Vielmehr hänge das staatliche Interesse von innerstaatlichen Gegebenheiten und dabei insbesondere dem Ziel unterschiedlicher **gesellschaftlicher Gruppen** ab, ihren bzw. den gesamtgesellschaftlichen Wohlstand zu mehren. Staatliches und außenpolitisches Handeln sei also immer das Ergebnis ganz spezifischer innergesellschaftlicher Verhältnisse.
Dabei gehen die Vertreter dieser Theorieschule davon aus, dass sich in liberal-demokratischen Gesellschaftssystemen keine Mehrheiten für eine kriegerische Auseinandersetzung mit anderen Staaten finden lasse, da hiervon maßgebliche gesellschaftliche Gruppen mehr Nach- als Vorteile zu befürchten hätten. Neben dieser Gesellschaftsordnung sei somit eine weltweite wirtschaftliche und gesellschaftliche Verflechtung ein wesentlicher Garant dafür, dass der Friede gesichert werde.

METHODE

## Institutionalismus

Ähnlich wie der Realismus geht auch die institutionalistische Denkschule von einem anarchisch strukturierten System der Internationalen Beziehungen aus, verfolgt aber – im Sinne des Liberalismus – zugleich die Annahme, dass Kooperationen zwischen Staaten prinzipiell möglich seien. Durch das politische Aushandeln von Verträgen könne eine tragfähige Friedensordnung geschaffen werden, die zur Zivilisierung des prinzipiell anarchischen Systems der internationalen Beziehungen beitrage. Für heutige Vertreter des Institutionalismus, wie z.B. den deutschen Politikwissenschaftler Michael Zürn, stehen **internationale Organisationen** im Zentrum des Modells. Internationale Organisationen überwachen und garantierten die Einhaltung der gemeinsam ausgehandelten Verträge und böten eine politische „Arena", in der politische Konflikte regelhaft ausgetragen werden könnten und ihr Umschlagen in militärische Konflikte in der Regel verhindert werden könne. Dies gilt insbesondere dann, wenn ein Verlassen der Organisation bzw. ein Verstoß gegen ihre Regeln für die betreffenden Staaten höhere „Kosten" verursacht als die Regeleinhaltung. Der lang andauernde Friede in Europa und die damit verbundene Überwindung jahrhundertealter Feindschaften wird in dieser Perspektive als ein wesentlicher Erfolg der Europäischen Union interpretiert.

Als eine weitere Spielart dieser Theorieschule hat sich in den letzten Jahren der Ansatz des **Sozialkonstruktivismus** herausgebildet, der ebenfalls den internationalen Organisationen eine zentrale Rolle bei der Zivilisierung internationaler Beziehungen zuschreibt. Hier stehen jedoch weniger die rationalen Vorteilsabwägungen der agierenden Staaten bzw. der innenpolitischen Einflussgruppen als die Wirksamkeit globaler **Normen und Werte** im Vordergrund: internationale Organisationen trügen demnach maßgeblich dazu bei, dass Normen wie beispielsweise der Menschenrechtsschutz von den politischen Akteuren (Staaten, Regierungen) „gelernt" und verinnerlicht werden, so dass sich langfristig immer mehr Akteure entsprechend dieser Normen verhalten und Frieden bewahren.

*Kompendium Politik. Neue Ausgabe, Bamberg 2013, S. 425 f.*

### Aufgaben

1 Vergleichen Sie mit Hilfe der folgenden Tabelle die maßgeblichen Theorien der Internationalen Beziehungen.

| | Realismus | Liberalismus/ Idealismus | Institutionalismus |
|---|---|---|---|
| Erkenntniskategorien | | | |
| Grundannahmen über Charakteristika internationaler Beziehungen (Weltordnungsmodelle) /Menschenbild | | | |
| Zentrale Akteure | | | |
| Erklärungsansätze für außenpolitisches Handeln von Staaten (Antriebskräfte, Ziele) | | | |
| Kooperation zwischen Staaten zur Entstehung einer dauerhaften Friedensordnung | | | |

2 Analysieren Sie die Politik der internationalen Staatengemeinschaft gegenüber Syrien (M 4, M 8) mit Hilfe der Theorien Internationaler Beziehungen.

## 2.1.4 Der Bürgerkrieg in Syrien – was können die Vereinten Nationen tun?

### M 9 Ziele und Grundsätze der Vereinten Nationen

Die Charta der Vereinten Nationen fußt auf zwei grundlegenden Prinzipien:

Wesentliches Ziel der Vereinten Nationen ist es „den Weltfrieden und die internationale Sicherheit zu wahren."
*(Kapitel I, Artikel 1 (1) der Charta)*

„Die Organisation [der Vereinten Nationen] beruht auf dem Grundsatz der souveränen Gleichheit aller ihrer Mitglieder."
*(Kapitel I, Artikel 2 (1) der Charta)*

Nach den Erfahrungen mit dem Völkerbund, vor dem Hintergrund zweier Weltkriege und massiver Verletzungen der Menschenrechte [...] wurde mit den V[ereinten] N[ationen] ein neuer Versuch zur Regulierung des internationalen Systems und zur Schaffung von dauerhafter Sicherheit unternommen. „Fest entschlossen, künftige Geschlechter von der Geißel des Krieges zu befreien", sollten Bedingungen geschaffen werden, unter denen „Gerechtigkeit und die Achtung vor den Verpflichtungen aus Verträgen [...] gewahrt werden können, den sozialen Fortschritt und einen besseren Lebensstandard in größerer Freiheit zu fördern" (Präambel der VN-Charta). [...]
[Die VN] beruhen auf dem **Grundsatz der souveränen Gleichheit** aller ihrer Mitglieder, dem Prinzip der friedlichen Beilegung von Streitigkeiten und dem **Gewaltverbot** (von dem lediglich die vom Sicherheitsrat autorisierten Zwangsmaßnahmen und die individuelle bzw. kollektive Selbstverteidigung ausgenommen sind), der grundsätzlichen Beistandspflicht gegenüber der Weltorganisation und dem – inzwischen umstrittenen – Verbot der Einmischung in die „Angelegenheiten, die ihrem Wesen nach zu inneren Zuständigkeiten eines Staates gehören" (Art. 2 Abs. 7 [**Nicht-Einmischungsgebot**]).
Die rechtliche Einordnung der Ziele und Grundsätze ist in mehrfacher Hinsicht unklar, [...] [da] eine Prioritätensetzung hinsichtlich der Ziele aus der Charta nicht direkt ableitbar [ist].

*Johannes Varwick, in: Wichard Woyke (Hg.), Handwörterbuch Internationale Politik, Bonn 2011, S. 545 f.*

**UN-Charta**
Den vollständigen Text der Charta finden Sie unter www.un.org/Depts/german/un_charta/charta.pdf.
Für den Zusammenhang dieses Kapitels sind die Präambel, die Artikel 1 und 2 sowie 38–51 von Bedeutung.

### M 10 Von der Nicht-Einmischung zur Schutzverantwortung – ein neues völkerrechtliches Prinzip?

Seit den 1990er Jahren hat sich in der internationalen Gemeinschaft ein Verständnis dafür etabliert, dass Gerechtigkeit, wirtschaftliches Wachstum und Wohlstand eine Voraussetzung für dauerhaften Frieden in einem Land sind. Dabei werden Entwicklungs- und Menschenrechtsfragen zunehmend mit Fragen der internationalen Sicherheit verbunden. [...] Dieser wachsende Konsens spiegelt sich in der Vorstellung einer Schutzverantwortung der internationalen Gemeinschaft (englisch: Responsibility to Protect; abgekürzt R2P) wider. Diese Verantwortung zum Schutze des Menschen vor schweren Menschenrechtsverletzungen und Brüchen des humanitären Völkerrechts stellt einen neuen und ganzheitlichen Ansatz der internationalen Politik dar. Befürworter des Konzepts sehen dies als historischen Schritt zur Verhinderung schwerster Massenverbrechen. [...]

[Dieses Konzept erfordert] ein konzeptionelles Überdenken des Begriffs der staatlichen Souveränität und ein Abwiegen zwischen individuellen Rechten und staatlicher Verantwortung: „Diese Ansätze sehen alle eine Verlagerung des Grundverständnisses von Souveränität weg von absoluten Rechten von Staatsoberhäuptern hin zu einer Respektierung des Volkswillens und internen Governance-Formen, basierend auf internationalen Standards der Demokratie und Menschenrechte. [...] Auf einer Werteskala steht die Souveränität eines Staates nicht höher als die Menschenrechte seiner Bewohner" (ICISS 2001, S. 11).

Die Schutzverantwortung der internationalen Gemeinschaft hat sich in den letzten Jahren zu einem der dringlichsten Anliegen der internationalen Politik zum Schutz vor massiven Menschenrechtsverletzungen, Kriegsverbrechen und Völkermord entwickelt. Auf der Plenarsitzung der UN-Vollversammlung (World Summit) im September 2005 in New York erkannten zum ersten Mal alle Mitgliedstaaten der Vereinten Nationen offiziell ihre Verantwortung zum Schutz ihrer Bürger an [...]. Die Legitimität der Intervention aus humanitären Gründen ist [dabei] die zentrale Frage.

*Rolf Schwarz, Libyen und das Dilemma externer Interventionen, in: Der Bürger im Staat, 1-2/2012, S. 34 ff.*

## M 11 ● „R2P konkret": Dreigeteilte Schutzverantwortung

[Im] Responsibility to Protect-Bericht [ist die] Verantwortung zu schützen [...] dreigeteilt: Sie besteht erstens aus einer Verantwortung zur Prävention („responsibility to prevent"). Hier geht es um wirtschaftliche oder politische Unterstützungsmaßnahmen, die das Entstehen von Gewaltkonflikten verhindern sollen. Zweitens soll die Verantwortung zu reagieren („responsibility to react") greifen, und zwar dann, wenn sich die Präventionsmaßnahmen als unzureichend erwiesen haben und eine akute Bedrohung des Lebens einer großen Anzahl von Menschen vorliegt. Und drittens geht es um den Wiederaufbau („responsibility to rebuild") in Nachkriegssituationen.

Zentrale Stationen der responsibility to protect (R2P)

| | |
|---|---|
| 2001 | Das Prinzip der R2P wird von der *International Commission on Intervention and State Sovereignty* (ICISS) entwickelt und präsentiert. Grundgedanke: Verletzt ein Staat seine Schutzverantwortung gegenüber den eigenen Bürgern, indem er schwerste Menschenrechtsverletzungen begeht oder zulässt, fällt der internationalen Gemeinschaft diese Verantwortung zu, die sie im Extremfall mit militärischen Mitteln wahrnehmen kann. |
| 2004 | Das Konzept der R2P findet Unterstützung durch ein von UN-Generalsekretär Kofi Annan eingesetztes *High Level Panel on Threats, Challenges and Change,* mit der Aufgabe, die wichtigsten Sicherheitsbedrohungen zu identifizieren und Möglichkeiten der Prävention und Bearbeitung aufzuzeigen. |
| 2005 | *World Summit Declaration:* Die Mitgliedstaaten der UN-Generalversammlung stimmen dem Prinzip der R2P einstimmig zu. |
| 2006 | R2P findet Eingang in die Resolution 1674 des UN-Sicherheitsrats zum Schutz von Zivilpersonen in bewaffneten Konflikten. Das Prinzip wird weiter gestärkt, indem sich der Sicherheitsrat in einer Resolution zum Darfur-Konflikt (Resolution 1706) explizit auf die R2P beruft. |
| 2009 | UN-Generalsekretär Ban Ki-moon stellt einen Bericht vor *(Implementing the Responsibility to Protect)*, der Maßnahmen für Staat, regionale und internationale Organisationen vorschlägt, die R2P umzusetzen. Mit Ausnahme einer kleinen Gruppe von Staaten findet der Bericht breite Unterstützung in der UN-Generalversammlung. |
| 2011 | In der Resolution 1970 und 1973, in welchen zunächst Sanktionen verhängt werden und schließlich ein militärisches Eingreifen in Libyen zum Schutz der Zivilbevölkerung autorisiert wird, stützt sich der UN-Sicherheitsrat erneut auf das Prinzip der R2P. |

*Nach: Tobias Debiel, Globale Trends 2013. Frieden – Entwicklung – Umwelt, Frankfurt a. Main 2013, S. 101*

Einerseits bindet [der Vorschlag] den Einsatz von militärischer Gewalt an ein Mandat des UN-Sicherheitsrats. Andererseits aber plädiert er für die Einschränkung des Vetorechts der fünf ständigen Sicherheitsrats-Mitglieder, falls sich dieser als unfähig erweist, tätig zu werden. Hinzu kommt, dass der Bericht bei der Suche nach möglichen Gründen für Militärinterventionen Anleihen bei der Theorie des gerechten Krieges macht, so wenn etwa eine gerechte Sache verfolgt werde, oder wenn als primäre Motivation die Rettung von Menschenleben behauptet wird [...]. In solchen Fällen könnten nämlich Staatengruppen oder einzelne Staaten auch ohne Beschluss des Sicherheitsrats intervenieren.

*Lena Jöst, Peter Strutynski, Humanitär intervenieren – aber nur mit humanitären Mitteln, in: Wissenschaft & Frieden 2009-1, S. 6*

## M 12 ● Was können die Vereinten Nationen tun? Konfliktprävention und Konfliktintervention

Die Charta der Vereinten Nationen eröffnet ihren Mitgliedstaaten unterschiedliche, hinsichtlich ihres Drohpotenzials gestufte Instrumente der Konfliktprävention und Konfliktintervention:

| Friedliche Beilegung von Konflikten (Kapitel VI) | Zwangsmaßnahmen bei Bedrohung oder Bruch des Friedens (Kapitel VII) | |
|---|---|---|
| **Konkrete Maßnahmen der Vereinten Nationen** | | |
| • Vermittlungsvorschlag des Sicherheitsrates (Art. 38) auf Ersuchen der Konfliktparteien | • nicht-militärische Sanktionen (Art. 41) wie Wirtschaftsboykott, Unterbrechung von Verkehrs-Wegen und diplomatischen Beziehungen | • militärisches Handeln zur Wiederherstellung (Erzwingung) des Friedens (Art. 42 ff.): „Demonstrationen, Blockaden und sonstige Einsätze“ |
| **„Durchschlagskraft“ des UN-Sicherheitsrates** | | |
| | • Weisungs- und Entscheidungsbefugnis gegenüber Konfliktparteien *unter Voraussetzung*<br>• der Feststellung seiner Zuständigkeit aufgrund von Friedensbedrohung, Friedensbruch oder Angriffshandlung (Artikel 39) | |
| **grundlegende Prinzipien** | | |
| • Primat der staatlichen Souveränität<br>• sowie zwischenstaatlicher Lösungen auf dem Verhandlungsweg | • Primat der kollektiven Sicherheit | |
| **von der Prävention** | **zur** | **Intervention** |
| **• Das Recht auf individuelle bzw. kollektive Selbstverteidigung aller Mitgliedstaaten gemäß Art. 51 bleibt unberührt** | | |

*Autorengrafik*

## M 13 Was passiert, wenn der Sicherheitsrat interveniert? Interventionsformen und militärische Aufgaben

*Auf die politische Frage, wie Interventionen gemäß Art. 42ff. der UN-Charta konkret ausgeführt werden, haben die Vereinten Nationen im Laufe ihrer Geschichte unterschiedliche Antworten gefunden:*

[Als sich die Anforderungen an die globale Krisenintervention in den 1990er Jahren veränderten und die klassischen „Blauhelm-Missionen" der UN] ein neues [weiter reichendes] Format bekommen hatten, sprachen viele Autoren von einer neuen „*Peace-keeping*-Generation". Der Generationen-Begriff erleichtert zwar einerseits die Unterscheidung der verschiedenen Missionen anhand ihrer Aufgabenstellung. Er suggeriert andererseits eine Abfolge von verschiedenen Missionsformen, die so nicht zu finden sind. Vielmehr existieren verschiedene Missionen mit unterschiedlichen Mandaten [Aufträgen] nebeneinander. [...]

Bei der ersten Generation handelt es sich um die [...] klassischen Missionen [...]. Diese überwachen, mit leichter [ausschließlich der Selbstverteidigung dienenden] Bewaffnung ausgestattet, Waffenstillstände oder Friedensverträge, die zur Beendigung der zwischenstaatlichen Kriege geschlossen wurden [„Blauhelm"-Einsätze].

Ziel der zweiten Generation ist dagegen nicht die Überwachung, sondern die Implementierung von komplexeren Friedensverträgen. Diese erfolgt wie auch bei den klassischen Einsätzen mit Zustimmung der Konfliktparteien.

UN-Soldaten der Philippinen auf den Golan-Höhen zwischen Israel und Syrien, 12.6.2013.

Bei Missionen der dritten Generation stimmen dagegen nicht alle Konfliktparteien einem UN-Einsatz zu. Die UN erlaubt daher ihrem Personal, das Mandat auch mit Waffengewalt durchzusetzen; den Frieden also zu erzwingen *(peace enforcement)*.

Wenn zu [diesen] robusten Mandaten zusätzlich auch noch Aufgaben des Verwaltungs- und Staatsaufbaus hinzu kommen, spricht man auch von der vierten Generation von Friedensmissionen [State *building*].

*Tanja Brühl, Elvira Rosert, Die UNO und Global Governance, Wiesbaden 2014, S. 130*

### Aufgaben

1. Fassen Sie die Ziele und Grundsätze der Vereinten Nationen zusammen (M 9).
2. a) „Befürworter des Konzepts (R2P) sehen dies als historischen Schritt zur Verhinderung schwerster Massenverbrechen" (M 10). Erläutern Sie die Ziele und beabsichtigte Funktion der internationalen Schutzverantwortung (M 10, M 11).

   b) Analysieren Sie die Konsequenzen einer (möglichen) völkerrechtlichen Normierung der internationalen Schutzverantwortung für die Geltung der Charta der UN (M 9).
3. a) Überprüfen Sie auf der Basis Ihrer Ergebnisse, ob bzw. unter welchen Bedingungen der Syrien-Konflikt in den Zuständigkeitsbereich der Vereinten Nationen fällt.

   b) Erläutern Sie Möglichkeiten und Grenzen einer Lösung des Syrien-Konflikts im Rahmen der Charta der Vereinten Nationen (M 12, M 13).
4. „Das Scheitern des Friedensplanes für Syrien demonstriert die Zahnlosigkeit der Vereinten Nationen gegenüber den sicherheitspolitischen Herausforderungen der Gegenwart." Erörtern Sie diese These.

## 2.1.5 Humanitäre Intervention im Dienste der internationalen Schutzverantwortung?

### M 14 Kontrovers diskutiert: R2P – eine begrüßenswerte Weiterentwicklung des Völkerrechts?

**Libyen und die UN-Resolution 1973**

Libyen war bereits im Jahr 2011 Schauplatz von Aufständen, die vom regierungstreuen Militär des Gaddafi-Regimes brutal niedergeschlagen wurden und somit Parallelen zum Fall Syrien aufweisen. Die in diesem Zusammenhang vom UN-Sicherheitsrat beschlossene Resolution 1973, die u. a. die militärische Durchsetzung einer Flugverbotszone über Libyen vorsah, gilt als Präzedenzfall für das Konzept der Schutzverantwortung, mit der diese Intervention ausdrücklich legitimiert wurde.

#### a) Pro: Ein gerechter Krieg im Dienste der Schutzverantwortung

Wohl selten war eine internationale militärische Intervention politisch und völkerrechtlich so weitreichend abgesichert wie der Krieg in Libyen. Die Rebellen, die gegen Gaddafi kämpfen, haben um Hilfe gebeten. Die Arabische Liga, bemerkenswert genug, hat dem Eingreifen ihren Segen gegeben. China und Russland haben sich bei der Abstimmung im Sicherheitsrat enthalten [...]. Das ist umso erstaunlicher, als Resolution 1973 so weit geht wie kein anderer UN-Beschluss zuvor. Erlaubt werden ja nicht nur die Errichtung einer Flugverbotszone über Libyen, sondern „alle notwendigen Maßnahmen", um „Zivilisten und von Zivilisten bewohnte Gebiete zu schützen". Damit ließe sich wohl auch der kurzfristige Einsatz von Bodentruppen stützen, explizit ausgeschlossen wird nur die Entsendung einer Besatzungstruppe. Für die Vereinten Nationen ist das ein revolutionärer Schritt. Zum ersten Mal wird mit humanitärer Begründung eine internationale Intervention in einen Bürgerkrieg zugelassen. [...]
Nach dem Konzept der „Schutzverantwortung" – wohlgemerkt keine völkerrechtlich verbindliche, sondern eine „sich herausbildende" Norm – kann sich die internationale Staatengemeinschaft, um schlimmste Menschenrechtsverletzungen zu verhindern, über die Souveränität eines Staates hinwegsetzen und intervenieren. Vorausgesetzt, der Ernst der Bedrohung, die Redlichkeit der Motive und die Verhältnismäßigkeit der Mittel lassen es zu. Vorausgesetzt, alle anderen Mittel sind vorher ausgeschöpft. Vorausgesetzt, man macht die Lage durch das Eingreifen nicht schlimmer. Ist Gaddafis Feldzug gegen die eigene Bevölkerung ein Verbrechen gegen die Menschlichkeit? Wahrscheinlich. Will man lieber warten, bis man es genau weiß? Lieber nicht. Stellt er eine Bedrohung des internationalen Friedens dar? Allerdings, schon allein wegen der Fragilität der ganzen Region. Wurden alle nicht-militärischen Mittel ausgeschöpft? Nein, aber um die Wirkung von Sanktionen abzuwarten, war es für die Menschen in Bengasi zu spät. Sind die Kampfeinsätze dieser Koalition der Willigen verhältnismäßig? Bislang vermutlich ja.

*Andrea Böhm, Heinrich Wefing, Gerecht und gefährlich, in: DIE ZEIT 13/2011*

#### b) Schutzverantwortung als neues Machtinstrument?

Auf den ersten Blick scheint sich R2P mit den schwersten Verstößen der Menschheit zu befassen. Es geht darum, gemeinsam gegen die Möglichkeit von „Völkermord, Kriegsverbrechen, Verbrechen gegen die Menschlichkeit und ethnischen Säuberungen" vorzugehen, wie es das Ergebnisdokument des Weltgipfels der Vereinten Nationen (VN) 2005 präzise formuliert. [...] [Diese Doktrin] wird [jedoch] ihrem eigenen Auftrag nicht gerecht [...].
Erstens agiert R2P politisch gesehen nicht im luftleeren Raum. Sie stellt sich als neutrales Bemühen um Wiederherstellung der Menschlichkeit auf schlimmen Kriegsschauplätzen dar. Aber in Wirklichkeit ist sie zwangsläufig in der Parteipolitik der Großmächte verhaftet. Wenn viel auf dem

Spiel steht [...], versuchen die Großmächte, die Rahmenbedingungen eines Schauplatzes zu ändern, und leiten manchmal – weit über ihr Mandat hinaus – einen „Regimewechsel“ ein. Wenn wenig auf dem Spiel steht, reagieren sie gleichgültig oder ablehnend. [...]

Zweitens mutet der Anspruch, bis zu einem gewissen Grad allgemeingültig zu sein, verdächtig an. Die gegenwärtige Konstellation des VN-Sicherheitsrats [...] lässt vermuten, dass es keinen Konsens darüber gibt, welche Bedingungen für die Geltendmachung von R2P eintreten müssen. Selbst [Befürworter von R2P] [...] geben zu, dass die „Selektivität“ des Engagements ein kontroverses politisches Thema ist und bleibt. China, Russland, Brasilien, Deutschland und Indien enthielten sich bei der Abstimmung zur VN-Resolution 1973 im Jahr 2011. Sie gaben so ihrem Unbehagen angesichts der „Begeisterung“ der USA, Großbritanniens und Frankreichs Ausdruck, mit der diese Länder R2P im Falle Libyens geltend machen wollten. Mehrfach wird vertreten, dass die Intervention in Libyen 2011 offensichtlich weit über das genehmigte Mandat hinausging.

Drittens generiert die Neutralitäts- und Universalitätskrise grundlegende Legitimitätsprobleme für die R2P-Doktrin. [...] Die Anwendung von Gewalt wird als allerletztes Mittel betrachtet. Die Versuchung, die militärische Option früher als gerechtfertigt zu nutzen, wenn viel auf dem Spiel steht, ist jedoch sehr hoch. Auch tiefer liegende Ängste um Wohl und Sicherheit ausgewählter Mächte im internationalen System können solche verfrühten Geltendmachun-gen hervorrufen und stellen eine ernsthafte Herausforderung dar, wenn es um die [Konkretisierung] der Doktrin geht.

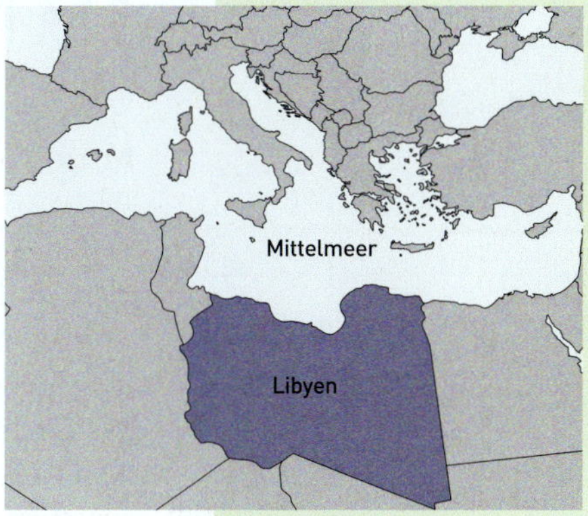


Aus all diesen Gründen sollten wir zurückhaltender mit R2P umgehen und sie nicht als Allheilmittel gegen die schlimmsten Auswüchse der Menschheit betrachten. Damit will ich keineswegs sagen, dass wir keine einschränkenden Mechanismen brauchen, um die dunklen Seiten menschlichen Verhaltens zu zügeln. Damit jedoch Prinzipien über politisches Kalkül siegen können, braucht es den ehrlichen Willen, wirklich multilateral und inklusiv zu sein – Eigenschaften, die eher selten und nicht im Einklang mit dem herrschenden Zeitgeist zu sein scheinen.

*Siddharth Mallavarapu, Schutzverantwortung als neues Machtinstrument?, in: Aus Politik und Zeitgeschichte 37/2013, S. 3f.*

*Siddharth Mallavarapu ist Professor für Internationale Beziehungen an der South Asian University in Neu Delhi/Indien.*

**F** Stellen Sie Hintergründe und Verlauf des Libyen-Konfliktes (Konfliktanalyse) dar. Gehen Sie dabei vor allem auf die Reaktionen der internationalen Staatengemeinschaft ein und nehmen Sie einen Ausblick auf die gegenwärtige (Post-Konflikt) Situation vor.

## Aufgaben

1. Arbeiten Sie (arbeitsteilig) die Positionen zur völkerrechtlichen Norm der Schutzverantwortung (M 14) sowie ihre jeweiligen Argumente (Wertbezüge, Grundannahmen zur Funktionsweise internationaler Politik bzw. zum Verhältnis von Recht und Politik) heraus.
2. a) Erörtern Sie, ob die Vereinten Nationen in Syrien auf der Grundlage der „Responsibility to Protect“ intervenieren sollten.
   b) Nehmen Sie – ausgehend von den in M 14 vorgestellten Positionen – zu der Frage Stellung, ob es sich beim Konzept der „Responsibility to Protect“ um eine sinnvolle Weiterentwicklung des Völkerrechts handelt.

**M zu Aufgabe 2b**
Führen Sie eine „strukturierte Kontroverse“ in 4er-Gruppen durch.

## 2.1.6 (Wie) muss der UN-Sicherheitsrat reformiert werden?

### M 15 Der UN-Sicherheitsrat: ein unzeitgemäßes Organ?

a) Einem [...] denkbaren und wünschenswerten Übergang [zu einem „Weltinnenrecht"] steht jedoch ein Sachverhalt eklatant entgegen: die problematische Rolle des Sicherheitsrates – eines Gremiums, in dem sich eine althergebrachte Mächtekonstellation wiederfindet, deren Mitglieder de facto und gemäß der Konstruktion des Sicherheitsrates auch letztlich de jure nationale Interessenpolitik à la carte betreiben können, wenn sie dies nur wollen. Da die Entscheidungen dieses Gremiums überdies, sofern gemäß Kap. VII der Charta erfolgt, rechtsverbindlichen Charakter haben [...], ein parlamentarischer Vorlauf oder eine entsprechende institutionell verbindliche Begleitdiskussion auf breiter Basis innerhalb der VN, im Übrigen auch eine rechtliche Kontrolle der Beschlüsse des Sicherheitsrates nicht vorgesehen sind [...], handelt es sich beim Sicherheitsrat um ein Organ der Vereinten Nationen von [...] neoabsolutistischem Zuschnitt.

Sitzung des Sicherheitsrats in New York

*Dieter Senghaas, Weltordnung in einer zerklüfteten Welt, Berlin 2012, S. 148*

*Dieter Senghaas ist Politikwissenschaftler und Friedensforscher.*

b)

| | Vetos (= gescheiterte Resolutionsanträge) | | | | | | Verabschiedete Resolutionen |
|---|---|---|---|---|---|---|---|
| | USA | Russland* | China** | Frankreich | Großbritannien | Summe Vetos | |
| 1946 – 1955 | 0 | 80 | 1 | 2 | 0 | 83 | 110 (Nr. 1 – 110) |
| 1956 – 1965 | 0 | 26 | 0 | 2 | 3 | 31 | 109 (Nr. 111 – 219) |
| 1966 – 1975 | 12 | 7 | 2 | 2 | 10 | 33 | 165 (Nr. 220 – 384) |
| 1976 – 1985 | 34 | 6 | 0 | 9 | 11 | 60 | 196 (Nr. 385 – 580) |
| 1986 – 1995 | 24 | 2 | 0 | 3 | 8 | 37 | 455 (Nr. 581 – 1035) |
| 1996 – 2005 | 10 | 1 | 2 | 0 | 0 | 13 | 616 (Nr. 1036 – 1651) |
| 2006 – 2012 | 3 | 6 | 5 | 0 | 0 | 14 | 434 (Nr. 1652 – 2085) |
| | 83 | 128 | 10 | 18 | 32 | 271 | 2.085 |

*bis 1991 UdSSR
** zuerst Republik China, 1949-1971 Taiwan, seitdem Volksrepublik China

*Zusammenstellung des Autors nach Tanja Brühl, Elvira Rasert, Die UNO und Global Governance, Wiesbaden 2014, S. 89 (Vetos) und http://www.un.org/en/sc/documents/resolutions.*

## M 16 Modelle einer institutionellen Reform des UN-Sicherheitsrates

*Im Dezember 2004 hat eine hochrangig besetzte Reformkommission einen Abschlussbericht über Bedrohungen, Herausforderungen und Wandel der UN vorgelegt, in dem auch Vorschläge zur Reform des Sicherheitsrats unterbreitet wurden. Diese Vorschläge dominieren bis heute die weltweite Diskussion um eine institutionelle Reform der UN.*

a) Sie sollten, im Sinne des Artikels 23 der Charta der Vereinten Nationen, diejenigen stärker an den Entscheidungen beteiligen, die finanziell, militärisch und auf diplomatischem Gebiet die größten Beiträge zu den Vereinten Nationen leisten [...];

b) sie sollten Länder, die repräsentativer für die gesamte Mitgliedschaft der Vereinten Nationen sind, insbesondere Entwicklungsländer, in den Entscheidungsprozess einbeziehen;

c) sie sollten die Wirksamkeit des Sicherheitsrats nicht beeinträchtigen;

d) sie sollten den Rat demokratischer und rechenschaftspflichtiger machen.

[...] Die Hochrangige Gruppe ist der Auffassung, dass eine Entscheidung über die Vergrößerung des Rates, die diesen Kriterien Rechnung trägt, jetzt geboten ist. Hiermit soll eine Debatte präzisiert und vielleicht einer Lösung zugeführt werden, die in den letzten 12 Jahren kaum vorangekommen ist. [...]

Bei beiden Modellen würde dadurch ein Anreiz für die Mitgliedstaaten geschaffen, größere Beiträge zum Weltfrieden und zur internationalen Sicherheit zu leisten, dass die Generalversammlung, unter Berücksichtigung der feststehenden Praxis regionaler Konsultationen, bei der Wahl von Mitgliedern des Sicherheitsrats für ständige beziehungsweise längerfristige Sitze denjenigen Staaten den Vorzug geben würde, die in ihrer Region entweder zu den drei größten Beitragszahlern zum ordentlichen Haushalt, zu den drei größten freiwilligen Beitragszahlern oder zu den drei größten truppenstellenden Staaten für Friedenssicherungsmissionen der Vereinten Nationen gehören.

*Vereinte Nationen, 59. Tagung der Generalversammlung, Bericht der Hochrangigen Gruppe für Bedrohungen, Herausforderungen und Wandel, 2.12.2004*

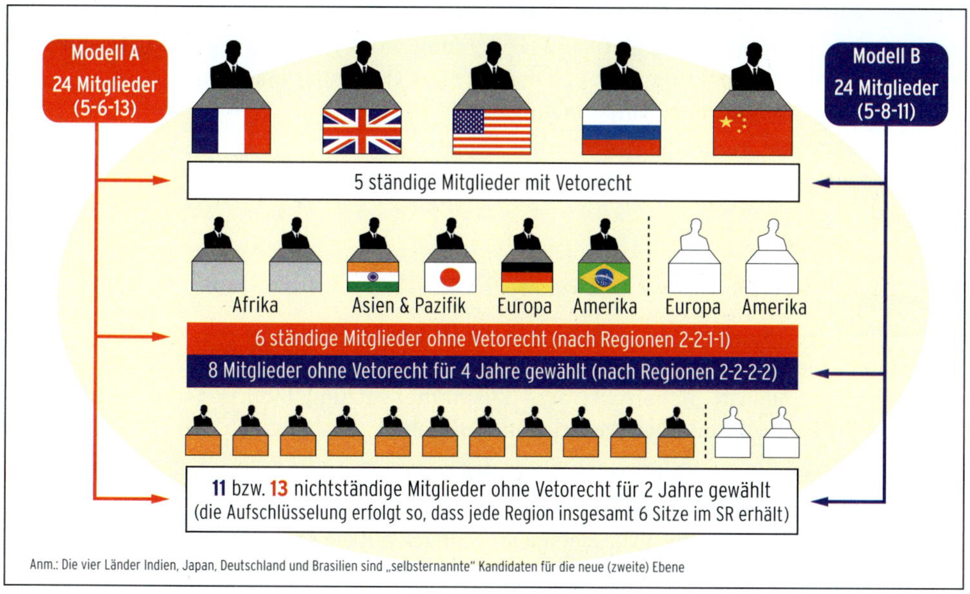


*Nach: UN-Reformkommission Bericht vom 2. Dezember 2004, zitiert in: CRP-Infothek 2010*

### Institutionelle Reformen der Vereinten Nationen

*Aus der Charta der Vereinten Nationen:*

**Kapitel XVIII: Änderungen**

Artikel 108: Änderungen dieser Charta treten für alle Mitglieder der Vereinten Nationen in Kraft, wenn sie mit Zweidrittelmehrheit der Mitglieder der Generalversammlung angenommen und von zwei Dritteln der Mitglieder der Vereinten Nationen einschließlich aller ständigen Mitglieder des Sicherheitsrates nach Maßgabe ihres Verfassungsrechts ratifiziert [= angenommen, in Kraft gesetzt] worden sind.

## M 17 (Historische) Berechtigung des Weltsicherheitsrates

Die Verantwortung für den Weltfrieden hat nach dem Wortlaut der Charta der Sicherheitsrat. „Um ein schnelles und wirksames Handeln der Vereinten Nationen zu gewährleisten“, so Art. 24 Abs. 1 der Charta, „übertragen ihre Mitglieder dem Sicherheitsrat die Hauptverantwortung für die Wahrung des Weltfriedens und die internationale Sicherheit und erkennen an, dass der Sicherheitsrat bei der Wahrnehmung der sich aus dieser Verantwortung ergebenden Pflichten in ihrem Namen handelt.“ Verglichen mit dem komplizierten Prozedere zwischen Rat und Bundesversammlung zur Zeit des Völkerbunds ist das eine klare Regelung. Sie sagt aber noch nichts Näheres darüber aus, wie eine solche Friedensordnung funktionieren soll. Sicher war nur, dass dazu Eingriffe in die nationale Souveränität erlaubt sein mussten. Ohne Beschränkung der staatlichen Handlungsfreiheit würde es keinen internationalen, auf dem Prinzip des wechselseitigen Nachgebens basierenden Friedensplan geben können. Aus diesem Grund findet sich in Art. 25 der Charta die Bestimmung, dass die Beschlüsse des Sicherheitsrates eine für alle UN-Mitgliedstaaten bindende Wirkung besitzen. Und aus demselben Grund findet sich zwei Artikel weiter eine andere Bestimmung, die [...] die Voraussetzung für dessen Durchsetzung ist. Denn ohne die Einbindung der Großmächte in eine internationale Friedensordnung, das hatte der Völkerbund gezeigt, ist diese Ordnung zum Scheitern verurteilt. Darum besagt Art. 27 Abs. 3, dass für Beschlüsse des Sicherheitsrates über Fragen, die nicht lediglich Verfahrensfragen sind, über Fragen also, die den Frieden und allgemein die internationale Sicherheit betreffen, die Zustimmung aller fünf ständigen Mitglieder des Sicherheitsrates [...] notwendig ist. Mit anderen Worten, es sollte kein Beschluss gefasst werden können, der nicht von den ständigen Sicherheitsratsmitgliedern getragen oder der, wie es sich mittlerweile als weniger strikte Variante durchgesetzt hat, nicht zumindest durch Stimmenthaltung, das heißt durch den Verzicht auf das Vetorecht, hingenommen werden kann. [...]

Man mag [die Tatsache, dass sich die Großmächte selbst eine privilegierte Stellung einräumten] als Ausdruck eines allseitigen Machtkalküls sehen, sollte jedoch nicht vergessen, dass die Hauptlast im Kampf gegen die Achsenmächte [das nationalsozialistische Deutschland, Italien und Japan] von Großbritannien, der Sowjetunion und den USA getragen worden war und dass die damaligen politischen Realitäten langfristige Stabilität nur durch Etablierung eines militärisch starken Machtzentrums erreichbar machten.

*Gerd Hankel, Die UNO, Hamburg 2006, S. 32 f.*
*Gerd Hankel ist Mitarbeiter des Hamburger Instituts für Sozialforschung.*

**Was wäre wenn?**
Sitzverteilung der 24 Sitze gemäß Anteil der Regionen an der Weltbevölkerung

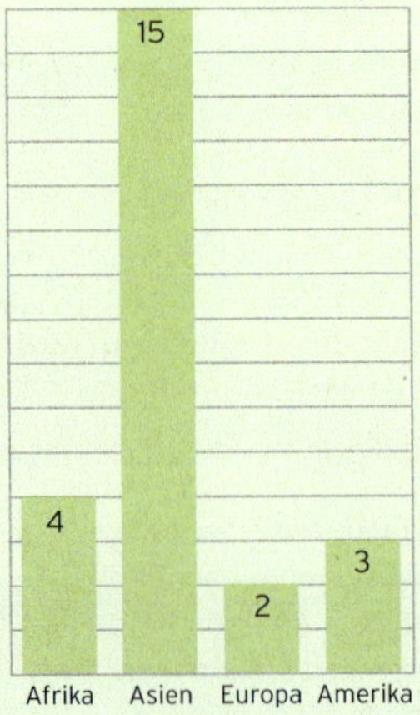


**H zu Aufgabe 1**
Konkretisieren Sie Ihre Überlegungen am Beispiel des Syrien-Konfliktes.

**H zu Aufgabe 2 b)**
Berücksichtigen Sie dabei das Kriterium der Repräsentativität (Kategorie Legitimität).

**F** Analysieren und beurteilen Sie die Position, die die gegenwärtige Bundesregierung sowie ihre Vorgänger hinsichtlich einer institutionellen Reform der Vereinten Nationen vertritt bzw. vertreten haben.

### Aufgaben

1. Erläutern Sie ausgehend von M 15 die strukturellen Probleme, die sich aus der Konstruktion des UN-Sicherheitsrates (Zusammensetzung, Mehrheitsregel, Zuständigkeit für die „Wahrung des Weltfriedens“) ergeben.
2. a) Analysieren Sie die Reformvorschläge der Kommission (M 16) hinsichtlich der anvisierten Ziele und Maßnahmen.
   b) Beurteilen Sie die Reformvorschläge im Hinblick auf die selbst gesetzten Ziele (M 16).
3. Erörtern Sie die in der Reformdiskussion auch vertretene Forderung, den Sicherheitsrat abzuschaffen und die Generalversammlung der UN entscheiden zu lassen (M 17).

**Der Syrien-Konflikt**
M 1 – M 3

Der Bürgerkrieg in Syrien entzündete sich 2011 zunächst an **regimekritischen Demonstrationen** nach Vorbild des „Arabischen Frühlings", die von syrischen Sicherheitskräften mit Waffengewalt niedergeschlagen wurden. Spätestens seit Sommer 2011 spielen **Rebellentruppen**, die vom Ausland mit Waffen versorgt werden, eine wichtige Rolle im Konflikt, in dem zahlreiche Zivilisten von beiden Konfliktparteien getötet wurden.
Neben der nationalen Ebene ist der Konflikt auch auf vielfache Weise in die **regionale und globale Sicherheitsarchitektur** eingewoben, was seine Lösung erschwert. So verfolgen regionale Mächte wie die Türkei oder Iran bei der Unterstützung der Rebellen- bzw. Regierungsseite eigene Interessen und erfahren zudem durch massive Flüchtlingsströme eine mögliche Destabilisierung des eigenen Staatsgebietes. Auch die USA und Russland sind mit eigenen Interessen, die sie im UN-Sicherheitsrat verfolgen, stark in den Konflikt involviert.

**Gründung und Aufgabenfelder der UNO**
M 4, M 5

Am 24. Oktober 1945 wurden die Vereinten Nationen (UNO = United Nations Organization) von damals 51 Staaten begründet. Sie entstanden unter dem Eindruck der Katastrophe des Zweiten Weltkriegs mit dem Ziel, durch eine globale Organisation künftig **Frieden und Sicherheit in der Welt** zu gewährleisten. Seither hat sich die Zahl der Mitgliedstaaten auf 193 (2014) erhöht, und die Vereinten Nationen haben ihre Tätigkeitsbereiche auf alle **Weltprobleme** – von der Bekämpfung des Hungers bis zum Klimawandel, von der Kinderarbeit bis zur Überschuldung vieler Entwicklungsländer – ausgedehnt.

**Ziele und Grundsätze der Charta**
M 6, M 7, M 9, M 12

Die Vereinten Nationen sind eine internationale Organisation, die auf der **freiwilligen Zusammenarbeit** der beteiligten Staaten beruht, ohne dass diese auf Souveränitätsrechte verzichten. Die Generalversammlung stellt in erster Linie ein **Diskussionsforum** für Weltprobleme dar. Alle Mitgliedstaaten sind in diesem Organ vertreten, wobei jeder Staat bei Abstimmungen eine Stimme hat. Während die Generalversammlung nach innen bindende Beschlüsse fassen kann (z. B. Wahl von nichtständigen Mitgliedern des Sicherheitsrats, Haushaltsbeschlüsse), kann sie in politischen Fragen nur Empfehlungen abgeben (z. B. gegenüber dem Sicherheitsrat).
Der **Sicherheitsrat** ist besonders im Hinblick auf die Friedenssicherung das eigentliche Entscheidungsorgan. Er besteht aus **fünf ständigen Mitgliedern mit Vetorecht** und zehn nichtständigen, von der Generalversammlung auf zwei Jahre gewählten Mitgliedern. Der Sicherheitsrat stellt fest, ob eine Bedrohung des Friedens vorliegt, und kann **Zwangsmaßnahmen zur Wahrung des Weltfriedens** beschließen, die von Wirtschaftssanktionen bis zum Einsatz von Waffengewalt reichen. Die UNO-Mitglieder sind verpflichtet, die Resolutionen des Sicherheitsrats umzusetzen.
Der **UN-Generalsekretär** (seit 2007 Ban Ki-Moon, Südkorea) ist der höchste Verwaltungsbeamte und Repräsentant der UNO. Er kann die Aufmerksamkeit des Sicherheitsrats auf Angelegenheiten richten, die nach seiner Auffassung eine Gefahr für den Weltfrieden darstellen, und erstattet der Generalversammlung jährlich Bericht. Auf Vorschlag des Sicherheitsrats wird er von der Generalversammlung auf fünf Jahre gewählt.

ORIENTIERUNGSWISSEN

**Strukturelle Probleme der UNO und das Konzept der Schutzverantwortung**
M 10, M 11, M 14, M 15

Als mit dem Ende des Ost-West-Konflikts die Konfrontation der ständigen Mitglieder mit Vetorecht beendet war, hoffte man auf ein effektiveres Wirken des Sicherheitsrats. Immer wieder aber zeigte es sich, dass Interessengegensätze zwischen den fünf Großen des Sicherheitsrats die rechtzeitige Verabschiedung wirksamer Resolutionen zur Beendigung schwerster Menschenrechtsverletzungen verhinderten.
Das 2005 in einer Resolution verabschiedete Konzept der **„Responsibility to Protect“** (R2P) sollte das Spannungsverhältnis zwischen Menschenrechtsschutz und staatlicher Souveränität auflösen und kann als Ausdruck eines gewandelten Verständnisses des Völkerrechts interpretiert werden. Dass es häufig nicht zur Anwendung der in Kapitel VI und VII der UN-Charta festgelegten Instrumente zur Beendigung von Konflikten kommt, hat mehrere Ursachen:

- Oft kann sich der Sicherheitsrat nicht auf effektive Sanktionen einigen, weil die Vetomächte Resolutionen verhindern, die nicht ihren nationalen Interessen entsprechen.
- Um Friedensmissionen durchführen zu können, ist die UNO auf die Beteiligung von Mitgliedstaaten angewiesen. Die in der UN-Charta festgelegte Verpflichtung zur Unterstützung wird in der Praxis kaum beachtet.
- Die in der UN-Charta festgelegten Maßnahmen zielen auf zwischenstaatliche Konflikte. Nachdem aber heute innerstaatliche Konflikte dominieren, geraten bei möglichen Interventionen das Verbot, sich in innerstaatliche Angelegenheiten einzumischen (Interventionsverbot), mit dem ebenfalls in der UN-Charta verankerten Schutz der Menschenrechte und dem Selbstbestimmungsrecht der Völker in Konflikt.

Diese strukturellen Probleme zeigen sich auch in der internationalen Bearbeitung des Syrien-Konfliktes: insbesondere Russland blockiert mit seiner Vetoposition aus in erster Linie strategischen Gründen bislang sämtliche Versuche, im Sicherheitsrat eine Resolution zu verabschieden, die geeignet ist, den Konflikt zu deeskalieren. Unterstützt wird Russland dabei von China, das analog zu seiner außenpolitischen Doktrin alle UN-Maßnahmen zu unterbinden versucht, die zu einer Aufweichung des Interventionsverbotes führen könnten.

**Reform der Vereinten Nationen**
M 16

Auf Grund dieser strukturellen Probleme ist in der Vergangenheit auch der Ruf nach einer Reform der Vereinten Nationen laut geworden. Darunter wird in erster Linie eine Reform des UN-Sicherheitsrates verstanden, die dieses Gremium demokratischer (repräsentativer) und zugleich effizienter gestalten soll. Die strukturellen Probleme der UN, die insbesondere durch das Vetorecht hervorgerufen werden, stehen dabei ebenso den Reformbemühungen im Wege.

## Wann greift der UN-Sicherheitsrat in Gewaltkonflikte ein?

[B]ei Interventionsentscheidungen im Sicherheitsrat [sind] komplexe Prozesse am Werk [...], die von verschiedenen – potenziell konkurrierenden – Motiven und Handlungslogiken angetrieben werden. [...]

***Erstens** ist das Ausmaß einer humanitären Notlage entscheidend:* Je mehr Opfer eine Krise fordert, desto stärker steigt der moralische Handlungsdruck, an der Seite der Opfer in eine Krise oder einen Konflikt einzugreifen. Bei der Erzeugung dieses Drucks spielen Menschenrechtsaktivisten und humanitäre Nichtregierungsorganisationen, die in den Krisenregionen aktiv sind und die Not der betroffenen Bevölkerungen ins öffentliche Bewusstsein rücken, häufig eine maßgebliche Rolle.

***Zweitens** ist das regionale Ausstrahlen einer Krise in benachbarte Staaten oder Regionen sehr wichtig:* Ein solches regionales Übergreifen kann vielfältige Formen annehmen – massive Flüchtlingsströme, wirtschaftlichen Abschwung, Terrorismus – und angrenzende Staaten destabilisieren.

***Ein dritter Faktor** für Interventionsentscheidungen des Weltsicherheitsrats ist, ob und in welchem Umfang die UN bereits in einer Krise involviert waren.* In dem Maße, in dem die Vereinten Nationen zuvor in eine Krise investiert haben – etwa in Form von humanitärer Hilfe, diplomatischem Prestige oder der Entsendung von Friedensmissionen –, steigt der Anreiz, diese materiellen oder immateriellen sunk costs durch ein verstärktes Eingreifen zu schützen. Es entstehen Pfadabhängigkeiten, die einen Rückzug der UN aus einer Krise erschweren.

*Die Fähigkeit eines Zielstaates, eine Gegenmacht gegen eine externe Intervention aufzubauen und damit die Kosten und Risiken einer Intervention zu erhöhen, ist der **vierte Erklärungsfaktor**.* Wie stark dieser Widerstand ist, hängt in erster Linie von der militärischen Macht des Interventionsziels ab, aber auch davon, ob der Krisenstaat mächtige Verbündete hat oder in der Einflusssphäre eines Staates liegt, der ein Eingreifen der Vereinten Nationen im Weltsicherheitsrat verhindern kann.

Jeder dieser vier Faktoren spielt eine zentrale Rolle für die Erklärung, warum die Vereinten Nationen selektiv [= auswählend] auf humanitäre Notlagen reagieren. [...] Erst in ihrer Kombination entfalten sie eine hohe Erklärungskraft.

*Martin Binder, Interventionen folgen festen Mustern, in: WZB Mitteilungen (Heft 133), September 2011, S. 10 ff.*

*Martin Binder ist wissenschaftlicher Mitarbeiter des Wissenschaftszentrums Berlin in der Abteilung Transnationale Konflikte und internationale Institutionen.*

**sunk costs**
versunkene Kosten, meint: bereits aufgelaufene und weitere feststehende Kosten bis zum Abschluss des Projekts

KOMPETENZEN ANWENDEN

### Aufgaben

1. a) Geben Sie Binders Überlegungen zu Interventionsentscheidungen des UN-Sicherheitsrates wieder.
   b) Erläutern Sie die von ihm identifizierten Erklärungsfaktoren am Beispiel der Rolle des UN-Sicherheitsrates im syrischen Bürgerkrieg.
2. Die Komplexität der Entscheidungssituationen kann dazu führen, dass im UN-Sicherheitsrat keine Mehrheit für eine Intervention gefunden wird. Erörtern Sie, ob (bzw. unter welchen Bedingungen) humanitäre Interventionen im Sinne der R2P auch ohne Mandat des UN-Sicherheitsrates umgesetzt werden sollten.

# 2.2 Global Governance – durch Verrechtlichung und Weltinnenpolitik zur Friedensordnung des 21. Jahrhunderts?

## 2.1.1 Assad anklagen? Verrechtlichung durch Völkerstrafrecht und Internationalen Strafgerichtshof

### M 1 ● Assad auf die Anklagebank?

Das Gebäude des Internationalen Strafgerichtshofes und von Eurojust in Den Haag

Die Ermittler der Vereinten Nationen haben eine Anklage syrischer Kriegsverbrecher vor dem Internationalen Strafgerichtshof (ICC) gefordert.
Sowohl die Führung um Präsident Baschar al-Assad als auch Rebellen hätten sich in dem [...] Bürgerkrieg des Mordes und der Folter schuldig gemacht, heißt es in einem Bericht, den die UN-Ermittler am Montag vorlegten. Der ICC sei die geeignete Einrichtung, um die Taten zu verfolgen, sagte der Chef der Syrien-Ermittler, Paulo Pinheiro.

*Thomson Reuters, 18.2.2013*

### M 2 ● Völkerstrafrecht in der Praxis: Anklage und Urteil gegen einen Kriegsverbrecher

**Der US-amerikanische Chefankläger der Nürnberger Prozesse, Robert H. Jackson, entwarf in seiner Rede zur Prozesseröffnung am 21. November 1945 grundlegende Ideen eines modernen Völkerstrafrechts:**
And let me make clear that while this law is first applied against German aggressors, the law includes, and if it is to serve a useful purpose it must condemn aggression by any other nation, including those which sit here not in judgment. We are able to do away with domestic tyranny and violence and aggression by those in power against their own people only when we make all men answerable to the law. This trial represents mankind's desperate effort to apply the discipline of the law to statesmen who have used their powers of state to attack the foundations of the world's peace and to commit aggressions against the rights of their neighbors.

*Zitiert nach: Wolfgang Kaleck, Mit zweierlei Maß. Der Westen und das Völkerstrafrecht, Berlin 2012, S. 30*

Es ist ein Meilenstein in der Geschichte der Weltjustiz. Am 14.3.2012 fällte der Internationale Strafgerichtshof (IStGH) in Den Haag sein erstes Urteil überhaupt: Einstimmig sprach er Thomas Lubanga, Gründer und Chef einer Miliz im Kongo, wegen Kriegsverbrechen schuldig.[1] Zwischen 2002 und 2003 hatten Truppen, die unter dem Kommando Lubangas standen, zahlreiche Kinder unter 15 Jahren aus ihren Häusern oder aus den Schulen verschleppt, militärisch ausgebildet und in den Krieg geschickt. [...]
Lubanga, geboren 1960, hatte im Zweiten Kongokrieg (1998-2003) mit Hilfe aus Uganda im Jahr 2000 die Patriotischen Kräfte für die Befreiung des Kongo (FPLC) gegründet, eine Miliz, der zahlreiche Kriegsverbrechen angelastet werden. Doch

beschränkte sich die Anklage des Weltstrafgerichtshofs auf die Rekrutierung und den Einsatz von Kindersoldaten, um den Prozess nicht unnötig in die Länge zu ziehen. Der unwiderlegbare Nachweis anderer Verbrechen wäre wohl schwieriger, jedenfalls aber extrem zeitraubend gewesen. Dass Lubanga auf Dorfversammlungen vor Kindersoldaten öffentliche Reden gehalten hat und dass seine eigene Leibgarde auch aus Kindern bestand, ist bewiesen.
Im Gerichtsverfahren gegen Lubanga, das 2010 eröffnet wurde, kamen 67 Zeugen zu Wort, unter ihnen auch frühere Kindersoldaten. 129 Opfer durften am Prozess teilnehmen und den Zeugen auch Fragen stellen. Lubanga, der auf nicht schuldig plädiert hatte, kann Berufung einlegen. Sobald das Urteil auf Französisch vorliegt, hat er 30 Tage Zeit, Einspruch zu erheben. Lubanga wurde nach der Ermordung von neun Blauhelm-Soldaten der UN-Mission 2005 im Kongo festgenommen. Als der IStGH im Jahr danach einen Haftbefehl gegen ihn erließ, wurde der Milizenführer nach Den Haag ausgeliefert. Er war der erste Häftling des Weltstrafgerichts, das 2002 seine Tätigkeit aufgenommen hatte.

*Thomas Schmid, Historisches Urteil, in: Frankfurter Rundschau, 15.3.2012*

*[1]Das Strafmaß wurde im Juli 2012 auf 14 Jahre Haft festgelegt.*

## M 3 ● Die Institutionalisierung des Völkerstrafrechts – der Internationale Strafgerichtshof

Jahrtausendlang war der Krieg ein rechtsfreier Raum. „Unter Waffen schweigen die Gesetze", hatte schon der römische Politiker und Philosoph Cicero gewusst. Im Mittelalter sprachen die christlichen Kreuzfahrer vom Heiligen Krieg und brandschatzten Dörfer und Städte, vergewaltigten und ermordeten Ungläubige. Erst im ausgehenden 19. Jahrhundert wurden in internationalen Abkommen Kriegshandlungen rechtliche Grenzen gesetzt, vor allem in der Haager Landkriegsordnung von 1899. Doch wer die missachtete, hatte in der Regel nichts zu fürchten. Das Recht, einen Angriffskrieg zu führen, galt zudem bis in die Zeit zwischen den beiden Weltkriegen als selbstverständliches Attribut eines souveränen Staates. [...]
Ein Meilenstein in der Geschichte des Kriegsvölkerrechts waren die Nürnberger Prozesse. Die [nationalsozialistischen] Hauptverantwortlichen für Kriegsverbrechen und die Verbrechen gegen die Menschlichkeit kamen in Nürnberg vor ein Gericht der Alliierten. Doch der Kalte Krieg blockierte dann jede Weiterentwicklung einer internationalen Justiz. Erst nach dem Fall der Berliner Mauer und dem Ende des Sowjetreiches konnte der Sicherheitsrat der

*Nach: Nürnberger Menschenrechtszentrum 2006 (aktualisiert)*

Vereinten Nationen zwei internationale [Ad-hoc-]Tribunale schaffen – zur Aburteilung der Kriegsverbrechen im ehemaligen Jugoslawien und in Ruanda.
Die beiden Tribunale beförderten die Entwicklung einer regional und zeitlich nicht begrenzten Weltjustiz, deren gewiss höchst unvollkommener Ausdruck der ICC ist. Er wurde durch einen internationalen Vertrag [Römisches Statut] ins Leben gerufen, was ihm mehr Legitimität verleiht, als wenn er auf Anordnung des UN-Sicherheitsrats entstanden wäre. Bis heute sind ihm 121

Staaten beigetreten. 32 weitere Staaten haben sein Statut unterzeichnet, aber noch nicht ratifiziert. Nachdem der 60. Staat seine Ratifikationsurkunde hinterlegt hatte, konnte das Gericht vor zehn Jahren, am 1. Juli 2002, seine Arbeit aufnehmen.

Nach eigenem Statut kann der ICC nur Völkermord, Kriegsverbrechen, Verbrechen gegen die Menschlichkeit und Verbrechen der Aggression (Angriffskrieg)[1] verfolgen, die nach dem 1. Juli 2002 begangen wurden. Und er ist nur zuständig, wenn die nationale Gerichtsbarkeit nicht fähig oder willens ist, die genannten Verbrechen zu ahnden [Prinzip der Komplementarität]. Die wichtigste Einschränkung aber: Der ICC kann nur Täter zur Rechenschaft ziehen, die einem Staat angehören, der sein Statut ratifiziert hat oder die ihr Verbrechen in einem der Vertragsstaaten begangen haben. In allen andern Fällen kann er nur tätig werden, wenn er vom Sicherheitsrat der Vereinten Nationen dazu ermächtigt wird.

*Thomas Schmid, Der schwierige Weg zu einer Weltjustiz, in: Frankfurter Rundschau, 27.6.2012*

*[1] Was eine kriegerische Aggression ist, darauf konnten sich die Unterzeichnerstaaten erst auf der Konferenz in Kampala 2010 einigen. Die vertragliche Definiton ist allerdings noch nicht in Kraft getreten und findet in der Gerichtsbarkeit des IStGH noch keine Anwendung. (Stand: Januar 2013)*

## M 4 ● Aufbau und Arbeitsweise des ICC

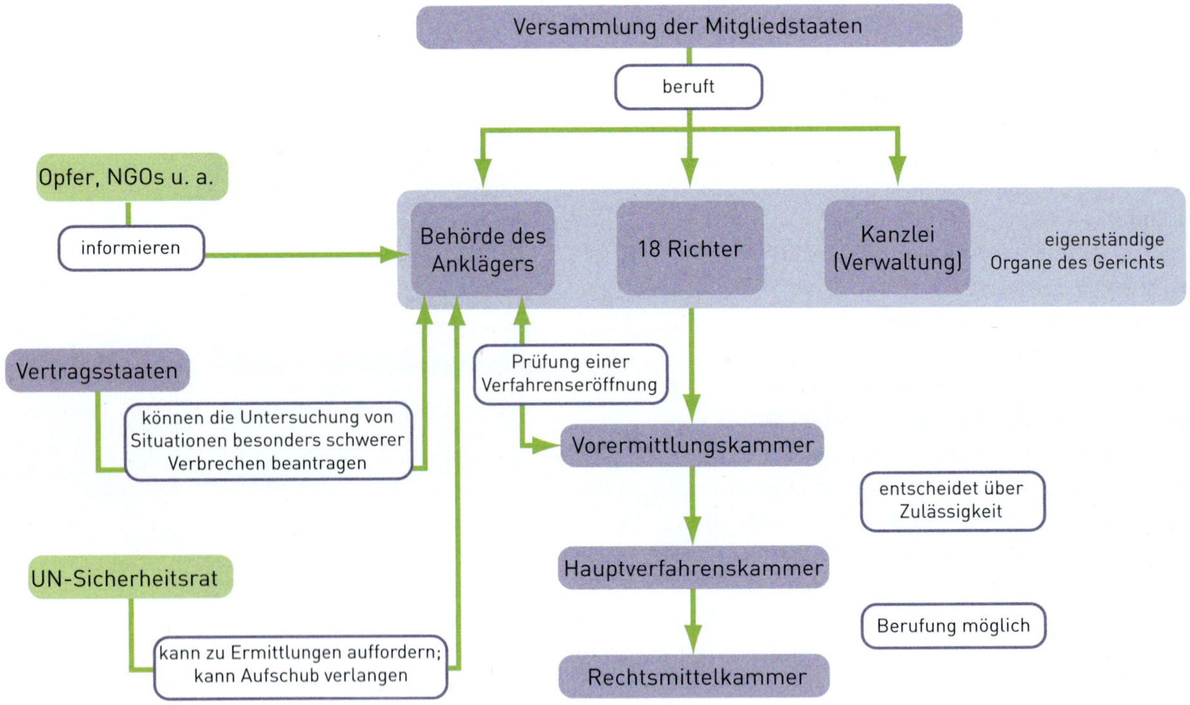


Rechtsgrundlage des ICC ist ein völkerrechtlicher Vertrag, dem jeder Staat freiwillig beitreten kann. Dieser Vertrag ist die Gründungsurkunde des ICC. Nach dem Ort, wo dieser Vertrag 1998 beschlossen wurde, nennt man ihn das „Römische Statut".

Der ICC ist ein eigenständiges völkerrechtliches Organ, aber mit den UN durch einen Kooperationsvertrag verbunden. Sein oberstes Organ ist die „Versammlung der Vertragsstaaten". Der ICC ist ein unabhängiges Gericht. Einmal im Amt, unterliegen die Richter keinen Weisungen. Politische Einflüsse sollen so weit als möglich ausgeschlossen bleiben.

Das Statut räumt dem Sicherheitsrat der UN zwei Befugnisse ein:

1. Antrag auf Einleitung von Ermittlungen nach Kap. VII der UN-Charta, wobei das Gericht bei der Ergebnisfindung unabhängig ist.
2. Ersuchen auf zeitweiligen Aufschub von Ermittlungen oder der Strafverfolgung auf der Grundlage des Statuts für ein Jahr (mit Verlängerungsmöglichkeit), wenn eine entsprechende Resolution des Rates nach Kap. VII der UN-Charta zugrunde liegt.

*Nach: Otto Boehm / Volker Dieckmann / Rainer Huhle / Michael Krennerich, Nürnberger Menschenrechtszentrum, Der Weg zum Internationalen Strafgerichtshof, 2006, S. 11*

## M 5 ● Gefangene der globalen Realpolitik

Just die Großmächte USA, Russland und China, aber auch Staaten wie Iran und Israel [haben] den Vertrag nicht ratifiziert. Ermittlungen wegen israelischer Kriegsverbrechen im Gaza-Streifen würde der UN-Sicherheitsrat, in dem die USA ein Vetorecht haben, mit Sicherheit nie billigen. Ermittlungen gegen amerikanische, russische oder chinesische Kriegsverbrecher sind erst recht ausgeschlossen. Hier stößt also der ICC an seine Schranken. Er muss sich mit dem begnügen, was politisch machbar ist. Auch deshalb geriet er in den Ruch, neokoloniale Politik zu betreiben.

In der Tat ermittelt das ICC förmlich nur gegen afrikanische Täter. Allerdings haben im letzten Jahrzehnt die schlimmsten Kriege gerade in Afrika, vor allem im Kongo gewütet. Zudem haben drei der fünf betroffenen afrikanischen Staaten die Strafverfolgung von sich aus an den ICC überwiesen. In den beiden anderen wurde sie vom UN-Sicherheitsrat autorisiert. Der umstrittenste Fall war Omar al-Baschir, der amtierende sudanesische Staatschef.

Als der Argentinier Luis Moreno Ocampo, [...] [ehemaliger] Chefankläger des ICC, gegen ihn einen Haftbefehl wegen Völkermord in Darfur durchsetzte, schlug ihm Kritik entgegen. Die Maßnahme erschwere eine friedliche Lösung des Konflikts um den Südsudan. Auch im Fall Syrien könnte Gerechtigkeit gegen das Bedürfnis nach Frieden stehen. Soll man Präsident Baschar al-Assad im Ausland Asyl gewähren, um eine Friedenslösung zu erleichtern?

*Thomas Schmid, Der schwierige Weg zu einer Weltjustiz, in: Frankfurter Rundschau, 27.6.2012*

Die USA hatten, nachdem Präsident Bill Clinton im letzten Moment das Statut unterzeichnet hatte, unter George W. Bush junior (Person in der Karikatur) die Unterschrift zurückgezogen. Karikatur: Gerhard Mester/Baaske Cartoons

## Aufgaben

1. Fassen Sie das Selbstverständnis, die Aufgaben sowie die Arbeitsweise des Internationalen Strafgerichtshofes (M 2-M 4) zusammen.
2. Arbeiten Sie die (möglichen) Begründungen und Ziele einer internationalen Anklage syrischer Kriegsverbrecher (M 1, vgl. Kap. 2.1) sowie Wirkungen, die von einer Verurteilung ausgehen könnten, heraus.
3. a) Für die vergangenen Jahrzehnte behaupten politische Beobachter eine zunehmende Verrechtlichung als wesentliches Merkmal der Weltpolitik.
   Charakterisieren Sie die Einrichtung des Internationalen Strafgerichtshofes als Teil dieses Prozesses (M 1-M 4).
   b) Es gilt „weiterhin, dass Recht zunächst aus Macht erwächst" (Stefan Oerter, Völkerrechtler). Erörtern Sie – unter Berücksichtigung dieser These – die Forderung nach einer Anklage Assads (M 1, M 5).
4. Der ICC als „Meilenstein" auf dem Weg der Verrechtlichung internationaler Beziehungen – Erfolg oder Misserfolg? Nehmen Sie zu dieser Frage begründet Stellung.

**H** zu Aufgabe 2
Unterscheiden Sie dabei zwischen Wirkungen auf unmittelbare Täter, Opfer sowie weitere Akteure der internationalen Politik sowie hinsichtlich des Zeithorizontes zwischen Reaktion und Prävention.

**F** Recherchieren Sie zu gegenwärtigen Verfahren (Anklagepunkte, Stand des Verfahrens, Urteil bzw. Aussicht auf Verurteilung), die am ICC oder nicht-ständigen internationalen bzw. internationalisierten Gerichtshöfen anhängig sind (Beispiele: Charles Taylor, Liberia; Radovan Karadzic, Serbien; Denis Sassou-Nguesso, Kongo).

## 2.2.2 Global Governance – Weltordnungspolitik im 21. Jahrhundert

### M 6 Alles verregelt?

Die Anzahl der bei den Vereinten Nationen registrierten zwischenstaatlichen Verträge hat sich folgendermaßen entwickelt:

**1960 = 8.776** **2010 = 63.419**

*Michael Zürn, Internationale Institutionen und nichtstaatliche Akteure in der Global Governance, in: APuZ 34-35/2010, S. 16 ff.*

### M 7 Was ist Global Governance?

Im Zuge [des Wandels internationaler Beziehungen] hielt der Begriff global governance Einzug in die Analyse internationaler Angelegenheiten. Governance allgemein bezeichnet die Gesamtheit der kollektiven Regelungen, die auf eine bestimmte Problemlage oder einen bestimmten gesellschaftlichen Sachverhalt zielen [...]. Der Begriff bezieht sich [...] nicht auf einzelne Regelungen wie die Festlegung eines Zollsatzes, sondern auf die Summe der Regelungen, die eine Problemlage betreffen. [...] Zu regelnde Problemlagen und Sachverhalte können beispielsweise den Klimawandel, die Handelsbeziehungen, die Finanzbeziehungen, die Menschenrechte und anderes mehr betreffen. [...]

Das analytische Konzept der Governance verweist zum einen darauf, dass die autoritative Regelung gesellschaftlicher Problemlagen nicht zwingend an Staaten gebunden ist. Neben der governance by government kann es auch governance without government (Selbstauferlegung von Normen und Regeln durch gesellschaftliche Akteure) und governance with governments (Verpflichtung von Staaten im Umgang miteinander auf bestimmte Normen und Regeln, ohne dass diese von einem übergeordneten Akteur beschlossen und durchgesetzt werden können) geben. [...]

Entscheidend [für das Begriffsverständnis] ist nun, dass sich mit diesen neuen Governance-Inhalten eine Supranationalisierung und Transnationalisierung ihrer institutionellen Form vollzog. Supranationalisierung bezeichnet einen Prozess, in dem internationale Institutionen Verfahren ausbilden, die sich von dem zwischenstaatlichen Konsensprinzip lösen. Dadurch können für nationale Regierungen Verpflichtungen entstehen, Maßnahmen auch dann zu ergreifen, wenn sie selbst nicht zustimmen. Infolge der Supranationalisierung verschiebt sich ein Teil der politischen Autorität von einzelnen Staaten zu internationalen Institutionen. Insofern bezeichnet Supranationalisierung einen Prozess, der politische Autorität [...] jenseits des Nationalstaates erwachsen lässt. [...] Transnationalisierung bezeichnet einen Prozess, bei dem nichtstaatliche Akteure die Träger internationaler politischer Regelungen und Aktivitäten sind, ohne dass Staaten die Aufgabe an diese formal delegiert haben. Solche Regelungen beruhen auf dem Prinzip der Selbstorganisation und erzeugen private authority. Darunter fallen dann beispielsweise sogenannte codes of conduct (Verhaltenskodizes), die zwischen Unternehmen vereinbart werden und möglicherweise Verpflichtungen beinhalten, denen die nationale Regierung des Landes, in dem sich der Stammsitz eines Unternehmens befindet, nicht zugestimmt hätte.

Gleichermaßen bringt die Übernahme von Funktionen durch transnationale NRO im Rahmen internationaler Institutionen eine solche Transnationalisierung zum Ausdruck. [...]
[Daneben] zeigt sich die Dynamik von Supranationalisierung und Transnationalisierung der Governance qualitativ, [indem] institutionelle Komponenten an Bedeutung gewinnen, die das zwischenstaatliche Konsensprinzip unterlaufen. [...] Mit Blick auf die Verhandlungs- bzw. Entscheidungsphase [internationaler Politik] lässt sich zunächst eine relative Zunahme von Mehrheitsentscheidungen [...] beobachten. Mehrheitsentscheidungen erhöhen die Handlungsfähigkeit internationaler Institutionen, indem sie das Veto einzelner Staaten aushebeln, Blockaden überwinden und auf Vetospieler einen Druck zur Kompromissbereitschaft ausüben. Der Blick auf strittige Fälle der Regelinterpretation zeigt eine Bedeutungszunahme unabhängiger Schiedsgerichtsverfahren und internationaler Gerichtshöfe. Gerichtsförmige Verfahren dienen dazu, Lösungen für Kollisionen zwischen verschiedenen Regelungen zu finden und die Regelinterpretation von komplexeren Regelungsgegenständen zu erleichtern; sie entziehen diese jedoch weitgehend dem Zugriff der Staaten. Von derartigen quasigerichtlichen Einrichtungen gab es im Jahre 1960 nur 27; 2004 betrug ihre Anzahl bereits 97. Die Überwachung (monitoring) [...] und Verifikation internationaler Regelungen insbesondere von Aktivitäten innerhalb von Staatsgebieten erfolgt gleichfalls zunehmend von Vertragsorganisationen, internationalen Sekretariaten aber auch transnationalen NRO, die nicht direkt der staatlichen Kontrolle unterliegen. So ist beispielsweise die Überwachung von international genormten Menschenrechten informell längst Menschenrechtsorganisationen wie Human Rights Watch und Amnesty International übertragen worden. Hinsichtlich der Regeldurchsetzung kann eine gestiegene Bereitschaft beobachtet werden, gegen Regelverletzer materielle Sanktionen zu verhängen. [...]
Im Ergebnis haben sich internationale Institutionen entwickelt, die Autorität und Herrschaft ausüben und tief in nationale Gesellschaften hineinwirken. Es handelt sich dabei [mehrheitlich] nicht mehr um governance by government, sondern um governance with governments. Hinzu kommt, dass sich in den vergangenen zwei Jahrzehnten auch transnationale Institutionen herausgebildet haben, die sich der Kontrolle der Nationalstaaten gleichfalls partiell entziehen (governance without government). Beispiele für private Formen transnationaler Governance sind etwa die Internationale Handelskammer (International Chamber of Commerce) oder die zahllosen Verhaltenskodizes und Zertifizierungssysteme (z.B. Forest Stewardship Council, Rugmark).

*Michael Zürn, Internationale Institutionen und nichtstaatliche Akteure in der Global Governance, in: APuZ 34-35/2010, S. 16 ff.*

*Michael Zürn ist Direktor der Abteilung „Global Governance" am Wissenschaftszentrum Berlin und Professor für Internationale Beziehungen an der FU Berlin.*

*Autorengrafik*

**NRO = Nichtregierungsorganisationen**
auch NGOs = Non-governmental organizations, vgl. M 9

## M 8 (Welt-)Regieren in internationalen Institutionen

*Politische bzw. gesellschaftliche Problemlagen machen im Zeitalter der Globalisierung kaum mehr Halt vor staatlichen Grenzen. Daher erscheint es naheliegend, dass immer mehr politische Entscheidungen nicht auf einzel-, sondern auf internationaler (also: zwischen- bzw. überstaatlicher) Ebene getroffen werden. Diese Entwicklung wird bereits deutlich, wenn man sich die quantitative Ausweitung internationaler Beziehungen verdeutlicht; so stieg die Anzahl internationaler Organisationen von gut 100 im Jahre 1949 auf inzwischen über 300, und die Anzahl internationaler Verträge ist von knapp 2.000 im Jahr 1949 auf etwa 55.000 im Jahr 1997 angewachsen (vgl. Zangl/Zürn 2003). Internationale Politik nimmt dabei jedoch sehr unterschiedliche Organisationsformen an, die u.a. ihre Reichweite oder Durchsetzungsfähigkeit beeinflussen. Die folgende Tabelle stellt die vier idealtypischen Organisationsformen dar:*

| Organisationsform: | Internationale Organisationen | Internationale Regime | Internationale Netzwerke | Internationale Ordnungsprinzipien |
|---|---|---|---|---|
| **Problemfeldbezug:** Regelungen für ein spezifisches Politikfeld vs. Allgemeingültigkeit | Allgemeingültigkeit und spezifische Politikfelder | Spezifisches Politikfeld | Spezifisches Politikfeld | Allgemeingültigkeit |
| **Akteursqualität:** selbstständiges Handeln als Akteur vs. Verhandlungsarena für (national)staatliche und gesellschaftliche Akteure | Verhandlungsarena mit Verselbstständigungstendenzen der Organisation und ihrer Leitung | Verhandlungsarena | Verhandlungsarena | keine |
| **Art der Normen:** Inhaltlich konkrete Normen und/oder prozedurale Normen (Verfahrensregeln) | Inhaltlich konkret und prozedural | Inhaltlich konkret und prozedural | Prozedural | Prozedural |
| Beispiele | OSZE, OECD ... | GATT, Menschenrechtsregime der UNO ... | Weltwirtschaftsgipfel ... | Souveränitätsprinzip der Staaten ... |

*Zusammenstellung des Autors nach: Bernhard Zangl, Michael Zürn, Frieden und Krieg, Frankfurt/Main 2003, S. 88 ff., S. 158 f.*

## M 9 Die Rolle der Nichtregierungsorganisationen in der Weltpolitik

**Was sind NGOs?**

NGOs [sollen] als private Non-Profit-Organisationen mit folgenden Eigenschaften definiert werden: Sie gehen aus der freiwilligen Assoziation von Menschen hervor, sind von staatlichen Weisungen unabhängig, auf eine gewisse Dauer hin angelegt, nicht gewinnorientiert und haben eine formelle, satzungsmäßige Form. Internationale NGOs (INGOs) haben transnationale Ziele, Operationen und Verbindungen.

Ein kurzer Blick auf die Realität zeigt, dass nur ein Teil der NGOs dieser Definition „in Reinform" entspricht. Stattdessen bewegen sich viele Organisationen in einer Grauzone zwischen politisch-finanzieller Unabhängigkeit und starker Anbindung an staatliche und multilaterale [= mehrstaatliche] Geber. Verschiedenste Verflechtungen zwischen NGOs, Staat und Politik gehören zum Alltag in der humanitären Hilfe, der Entwicklungs- und Friedenspolitik. [...]

Hinsichtlich der Tätigkeitsprofile lässt sich zwischen einem operational und einem public policy profile unterscheiden. Bei Ersterem steht die konkrete, operative Arbeit vor Ort im Vordergrund. Bei der politikorientierten Arbeit versuchen NGOs hingegen, Öffentlichkeit [...] herzustellen sowie politische und gesellschaftliche Entscheidungsträger in ihrer Agenda, Problemwahrnehmung und ihren Entscheidungen zu beeinflussen.

**Nutzen und Nachteile von NGOs**

NGOs werden in Wissenschaft, Politik und Öffentlichkeit einige [...] Vorteile zugeschrieben, die ihnen zunächst einmal einen „guten Ruf" verschafft haben. Zuvörderst ist ihre politische Unabhängigkeit zu nennen – eine Eigenschaft, die [ihren] Argumenten und Aktionen [...] in der Öffentlichkeit eine hohe Glaubwürdigkeit verleiht. NGOs gelten auch als besonders flexibel und effektiv: Sie können – auch kurzfristig – mitunter erhebliche Ressourcen mobilisieren, etwa um rasch auf Notfallsituationen zu reagieren oder Opfer von Menschenrechtsverletzungen zu unterstützen. [...]

Das ursprünglich hohe Ansehen von NGOs [...] hat mittlerweile deutliche Kratzer abbekommen; skeptische Stimmen [...] [verweisen auf den] Kritikpunkt der problematischen Legitimität. NGOs stehen – je einflussreicher sie werden – unter Rechtfertigungszwang, denn sie gründen ihre Existenz und ihren Einfluss ja nicht auf allgemeine Wahlen. Dieses Defizit können sie zum Teil durch einen internen demokratischen Aufbau sowie durch die Verwirklichung von Prinzipien wie Verantwortlichkeit, Gleichheit und Transparenz kompensieren. Freilich sind solche Prinzipien [...] immer schwieriger umzusetzen. [...] Allerdings haben NGOs einen Vorteil: Gelingt es ihnen, als gesellschaftliche Sensoren und Stimmen staatlichen Akteuren und Akteuren, die legitimiert Macht ausüben, Entscheidungsorientierungen zu geben bzw. diese zu kontrollieren, erhalten sie in der öffentlichen Wahrnehmung einen „Bonus".

Da sich staatliche und multilaterale Akteure oft als nicht flexibel genug erweisen, angemessen auf neue Herausforderungen zu reagieren, entstehen Freiräume, in denen sich privat betriebene Weltpolitik als sachorientierter und effektiver als das klassische Modell rein nationalstaatlich geprägter Weltpolitik erweisen kann. Private Akteure können sich also – trotz Schwächen in ihrer internen Verfasstheit – profilieren und legitimieren, indem sie zu demokratischen Grundnormen und fairen Verfahren (Input-Legitimität) sowie zu einer effektiven und gerechten Leistungserbringung (Output-Legitimität) auf globaler Ebene beitragen.

*Thomas Debiel, Monika Sticht, Entwicklungspolitik, Katastrophenhilfe und Konfliktbearbeitung, in: Achim Brunnengräber et al., NGOs im Prozess der Globalisierung, Bonn 2005, S. 129 ff.*

## Aufgaben

1. Beschreiben Sie (hypothesenartig) die in den Daten aus M 6 zum Ausdruck kommenden Veränderungen in der internationalen Politik.
2. Arbeiten Sie die wesentlichen Elemente von Global Governance heraus (M 7, M 8).
3. a) Die konkrete politische Umsetzung von Global Governance kann „by, with and without government" erfolgen. Erklären Sie mit Hilfe dieser Unterscheidung die Funktionsweise und Reichweite der unterschiedlichen Organisationsformen transnationalen Regierens (M 8).
   b) Ordnen Sie die Organisationsformen des „Weltregierens" im Bereich der internationalen Sicherheitspolitik (UNO, vgl. Kap. 2.1), der internationalen Strafverfolgung (ICC, vgl. Kap. 2.2.1) in die Typologie der Global-Govenance-Architektur (M 8) ein.
4. Für Organisationen des Weltregierens wie die UN (vgl. Kap. 2.1) wird häufig gefordert, NGOs (M 9) als offizielle Verhandlungs- und Vertragspartner in die jeweilige Organisation einzubeziehen. Erörtern Sie diese Forderung unter Berücksichtigung der Kategorien Effizienz und Legitimität.

**H zu Aufgabe 2**
Berücksichtigen Sie als zentrale Aspekte der Global-Governance-Architektur die unterschiedlichen Ebenen des Regierens (nationalstaatlich, international, transnational) sowie die Charakteristika Supranationalisierung, Transnationalisierung und Verrechtlichung.

**H zu Aufgabe 4**
Konkretisieren Sie, ehe Sie mit der kategorialen Bewertung beginnen, mögliche „Leistungen", die NGOs im Rahmen internationaler Organisationen erbringen können.

**F** Analysieren und beurteilen Sie die Rolle von NGOs (amnesty international, human rights watch) in der internationalen Menschenrechtspolitik und insbesondere bei der (Straf-)Verfolgung von Verbrechen gegen die Menschlichkeit.

## 2.2.3 Global Governance – aus der Perspektive der „Klassiker" betrachtet

Hobbes versteht den Naturzustand menschlichen Zusammenlebens als anarchischen „Krieg aller gegen alle".

Denkanstoß: Woraus könnte diese Gewalt auf nationaler bzw. internationaler Ebene bestehen? Welche Merkmale muss sie aufweisen?

sog. „kontraktalistisches Argument": Hobbes meint nicht, dass es einen tatsächlichen, historischen Vertragsschluss gab.

Denkanstoß: Ist in Hobbes' Argumentation ein „Weltstaat" denkbar?

### M 10 Thomas Hobbes (1588 – 1679): „Gesetze und Verträge allein können den Zustand des Krieges nicht aufheben"

Die Absicht und Ursache, warum die Menschen bei all ihrem natürlichen Hang zur Freiheit und Herrschaft sich dennoch entschließen konnten, sich gewissen Anordnungen, welche die bürgerliche Gesellschaft trifft, zu unterwerfen, lag in dem Verlangen, sich selbst zu erhalten und ein bequemeres Leben zu führen; oder mit anderen Worten, aus dem elenden Zustande eines Krieges aller gegen alle gerettet zu werden. Dieser Zustand ist aber notwendig wegen der menschlichen Leidenschaften mit der natürlichen Freiheit so lange verbunden, als keine Gewalt da ist, welche die Leidenschaften durch Furcht vor Strafe gehörig einschränken kann und auf die Haltung der natürlichen Gesetze und der Verträge dringt. Gesetze und Verträge können an und für sich den Zustand des Krieges aller gegen alle nicht aufheben; denn sie bestehen in Worten, und bloße Worte können keine Furcht erregen; daher fördern sie die Sicherheit der Menschen allein und ohne Hilfe der Waffen nicht. [...]

Um aber eine allgemeine Macht zu gründen, unter deren Schutz gegen auswärtige und innere Feinde die Menschen bei dem ruhigen Genuss der Früchte ihres Fleißes und der Erde ihren Unterhalt finden können, ist der einzig mögliche Weg folgender: Jeder muss alle seine Macht oder Kraft einem oder mehreren Menschen übertragen, wodurch der Willen aller gleichsam auf einen Punkt vereinigt wird, sodass dieser eine Mensch oder diese eine Gesellschaft eines jeden Einzelnen Stellvertreter werde und ein jeder die Handlungen jener so betrachte, als habe er sie selbst getan, weil sie sich dem Willen und Urteil jener freiwillig unterworfen haben. Dies fasst aber noch etwas mehr in sich als Übereinstimmung und Eintracht; denn es ist eine wahre Vereinigung in einer Person und beruht auf dem Vertrage eines jeden mit einem jeden, wie wenn ein jeder zu einem jeden sagte: „Ich übergebe mein Recht, mich selbst zu beherrschen, diesem Menschen oder dieser Gesellschaft unter der Bedingung, dass du ebenfalls dein Recht über dich ihm oder ihr abtrittst." Auf diese Weise werden alle Einzelnen eine Person und heißen Staat oder Gemeinwesen. der große Leviathan [1] Frieden. Dieses von allen und jedem übertragene Recht bringt eine so große Macht und Gewalt hervor, dass durch sie die Gemüter aller zum Frieden unter sich gern geneigt gemacht und zur Verbindung gegen auswärtige Feinde leicht bewogen werden. Dies macht das Wesen eines Staates aus [...].

*Thomas Hobbes, Leviathan. 1651, hrsg. und übersetzt von Jacob Peter Mayer, Stuttgart 1990, S. 151, S. 155 f.*

*[1] Leviathan: Ungeheuer der altorient. Mythologie*

*Der Naturzustand bei Hobbes wird oft mit dem Zustand des internationalen Systems gleichgesetzt. Der von ihm entwickelte Vertragsgedanke ist bis heute ein grundlegendes Denkmodell der politischen Philosophie.*

## M 11 Immanuel Kant (1724 – 1804): Der „ewige Frieden" muss gestiftet werden

Der Friedenszustand unter Menschen, die nebeneinander leben, ist kein Naturzustand (status naturalis), der vielmehr ein Zustand des Krieges ist, d. i. wenngleich nicht immer ein Ausbruch der Feindseligkeiten, doch immerwährende Bedrohung mit denselben. Er muss also gestiftet werden; [...]

**Zweiter Definitivartikel zum ewigen Frieden. Das Völkerrecht soll auf einen Föderalism freier Staaten gegründet sein.**
Völker, als Staaten, können wie einzelne Menschen beurteilt werden, die sich in ihrem Naturzustande (d. i. in der Unabhängigkeit von äußern Gesetzen) schon durch ihr Nebeneinandersein lädieren[1], und deren jeder, um seiner Sicherheit willen, von dem andern fordern kann und soll, mit ihm in eine, der bürgerlichen ähnliche, Verfassung zu treten, wo jedem sein Recht gesichert werden kann. Dies wäre ein Völkerbund, der aber gleichwohl kein Völkerstaat sein müsste. Darin aber wäre ein Widerspruch; weil ein jeder Staat das Verhältnis eines Oberen (Gesetzgebenden) zu einem Unteren (Gehorchenden, nämlich dem Volk) enthält, viele Völker aber in einem Staat nur ein Volk ausmachen würden, welches [...] der Voraussetzung widerspricht. [...]
Da die Art, wie Staaten ihr Recht verfolgen, nie, wie bei einem äußern Gerichtshofe, der Process, sondern nur der Krieg sein kann, durch diesen aber und seinen günstigen Ausschlag, den Sieg, das Recht nicht entschieden wird, und durch den Friedensvertrag zwar wohl dem diesmaligen Kriege, aber nicht dem Kriegszustande (immer zu einem neuen Vorwand zu finden) ein Ende gemacht wird (den man auch nicht geradezu für ungerecht erklären kann, weil in diesem Zustande jeder in seiner eigenen Sache Richter ist), gleichwohl aber von Staaten, nach dem Völkerrecht, nicht eben das gelten kann, was von Menschen im gesetzlosen Zustande nach dem Naturrecht gilt, „aus diesem Zustande herausgehen zu sollen" (weil sie, als Staaten, innerlich schon eine rechtliche Verfassung haben, und also dem Zwange anderer, sie nach ihren Rechtsbegriffen unter eine erweiterte gesetzliche Verfassung zu bringen, entwachsen sind), indessen dass doch die Vernunft vom Throne der höchsten moralisch gesetzgebenden Gewalt herab, den Krieg als Rechtsgang schlechterdings verdammt, den Friedenszustand dagegen zur unmittelbaren Pflicht macht, welcher doch, ohne einen Vertrag der Völker unter sich, nicht gestiftet oder gesichert werden kann: – so muss es einen B u n d von besonderer Art geben, den man den Friedensbund (foedus pacificum) nennen kann, der vom Friedensvertrag (pactum pacis) darin unterschieden sein würde, dass dieser bloß einen Krieg, jener aber alle Kriege auf immer zu endigen suchte.

*Immanuel Kant, Zum ewigen Frieden. Ein philosophischer Entwurf, Königsberg 1795*

[1] *lädieren = verletzen, beschädigen*

Denkanstoß: Übertragen Sie die föderale Ordnung Deutschlands auf die internationalen Beziehungen.

Denkanstoß: Inwiefern unterscheiden sich „Völkerbund" und „Völkerstaat" bei Kant?

Identifizieren Sie die Teilargumente, die den Zielsatz / die Conclusio vorbereiten.

### Aufgaben

1. Vergleichen Sie Kants Vorstellungen zum „ewigen Frieden" mit Hobbes Vorstellungen zur Aufhebung des Kriegszustandes (M 10, M 11). Erstellen Sie eine tabellarische Übersicht mit den Kriterien: Menschenbild, Bedingungen zur Schaffung nationalen bzw. internationalen Friedens, Rolle des Staates.
2. Erörtern Sie das Konzept der Global Governance aus der ideengeschichtlichen Perspektive von Hobbes und Kant. Konkretisieren Sie Ihre Überlegungen an der Institutionalisierung des Internationalen Strafgerichtshofes.

F zu Aufgabe 2
Führen Sie ein Streitgespräch zwischen Hobbes und Kant zum Thema „Auf dem Weg zu ‚ewigem Frieden'? Die Weltordnung des frühen 21. Jahrhunderts" durch.

ORIENTIERUNGSWISSEN

**Der internationale Strafgerichtshof**
M 3, M 4

Der am 1. Juli 2002 in Den Haag errichtete **Internationale Strafgerichtshof (IStGH)** ist die erste internationale und ständige Rechtsinstanz, die Einzelpersonen für schwere Menschenrechtsverletzungen wie Völkermord, Verbrechen gegen die Menschlichkeit oder Kriegsverbrechen zur Verantwortung ziehen kann.
Der IStGH ist kein Organ der Vereinten Nationen, sondern wurde von den beteiligten Staaten als **unabhängige Instanz** errichtet und ausgestattet; sie üben die Kontrolle aus. Die Richter und der Chefankläger werden auf neun Jahre gewählt (keine Wiederwahl möglich).

**Grenzen und Probleme des IStGH**
M 5

121 Staaten haben das **Römische Statut** zum Internationalen Strafgerichtshof ratifiziert (Stand: Oktober 2012), wichtige Staaten wie die USA, China, Russland oder Indien sind jedoch nicht beigetreten. Das **Fernbleiben bedeutender Länder** schwächt den Gerichtshof in seiner internationalen Bedeutung. Die USA befürchten vor allem politisch motivierte Anklagen gegen amerikanische Staatsbürger bzw. Soldaten. Gerade vor diesem Hintergrund haben die sich gegenwärtig v. a. auf Afrika beziehenden Aktivitäten des Gerichts zu dem Vorwurf einer einseitigen bzw. politisch motivierten Strafjustiz geführt.

**Der Global Governance-Ansatz: Ziele und Akteure**
M 6, M 7, M 9

Global Governance bezeichnet den praktischen Versuch, in einem System geteilter und sich überlappender Souveränitäten politische Steuerungsfähigkeit wiederzuerlangen und Konflikte friedlich zu lösen.
Im Zentrum dieser neuen „Weltordnungspolitik" stehen internationale Organisationen wie die **Vereinten Nationen, die EU oder die WTO**. Darüber hinaus gewinnen stabile und dynamische multilaterale Abkommen und Konferenzen (internationale Regime) zunehmend an Bedeutung. In Form von Verträgen oder allgemeinen Normen stellen sie notwendige Regeln für die Zusammenarbeit von Staaten bereit.
Internationale Ordnungsprinzipien wie das **Völkerrecht** bilden einen wichtigen Bezugspunkt, mit dem sich die Rechtmäßigkeit staatlichen Handelns beurteilen lässt. Somit lässt sich auch die Einrichtung des IStGH in das von einer zunehmenden Verrechtlichung internationaler Politik charakterisierte Global-Governance-Modell einordnen.
Zunehmend treten auch **Nichtregierungsorganisationen (NGOs)** als neue Akteure globaler Politik in Erscheinung. Sie sind durch ihre Verankerung in der Zivilgesellschaft für viele die Hoffnungsträger einer mehr bürgerorientierten, demokratischeren Weltgesellschaft.

**Grenzen von Global Governance**

Einstimmig zu treffende Entscheidungen sind in großen **multilateralen Verhandlungssystemen** nur schwer herbeizuführen – und die Umsetzung einmal getroffener Entscheidungen hängt ganz vom Willen der Nationalstaaten ab, die ein Vertragssystem begründet haben. Da es kein internationales Gewaltmonopol gibt, können vor allem mächtige Staaten nicht gezwungen werden, internationale Vereinbarungen einzuhalten oder gar aktiv zu unterstützen, wie u. a. an der **eingeschränkten Universalität** des IStGH deutlich wird.

## Strategien der Verrechtlichung internationaler Beziehungen analysieren und beurteilen

Tony Blair und George W. Bush gehören vor den Internationalen Strafgerichtshof in Den Haag. Sie müssen sich für den Irakkrieg, den sie 2003 vom Zaun gebrochen haben, verantworten. Das Gericht soll über ihre Schuld oder Unschuld befinden. Diese Forderung gibt es schon seit geraumer Zeit. Doch bisher ist sie kaum gehört worden. [...] Nun aber will ein Mann Bush und Blair in Den Haag vor Gericht sehen, den man nicht so einfach abtun kann: Bischof Desmond Tutu. Der südafrikanische Friedensnobelpreisträger und Held der Antiapartheitbewegung schrieb dieser Tage in einem Gastbeitrag im englischen Observer: „Mehr als 110.000 Iraker haben in diesem Konflikt seit 2003 ihr Leben verloren, Millionen sind vertrieben worden. 4.500 amerikanische Soldaten sind getötet und mehr als 32.000 verletzt worden. In einer gerechten Welt würde das allein ausreichen, dass diejenigen, die dieses Leid und diesen Verlust an Menschenleben verursacht haben, denselben Weg beschreiten müssen wie manche ihrer afrikanischen Kollegen, die sich für ihre Taten in Den Haag verantworten mussten."

[...] Ist es überhaupt möglich, die beiden vor Gericht zu bringen? [...] Den Haag wäre formal für Bush nicht zuständig, wohl aber für Blair. [...] Es ist [jedoch] schwer vorstellbar, dass Blair in Den Haag vor Gericht kommt. Trotzdem muss das „Unvorstellbare" verlangt werden, im Namen der Gerechtigkeit, die ja vom Gericht repräsentiert wird; aber auch im Namen einer wohlverstandenen Realpolitik.

Der Gerichtshof in Den Haag leidet unter dem Vorwurf der Einseitigkeit. Er habe bisher nur Afrikaner angeklagt [...] oder verurteilt [...]. Er sei daher nichts weiter als ein Instrument des weißen Westens. Der Vorwurf ist beides: ungerecht und gerechtfertigt. Ungerecht ist er, weil das Haager Gericht irgendwo beginnen muss. Gerechtfertigt ist er, weil das Gericht dort mit seiner Arbeit begann, wo es politisch am einfachsten durchzusetzen war, in Afrika, in Kleinstaaten, bei abgehalfterten Diktatoren.

Einem Gericht, das Blair anklagt, könnte man „Klassenjustiz" nicht mehr vorwerfen. Das würde der Idee einer internationalen Gerechtigkeit weltweit insgesamt mehr Gewicht verleihen, weil es nicht mehr ein Gericht der Weißen wäre. Das ist im Kern die symbolische Botschaft von Bischof Desmond Tutu. Gerechtigkeit muss für alle gelten. Und nur Gerechtigkeit schafft auf Dauer Frieden.

Die Urteile in Den Haag haben abschreckende Wirkung. Das ist bei aller Unvollkommenheit ein starkes Argument für die Arbeit des Strafgerichtshofs. Die Urteile, die in Den Haag gefällt werden, hinterlassen einen tiefen Eindruck. Auch der skrupelloseste Kriegsverbrecher im hintersten Winkel der Erde kann sich künftig nicht mehr sicher sein, dass er nicht eines Tages wegen seiner Taten zur Verantwortung gezogen wird.

Das Argument gilt aber auch für Männer wie Bush und Blair. Eine Anklage gegen Blair in Den Haag würde einen heilsamen Schock auslösen. [...] Das ist die realpolitische Dimension des „unvorstellbaren" Prozesses gegen Blair.

*Ulrich Ladurner, Kriegsherren im Westen, in: Die Zeit, 6.9.2012*

### Aufgaben

1. Fassen Sie Ladurners Argumentation zur politischen Funktion des IStGH zusammen.
2. Erläutern Sie vor dem Hintergrund der Forderung Ladurners die Möglichkeiten und Grenzen des IStGH, die ihm zugewiesenen Aufgaben wahrzunehmen.
3. Erörtern Sie – unter Berücksichtigung der Leitbegriffe „Recht" und „Macht" – die Position Ladurners.

# Herausforderungen globaler Sicherheitspolitik

# 3

Die Weltgemeinschaft hat vielerlei akute Sicherheitsgefährdungen für große Teile der Weltbevölkerung zu bearbeiten. Dabei liegen diesen spezifischen Sicherheitsproblemen häufig Regionalkonflikte zu Grunde (z. B. Ukraine, Afghanistan).
In Kapitel 3.1 gehen Sie der Frage nach, inwieweit der Ukraine-Konflikt 2014 Folgen für die (Energie-)Sicherheit Europas und Deutschlands im Speziellen hat. Müssen die deutschen Bürger mit einem drastischen Ansteigen der Gaspreise rechnen? Oder weitet sich die Krise durch den Einfluss Russlands und der NATO zu einem neuen innereuropäischen (Kalten) Krieg aus?
Der globale Klimawandel ist eines der drängendsten Menschheitsprobleme. Angesichts dieser Situation ist eine rasche Reduktion der weltweiten $CO_2$-Emissionen geboten; es stellt sich jedoch die Frage, wie diese mit wirtschaftlichen Interessen in Konflikt stehende Forderung global effizient und gerecht umgesetzt werden kann. Sie untersuchen in Kapitel 3.2 internationale politische Verhandlungsstrategien und Verträge, die zu einer möglichst zeitnahen Eindämmung des Klimawandels beitragen sollen.
Spätestens seit den Anschlägen auf das World Trade Center 2001 wird der internationale islamistische Terrorismus als globales Sicherheitsproblem betrachtet. In Kapitel 3.3 erschließen Sie Ideologie und Strategie terroristischer Islamisten in Grundzügen und schätzen die Dimension von Terrorismus als sicherheitspolitisches Problem heute ein.

## KOMPETENZEN

Am Ende dieses Kapitels sollten Sie Folgendes wissen und können:

...die sicherheitspolitische Lage Europas bzw. Deutschlands in Grundzügen beschreiben.

...Art, Urheber bzw. Ursachen und Dimension (Betroffene, Folgen...) weltweiter und regionaler sicherheitspolitischer Probleme analysieren.

...Schwierigkeiten bei der Bewältigung der sicherheitspolitischen Gefahren erläutern.

...Strategien zur Bewältigung sicherheitspolitischer Herausforderungen entwickeln und/oder kriteriengeleitet beurteilen.

### Was wissen Sie schon?

1. Beschreiben Sie (arbeitsteilig) die Bilder.
2. Leiten Sie aus den Bildern internationale Sicherheitsprobleme ab. Beantworten Sie dazu hypothesenartig folgende Leitfragen: Wessen Sicherheit ist gefährdet? In welcher Form ist die Sicherheit der Personen gefährdet? Wer oder was ist un-/mittelbarer Urheber der Gefährdung? Welche Maßnahmen, die jeweilige Sicherheitsgefährdung zu bekämpfen, sind Ihnen bereits bekannt?

# 3.1 Der Ukraine-Konflikt – Gefahr für die Energiesicherheit und den Frieden Europas?

## 3.1.1 Wer streitet worum in der Ukraine?

**Bildsymbolik**
*Russischer Bär:*
zumeist in Westeuropa verwendete Nationalallegorie für Russland, die auf die Größe und Stärke des Landes anspielt
*Uncle Sam:*
Nationalallegorie für die USA; hagerer, grauhaariger Mann mit Kinnbart und Zylinder (mit Sternen) zunächst verbreitete Werbefigur, seit 1961 vonseiten der US-Regierung als offizielles Symbol anerkannt

### M 1 ● Zerren um die Ukraine

*Karikatur: Paolo Calleri*

### M 2 ● Ukraine-Konflikt – Zustandekommen und Verlauf

**2010**

**7. Februar 2010**
Demokratische Wahl des prorussischen Politikers Wiktor Janukowytsch zum ukrainischen Präsidenten; politische Teilung des Landes deutlich: Süd- und Ostukraine stimmten mehrheitlich für Janukowytsch, der Westen mehrheitlich für Julija Tymoschenko

**Dezember 2010**
Anklage gegen die ehemalige Regierungschefin und Oppositionsführerin Tymoschenko wegen Amtsmissbrauch, die die Präsidentschaftswahl sehr knapp verloren hatte; ab 5.8.2011 in Untersuchungshaft

**2012**

**März 2012**
Forderung der EU nach Freilassung Tymoschenkos und anderer Oppositioneller als Bedingung für das Inkrafttreten eines umfangreichen Freihandels- und Assoziierungsabkommens mit der EU

**2013**

**Mai 2013**
Präsident Janukowytsch bekundet bei Staatsbesuch in Russland Interesse an Freihandelszone mit Russland, Weißrussland und Kasachstan.

**August 2013**
Russlands Präsident Putin droht mit Handelserschwernissen (insbesondere beim Import ukrainischer Güter und beim Export von Gas), falls das Abkommen mit der EU unterzeichnet wird.

**2013**

**seit dem 21. November 2013**

„Euromaidan": von der politischen Opposition angeführte Massenproteste vor allem auf dem Maidanplatz in der Hauptstadt Kiew gegen die Politik Janukowytschs

**21. November 2013**

Stilllegung des Assoziierungsabkommens mit der EU vonseiten der ukrainischen Regierung

**2014**

**18. Februar 2014**

Gewalttätige Auseinandersetzungen im Rahmen der Proteste mit über 80 Toten; Bürgerkriegsgefahr

**22./23. Februar 2014**

Absetzung Janukowytschs als Präsident (Asyl in Russland) und Freilassung Tymoschenkos; Übergangsregierung

**ab 27. Februar 2014**

Aufstand auf der südukrainischen Halbinsel Krim: Machtübernahme der „Regierung der Autonomen Republik Krim", abgeschirmt von durch Russland unterstützte oder sogar entsandte paramilitärische Einheiten ohne Hoheitszeichen

**Ende Februar 2014**

Aufmarsch großer russischer Truppenverbände an der Grenzregion zur Ukraine

**ab 1. März 2014**

Erstürmung der Regierungs-, Verwaltungs- und Mediengebäude in mehreren ostukrainischen Städten (Donezk, Charkiw, Slowjansk...) durch prorussische Aktivisten; Forderungen nach weitergehender politischer Autonomie

**März 2014**

Verbot mehrerer russischer Fernsehsender im ukrainischen Staatsgebiet; Einreisebeschränkungen für russische Männer

**16. März 2014**

Die Halbinsel Krim sagt sich nach einem – völkerrechtlich illegalen – Referendum von der Ukraine los und stellt einen Beitrittsantrag in die Russische Föderation.

**21. März 2014**

Der russische Präsident Putin und das russische Parlament erklären die Krim und die Stadt Sewastopol zu russischem Staatsgebiet; die UN-Vollversammlung erklärt die Abtrennung für ungültig.

**ab 15. April 2014**

Einsatz des ukrainischen Militärs gegen die Aufständischen in der Ostukraine; maßgebliche Beratung der sog. „Antiterroroperation" durch US-Geheimdienste FBI und CIA

**17. April 2014**

„Genfer Erklärung": Vereinbarung zur Entwaffnung aller illegalen Truppen und Räumung der besetzen Gebäude in der Ostukraine; Scheitern bereits nach einer Woche

**2. Mai 2014**

Tod von 46 prorussischen Bürgern Odessas, als nach Straßenschlachten ein Gewerkschaftshaus durch proukrainische Kräfte in Brand gesetzt wird

**25. Mai 2014**

Wahl des prowestlichen Multimillionärs Petro Poroschenko zum ukrainischen Präsidenten

**16. Juni 2014**

Russland stellt die Gaslieferungen an die Ukraine ein, verlangt die Zahlung von geschuldeten 1,4 Milliarden Euro sowie einen deutlich erhöhten Gaspreis

**17. Juli 2014**

Absturz eines malaysischen Verkehrsflugzeugs auf die Ostukraine, wahrscheinlich abgeschossen von ostukrainischen Separatisten mit einer aus Russland gelieferten Luft-Boden-Rakete; 298 Tote (darunter 154 Niederländer, 4 Deutsche)

**31. Juli 2014**

Verstärkte EU-Sanktionen gegen Russland wegen dessen (angeblicher) Unterstützung der ostukrainischen Separatisten, u. a.: Waffenembargo, Einreiseverbote und Kontosperrung für 95 regierungsnahe russische Geschäftsleute

**5. September 2014**

Übereinkunft von Minsk: beidseitige Waffenruhe, Entwaffnung von Milizen, Ankündigung von Autonomierechten für Ostukraine; durch Wahlboykott (siehe 26.10.) und russische Militärhilfe unterlaufen

**26. Oktober 2014**

Ukrainische Parlamentswahl: Sieg prowestlicher Parteien; teilweise Wahlboykott in 4 von Separatisten bzw. Russland kontrollierten Bezirken

**1.November 2014**

Inkrafttreten des politischen Teils des EU-Assoziierungsabkommens; Freihandel auf russischen Druck bis 1.1.2016 verschoben

*Autorengrafik*

## M 3 Ethnische und sprachliche Grenzen in der Ukraine

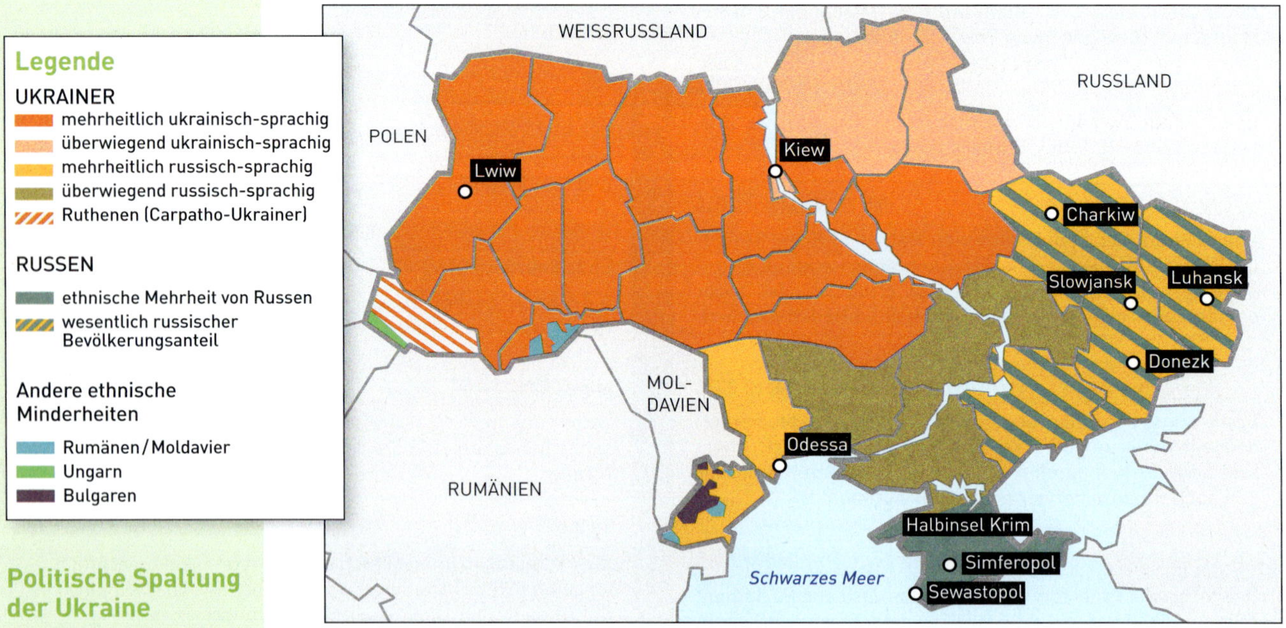


*Daten: Bayrischer Rundfunk, www.br.de, 3.12.2013*

### Politische Spaltung der Ukraine

Bei der Präsidentschaftswahl 2010 errang in allen mehrheitlich und überwiegend russisch-sprachigen Teilen der Ukraine (im Osten inkl. der Krim-Halbinsel) Wiktor Janukowytsch die Mehrheit, in allen mehrheitlich und überwiegend ukrainisch-sprachigen Gebieten (im Westen) Julija Tymoschenko.

**Erklärfilm zur Krim-Krise**

Mediencode: 73005-03

## M 4 Ökonomische Interessen der EU und Russlands

Die Bundesregierung und auch die deutsche Wirtschaft [waren 2013] durchaus daran interessiert, dass der Vertrag [über eine Freihandelszone zwischen der EU und der Ukraine] zustande kommt. [...]

In der Ukraine sind momentan ungefähr 400 deutsche Unternehmen aktiv. Für die meisten ist das nach Russland größte Flächenland Europas mit seinen 45 Millionen Einwohnern vor allem als Absatzmarkt interessant. Wegen Korruption und Rechtsunsicherheit schrecken viele davor zurück, in die Produktion in der Ukraine zu investieren. Dies könnte sich künftig ändern. So sollen nicht nur die gegenseitigen Zölle auf null gesetzt werden, sondern auch die nichttarifären Handelshemmnisse wie etwa die komplizierten Zertifizierungsverfahren für Handelsgüter in der Ukraine reduziert werden. [...] Dann könnte das Land mit seinen Durchschnittslöhnen von etwa 300 Euro und einer westlichen Grenze, die weniger als 700 Kilometer von Deutschland entfernt ist, auch als Produktionsstandort interessant werden. Anders als deutsche Unternehmen und europäische Politiker sieht es offenbar Wladimir Putin. Der russische Präsident hat vor seiner dritten Amtszeit die Integration der ehemaligen Sowjetrepubliken als eines seiner wichtigsten Projekte ausgerufen. Das Ergebnis soll eine Eurasische Union mit einheitlichem Wirtschaftsraum und gemeinsamen Streitkräften sein, in der Russland die führende Rolle spielen wird. Doch das Vorhaben läuft holprig. An einer Zollunion beteiligen sich bislang nur Kasachstan und Weißrussland. „Moskau versteht es, dass die Union ohne die Ukraine unvollständig und schwach bleiben wird“, meint Alexei Portanski, Professor für Weltwirtschaft an der Moskauer Higher School of Economics. Ein Abkommen der Ukraine und der EU würde Putins Vorhaben einen schweren Rückschlag erteilen. Denn dies würde Kiews Beitritt zur Eurasischen Zollunion ausschließen.

*Maxim Kireev, WirtschaftsWoche, 21.8.2013*

## M 5 Russlands Ukraine-Politik – ein westlicher Kommentar

[D]er Versuch, [in Russland] einen Rechtsstaat aufzubauen, [wurde] in den 1990er Jahren aufgegeben. Dies führte dazu, dass nicht nur in der Politik, sondern auch in der Ökonomie und Gefolgschaft informelle Praktiken wichtiger sind als abstrakte Normen und Gesetze. Die Schutzlosigkeit des Bürgers vor dem Staat prägte die UdSSR und prägt das postsowjetische Russland. Diese fundamentale Erfahrung betrifft jeden Staatsbürger vom Obdachlosen bis zum Oligarchen und auch die ausländischen Firmen, die in Russland investieren. Ein politisches System, das im Inneren von Gesetzlosigkeit geprägt ist, hat kaum Anlass sich in seinen Außenbeziehungen am Völkerrecht zu orientieren – es sei denn, der Normenbruch zöge Konsequenzen nach sich. Bei den Kriegen in Tschetschenien oder mit Georgien hat die Moskauer Führung jedoch gelernt, dass der Westen nicht in der Lage ist, seinen Werten Geltung zu verschaffen.

Schließlich ist es von entscheidender Bedeutung zu begreifen, wie grundsätzlich sich das außenpolitische Denken in Europa und Russland unterscheidet. Während nach 1989 in Europa das [...] Prinzip des Selbstbestimmungsrechts der Völker auf demokratischer Grundlage als Norm akzeptiert wurde, denken die herrschende Elite Moskaus und der Machthaber [anders] [...]: nach dem Umbruch in Osteuropa und dem Zusammenbruch der UdSSR begann die Moskauer Führung seit Mitte der 1990er Jahre von den post-sowjetischen Staaten als „nahem Ausland“ zu sprechen. Diese Terminologie implizierte, dass es sich hier um einen Raum handelte, den Russland als exklusive Einflusssphäre beansprucht und zwar [...] mit einem Interventionsverbot für fremde Mächte. Aus der Perspektive des Kremls hat der Westen bereits mit der Aufnahme der baltischen Staaten in die NATO gegen diese Raumordnung verstoßen. Die „orangene Revolution“ in der Ukraine von 2004 und der erneute antiautoritäre Umsturz in Kiew [im Februar 2014] werden vom Kreml, der hinter Bürgerbewegungen und Opposition zu Hause wie im „nahen Ausland“ stets den Westen vermutet, als weitere Grenzüberschreitung der USA und der Europäischen Union wahrgenommen. Der Machthaber und sein innerer Zirkel, die sich von fremden, in ihre innere Ordnung intervenierenden Mächten umgeben wähnen, sehen es als Zeichen eigener Schwäche, nicht zu reagieren. [...] Es ist anzunehmen, dass [Russland] auch über die Ukraine hinaus bereit ist, seine Vorstellungen mit Gewalt durchzusetzen.

*Jan C. Behrends, Der Ukrainekonflikt. Einige Bemerkungen aus zeithistorischer Perspektive, www.zeitgeschichte-online.de, März 2014*

**Oligarch**
alleiniger Herrscher über ein Wirtschaftsimperium; durch sehr großen materiellen Reichtum auch Inhaber informeller politischer Macht

### Aufgaben

1. Analysieren Sie die Karikatur (M 1).
2. Fassen Sie das Zustandekommen und den Verlauf der Ukraine-Krise bis zum heutigen Zeitpunkt zusammen. Berücksichtigen Sie dabei insbesondere die Rolle der internationalen Mächte (M 2).
3. a) Beschreiben Sie die Karte (M 3).
   b) Leiten Sie aus Ihren Ergebnissen mögliche Interessen der russischen Regierung ab.
4. a) Stellen Sie das außen(wirtschafts)politische Denken der russischen und der europäischen Regierungen nach Kireev und Behrends einander gegenüber (M 4, M 5).
   b) Vergleichen Sie Ihre eigenen Überlegungen zu Russlands Interessen mit denen von Kireev und Behrends.

**F zu Aufgabe 2**
Recherchieren und erklären Sie die Bedeutung der „Orangen Revolution“ 2004 für die Entwicklung der Ukraine bis heute (Kurzreferat).

**M zu Aufgabe 3**
Beschreiben Sie Aufgabenteil a) arbeitsteilig in Einzel- und b) in Partnerarbeit.

## 3.1.2 Dreht Russland Europa den Gashahn zu? Energiesicherheit im Ukraine-Konflikt

*Das Außenministerium der Russischen Republik zu den Ende Juli 2014 deutlich verschärften EU-Wirtschaftssanktionen:*

„Dieser verantwortungslose Schritt wird unweigerlich einen Preisanstieg auf dem europäischen Energiemarkt zur Folge haben."

*www.fr-online.de, 30.7.2014*

### M 6 ● Gasversorgung der EU

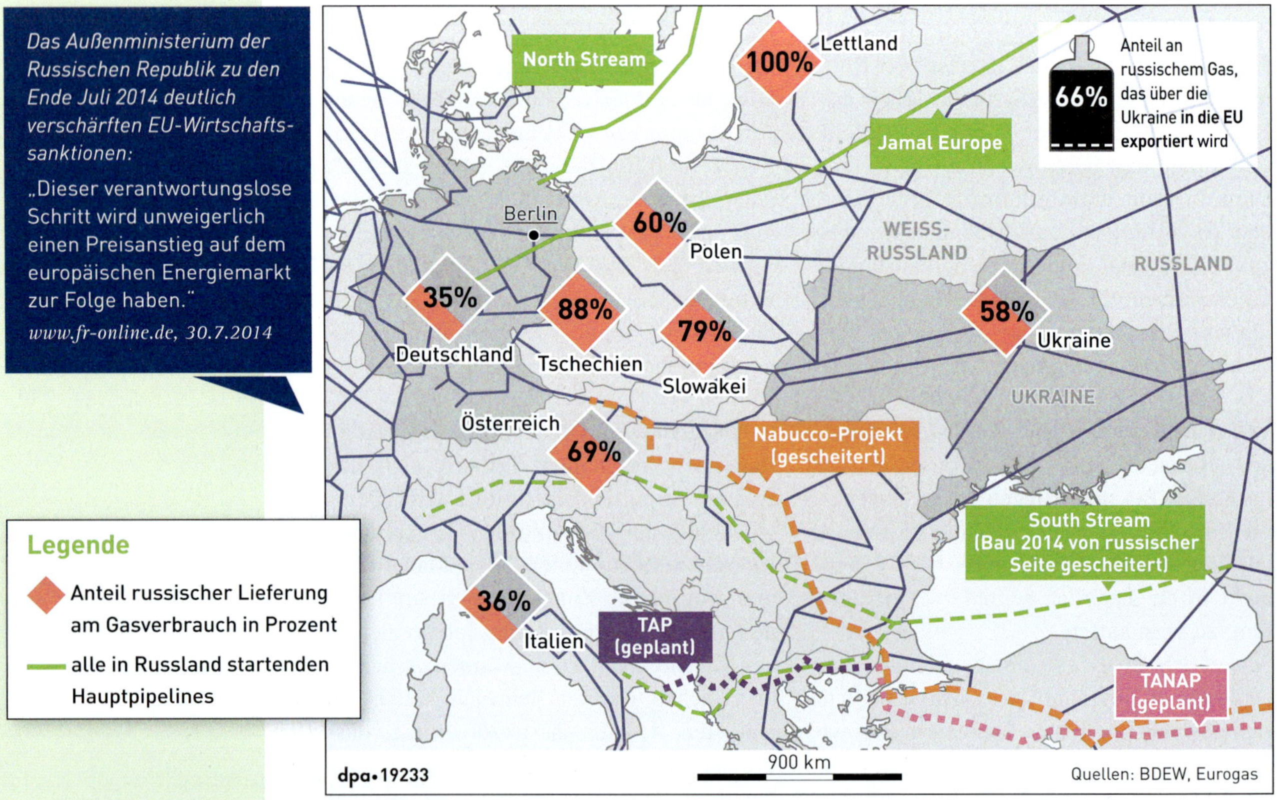


*Zahlen: Süddeutsche Zeitung, 16.5.2014, S. 2*

### M 7 ● Deutscher Primärenergiemix 2012

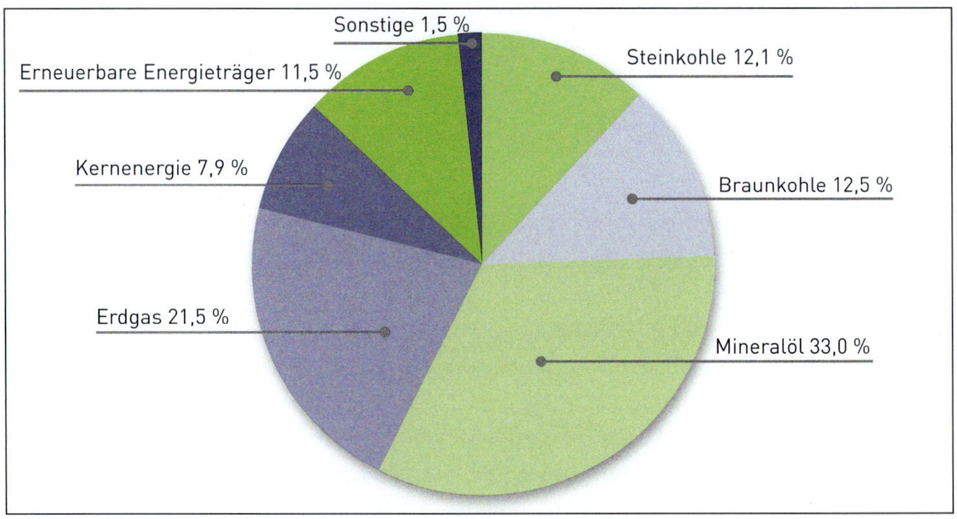


*Eigene Berechnung nach: www.energycomment.de, 5.4.2013, Zahlen gerundet*

Anteile von Energieträgern am Energiebedarf Deutschlands im Jahr 2012; der Anteil von Erdgas im Energiemix blieb in den vergangenen beiden Jahrzehnten nahezu unverändert.

## M 8 Wo findet sich noch Erdgas?

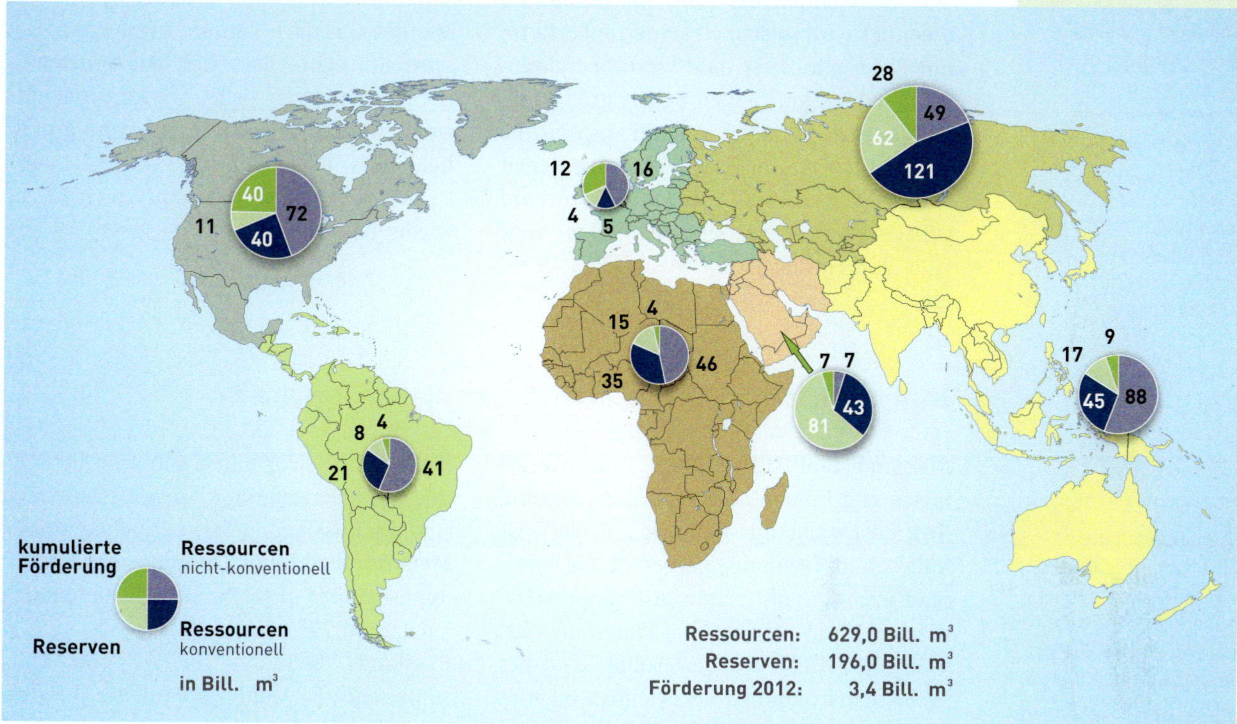


*Bundesanstalt für Geowissenschaften und Rohstoffe, Energiestudie 2013, Hannover 2013, S. 24*

**kumulierte Förderung**
gesamte Fördermenge bis zum angegebenen Zeitpunkt

**nicht-konventionelle Ressourcen**
Erdgasvorkommen, die z. B. in Schiefergestein eingeschlossen sind und durch die umstrittene Fracking-Methode („Hydraulic Fracturing", Sprengung der Gesteinsschichten durch Hochdruck-Einpressen eines Wasser-Sand-Chemikalien-Gemisches) gefördert werden können

## M 9 USA als Gaslieferant? Möglichkeiten der Diversifizierung

Die entscheidende Frage ist: Hat Amerika [...] die Möglichkeit einzuspringen, wenn Russland sein Gas künftig in Richtung Osten, also nach China oder Korea leitet? [...] Dass die USA Europa und Deutschland von heute auf morgen mit billiger Energie versorgen können, erweist sich [...] bei näherer Betrachtung als Illusion. Zwar haben sich mit dem Schiefergasboom auf den Feldern von North Dakota und in anderen Regionen die Machtverhältnisse am Weltmarkt zu Gunsten der USA verschoben. Mit einer Leistung von 700 Milliarden Kubikmeter Erdgas pro Jahr hat sich Amerika als größter Produzent vor Russland an die erste Stelle gesetzt.

Aber selbst das reicht nicht aus, um den Rohstoffhunger des Landes zu decken. Bis zu zehn Prozent müssen die Vereinigten Staaten nach wie vor zusätzlich importieren. Daran wird sich in den nächsten vier Jahren nichts ändern, davon geht selbst die amerikanische Energieagentur EIA aus. Zum Vergleich: Russland fördert drei Mal so viel Gas wie es selbst verbraucht.

Als unwahrscheinlich gilt auch, dass die USA auf absehbare Zeit noch mehr Schiefergas produzieren. Im Gegenteil: Die Förderfirmen spüren den Fluch der billigen Energie. Gas ist so günstig geworden, dass Investoren den Geldhahn zudrehen, weil sie zu wenig verdienen. 2013 stellten sie nur noch halb so viel Kapital zur Verfügung wie im Jahr zuvor. „Jetzt machen die Aktionäre Druck, die Ausgaben zu reduzieren. Das bedeutet aber, das neue Projekte gestrichen oder zeitlich gestreckt werden", sagt Werner Zittel von der Bölkow Stiftung. [...] „Das wiederum bedeutet, dass die Förderung zurückgehen wird", so Zittel.

**Diversifizierung**
auch Diversifikation; (ökonomisch) Ausweitung der Produktpalette eines Unternehmens (zur Vergrößerung des Marktanteils) oder (ökonomisch, politisch) Verbreiterung der Lieferantenbasis (zur Sicherstellung der Lieferung und ggf. Kostensenkung)

Selbst wenn Obama bereit sein sollte, den Gasreichtum der USA mit Europa zu teilen: Es wird so schnell keine Tankerflotte mit Flüssiggas die Atlantikroute befahren. Dafür fehlen auf beiden Seiten große Terminals zum Verladen von Flüssiggas. Bis solche Projekte umgesetzt sind, vergehen leicht Jahrzehnte. Zudem erschweren US-Gesetze seit der Ölkrise in den siebziger Jahren den Export heimischer Energie.

Die Fakten sprechen also dagegen, dass Amerika kurz- oder mittelfristig größere Mengen Gas nach Europa liefern kann. Geschweige denn, dass sich das innenpolitisch durchsetzen ließe. US-Konsumenten werden wenig begeistert sein, wenn ihr billiges Gas nach Europa verschifft wird. Denn das würde den Rohstoff auch für sie wieder teurer machen.

*Silvia Liebrich, Süddeutsche Zeitung, 29./30.3.2014, S. 29*

## M 10 ● Wirtschaftsbeziehungen Deutschland – Russland

### Lebensmittelembargo

Als Reaktion auf die Sanktionen der EU (vgl. M 3) vom 31. Juli verhängte die russische Regierung am 7.8.2014 ein vollständiges Importverbot für Fleisch, Fisch, Käse, Milch, Gemüse und Obst aus der EU. Die Versorgungslücken sollten durch Importe u. a. aus China, Ecuador, Argentinien und Uruguay aufgefangen werden. Die EU-Staaten befürchten Einnahmeverluste von bis zu 7 Mrd. Euro/Jahr.

Russland und Deutschland sind ökonomisch eng miteinander verwoben. Unterm Strich ist nicht nur Deutschland als Gaskunde und Technologielieferant für Russland wichtig. [...] Im Jahr 2013 exportierte die deutsche Wirtschaft [...] Waren im Wert von 36,1 Mrd. Euro ins größte Land der Welt. Deutschland ist der wichtigste Lieferant von modernen Maschinen und Anlagen für Russland. Auch deutsche Automobile, Elektrotechnik und Elektronik, Arznei- und Lebensmittel sind russlandweit stark gefragt.

Die deutschen Importe aus Russland beliefen sich 2013 sogar auf 40,4 Mrd. Euro. Deutschland bezieht rund ein Drittel seiner Erdgas- und Erdölimporte vom östlichen Nachbarn. Seit den 1970er Jahren des vergangenen Jahrhunderts liefert Russland zuverlässig ohne Unterbrechung. Das gilt selbst für die schlimmsten Zeiten des Kalten Krieges. [...]

Russland ist für deutsche Maschinenbauer der viertgrößte Exportmarkt weltweit – nach der VR China, den USA und Frankreich. Die deutschen Lieferungen von Maschinen und Apparaten betrugen 2013 rund 9,3 Mrd. Euro. [...]

Deutsche Konsumgüter sind in Russland beliebt. Jahr für Jahr lassen sich russische Verbraucher deutsche Lebensmittel mit großem Appetit schmecken. Allein 2013 erreichten die Ausfuhren der deutschen Ernährungsindustrie nach Russland 1,5 Milliarden Euro. Vor allem deutsche Fleisch- und Milcherzeugnisse sowie Süßwaren sind in Russland gefragt. Auch deutsche Mode kommt gut an. Die deutschen Bekleidungsexporte nach Russland beliefen sich zuletzt auf 775 Mio. Euro.

Russlands Technologiebedarf und Konsumhunger ist Gold wert für die Bundesrepublik. Nach Angaben des Ost-Ausschusses der Deutschen Wirtschaft hängen etwa 300.000 deutsche Arbeitsplätze vom Handel mit Russland ab. Rund 6.200 Unternehmen mit deutscher Kapitalbeteiligung sind in Russland registriert, und noch sehr viel mehr im bilateralen Ex- und Import tätig.

Doch Deutschland ist für Russland mehr als nur Techniklieferant. Stärker als jede andere Kaufmannschaft der Welt investiert die deutsche Wirtschaft in Russland, um nah dran und erfolgreich am Absatzmarkt zu sein. [...] Nach Einschätzung der Deutsch-Russischen Auslandshandelskammer in Moskau setzen die 6.200 in Russland registrierten Firmen mit deutschem Kapitalanteil rund 40 Mrd. Euro um und beschäftigen 120.000 Mitarbeiter. Tendenz: steigend. Deutsche Firmen produzieren in Russland Autos, Kfz-Teile, Möbel, Feinchemie, Baumaterialien, Kautschuk, Werkzeugmaschinen, Unterhaltungs- und Haushaltstechnik und vieles mehr. Gleichzeitig werden dadurch Arbeitsplätze in Deutschland gesichert, denn Produktentwicklung und Zulieferungen kommen weiterhin aus Deutschland.

Doch Direktinvestitionen in Russland sind längst keine Einbahnstraße mehr: 1.200 russische Firmen haben sich bereits in Deutschland angesiedelt und hier Stellen geschaffen. [...] Deutschland ist nicht von ungefähr ein beliebter Standort für russische Firmen. In der Bundesrepublik leben über 200.000 Russinnen und Russen. Jahr für Jahr kommen 15.000 junge Menschen aus dem größten Land der Welt zum Studium nach Deutschland. Außerdem sprechen sechs Millionen Deutsche Russisch und es gibt 400 Flugverbindungen pro Woche zwischen den beiden Ländern. Das sind ideale Voraussetzungen für Logistik und Personalsuche.

*Bern Hones, Germany Trade & Invest, www.gtai.de, 11.3.2014*

## M 11 ● Gegenseitige Versorgung: „Sanktions-Dilemma“

*Karikatur: Heiko Sakurai*

**Bildsymbolik**
Europäische Union/Europa: zumeist dargestellt als Frauengestalt in einfachem griechischen Gewand – oft auf einem Stier (dem verwandelten Hauptgott Zeus) reitend; der griechischen Mythologie nach wurde der Kontinent nach der phönizischen Königstochter Europa benannt, die mit Zeus drei Kinder hatte

### Aufgaben

1. Beschreiben Sie die Karte „Gasversorgung der EU“ und arbeiten Sie aus den Ergebnissen mögliche Folgen für die Energieversorgung heraus (M 6).
2. a) Analysieren Sie das Diagramm zum Verbrauch von Primärenergieträgern in Deutschland und die Karte zur weltweiten Gasverteilung (M 7, M 8).
   b) Entwickeln Sie Grundzüge einer Strategie Deutschlands und anderer EU-Staaten, die Versorgungssicherheit im Bereich Erdgas zu erhöhen.
3. Überprüfen Sie die Eignung Ihrer Strategie sowie die Möglichkeiten und die Notwendigkeit, die Gaslieferanten der Bundesrepublik zu diversifizieren (M 9, M 10).
4. Analysieren Sie die Karikatur vom (M 11) mit Hilfe Ihrer Kenntnisse zur Ukrainepolitik der EU und der Verflechtungen von EU und Russland (M 2, M 4, M 6, M 10).

**M zu Aufgabe 2 b)**
Arbeiten Sie zu viert an einem Placemat, auf dem zunächst jede/r für sich Ideen entwickelt, die dann zu einer Gesamtstrategie zusammengeführt werden.

**F zu Aufgabe 2**
Berücksichtigen Sie dabei die Perspektive Russlands und der Staaten der EU sowie diejenige der Bevölkerung in den Gasabnehmerländern.

## 3.1.3 Droht ein neuer Kalter Krieg?

**Zur Geschichte, Verfasstheit und Strategie der NATO**
→ vgl. Kap. 1.2.2

### M 12 ● Wie sieht die NATO Russland 2014?

„Deutlich haben die Russen die NATO zu einem Gegner erklärt. Daher müssen wir anfangen, Russland nicht länger als einen Partner zu betrachten, sondern eher als einen Gegner."

*NATO-Vizegeneralsekretär Alexander Vershbow, www.bigstory.ap.org, 2.5.2014 (Übersetzung: Kersten Ringe)*

Zwei Jahrzehnte lang [...] haben wir als Allianz [NATO] versucht, Russland in unsere Anstrengungen einzuschließen: das europäische Projekt gemeinsamer Sicherheit.

Wir haben Russland als einen Partner in Sicherheitsfragen angesehen [...]. Parallel zur Aufnahme neuer Mitglieder [im Rahmen der NATO-Osterweiterung] haben wir Russland einen besonderen und einflussreichen Platz im Herzen eines voll integrierten euro-atlantischen Sicherheitssystems gegeben, einschließlich eines gleichgewichtigen Sitzes beim NATO-Russland-Rat. [...] [Wir] sahen Russland nicht als Bedrohung, sondern als einen Partner. Russland sagte, es sehe die NATO ebenso als einen Partner.

Aber nun scheint Russland sich für die Konfrontation und gegen die Kooperation entschieden zu haben und erscheint als ein strategischer Gegner der NATO. Folglich können wir Russlands derzeitigen Kurs nicht ignorieren und wir müssen unser Verhältnis überdenken.

*NATO-Vizegeneralsekretär Alexander Vershbow, www.nato.int, 30.4.2014 (Übersetzung: Kersten Ringe)*

### M 13 ● Wie reagiert die NATO auf die russische Ukraine-Politik?

„Die Europäer haben zu viel und zu lange abgerüstet. [...] Dies ist der Moment, um die Kürzungen zu stoppen und den bisherigen Trend wieder umzudrehen." (Anders Fogh Rasmussen, bis Oktober 2014 NATO-Generalsekretär)

*syd/dpa/AFP, www.spiegel.de, 8.4.2014*

Es ist ein Signal an die russische Führung: Die NATO hat die zivile und militärische Zusammenarbeit mit Moskau gestoppt. Das beschlossen die Außenminister der Allianz am [1.4.2014] bei ihrem Treffen in Brüssel. Die NATO begründete ihre Entscheidung mit der Besetzung und Eingliederung der ukrainischen Halbinsel Krim in die Russische Föderation. Der politische Dialog auf höherer Ebene im NATO-Russland-Rat könne aber auf Ebene der Botschafter weitergehen, „um Meinungen auszutauschen, in erster Linie hinsichtlich der Krise". [...]

Gleichzeitig soll die Zusammenarbeit mit der Führung in Kiew verstärkt werden, um die Entschlossenheit zur Unterstützung des Landes zu unterstreichen. Dabei werde es um kurz- und langfristige Maßnahmen gehen, welche die Ukraine in die Lage versetzen sollten, für ihre eigene Sicherheit zu sorgen. [...]

Eine Mitgliedschaft [der Ukraine in der NATO] steht derzeit [...] nicht zur Debatte. [...] Die Ukraine hatte sich 2010 zu einem „blockfreien Staat" erklärt.

Das Parlament in Kiew sprach sich am Dienstag für eine Reihe gemeinsamer Militärübungen mit NATO-Ländern aus. Dadurch würden auch US-Truppen in unmittelbare Nähe von Russland verlegt.

*heb/Reuters/dpa, Ukraine-Konflikt, www.spiegel.de, 1.4.2014*

**blockfreier Staat**
Begriff aus den Zeiten des „Kalten Krieges" (1947-1989); Staat, der keinem der großen Militärbündnisse (damals NATO und Warschauer Pakt) angehört bzw. unter deren unmittelbarem Einfluss steht

## M 14 Stör ich?

*Karikatur: Jürgen Janson*

## M 15 Widerstreitende Bündnisinteressen der NATO-Mitglieder

Innerhalb der NATO ist ein intellektueller und politischer Kampf im Gange, den man durch drei miteinander im Konflikt stehende Denkschulen in der Organisation erklären kann: Die USA bedienen sich der NATO, um mit Hilfe der NATO-Erweiterung ihren Einfluss in Osteuropa und Zentralasien zu stärken. Die neuen Mitgliedstaaten der NATO in Osteuropa [z.B. Polen] dagegen definieren damit ihre Sicherheit gegenüber Russland. Und die anderen NATO-Mitglieder [z.B. Deutschland] sind an einer strategischen, wirtschaftlichen und politischen Partnerschaft mit Russland interessiert. Diese Denkschulen sind in den meisten Fragen verschiedener Ansicht, handle es sich um die Raketenabwehr, die NATO-Erweiterung um die Ukraine und Georgien oder die Lastenverteilung innerhalb der Allianz.

*Ulrich Weisser, in: Die Zukunft der NATO. 140. Bergedorfer Gesprächskreis, Hamburg 2008, S. 42*

*Vizeadmiral Ulrich Weisser war von 1992 bis 1998 Leiter des Planungsstabes beim Bundesminister der Verteidigung, Bonn.*

### Aufgaben

1. Stellen Sie die Veränderung der Beziehungen zwischen der NATO und Russland angesichts des Ukraine-Konflikts dar (M 12, M 13).
2. Analysieren Sie die Karikatur (M 14).
3. Erläutern Sie die möglichen „internen Blockaden" der NATO (M 15).
4. Beurteilen Sie Rasmussens Forderung nach einer Wiederaufrüstung der europäischen NATO-Mitgliedstaaten (M 13).

**H** zu Aufgabe 2
Arbeiten Sie mögliche Konfliktpotenziale mit Russland heraus, die sich aus der Entwicklung der NATO seit spätestens 1999 ergeben haben (Kap. 1.2.2).

**M** zu Aufgabe 4
Simulieren Sie dazu vorher ein Geheimgespräch der Ländervertreter im NATO-Rat (insb. USA, Deutschland, Polen, Tschechien).

ORIENTIERUNGSWISSEN

**Sicherheitspolitische Interessen in (Mittel-)Osteuropa**
M 4, M 5

Die **EU** ist in sicherheitspolitischer Hinsicht sowohl an stabilen Ostgrenzen als auch an einem nicht übermäßig einflussreichen Russland sehr interessiert. Zugleich gilt die Unverletzlichkeit festgelegter Landesgrenzen als hoher Wert. Daher ist aus diesem Blickwinkel das **Abtrennen der Krim-Halbinsel von der Ukraine** und der Anschluss an Russland sowie ein möglicher weiterer **Staatszerfall** als Folge von Separationskämpfen im Osten nicht hinnehmbar.
**Russlands** Regierung möchte demgegenüber einerseits seine regional-strategische Situation verbessern (Schwarzmeerzugang über die Krim) und andererseits eigene geopolitische Durchsetzungsfähigkeit unter Beweis stellen.

**Energiepolitische Interessen in Europa**
M 6, M 9

Hinsichtlich der **Energiesicherheit** sind die zentraleuropäischen Staaten mehr oder weniger abhängig von **russischen Gaslieferungen**, die zu einem erheblichen Teil durch Pipelines in der Ukraine transportiert werden. Die schnelle Ausweitung auf andere Bezugsquellen scheint unrealistisch, da das Pipelineprojekt Nabucco (Gas aus Vorderasien und dem vorderen Orient) gescheitert ist und die Lieferung US-amerikanischen Flüssiggases technisch gesehen erst in einigen Jahren möglich und zudem ökonomisch wahrscheinlich wenig sinnvoll wäre. Insofern ist ein Lösen des Ukraine-Konflikts zentral, um Versorgung und den Preis für die europäischen **Verbraucher** zu sichern.

**Ökonomische Verbindungen zwischen Mittel- und Osteuropa**
M 10

Die engen **wirtschaftlichen Verflechtungen** lassen eine militärische Auseinandersetzung zwischen westlichen Staaten und Russland oder auch ein Abreißen der diplomatischen Kontakte ausgeschlossen erscheinen: Russland ist wegen seiner immer noch weitgehend maroden Industrieanlagen abhängig von europäischen Gaskäufen. Für die Exportwirtschaften der EU ist Russland ein großer Absatzmarkt und auch vermehrt ein Standort für Produktion, auch die Ansiedlung russischer Firmen in der EU nimmt zu.

**Die Rolle der NATO im Ukraine-Konflikt**
M 13, M 15

Die NATO übt(e) einen vergleichsweise hohen **Druck** auf Russland aus, die **Einmischung** in den Ukraine-Konflikt zu unterlassen. Dabei verkennt sie ihren eigenen – aus der Perspektive Russlands hochproblematischen – Anteil an der Krise: Die Osterweiterung ab 1999 sicherte der NATO Einfluss im kurz zuvor sowjetischen Hegemoniegebiet. Annäherungen an die Ukraine werden von Russland als weitere – illegitime – **Ausweitung der Macht** der NATO nach Osten verstanden. Dabei vertreten die NATO-Mitglieder hier **uneinheitliche Positionen**. Während die mittel-osteuropäischen Neumitglieder Schutz vor Russland suchen, strebt etwa Deutschland wegen ökonomischer Verflechtungen eher den Interessenausgleich an. Die USA haben das Interesse, dass Russland sich nicht wieder als sicherheitspolitisch globaler Akteur etabliert.

## Russlands neue Gas-Strategie

Die lang erwartete [...] Unterzeichnung eines Liefervertrags zwischen [dem größten russischen Gasunternehmen] Gazprom und der ebenfalls staatlich kontrollierten China National Petroleum Corporation (CNPC) [am 21.5.2014] hat auch in Moskau Staub aufgewirbelt. Es überwiegen kritische Stimmen – zumindest im Hinblick auf den betriebswirtschaftlichen Erfolg [...].

Umkämpft war lange Zeit der Lieferpreis, der nicht offengelegt wurde. Aus der Vertragslaufzeit von 30 Jahren ab 2018, dem jährlichen Liefervolumen von 38 Milliarden Kubikmeter und dem von Miller genannten Vertragswert von 400 Milliarden Dollar leiten Analytiker allerdings einen Preis von 370 bis 390 Dollar je 1.000 Kubikmeter ab. Dieser Preis ist sowohl jenem ähnlich, den Gazprom in Europa erhält, als auch jenem, welchen China für Pipeline-Erdgas aus Turkmenistan zahlt. Außerdem ist er weitaus günstiger als jene 600 bis 650 Dollar je 1000 Kubikmeter, die China laut Alfa Bank für den Import von verflüssigtem Erdgas (LNG) aus Übersee zahlen muss. Russisches Gas ist also preislich wettbewerbsfähig, was in einem Land wie China mit potentiell mehreren Versorgungsquellen nicht unwichtig ist.

Doch dürfen die Kosten nicht vergessen werden. Präsident Wladimir Putin bezifferte den Aufwand auf 55 Milliarden Dollar, den Russland für die Exploration der beiden in Frage kommenden, noch unerschlossenen Erdgasfelder in Ostsibirien sowie für den Bau einer laut Sberbank mehr als 2.000 Kilometer langen Pipeline [mit Namen „Sibirische Kraft"] treiben muss, um das Erdgas an die chinesische Grenze zu transportieren. Diese Summe übertrifft noch die Schätzungen von Analysten, und angesichts Gazproms Verlässlichkeit beim Überziehen von Investitionsbudgets ist sie wohl nicht in Stein gemeißelt. Sollte der Konzern diesen Aufwand allein finanzieren müssen, rechnet etwa die Sberbank mit jährlich notwendigen Investitionen von 6 Milliarden Dollar [...]. Die Alfa Bank schreibt, erst bei einem Lieferpreis von 440 Dollar je 1.000 Kubikmeter werde das ganze Vorhaben die Gewinnzone erreichen. Die neue sibirische Pipeline würde Unternehmenswerte vernichten, wenn sie nur in dem jetzt vereinbarten Maße ausgelastet würde [...].

*Benjamin Triebe, Frankfurter Allgemeine Zeitung, 22.5.2014*

Russland will eine Gas-Pipeline wie diese nach China bauen

### Aufgaben

1. Geben Sie die Vereinbarung zwischen dem russischen und dem chinesischen Gasunternehmen sowie die Kritik daran wieder.
2. Arbeiten Sie die Interessen der russischen Regierung heraus, ein solches Abkommen im Mai 2014 zu unterstützen bzw. sogar zu forcieren.
3. Entwickeln Sie geeignete Reaktionen der Regierungen mittel- (z. B. Deutschland) bzw. mittel-osteuropäischer Gasabnehmerländer (z. B. Polen, Tschechien) auf die russisch-chinesische Vereinbarung.

# 3.2 Ist das Klima noch zu retten? – Die schwierige Suche nach politischen Lösungen

## 3.2.1 Der globale Klimawandel – ein politisches Problem?

**Klimaflüchtlinge**

Im August 2014 hat Neuseeland erstmals einer Familie aus dem Pazifik-Inselstaat Tuvalu Bleiberecht aufgrund der drohenden Gefahren des Klimawandels gewährt.

### M 1 ● Mögliche Folgen des Klimawandels ab 2050

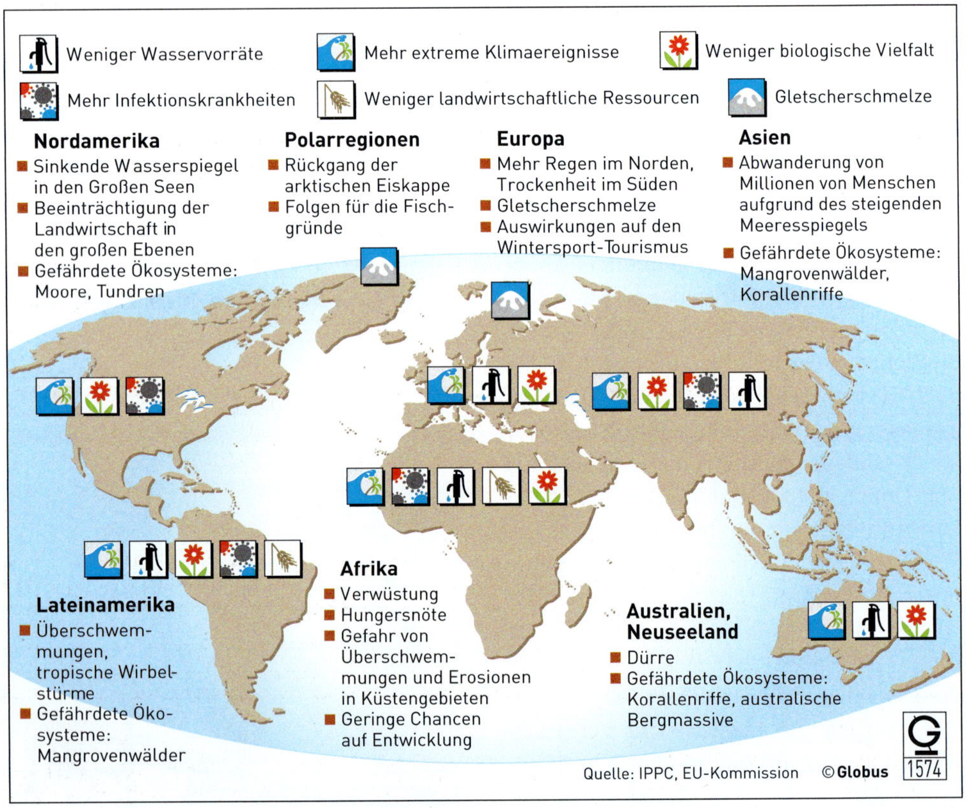


### M 2 ● Klimawandel als Sicherheitsrisiko?

**Darfur-Konflikt**

seit 2003 andauernder Konflikt zwischen verschiedenen ethnischen Gruppen der wirtschaftlich unterentwickelten und politisch benachteiligten Region Darfur (Westsudan) gegen die sudanesische Regierung um Macht und Einfluss

**tagesschau.de: Was macht den Klimawandel sozial und politisch so gefährlich, dass Sie von Klimakriegen sprechen?**

*Harald Welzer:* Weil es gegenwärtig schon Entwicklungen gibt, wo man den Zusammenhang zwischen Klimaerwärmung und Gewaltkonflikten deutlich sehen kann. Insofern würde ich unter dem Begriff des Klimakrieges tatsächlich solche Konflikte fassen, wo es aufgrund von Bodenerosion, Naturkatastrophen oder ähnlichen Ereignissen zu gewalttätigen Auseinandersetzungen kommt. Prototypisch ist das zu sehen in Darfur im Westen des Sudans. Dort gibt es Konflikte zwischen unterschiedlichen Interessensgruppen, in dem Fall nomadische Viehzüchter auf der einen und Landbauern auf der anderen Seite. Und wenn das Land durch die Klimaveränderung weniger wird, ist für beide Gruppen nicht mehr genug da. [...]

**Wo und zwischen welchen Parteien finden denn in Zukunft Klimakriege statt?**

[...] Klar ist [...], verschlechterte Umweltbedingungen führen auch zu Flüchtlingsbewegungen. Und die finden innerhalb eines Landes statt, als Binnenmigration, und zwischen Ländern. Beides ist konfliktträchtig, weil Flüchtlinge immer irgendwo hinwandern, wo schon andere sind. Und das ganze kann auch noch die Kontinente überschreiten, und damit gelangen die Konflikte und die damit verbundenen Sicherheitsprobleme auch zu uns in die Wohlstandsgesellschaften.

**[...] Industrieländer könnten in umweltbedingte Konflikte verwickelt werden[...]?**

Ein Szenario, was ich sehe, ohne dass man gegenwärtig schon sagen kann, dass es dort dann zu Kriegen kommt, sind neue Ressourcenkonflikte. So werden zum Beispiel durch das Schmelzen des arktischen Eises neue Rohstoffvorkommen zugänglich. Die Hoheitsrechte für solche bisher nicht zugänglichen Rohstofflager sind aber überhaupt nicht geklärt. Und deshalb wird man auf jeden Fall darüber streiten. Ist das dann per Vertrag zu regeln oder sind die Konflikte so groß, dass man auch zur Gewalt greift?

*Das Interview führte Dieter Westhoff, www.tagesschau.de, 9.7.2008*

Der Sozialpsychologe Harald Welzer (*1958) setzt sich u. a. im Rahmen seiner Tätigkeit als Direktor der von ihm gegründeten Stiftung FUTUR ZWEI mit den Folgen des Klimawandels auseinander.

## M 3 ● Klimafaktor Mensch

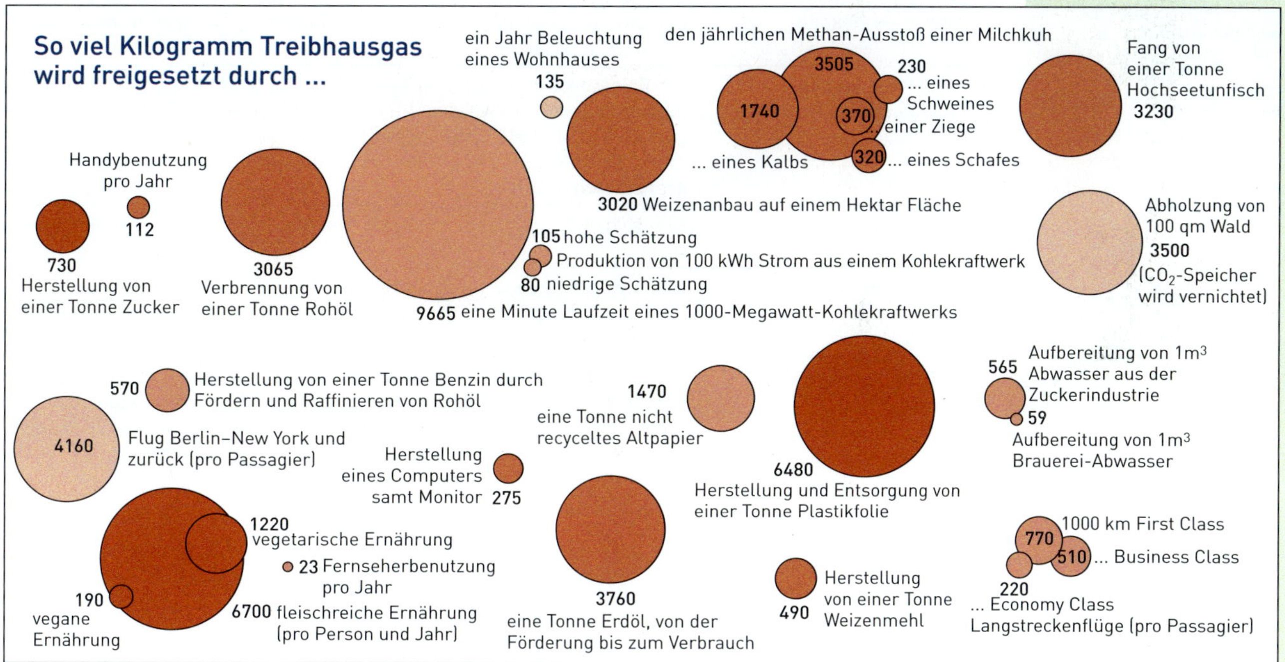


*Le monde diplomatique, Atlas der Globalisierung, Berlin 2010, S. 72f.*

### Aufgaben

1. Beschreiben Sie mögliche Folgen des Klimawandels (M 1, M 2).
2. a) Erläutern Sie, inwiefern der Klimawandel ein (globales) politisches Problem darstellt.

   b) Entwickeln Sie (skizzenhaft) Ansatzpunkte und Eckpunkte politischer Lösungen zur Begrenzung des Klimawandels bzw. zur Eindämmung seiner globalen Folgen und problematisieren Sie ihre Durchsetzbarkeit.

Ⓜ zu Aufgabe 1
Gestalten Sie – arbeitsteilig zu einzelnen Weltregionen – Radioreportagen/-interviews o.Ä., die möglichst anschaulich über die jeweilige Situation im Jahr 2050 berichten.

## 3.2.2 Keine Chance für das Klima? Ansätze und Konflikte der internationalen Klimapolitik

**2-Grad-Ziel der globalen Klimapolitik**

bezeichnet das – seit dem Klimagipfel von Cancún (vgl. M 4) auch vertraglich verbindliche – Ziel, die maximale Erwärmung der Atmosphäre gegenüber den Durchschnittstemperaturen vor Beginn der Industrialisierung von 2° nicht zu überschreiten, da damit nach Expertenmeinung ein unkontrollierter Klimawandel vermieden werden könne

### M 4 Der schwierige Weg zu verbindlichen Klimaabkommen

| Wichtige Stationen internationaler Klimapolitik | Vereinbarungen |
|---|---|
| 1992 Rio de Janeiro (Brasilien): Verabschiedung der UN-Klimarahmenkonvention | Die Klimarahmenkonvention erkennt als erster internationaler Vertrag den Klimawandel als ernstes Problem an und verpflichtet die Staatengemeinschaft zum Handeln. |
| 1997 Kyoto-Protokoll (Japan) | Das Kyoto-Protokoll legt als wichtigstes Klimaabkommen die verbindliche Emissionsreduktion für die Industrieländer von mindestens 5,2% bis 2010 im Vergleich zu 1990 fest.<br>Die EU verpflichtet sich zu einer Reduktion um 8%, wobei Deutschland im Rahmen einer innereuropäischen Lastenteilung seine Emissionen um 21% senken will.<br>Das Kyoto-Protokoll konnte 2005 in Kraft treten, nachdem es von 55 Vertragsstaaten unterzeichnet worden war; die USA haben das Vertragswerk nicht unterzeichnet, Kanada hat zum Jahresende 2011 seine Mitgliedschaft gekündigt, um Strafzahlungen in Millionenhöhe zu entgehen. |
| 2005 Montreal (Kanada) Inkrafttreten des Kyoto-Protokolls | Das Kyoto-Protokoll wird über 2012 hinaus festgeschrieben, neue Grenzwerte für Treibhausgasemissionen werden festgelegt. Die USA akzeptieren zwar das Ergebnis der Konferenz, ratifizieren das Kyoto-Protokoll aber nicht. |
| 2009 Kopenhagen (Dänemark) | Ein Folgeabkommen für das Kyoto-Protokoll konnte mangels Einigkeit nicht verabschiedet werden. Im rechtlich nicht verbindlichen Copenhagen Accord wird als „Minimalkonsens" vereinbart, dass die Erderwärmung auf maximal 2°C im Vergleich zum vorindustriellen Zustand begrenzt werden soll. |
| 2010 Cancún (Mexiko) | Die Verhandlungen über ein Kyoto-Nachfolgeabkommen werden abermals vertagt. |
| 2011 Durban (Südafrika) | Das Kyoto-Protokoll wird verlängert. Reduktionsziele und Dauer der zweiten Verpflichtungsperiode zum Kyoto-Protokoll sollen 2012 in Katar festgelegt werden. |
| 2012 Doha (Katar) | Kurz vor dem Scheitern konnte noch die Verlängerung des Kyoto-Protokolls bis 2020 durchgesetzt werden. Bis 2015 soll ein neues Abkommen – der Weltklimavertrag – vorbereitet werden, welches ab 2020 auch Entwicklungsländer verpflichtet, ihre Treibhausgasemissionen zu reduzieren. |

*Zusammenstellung des Autors*

### M 5 Konflikte in internationalen Klimaverhandlungen – Akteure und Interessen

China hat die USA längst als größter Treibhausgas-Produzent überholt, die Wirtschaften (und damit der $CO_2$-Ausstoß) von Staaten wie Vietnam, Indien, Mexiko, Brasilien oder Indonesien wachsen so rasant, dass sie die Einsparungen der Industriestaaten mehr als wett machen. Die reichen Staaten fordern von den Schwellenländern deshalb, endlich selbst mit dem Klimaschutz anzufangen – und in der zweiten Verpflichtungsperiode eigene Reduktionspflichten völkerrechtlich bindend einzugehen. Die Schwellenländer aber bestehen auf dem Prinzip der „Gemeinsamen Verantwortung, aber unterschiedlichen Pflichten". Die Industriestaaten müssten immer noch ihre historische Schuld abtragen und stärkere Klimaschutzschritte unternehmen, tatsächlich aber haben sie nicht einmal die zugesagten Ziele von Kyoto eingehalten [...]. Statt einer Neujustierung der Kyoto-Ziele in einer zweiten Verpflichtungsperiode droht also das Scheitern des Klimadialogs. Industriestaaten und Entwicklungsländer können sich nicht einmal über die Grundkonstruktion des neuen Klimaabkommens einigen. Unter den wichtigen Verhandlungsparteien scheint nur die EU zu einer Verlängerung von Kyoto bereit zu sein. Entscheidend aber sind China und die USA, und deren Positionen wirken unversöhnlich. Die USA hatten das Kyoto-Protokoll unter Präsident Bill Clinton zwar unterzeichnet und eine Senkung der Emissionen um sieben Prozent zugestimmt. Doch daheim in Washington verweigerte der Kongress die Ratifizierung, heute liegt der Treibhausgasausstoß nicht unter dem Niveau von 1990, sondern 25 Prozent darüber. Zugleich hat sich die innenpolitische Stimmung für ein Klimaschutzabkommen weiter verschlechtert, mittlerweile dominieren in den USA Leugner des Klimawandels die öffentliche Debatte. China hingegen will das Kyoto-Protokoll unbedingt erhalten und beharrt auf seinem 1997 festgelegten Status als Entwicklungsland [und fordert ein Recht auf nachholende Entwicklung]. Allerdings wissen die Chinesen, dass sie der Welt etwas anbieten müssen: Sie wollen die Erneuerbaren Energien drastisch ausbauen und die Energieeffizienz innerhalb von fünf Jahren um 16 Prozent steigern. Allenfalls relative Emissionssenkungen (gemessen in $CO_2$-Ausstoß pro erwirtschafteten Yuan) will China akzeptieren, aber keine absolute Minderung. Der Streit wird so hart ausgefochten, weil in der Klimadiplomatie wirtschaftspolitische Interessen eine entscheidende Rolle spielen: Laut wissenschaftlichen Simulationen verträgt die Erdatmosphäre insgesamt nur noch rund 700 Milliarden Tonnen Kohlendioxid, wenn das Zwei-Grad-Ziel erreicht werden soll. Und weil Wirtschaftswachstum immer noch gleichbedeutend ist mit Energieverbrauch und $CO_2$-Emissionen, lautet die Frage, wer von diesen 700 Milliarden Wirtschaftswachstum wie viel abbekommt.

*Toralf Staud, Das Rätsel von Durban, www.bpb.de, 23.11.2011*

## M 6 ● Bilanz der Klimapolitik

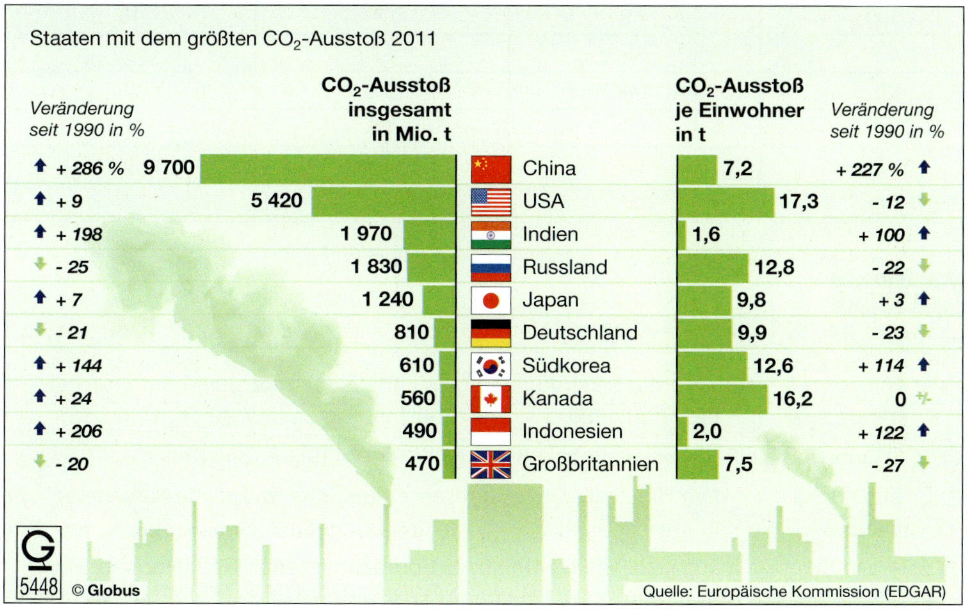

**Erklärfilm zu Emissionshandel**

Mediencode: 73005-04

## M 7 Der Budgetansatz – Grundlage für einen neuen Weltklimavertrag?

Um gefährlichen Klimawandel zu verhindern, muss die internationale Staatengemeinschaft den Ausstoß von $CO_2$ aus fossilen Quellen durch Festlegung eines globalen Budgets begrenzen. [...] Der Wissenschaftliche Beirat der Bundesregierung Globale Umweltveränderungen (WBGU) schlägt für den Zeitraum 2010 - 2050 ein Globalbudget von 750 Mrd. t $CO_2$ vor. Damit ließe sich die Klimaerwärmung mit einer Wahrscheinlichkeit von zwei Dritteln auf 2°C begrenzen. [...] Ist das Globalbudget bestimmt, muss es auf alle Staaten verteilt werden. Als Verfahren eignet sich eine gleiche Pro-Kopf-Verteilung. Aus den nationalen Emissionsbudgets lassen sich Minderungsziele ableiten, die an die laufenden Klimaverhandlungen anschlussfähig sind.

Für eine gerechte Verteilung des globalen Budgets eignet sich das Gleichheitsprinzip. Aus diesem kann zwar kein individuell durchsetzbares Recht auf gleiche Pro-Kopf-Emissionen abgeleitet werden, es legt aber eine Orientierung an den Pro-Kopf-Emissionen nahe. Die Pro-Kopf-Emissionen errechnen sich aus dem globalen Budget und der Weltbevölkerung in einem politisch festzulegenden Referenzjahr. Eine Weltbevölkerung von 6,9 Mrd. Menschen im Jahr 2010 und ein Globalbudget von 750 Mrd. t $CO_2$ ergeben bis 2050 durchschnittlich erlaubte jährliche Pro-Kopf-Emissionen von rund 2,7 t $CO_2$ [aktuell etwa 4,5 t]. [...]

Nationale Emissionsbudgets leiten sich aus der Größe der nationalen Bevölkerung ab. Deutschland hätte bei einer für das Jahr 2010 geschätzten Bevölkerung von 82,2 Mio. ein nationales $CO_2$- Budget von 9 Mrd. t. Wie schnell ein Staat das nationale Budget verbraucht, bestimmen seine Emissionen und somit maßgeblich seine Anstrengungen im Klimaschutz. Blieben die momentanen jährlichen $CO_2$-Emissionen von etwa 0,9 Mrd. t in Deutschland unverändert, wäre das Budget [...] in zehn Jahren verbraucht (siehe Tabelle).

*Wissenschaftlicher Beirat der Bundesregierung Globale Umweltveränderungen, Sondergutachten 2009, Factsheet 3/2009, S. 2*

| | Anteil an Weltbevölkerung im Jahr 2010 (Schätzung) [%] | Budget 2010-2050 [Mrd. t $CO_2$] | Emission im Jahr 2008 (Schätzung) [Mrd. t $CO_2$] | Reichweite des Budgets bei jährlichen Emissionen wie 2008 [Jahre] |
|---|---|---|---|---|
| Deutschland | 1,2 | 9,0 | 0,91 | 10 |
| USA | 4,6 | 35 | 6,1 | 6 |
| China | 20 | 148 | 6,2 | 24 |
| Indien | 18 | 133 | 1,5 | 88 |
| Burkina Faso | 0,24 | 1,8 | 0,00062 | 2.892 |
| Welt | 100 | 750 | 30 | 25 |

### Aufgaben

1. Beschreiben Sie Verlauf und Ergebnisse der internationalen Klimapolitik seit 1992 (M 4).
2. a) Analysieren Sie die Klimaverhandlungen hinsichtlich der zentralen Konfliktgegenstände sowie der beteiligten Akteure und ihrer Interessen (M 4–M 6).
   b) Erläutern Sie die bisherige globale Klimapolitik mit Hilfe der Spieltheorie.
3. Erläutern Sie – vor dem Hintergrund der Interessenkonflikte in der internationalen Klimapolitik – die (intendierte) Funktionsweise des Budgetansatzes (M 7).
4. Erörtern Sie – auch aus sicherheitspolitischer Perspektive – den Budgetansatz als eine Strategie zur Bewältigung bzw. Eindämmung des Klimawandels und seiner Folgen.

H zu Aufgabe 2a) Leiten Sie aus den Daten in M 6 Ziele und Interessen der dargestellten Länder ab und gruppieren Sie diese Länder zu (möglichen) Koalitionen.

METHODE

## Das Handeln (kollektiver) Akteure unter Unsicherheit analysieren – die Spieltheorie

Zwei isoliert voneinander inhaftierten Gefangenen legt der Staatsanwalt jeweils ein minder schweres und ein schweres Verbrechen zur Last. Ersteres kann er beweisen, für den Nachweis des letzteren benötigt er das Geständnis mindestens eines Gefangenen. Er bietet nun jedem Gefangenen eine Kronzeugenregelung an. Gesteht Gefangener A und schweigt Gefangener B, so wird A als Kronzeuge freigelassen und B zu zehn Jahren Gefängnis verurteilt. Ein entsprechendes Angebot ergeht an B. Gestehen beide Gefangenen, so wird das Geständnis strafmildernd bewertet: Sowohl für A als auch B lautet das Urteil auf fünf Jahre. Schweigen aber beide, so können sie nur für das minder schwere Verbrechen zu einem Jahr Gefängnis verurteilt werden (siehe Abbildung).

| Gefangener A \ Gefangener B | Schweigen | Gestehen |
|---|---|---|
| Schweigen (=Kooperation) | 1;1 | 10;0 |
| Gestehen (=Nichtkooperation) | 0;10 | 5;5 |

*Anmerkung: Die „Auszahlungen" stehen hier für die Anzahl der Haftjahre.*

Versetzen wir uns in dem symmetrischen Entscheidungskonflikt in die Lage des Gefangenen A. Schweigt mein Mitgefangener B, dann ist es besser zu gestehen (Freispruch anstelle von einem Jahr Gefängnis). Gesteht dagegen B, so ist „gestehen" gleichfalls günstiger („nur" 5 anstelle von 10 Jahren). Ergo werde ich (A) gestehen. Was A recht ist, ist B billig. Folgen beide dieser Logik, werden sowohl A als auch B gestehen. Das Resultat ist fünf Jahre Gefängnis, obwohl wechselseitige Kooperation („schweigen") zu einem wesentlich günstigeren Ergebnis von je einem Jahr Haft verholfen hätte. [...]

Jeder der beiden Gefangenen hat aber einen Anreiz zu gestehen, sei es, um als Kronzeuge zu profitieren (aggressives Motiv), oder aber, um der Höchststrafe mit Sicherheit zu entgehen (defensives Motiv). Folgen beide der individuell-rationalen Strategie „gestehen", dann ist das Resultat für A und B fünf Jahre Haft. Hätten sie dagegen beide geschwiegen, wären sie mit einem Jahr wesentlich besser davongekommen. Das Dilemma besteht darin, dass die individuell-rationalen Strategien zu einem kollektiv unerwünschten (suboptimalen) Resultat führen. Ohne vertragliche Abmachung (oder eine gehörige Portion Vertrauen) ist die Kooperationslösung jedoch nicht realisierbar.

Weshalb ist das Gefangenendilemma von so großer Bedeutung in den Sozialwissenschaften? Das Modell illustriert den Grundkonflikt zwischen rationalen, eigeninteressierten Handlungen und den für alle Betroffenen „irrationalen" Konsequenzen. Anwendungsbeispiele sind der Rüstungswettlauf im Kalten Krieg (Aufrüstung ist hier „gestehen", Abrüstung „schweigen"), das Problem der Erzeugung kollektiver Güter in der Ökonomie, die Nutzung knapper Ressourcen in der Ökologie u. a. m.
Während die Theorie von Adam Smith die Harmonie der rationalen Verfolgung von Eigeninteressen mit der allgemeinen Wohlfahrt in den Mittelpunkt rückt, bildet das Modell des Gefangenendilemmas einen Gegenpol. Es beschreibt diejenigen Konfliktsituationen, in denen keine „invisible hand" existiert, welche individuell-rationale Entscheidungen und kollektive Vernunft zur Deckung bringt.

*Nach: Andreas Diekmann, Empirische Sozialforschung, Reinbek 1995, S. 178 f.*

**Aufgabe**

**Das Gefangenendilemma im Alltag**

Übertragen Sie die Denkweise der Spieltheorie auf soziale Alltagssituationen, indem Sie diese als Gefangenendilemma beschreiben. Mögliche Beispiele: Erledigung des Abwaschs in einer studentischen Wohngemeinschaft, Organisation schulischer Gruppenarbeiten, Mitarbeit in Komitees zur Vorbereitung von Abiturfeierlichkeiten o. Ä. – Finden Sie n. M. weitere Beispiele.

ORIENTIERUNGSWISSEN

**Klimawandel – Ausmaß, Ursachen, Folgen**
M 1, M 2

Das Klima ist ohne Zweifel einer der wichtigsten Faktoren, um die Lebensbedingungen auf der Erde und ihre Ökosysteme zu bestimmen. Der gegenwärtige globale **Klimawandel**, der im Kern aus einer langfristigen Erwärmung der Erdatmosphäre besteht, wird nachweisbar zum größten Teil durch menschliche Aktivitäten verursacht, die in eine erhöhte Zunahme sogenannter Treibhausgase (vor allem $CO_2$) in der Atmosphäre münden. Aufgrund des nur langsamen Abbaus dieser Gase ist kurzfristiges Handeln zur Bekämpfung des Klimawandels gefordert.
Dies gilt umso mehr, als der Klimawandel nicht allein eine ökologische Herausforderung, sondern gleichermaßen eine Gefahr für den Weltfrieden darstellt. In Folge des Ansteigens des Meeresspiegels sowie durch Dürre und Ausweitung von Wüsten kann es zukünftig Verteilungskonflikte um die knapper werdenden Ressourcen wie Wasser und fruchtbares Land geben. Zudem ist eine Zunahme der (klima- und/oder armutsbedingten) Migration zu erwarten.

**Globale Klimapolitik**
M 4, M 5

Um ein Fortschreiten des Klimawandels aufzuhalten, werden **Weltklimakonferenzen** im Rahmen der Vereinten Nationen abgehalten. Die Klimarahmenkonvention der Konferenz von Rio de Janeiro 1992 gilt als historisch bedeutsamer Grundstein der internationalen Klimapolitik. Seit 1995 werden jährliche Klimaschutzverhandlungen durchgeführt.
Das 1997 verabschiedete und 2005 in Kraft getretene **Kyoto-Protokoll** führt als erstes Abkommen verbindliche Ziel- und Zeitvorgaben für die Emissionsreduktion in Industrieländern auf, die jedoch vielfach nicht erreicht werden konnten.
Verhandlungen zu einem Nachfolgevertrag kamen bislang über Absichtserklärungen kaum hinaus, da sich die Verhandlungen aufgrund der erheblichen **Interessendivergenzen** zwischen Industrie-, Schwellen- und Entwicklungsländern bzw. zwischen Verursachern und Opfern des Klimawandels nicht überwinden ließen.
Die Frage, welche Staaten die größeren Anstrengungen bei der Bewältigung des Klimawandels (z. B. Verursacherprinzip) unternehmen sollten, ist auch aus **gerechtigkeitstheoretischer Perspektive** (Recht auf nachholende Entwicklung, Pro-Kopf-Emissionen) umstritten.

**Spieltheorie – ein Modell zum Verständnis globaler Verhandlungssituationen**

Die Blockaden der globalen Klimapolitik lassen sich – wie auch andere internationale Politikfelder – mit Hilfe der **Spieltheorie** erklären. Klimapolitische Anstrengungen sind für einen Staat nur dann effizient, wenn andere Staaten gleichzeitig ebenfalls Emissionsreduktionen vornehmen. Andernfalls würde dieser Staat zugleich erhöhte Kosten für die Emissionsreduktionen aufwenden und unter den Folgen der – grenzüberschreitenden – Emissionen anderer Staaten leiden (Gefangenendilemma). Globale Klimapolitik bedarf aus dieser Perspektive sanktionsfähiger Institutionen und Instrumente von globaler Reichweite.

## Globaler Emissionshandel im Rahmen eines Weltklimavertrages

*Der Handel mit Emissionsrechten wurde bereits im Kyoto-Protokoll als Strategie zur Bekämpfung des Klimawandels vorgeschlagen. Zur Erreichung der Kyoto-Ziele führte die Europäische Union 2005 das Instrument für europäische Unternehmen ein. Weitere Länder wie Südkorea oder China planen die Einführung eines zunächst noch innerstaatlich bzw. regional organisierten Emissionshandels.*

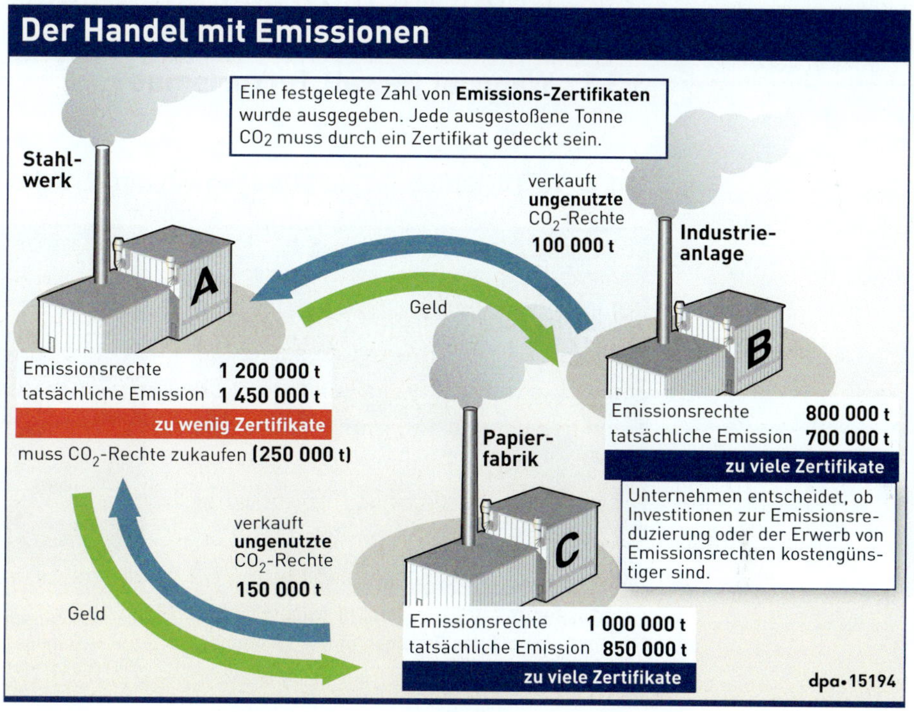


**Hamburger Abendblatt: Herr Niebel, Sie rechnen [nach dem Scheitern des Kopenhagener Klimagipfels] noch mit einem weltweiten Klimaabkommen?**

Ich hoffe sehr, dass wir das schaffen werden. Wir haben in Kopenhagen gesehen, dass ein Großteil der Entwicklungsländer kooperativ ist, insbesondere in Afrika. [...]

**Kommt es nicht eher auf die Schwellenländer an?**

Die Schwellenländer wie zum Beispiel China haben in Kopenhagen so getan, als seien sie Entwicklungsländer wie alle anderen. Dabei zählen sie zu den größten Emittenten von Treibhausgasen. [...] Wir wollen die Errungenschaften des Kyoto-Protokolls wahren, aber eine bloße Fortsetzung dieses Protokolls ist mit Deutschland nicht zu machen. [...]

**Liegt die Lösung in einem globalen Emissionshandel?**

Die Erderwärmung lässt sich am besten mit marktwirtschaftlichen Instrumenten begrenzen. Ein globaler Emissionshandel ist das Ziel, das wir anstreben müssen. Dann bekommt jeder Staat eine gewisse Menge an Kohlendioxid-Zertifikaten. Wer mehr ausstoßen will, als ihm zusteht, muss Emissionsrechte von anderen Staaten zukaufen, die weniger $CO_2$ freisetzen.

*Das Interview führten Jochen Gaugele und Karsten Kammholz, Hamburger Abendblatt, 28.12.2009*

*Dirk Niebel (FDP) war 2009-2013 Bundesminister für Wirtschaftliche Zusammenarbeit und Entwicklung.*

### Aufgaben

1. Beschreiben Sie den (unternehmensbezogenen) Handel mit Emissionszertifikaten.
2. Charakterisieren Sie den Emissionsrechtehandel als ein marktwirtschaftliches Instrument zur Eindämmung des globalen Klimawandels.
3. Nehmen Sie zu Niebels Forderung nach Einführung eines globalen, staatenbezogenen Emissionshandels begründet Stellung.

# 3.3 Transnationaler Terrorismus – Phänomen, Ursachen, Gegenmaßnahmen

## 3.3.1 Wann ist Gewalt Terrorismus?

### M 1 ● Terrorismus – eine allgegenwärtige Erscheinung?

Die Terroranschläge auf das World Trade Center in New York und auf das Pentagon am 11. September 2001 fordern fast 3.000 Opfer.

Die Terroranschläge in London am 7. Juli 2005 auf drei U-Bahnen und einen Bus fordern 56 Tote und 700 teils schwer Verletzte.

Am 31. Juli 2006 scheiterte der versuchte Anschlag der „Kofferbomber von Köln" auf zwei Regionalzüge an einem Fehler beim Bombenbau. Die Abbildung einer Überwachungskamera zeigt einen der Attentäter mit dem Deutschlandtrikot Nr. 13. Festnahme und Verurteilung der libanesischen Täter im Libanon und in Deutschland.

**Aufgaben**

1. Wählen Sie ein besonders eindrückliches Bild für die Weiterarbeit aus. Gestalten Sie anhand des ausgewählten Bildes ein „Elfchen" zum Themenkomplex Terrorismus. Beachten Sie dazu folgende Arbeitshilfe:

| | |
|---|---|
| 1. Zeile = ein Wort | Leitfrage: Was sehe ich? |
| 2. Zeile = zwei Wörter | Leitfrage: Wodurch wurde das Wort in Zeile 1 ausgelöst? |
| 3. Zeile = drei Wörter | Leitfrage: Was beabsichtigen die Wörter aus Zeile 2? |
| 4. Zeile = vier Wörter | Leitfrage: Was bewirkt das Wort aus Zeile 1? |
| 5. Zeile = ein Wort | Leitfrage: Was resultiert aus den Wörtern in Zeile 4? |

2. Erarbeiten Sie auf der Basis Ihrer Elfchen eine vorläufige Definition des Begriffes „Terrorismus".
3. Vergleichen Sie in Arbeitsgruppen von 4–5 Personen Ihre Definitionen. Identifizieren Sie dabei wesentliche Merkmale Ihrer jeweiligen Terrorismuskonzepte und führen Sie diese Merkmale zu einer Definition zusammen.

## M 2 ● Was ist Terrorismus?

Terrorismus bedeutet einfach, für politische Zwecke planmäßig und gewaltsam gegen Zivilisten vorzugehen. Er zeichnet sich durch sieben entscheidende Merkmale aus. Erstens: Ein Terrorakt ist politisch motiviert. Wenn nicht, handelt es sich einfach um ein Verbrechen. [...]

Zweitens: Wenn nicht gewaltsam vorgegangen wird und auch keine Gewalt angedroht wird, handelt es sich nicht um Terrorismus. Der Begriff „Cyberterrorismus" ist nicht sinnvoll. [...]

Drittens: Zweck von Terrorismus ist nicht, den Feind zu besiegen, sondern eine Botschaft zu verkünden. Zu den Attentaten vom 11. September erklärte ein Sprecher von al-Qaida: „Die Wiederherstellung arabischer und islamischer Größe wurde eingeläutet."

Viertens: Der Terrorakt und die Opfer haben in der Regel symbolische Bedeutung. Bin Laden bezeichnete die Zwillingstürme als „Ikonen" der „militärischen und wirtschaftlichen Macht" Amerikas. Die Schockwirkung eines Terrorakts wird durch die Symbolik des Angriffsziels enorm gesteigert. Es kommt darauf an, dass die psychologische Wirkung größer ist als der tatsächliche physische Schaden. [...]

Fünftens ist – und das ist umstritten – Terrorismus die Vorgehensweise von Gruppen auf substaatlicher Ebene, nicht von Staaten. Das soll nicht heißen, dass Staaten nicht Terrorismus als Instrument ihrer Außenpolitik benutzen. Wir wissen, dass sie das tun. [...]

Das sechste Merkmal des Terrorismus ist, dass die Opfer der Gewalt und das Publikum, das die Terroristen zu erreichen versuchen, nicht identisch sind. Opfer sind Mittel, um das Verhalten eines größeren Publikums zu beeinflussen, in der Regel einer Regierung. [...] Das ist ein Unterschied zu den meisten anderen Formen politischer Gewalt, die auf Sicherheitskräfte oder Repräsentanten von Staaten zielt, um einen Gegner zu schwächen.

Das letzte und wichtigste Merkmal des Terrorismus ist, dass er sich bewusst gegen Zivilisten richtet. Das unterscheidet ihn von anderen Formen politischer Gewalt, auch von eng verwandten wie dem Guerillakrieg.

*Louise Richardson, Was Terroristen wollen. Die Ursachen der Gewalt und wie wir sie bekämpfen können, Frankfurt a. M./New York 2007, S. 28–30*

*Louise Richardson war Harvard-Professorin für Politikwissenschaft und ist seit 2009 Vizekanzlerin der Universität St. Andrews, Schottland.*

**Info**

### Terrorismus – eine Typologie

Die bekannteste Typologisierung von Terrorismus ist die nach Motivgruppen. Danach lässt sich jede terroristische Organisation mehr oder weniger genau einer dieser vier Typen zuordnen:

**(1) sozialrevolutionärer Terrorismus**
- gewaltsamer Versuch nicht-staatlicher Organisationen, Besitz- und Herrschaftsverhältnisse grundlegend umzuwälzen
- z. B. RAF (Deutschland), Brigate Rosse (Italien)

**(2) ethnisch-nationalistischer Terrorismus**
- gewaltsamer Versuch nicht-staatlicher Organisationen von Minderheitenpopulationen (oft mit eigener Sprache und Kultur), ein eigenes Staatsgebiet (durch Abspaltung) zu erhalten
- z. B. baskische ETA (Spanien)

**(3) religiöser Terrorismus**
- gewaltsame Verfolgung von Zielen durch nicht-staatliche Organisationen, aus einem fundamentalistischen Religionsverständnis abgeleitet
- z. B. al-Qaida, Aum-Sekte (Japan)

**(4) vigilantistischer Terrorismus**
- im Gegensatz zu Terroristengruppen anderer Motivtypen Ziel der Stärkung staatlicher Autorität durch gewaltsames Vorgehen nichtstaatlicher Organisationen (in ihrem ideologischen Sinne)
- z. T. parapolizeilicher/-militärischer Aufbau
- z. B. Todesschwadronen in El Salvador (1980er Jahre), Ku-Klux-Klan (USA)

Es existieren aber auch Mischformen, wie z. B. die „al-Aksa-Märtyrer-Brigaden", die aufgrund ihrer islamistisch-antisemitischen Ideologie dem religiösen Terrorismus, aufgrund ihres Ziels, einen palästinensischen Nationalstaat errichten zu wollen, eher dem ethnisch-nationalistischen Terrorismus zuzuordnen wären.

*Angelehnt an: Peter Waldmann, Stefan Malthaner, Terrorismus, in: Dieter Nohlen, Florian Grotz (Hg.), Kleines Lexikon der Politik, Bonn 2008, S. 573-578*

## M 3 Mittels Gewalt kommunizieren? Terroristische Strategien

Die terroristische Gewaltstrategie [setzt] primär auf *psychische Effekte*. Das Ziel von Terroristen ist es, eine Bevölkerung insgesamt oder bestimmte Gruppen zu schockieren und einzuschüchtern. Aufgrund ihrer strukturellen Unterlegenheit sind sie nicht in der Lage, ihren Gegner physisch zu besiegen oder auch Territorien zu erobern und über längere Zeit zu kontrollieren, zumeist wird dies auch gar nicht beabsichtigt. Deshalb richtet sich die Gewalt gegen Ziele mit hohem Symbolgehalt (z. B. religiöse Orte, Denkmäler, Handels- und Bankenzentren, Polizeistationen und Militäreinrichtungen, Regierungs- und Parlamentsgebäude), die einerseits ein entsprechendes Medienecho hervorrufen und andererseits den Gegner provozieren oder demütigen. Gleichwohl geraten immer wieder [...] auch öffentliche Verkehrsmittel, Restaurants, Cafés, Diskotheken oder Marktplätze in das Fadenkreuz von Terroristen, die damit signalisieren, dass es im Prinzip jeden/jede treffen kann. Die Opfer unter der Zivilbevölkerung sind daher oftmals willkürlich und anders als die Anschlagsorte nicht gezielt ausgewählt. [...]

Panik und Schockeffekte sind das eine, die Mobilisierung von Sympathisanten und Unterstützern sowie die Radikalisierung von politisch nahe stehenden Bewegungen sind das andere strategische Motiv terroristischer Aktivitäten. Terroristen handeln daher zumeist im Namen von „als interessiert unterstellten Dritten" (Herfried Münkler). Sie verstehen sich dabei als Avantgarde [= Auserwählte, wissende Vorreiter], die sich für die Unterdrückten einsetzt, unabhängig davon, ob sie nun ethnonationale/separatistische [= abspalterische], sozialrevolutionäre oder religiös inspirierte Ziele verfolgen. Daraus speist sich das Bewusstsein moralischer Überlegenheit, mit der Terroristen ihre eigentlich unmoralischen Taten vor sich selbst und vor anderen rechtfertigen. In diesem Sinne stellt Terrorismus eine *Kommunikationsstrategie* dar, mit der politische Botschaften gleichermaßen an Freund und Feind übermittelt werden sollen. Dazu nutzen Terroristen neben der operativen Ebene [= Handlungsebene] auch die Ebene der Propaganda, die sie in Form von Bekennerschreiben, Drohungen und politischen Erklärungen verbreiten, heute zumeist über das Internet und per Videoaufnahmen. [...]

Allerdings erreichen Terroristen die gewünschte Mobilisierung von Sympathisanten in der Regel weniger durch ihre Anschläge oder ihre Propaganda, als vielmehr durch die Gegenreaktionen, die sie beim Adressaten des Anschlags hervorrufen. Die Attentate sollen den Gegner zu möglichst brutalen und unverhältnismäßigen Maßnahmen provozieren, die ihn, so das Kalkül der Terroristen, „entlegitimieren" und „demaskieren". [...] Der Angegriffene soll als der „eigentliche Aggressor" entlarvt werden, während die eigenen Aktionen als Form der Selbstverteidigung und Selbstbehauptung verkauft werden. Terroristen setzen insofern auf eine Aktion-Reaktion-Spirale, bei der sie von der Rolle des Angreifers in die des Angegriffenen, des „Opfers" wechseln können.

*Ulrich Schneckener, Transnationaler Terrorismus, Frankfurt a. M. 2006, S. 22 ff. (Hervorhebungen im Original) (Übersetzung: Ursel Schäfer)*

**H** zu Aufgabe 2
Gehen Sie dabei insbesondere auf den Begriff „Kommunikationsstrategie" ein (M 3).

### Aufgaben

1. Vergleichen Sie Ihre vorläufigen Definitionen von Terrorismus mit der Darstellung Louise Richardsons (M 2).
2. Grenzen Sie Terrorismus von den Erscheinungen Krieg, Bürgerkrieg, Kriminalität und politischen Attentaten ab (M 2, M 3, Info).

## 3.3.2 Heiliger Krieg – woran glauben und wie organisieren sich islamistische Terroristen?

### M 4 ● Grundzüge islamistischer Ideologie

*Keineswegs muss es sich bei transnational operierenden terroristischen Gruppen um islamische Fundamentalisten handeln, auch andere Ideologien sind denkbar. Allerdings ist der islamistische Terrorismus zurzeit das gefährlichste Phänomen dieser Art. Daher sollen hier Grundzüge der radikal-islamischen Ideologie vorgestellt werden:*

**a) Politischer Islam**

Islamismus bezeichnet dasselbe wie die ebenfalls verbreiteten Begriffe „politischer Islam“, „islamischer Fundamentalismus“ [...]. Hinter diesen Termini steht die Forderung, das gesamte private und öffentliche Leben müsse durch [das jeweilige Verständnis des] Islam bestimmt werden, und die Behauptung, für jedes in einer Gesellschaft auftretende Problem könne eine religiös fundierte Lösung bereitgestellt werden. Diese Einstellung geht zurück auf die Überzeugung, dass der Islam sowohl Religion als auch ein politisches System sei. Ihren prägnantesten Ausdruck findet diese Ideologie in dem Verlangen nach Einführung der shari‘a, des geoffenbarten Gesetzes des Islam, in dem die Islamisten eine allumfassende Rechts- und Werteordnung sehen, die unmittelbar auf den Texten der Offenbarung (Koran und Sunna) gründet. Von nicht-islamistischen Muslimen unterscheiden sie sich in der Regel dadurch, dass sie ihre eigene Interpretation des Islam als politisches Programm verkünden und die Positionen Andersdenkender zumindest implizit mit Unglauben gleichsetzen. [...] Islamistische Bewegungen [bei denen friedlich agierende von terroristischen zu unterscheiden sind] zeigen einen starken Rückbezug auf eine idealisierte Frühzeit des Islam, die Zeit der „frommen Altvordern“ [...].

*Guido Steinberg, Der nahe und der ferne Feind. Die Netzwerke des islamistischen Terrorismus, München 2006, S. 16 f.*

*Guido Steinberg war von 2002 bis 2005 Terrorismusreferent im Bundeskanzleramt und ist wissenschaftlicher Mitarbeiter bei der Stiftung Wissenschaft und Politik.*

**b) Dschihadismus**

Islamistische Terrororganisationen berufen sich explizit auf den Dschihad-Begriff aus dem Koran, um ihr gewaltsames Vorgehen gegen (in ihrer Vorstellung) „Ungläubige“ zu legitimieren. Dabei handelt es sich um eine von den allermeisten Muslimen (und auch der großen Mehrheit der Religionsgelehrten) nicht geteilte Interpretation. In Abgrenzung zum terroristischen Dschihad-Verständnis wird hier die gängige, moderate Auslegung beschrieben:

Der Dschihad bezeichnet – laut Koran – das „Bemühen auf dem Wege Gottes“ oder „um Gottes Willen“ (aldschihad fi sabil allah). Mit diesem Bemühen ist im Koran vor allem der Kampf im Sinne einer kriegerischen Auseinandersetzung gemeint. Mohammed und seine Kämpfer werden dort als diejenigen bezeichnet, die sich „auf dem Wege Gottes mühen“, und zwar indem sie kämp-

## Hassvideo:

### Deutscher Salafist ruft zu Selbstmordanschlägen auf

In einem neuen Hassvideo, das in islamistischen Internetforen veröffentlicht wurde, ruft ein deutscher Dschihadist zu Selbstmordattentaten auf. [...] „Ich zünde die Bombe inmitten der Menge, drücke auf den Knopf“, singt [der Dschihadist Denis] Cuspert. „Mitten im Zentrum oder in der U-Bahn, drücke auf den Knopf, al-Dschanna, al-Dschanna.“ Dschanna – das ist der arabische Name für das Paradies, in das nach Überzeugung der Dschihadisten all jene kommen, die Selbstmordattentate gegen „Ungläubige und Kreuzzügler“ durchführen.

*Jörg Diehl, Christoph Sydow, www.spiegel.de, 1.8.2013*

fen. [...] Allerdings diente in der islamischen Geschichte der Dschihad nicht der gewaltsamen Bekehrung zum Islam, sondern in erster Linie der Ausweitung des islamischen Herrschaftsgebietes. [...] Das [weiter entwickelte und heute gängige] islamische Recht verstand unter Dschihad nicht mehr die Pflicht zum Krieg, sondern das [...] Bemühen darum, ein gottgefälliges Leben zu führen, beispielsweise nicht zu betrügen, nicht zu lügen oder einem Laster anzuhängen. Was genau das „Mühen auf dem Wege Gottes“ ausmachte, war von Person zu Person verschieden, aber eben friedlich. [...]
Zur Unterscheidung zwischen dem friedlichen und dem kriegerischen Dschihad wird heute vom großen und dem kleinen Dschihad gesprochen. Nach gängiger Definition ist der große Dschihad ein [...] kollektives Mühen, das mit Krieg nichts zu tun hat. Kriegerisch ist nur der kleine. Allerdings bezeichnet er nur einen Krieg zur Verteidigung, denn nach Auffassung der meisten Gelehrten der Neuzeit darf der Dschihad als Angriffskrieg nur zu Lebzeiten des Propheten [Mohammed, 570-632 n. Chr.] geführt werden. Außerdem darf er sich auf keinen Fall gegen unschuldige Frauen und Kinder richten.

*Katajun Amirpur, Kleiner, großer Dschihad, in: Das Parlament, 18./25. Januar 2002*

*Katajun Amirpur ist deutsch-iranische Journalistin und Islamwissenschaftlerin.*

**Islamischer Staat (IS)**
dschihadistische Terrororganisation; Ziel: Kalifat auf dem Gebiet Syriens, des Irak, Libanons, Israels, Palästinas und Jordaniens; bis Mitte 2013 irakischer Arm der al-Qaida (seitdem verfeindet). IS kämpft im syrischen Bürgerkrieg gegen die Regierung von Präsident Assad, gegen die Freie Syrische Armee und gegen die Kurden; Finanzierung: Spenden aus Katar, Kuwait, Saudi-Arabien und den Vereinigten Arabischen Emiraten, Verkauf von Rohöl von eroberten Ölfeldern, Steuern und Zölle, Lösegeldforderungen aus Geiselnahmen westlicher Journalisten. Seit 2014 kontrolliert IS weite Teile Nord- und Ostsyriens sowie des westlichen Irak, bekämpft durch Kurdenverbände mit US-Luftunterstützung. Im August 2014 machte sie durch die Enthauptung des US-amerikanischen Journalisten James Foley auf sich aufmerksam.

## M 5 ● Die Verbreitung al-Qaidas

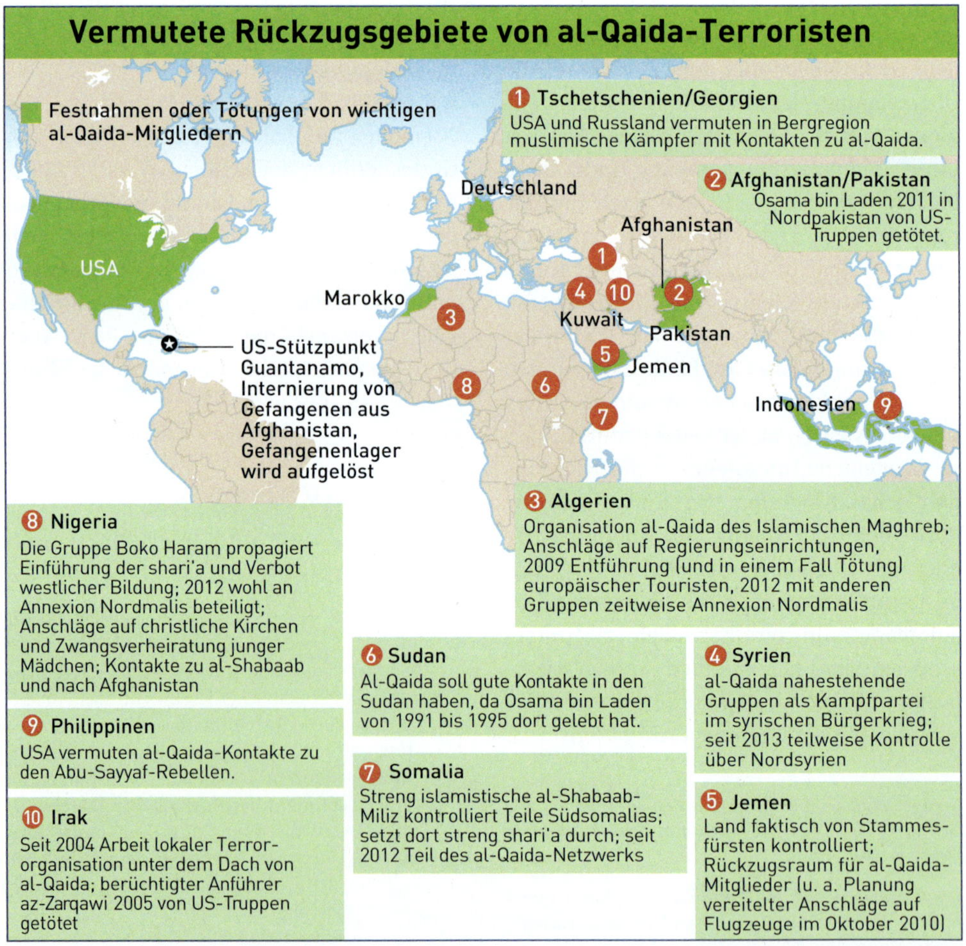


*Nach: dpa-Infografik 7730 (aktualisiert)*

## M 6 ● Netzwerk, Franchise, Filialen – das Gesicht al-Qaidas

Al-Qaida ist eine entterritorialisierte [= nicht an einen Ort gebundene] Organisation, die in keiner Weise eine traditionelle Kultur des Mittleren Ostens widerspiegelt oder eine Reaktion auf den israelisch-palästinensischen Konflikt darstellt. [...] Al-Qaida [...] ist weder zentralisiert noch hierarchisch. Vielmehr agiert sie in Netzwerken. Die Netzwerke sind einerseits international ausgerichtet, andererseits beziehen sie ihre Kraft aus den engen persönlichen Beziehungen der Mitglieder untereinander. [...] Man radikalisiert sich inmitten der kleinen Gruppe von „Genossen“ (in einem Studentenwohnheim, einem Stadtviertel, einer Moschee oder am Arbeitsplatz [...]).

Die Führung, die Zellen an der Basis, die transnationalen Netze und die Kommandokette von al-Qaida – alles ist in persönlichen Beziehungen verankert, die teils in Afghanistan entstanden, teils in einem lokalen Umfeld gewachsen sind und die sich anschließend auf eine transnationale, „entterritorialisierte“ Ebene übertragen, etwa durch Reisen, Wohnsitz in einem anderen Land, mehrere Staatsangehörigkeiten und so weiter. [...]

Doch al-Qaida beschränkt sich nicht auf persönliche Netzwerke. Wir finden daneben noch eine Vielzahl anderer Formen des Zusammenhalts und der Kooperation: [z. B.] Franchise-Unternehmen, [und] Filialen [...].

Franchise-Unternehmen: Es genügt, dass lokale Aktionsgruppen das Logo und das Konzept von al-Qaida übernehmen, ohne direkt mit dem Zentrum verbunden zu sein, und schon kann sich al-Qaida eine Aktion auf ihre Fahnen schreiben, die sie selbst nicht organisiert hat. Diese Technik des Franchising zeigt, dass al-Qaida eine höchst moderne Organisation ist: Sie ist dezentralisiert, flexibel, kann delegieren und ist imagebewusst. Wie flexibel eine Verbindung auch sein kann, zeigt das Attentat von Istanbul 2003: In dem Fall organisierten sich die Beteiligten untereinander, bereiteten den Anschlag vor und nahmen erst bei einer Reise nach Afghanistan unmittelbar vor dem 11. September mit al-Qaida Kontakt auf.

Filialen: Lokale, relativ territorial gebundene Organisationen, das heißt solche, die in einem begrenzten Raum agieren, der einem Land oder einem Sprachgebiet entspricht, die ihre eigene Geschichte haben und von al-Qaida instrumentalisiert werden, bis sie sich schließlich selbst explizit auf al-Qaida berufen. Wir finden solche Organisationen in Indonesien (Jemah Islamiyya), in der nördlichen Sahelzone die (salafistische) Predigt- und Kampfgruppe GSPC, die im Januar 2007 den Namen „al-Qaida-Organisation im Maghreb“ angenommen hat, im sunnitischen Dreieck des Irak [...] und in Saudi-Arabien. Diese Organisationen brauchen al-Qaida nicht, um neue Mitglieder anzuwerben und zu funktionieren. Wenn sie sich al-Qaida annähern, dann deshalb, weil sie ein Problem damit haben, ein lokales Ziel zu definieren und umzusetzen (etwa die Errichtung eines islamischen Staats) [...].

*Olivier Roy, Der falsche Krieg. Islamisten, Terroristen und die Irrtümer des Westens, München 2007, S. 169-173*

*Olivier Roy ist französischer Politologe und Forschungsdirektor am Centre National de la Recherche Scientifique.*

**Salafismus**
radikale Spielart des sunnitischen Islam, der auf Grundlage einer selektiven Auswahl muslimischer Glaubenssätze eine Rückbesinnung auf die Zeit der Islamgründung fordert (keine Trennung von Staat und Kirche, keine Frauenrechte, teilweise Alltagsvollzug wie in Zeiten des Propheten)

### Aufgaben

1. Geben Sie die ideologischen Grundlagen islamistischer Terroristen wieder (M 4).
2. Erklären Sie die Funktion der fundamentalistischen Koranauslegung für islamistische Terrororganisationen.
3. Erläutern Sie, warum die Netzwerk-/Franchisestruktur al-Qaidas geeignet ist, die Ziele bzw. Strategien dieser Organisation zu verfolgen (M 5, M 6, Kap. 3.3.1).
4. Überprüfen Sie am Beispiel al-Qaidas die Terrorismusdefinition Louise Richardsons (Kap. 3.3.1).

**F** zu Aufgabe 3
Begründen Sie, warum nicht primär zerfallene, sondern schwache Staaten („weak states“) für terroristische Organisationen interessant sind.

### 3.3.3 Welche Ursachen hat islamistischer Terrorismus?

#### M 7 „Karrieren" islamistischer Terroristen

**a) Ahmed al-Ghamdi (Selbstmordattentäter New York, † 11. September 2001)**
Ahmed al-Ghamdi wurde am 2.7.1979 geboren und wuchs in al Bahah, einer ökonomisch unterentwickelten Provinz Saudi-Arabiens, auf. Bei Saudi-Arabien handelt es sich um eine autoritäre Monarchie mit islamisch-konservativer Prägung. Wie lange al-Ghamdi, der regelmäßig in der Moschee betete, die Schule besuchte, ist unbekannt; als relativ sicher gilt, dass er sie ohne Abschluss abbrach, wohl um in der russischen Provinz Tschetschenien auf Seiten von Islamisten gegen die russische Armee zu kämpfen. Zum Zwecke der „Ausbildung" gelangte er über die Türkei im Jahr 2000 in ein Camp von al-Qaida in Afghanistan, wo er für den Anschlag auf das World Trade Center ausgewählt wurde. Bis zu seinem Lebensende in dem Flugzeug, das den zweiten Turm des World Trade Centers zum Einsturz brachte, blieb er ledig und kinderlos.

*Informationen nach: National Commission on Terrorist Attacks Upon the United States, The 9/11 Commission Report, Washington 2004*

**b) Mohammed Sidique Khan (Selbstmordattentäter London, † 7. Juli 2005)**
Die terroristische Karriere von Sidique Khan [geboren am 20.10.1974], eine der menschlichen Bomben der Londoner Anschläge, [folgte einem typischen Muster]. Als jüngstes von vier Kindern des [aus Pakistan eingewanderten] Gießereiarbeiters Tika Khan besuchte er erfolgreich die Highschool, war sozial hervorragend integriert und machte seinen Eltern lediglich dadurch Probleme, dass er in religiösen Dingen zunehmend radikale Positionen bezog. Khan engagierte sich lange Zeit in der Jugendarbeit, betreute drogenabhängige Jugendliche und Einwandererkinder. [Er heiratete und bekam im Jahr 2004 eine Tochter.] Zugleich bildete und stabilisierte sich sein Freundeskreis zu einer engen und hermetischen Clique, aus der sich später die menschlichen Bomben jener Anschläge rekrutierten. Die Lebenskreise dieser Gruppe wurden nicht nur intellektuell immer enger, sondern auch geografisch: „Die Moscheen, in denen er betete; die Räume, in denen er pakistanische Jugendgruppen unterrichtete; der Buchladen, in dem er Gespräche führte – kein wichtiger Ort in seinem Leben lag weiter als 500 Meter vom Mittelpunkt des Pakistanerviertels von Beeston entfernt." [Shiv Malik]

*Harald Welzer, Klimakriege. Wofür im 21. Jahrhundert getötet wird, Frankfurt a. M. 2008, S. 168 f.*

#### M 8 Sozioökonomische Ursachen von Terrorismus

| Bevölkerungswachstum | Fehlende Freiheiten | Bildungsrückstand |
|---|---|---|
| • bereits 2003 waren 38 % der Bevölkerung in arab. Staaten unter 14 Jahre alt<br>• Schrumpfung landwirtschaftlicher Nutzfläche<br>→ Landflucht<br>→ Entstehen perspektivloser städtischer Jugend | • (gewaltsame) Unterdrückung politischer Opposition in mehreren arab. Staaten<br>• staatliche Lenkung von Medien<br>→ Moschee oft als einziger Ort der Artikulation kritischer Positionen<br>→ keine echte politische Öffentlichkeit, sondern tendenziell Zulauf für Islamisten | • vergleichsweise niedrige Bildungsausgaben in arab. Staaten<br>→ geringere Bildungschancen<br>→ bescheidener durchschnittlicher Bildungsstand (z. B. hohe Analphabetenrate) |

*Nach: Bruno Schoch, Frankfurter Rundschau, 11.9.2003*

## M 9 Globalisierung als Terrorismusursache?

Individuen vergleichen sich und ihre soziale Gruppe [bei zunehmender Globalisierung] anstatt mit sozialen Gruppen in der nationalen Gemeinschaft mit sozialen Gruppen in der Weltgesellschaft und [können] auf der Basis dieses Vergleichs das Gefühl einer illegitimen Benachteiligung [entwickeln]. [...] Mit kollektiver terroristischer Gewalt Macht auszuüben und dadurch den Prozess der Globalisierung zu beeinflussen, ist aus dieser Perspektive dadurch motiviert, Wohlstand, Einfluss und Status für sich und die eigene soziale Gruppe zu erhalten oder zu erhöhen, wobei dies auch die Gemeinschaft aller muslimischen Glaubensbrüder und Glaubensschwestern sein kann. [...]

Aber auch der Prozess der Globalisierung selbst kann [...] zur Entstehung einer globalen relativen Deprivation [= Ausgrenzung, soziale Benachteiligung] beitragen. [...] Für [den Politikwissenschaftler Jamal] Nasser sind es vor allem die Massenmedien, die Individuen weltweit über den westlichen Lebensstandard informieren und sie von diesem Lebensstandard träumen lassen. Die Massenmedien haben einen Demonstrationseffekt, der Erwartungen weckt, die nicht erfüllt werden können. Die Frustration, die daraus entsteht, ist für Nasser eine zentrale Motivation für terroristische Gewalt gegen den Westen. [...]

Auch die globale ökonomische Vernetzung [ist] entscheidend. Denn durch sie entwickeln sich weltweit soziale Kontakte und Beziehungen, die Migration zwischen den Ländern und Kontinenten nimmt zu, und es entsteht weltweit ein Bewusstsein dafür, eine entscheidende Rolle in der globalisierten Weltwirtschaft zu spielen. Das Selbstbewusstsein in verschiedenen Weltregionen nimmt zu und damit auch die Erwartung an Wohlstand, Einfluss und Status. Individuen aus den verschiedenen Weltregionen, die sich als Teil der Weltgesellschaft wahrnehmen, können zu der Überzeugung gelangen, dass ihnen im Vergleich mit westlichen Standards mehr an Wohlstand, Einfluss und Status zusteht, als sie erreichen können [...].

*Melanie Reddig, Deprivation, Globalisierung und globaler Dschihad, in: Thomas Kron, Melanie Reddig (Hg.), Analysen des transnationalen Terrorismus. Soziologische Perspektiven, Wiesbaden 2007, S. 299 ff.*

**Globalisierung**
→ vgl. Kap. 4.1

## M 10 Wie kommt es zu *homegrown terrorism*?

*Gemessen an der muslimischen Gesamtbevölkerung in westlichen Staaten ist die Zahl derjenigen mit terroristischen Neigungen verschwindend gering. Zwar gehörten laut Verfassungsschutzbericht 2013 ca. 43.000 (von den insg. ca. 3,5 Millionen) Muslime in Deutschland Vereinigungen an, die z. T. radikal-islamisches Gedankengut vertreten. Diesen Personen kann aber nicht unbedingt gefestigte islamistische Ideologie oder gar terrorförmiges Gewaltverhalten unterstellt werden. Ca. 130 Personen werden vom Verfassungsschutz als sogenannte „Gefährder" gesehen: Diese haben eine paramilitärische Ausbildung in Camps von Terrororganisationen erhalten (oder beabsichtigen dies).*

Nach Marc Sageman [...] haben sich 84 Prozent der späteren Dschihad-Kämpfer nicht in einem islamischen Land dazu entschlossen, zum Terroristen zu werden, sondern lebten als Studenten in einem westlichen Land oder waren Migrantenkinder, also Angehörige der zweiten Generation von Einwanderern. Dabei handelt es sich nicht um soziale Outsider, sondern um gut integrierte und gebildete Kinder aus meist nicht besonders religiösen Elternhäusern. Sie weisen anscheinend weder besondere psychische Merkmale auf, noch haben sie in auffälligem Maß unter Ausgrenzung, Unterdrückung oder Deklassierung gelitten. [...]

[Man] darf [...] sich die Teilnahme am Dschihad nicht als explizite Entscheidung

## Deutsche (Jugendliche) im Dschihad

Experten sprechen von 300 bis 400 Deutschen, die sich dem Kampf der Terrororganisation IS anschließen [...]. Viele davon sind noch sehr jung, einige sogar minderjährig. Der jüngste Auswanderer soll sogar erst 13 Jahre alt gewesen sein. Der islamistische Extremismus soll sich zu einer Jugend-Subkultur entwickelt haben. [...] Es wird vermutet, dass 20 Prozent der Dschihadisten Konvertiten sind. [...]

Die IS tritt in ihrer Öffentlichkeitsarbeit professionell auf und ist sehr aktiv in den sozialen Netzwerken. Sie verbreiten virale Videos und Bilder, in denen der Glaubenskampf mit popkulturellen Elementen glorifiziert wird und junge Muslime zur Teilnahme am heiligen Krieg aufgerufen werden.

Das Versprechen ist der Weg ins Paradies und die Erfüllung eines göttlichen Auftrags. Drastische Darstellungen von Gewalt, Angstappelle und Anstachelungen durch klar umrissene Feindbilder sollen die jungen Internetnutzer zur Ausreise nach Syrien motivieren. Die Jugendlichen [...] unterstützen [den IS] sowohl als Kämpfer [als auch] als Öffentlichkeitsarbeiter [...]. Junge Mädchen, bisweilen sogar minderjährige, reisen in die Kampfzonen aus, um den Kampf mit einer Heirat von Dschihadisten zu unterstützen. [...] Einige fallen im heiligen Krieg, andere kehren zurück. Rund 25 dieser Rückkehrer sind dem Verfassungsschutz im Deutschland bisweilen aktenkundig bekannt. Diese sind häufig stark traumatisiert und werden streng überwacht. Die Öffentlichkeit fürchtet, dass die militärisch ausgebildeten Rückkehrer terroristische Anschläge in Europa planen, um den heiligen Krieg dort fortzusetzen.

*www.lpb-bw.de, 12.10.2014*

**„Wir haben es mit einer Hydra zu tun. Da hilft es nichts, allein die Köpfe abzuschlagen, die wachsen nach. Man muss sie ins Herz treffen, also die Konflikte hinter diesem Terror schlichten.“**

*Joschka Fischer 2003, ehem. Bundesaußenminister*

vorstellen, sondern als langwierigen sozialen und emotionalen Übergang. Der Beginn dieses Prozesses liegt bei islamistischen Terroristen aus der zweiten Einwanderergeneration bzw. aus dem studentischen Milieu in der persönlichen Erfahrung, in einer Welt zu leben, [...] mit der man nicht identisch ist. Die Täter der Londoner Anschläge vom August 2005 waren Kinder pakistanischer Einwanderer, die es [...] durch Anpassung an die Bedingungen der Aufnahmegesellschaft zu bescheidenem Wohlstand gebracht hatten. Während diese erste Migrantengeneration der Aufnahmegesellschaft meist loyal gegenübersteht, weil sie ihr jenen sozialen Aufstieg und Lebensstandard ermöglicht hat [...], setzen die Angehörigen der zweiten Generation diese Standards als gegeben voraus, erleben aber gerade darum die subtilen und weniger subtilen Ausgrenzungen durch die Mehrheitsgesellschaft desto intensiver. [...] Soziale Benachteiligungen [...] untermauern die gefühlte Ausgrenzung. [...]

[Sich einer terroristischen Gruppe anzuschließen] ist [dann] nicht das Ergebnis einer spontanen Entscheidung oder eines Beitritts, sondern erfolgt langsam und kann durch Entfremdungsgefühle, Einsamkeit und gefühlte Ablehnung [...] motiviert sein. [...] 75 Prozent der späteren Dschihad-Terroristen hatten zunächst eine soziale Verbindung zu jemandem, der in Verbindung zu einem Terrornetzwerk stand; dagegen kamen lediglich acht Prozent aus islamischen Kaderschmieden mit expliziter Schulung und Indoktrination. Terrorist zu werden, ist ein sozialer Prozess, keine vorformatierte kognitive Entscheidung. [...]

Jemand, der sich entscheidet, Terrorist zu werden, bekommt eine ganze Menge: die Zugehörigkeit zu einer exklusiven, elitären Gruppe, die einer gemeinsamen Sinnbildung folgt, die rastlose Arbeit an einer als notwendig und sinnvoll erlebten Aufgabe und die Entlastungen von Lebenslauferwartungen und anderen sozialen Verpflichtungen der gewöhnlichen Welt, von der Existenzsicherung bis zur Rentenvorsorge.

*Harald Welzer, Klimakriege. Wofür im 21. Jahrhundert getötet wird, Frankfurt a. M. 2008, S. 167-170, 174 f.*

**M** zu Aufgabe 1
Erstellen Sie eine Mindmap zu den Ursachen von Terrorismus.

**H** zu Aufgabe 3 b)
Berücksichtigen Sie die Kategorien Effizienz, Legitimität sowie die gesellschaftlichen Grundwerte Freiheit und Sicherheit.

### Aufgaben

1. Gliedern Sie die möglichen Ursachen transnationalen Terrorismus hinsichtlich inner- sowie zwischengesellschaftlicher Faktoren (M 7–M 10).
2. Arbeiten Sie heraus, inwieweit die „Karrieren“ der beiden oben genannten Terroristen (M 7) als typisch für Mitglieder transnational operierender Terroristennetzwerke gesehen werden können (M 7–M 10).
3. a) Entwickeln Sie, ausgehend von Fischers Zitat (Randspalte), geeignete konkrete Strategien zu seiner Bekämpfung und/oder präventiven Vermeidung.
   b) Diskutieren Sie die in Ihrem Kurs entwickelten Strategien.

## Internationale Beziehungen mit Hilfe von Modellen analysieren

Weltordnungsmodelle werden als Analysemodelle verwendet, um die Konstellationen von Staaten zueinander und ihren jeweiligen Einfluss beschreiben zu können. Diese Konstellationen haben sich insbesondere durch das Ende des Kalten Krieges sowie das Erstarken von Ländern wie Indien oder China massiv verändert und wandeln sich ständig weiter.

**Anarchie der Staatenwelt:**
Sicherheitsdilemma ist vorherrschend, Staaten greifen zur Selbsthilfe. Sie streben nach Macht oder bilden Allianzen, um ihre Position zu verbessern.

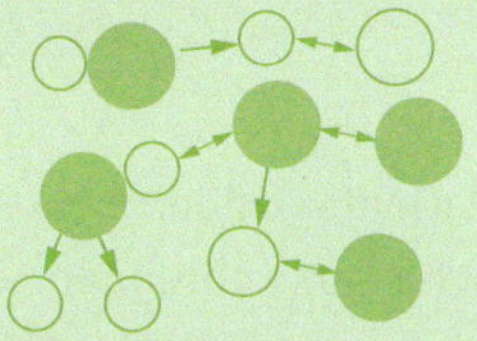

**Hegemoniale Ordnung:**
Ein Staat ist aufgrund seiner herausragenden Machtposition in der Lage, allen anderen Staaten seinen Willen aufzuzwingen. Er hat ein privates Gewaltmonopol, das nicht öffentlich kontrollierbar ist und auch nicht mit anderen Staaten geteilt wird.

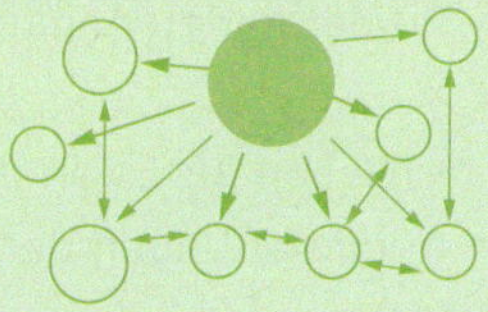

**Horizontale Selbstkoordination:**
Staaten koordinieren ihre Handlungen durch bilaterale oder multilaterale Verträge und Abkommen oder durch Entscheidungen, die in internationalen Organisationen getroffen werden. Die Nicht-Einhaltung von Abkommen kann aber nur schwer sanktioniert werden.

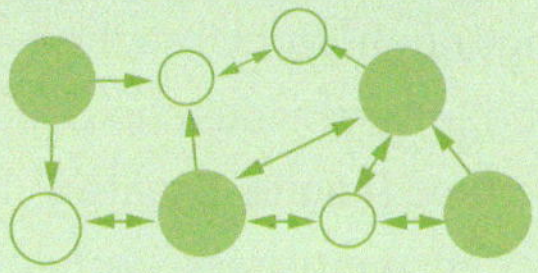

**Ordnung durch Weltstaat:**
Die Staaten begründen durch Abgabe von Souveränität an eine überstaatliche Autorität (z. B. UNO) ein öffentliches Gewaltmonopol. Das öffentliche Gewaltmonopol ist kontrollierbar (z. B. durch Parlamente, Gerichte) und besitzt eine demokratische Legitimation. Es verfügt über Instrumente zur Durchsetzung von Entscheidungen (Ermittlungsbehörden, Gerichte, Polizei, Militär).

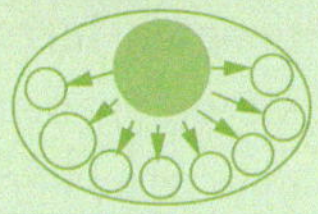

*Nach: Ingomar Hauchler u. a. (Hg.), Globale Trends 2000, Frankfurt a. M. 1999, S. 381*

### Bipolarität – Unipolarität – Multipolarität

Bipolarität bezeichnet einen Zustand, in dem die internationale Politik von der Rivalität zweier Großmächte geprägt ist, während sie im Falle der Unipolarität durch eine unangefochtene Supermacht dominiert wird. Von Multipolarität wird gesprochen, wenn es im internationalen System mehrere annähernd gleich starke Mächte mit Führungsanspruch gibt.

*Nach: Wilfried v. Bredow, Sicherheitspolitik zu Beginn des 21. Jahrhunderts, Informationen zur politischen Bildung Nr. 274, Bonn 2002*

### Unilateralismus – Bilateralismus – Multilateralismus

Die Bezeichnung Unilateralismus meint das einseitige Handeln eines Landes z. B. bei der Handelsliberalisierung oder bei der Verfolgung staatlicher Sicherheitsinteressen.
Als Bilateralismus bezeichnet man ein System zweiseitiger Abkommen zwischen Staaten, z. B. zur Gestaltung der Handelsbeziehungen oder zur gegenseitigen Unterstützung bei Bedrohung durch Dritte.
Unter Multilateralismus versteht man ein System der Zusammenarbeit mehrerer Staaten in Form von Abkommen oder unter dem Dach einer internationalen Organisation (z. B. UNO) zur Bearbeitung eines internationalen Problems (z. B. Regelung des Welthandels, Friedenssicherung).

*Autorentext*

**Aufgabe**

Überprüfen Sie, welchen/m Weltordnungsmodell/en die derzeitige Konstellation von Staaten(bünden) am ehesten entspricht. Greifen Sie dabei auf Ihre Kenntnisse zu dem Verhalten von Staaten und internationalen Organisationen bei der Bewältigung sicherheitspolitischer Herausforderungen zurück.

ORIENTIERUNGSWISSEN

**Strategie transnational operierender Terroristen**
M 2, M 3

Transnationaler Terrorismus ist ein relativ neues Phänomen. Gegen andere Formen politischer **Gewaltanwendung** ist er abgrenzbar durch seine Strategie, Ziele mit **Symbolgehalt** und Zivilisten (statt politische Entscheidungsträger oder staatliche Einrichtungen) zu attackieren. Mit dieser **„Kommunikationsstrategie"** möchten die Terrorgruppen die angegriffene Bevölkerung verunsichern und vor allem die gegnerischen Staaten zu überzogenen **Gegenreaktionen** veranlassen, die das terroristische Vorgehen im Nachhinein legitimieren. Terroristen wenden sich also vor allem an „als interessiert unterstellte Dritte" (Herfried Münkler), die zu Sympathisanten oder gar zu Anhängern werden sollen.

**Organisationsstruktur al-Qaidas**
M 6

Neben der islamistischen Ideologie (wie etwa al-Qaidas) sind noch andere leitende Vorstellungen denkbar, z. B. ethno-nationalistische Ausrichtungen. Allerdings sind die radikalislamischen Terrorgruppen zurzeit am prominentesten. Al-Qaida ist dabei heute weniger als eine geschlossene Gruppe zu verstehen, sondern als loses **Netzwerk**.

**Ursachen, Bedingungsfaktoren und Ideologie transnationalen islamistischen Terrorismus**
M 8, M 9, M 10

Die Motive der konkreten Täter sind uneinheitlich und kaum zu ermitteln, es lassen sich aber gesellschaftliche und politische Bedingungen und Ursachen des transnationalen Terrorismus ausmachen: Erstens brauchen terroristische Gruppen, sobald sie einen bestimmten Organisationsgrad erreichen, **fragile Staaten**, in denen sie operieren können. Zweitens findet bei islamistischen Terroristen immer eine strenge **Ideologisierung** im Sinne eines überholten, gewalttätigen und radikalen Verständnisses des Islam statt. Diese **Radikalisierung** wird begünstigt durch verschiedene **Desintegrationserfahrungen** (z. B. mangelnde politische Beteiligungsmöglichkeit in autoritären Staaten oder subtile Ausgrenzungsmechanismen in westlichen Gesellschaften). Immer kommt es aber im Verlauf der Zuwendung zu fundamentalistischem Gedankengut zu einer extremen Verengung des Bekanntenkreises und einer Fixierung auf religiöse Führer. Die Zahl der sogenannten „Gefährder" wird zurzeit in Deutschland auf nicht mehr als 130 Personen geschätzt.

## Ist es richtig, Terroristen mit Drohnen zu töten?

Die USA schalten ihre gefährlichsten Feinde mit Raketenangriffen aus ferngesteuerten Flugkörpern aus – zuletzt den extremistischen Prediger [und amerikanischen Staatsbürger] Anwar al-Awlaki im Jemen. Kann man das billigen? Ja: [...]

Awlaki führte keinen (richtigen) Krieg und wurde auch nicht von einem Militärgericht abgeurteilt. Hier herrscht die Dunkelzone des Nichtkrieges mit militärischen Mitteln (Drohnen) oder des Krieges mit nichtmilitärischen Mitteln (Selbstmordbomben). Dieser Krieg ist nicht erklärt worden (wie alle Kriege seit 1945), und er wird auf der anderen Seite nicht von Staaten geführt (die haftbar sind).

Die Gegner sprechen von „außergerichtlichem Mord“ und fragen wie der republikanische Präsidentschaftskandidat Ron Paul: „Wo soll das hinführen, wenn der Präsident [Obama] Leute umbringen lässt, die er für bad guys hält?“ Eine gute Frage, die sich nicht allein anhand der reinen Moral oder der liberalen Verfassung beantworten lässt.

Das StGB oder der US Penal Code setzen Gerichtsbarkeit voraus: einen Souverän als Ordnungsmacht, eine Polizei, die den Verdächtigen fängt, ein Gericht, das regelgerecht urteilt. Leider gibt es die in Pakistan oder im Jemen nicht; dort kann kein US-Marshall den Missetäter greifen und ihn [...] vors Gericht bringen. Nun sagt die reine Moral: Dann muss man ihn im Namen geheiligter Prinzipien ungeschoren lassen. Hand aufs Herz: Darf ein Präsident einen Mann laufen lassen, der Mord und Totschlag gegen seine Bürger plant oder ausgeführt hat? [...]

Als [das deutsche Passagierflugzeug] Landshut 1977 [von palästinensischen Terroristen] nach Mogadischu entführt wurde, gab auch [der damalige Bundeskanzler] Helmut Schmidt den Schießbefehl. Das war kein Krieg, sondern was? Notwehr? Selbstverteidigung? Nichtkrieg mit militärischen Mitteln? Das klassische Völkerrecht wird mit diesem Phänomen nicht fertig, das Landesrecht schon gar nicht. Aber Politiker müssen handeln, sei's vorbeugend oder im Nachhinein, um ihre Bürger zu schützen. [...]

Den Drohnen-Attacken geht eine längliche Prozedur voraus. Die [Geheim-]Dienste stellen Dossiers zusammen, die Juristen überprüfen sie, die Kongressausschüsse werden informiert. Ein klassisches Gerichtsverfahren ist das gewiss nicht, aber auch diese wären gegen Fehlurteile nicht gefeit.

*Josef Joffe, Die Zeit, 7.10.2011*

**Aufgaben**

1. Geben Sie Joffes Position und Argumentation zu Drohnenangriffen auf international operierende Terroristen wieder.
2. Erklären Sie, warum Drohnenangriffe allein nicht als Erfolg versprechende Strategie gegen internationalen (islamistischen) Terrorismus anzusehen sind.
3. Erörtern Sie Joffes Position.

# Was ist Globalisierung?

**Vorbereitung:**

(a) Jedes Gruppenmitglied bringt drei Gegenstände mit, die es mit dem Begriff „Globalisierung" verbindet.

(b) Erheben Sie in Ihrer Gruppe, aus welchen Ländern Ihre Lieblingskleidung stammt.

**Durchführung:**

Gestalten Sie – am besten mit einer großen Weltkarte als Grundlage – eine Ausstellung zum Begriff „Globalisierung". Ordnen Sie hierzu die von Ihnen mitgebrachten Gegenstände und Informationen in sinnvoller Weise an. Wählen Sie weitere Formen der Visualisierung, um Ihr gemeinsames Begriffsverständnis zum Ausdruck zu bringen. Präsentieren Sie Ihre Ausstellungen in Ihrem Kurs.

**Auswertung:**

Vergleichen Sie Ihre Ausstellungen und arbeiten Sie Ihr gemeinsames Verständnis von Globalsierung heraus. Sammeln Sie weiterführende Fragen, die sich aus Ihren Ausstellungen ergeben.

# Deutschland in der globalisierten Wirtschaft

# 4

Wir kaufen Waren, deren Einzelteile in vielen verschiedenen Ländern gefertigt wurden, fliegen für einen Kurztrip nach London, erfahren zeitnah, was in allen Winkeln der Welt geschieht. Dies alles hat mit „der“ Globalisierung zu tun. Doch was genau ist gemeint, wenn wir von Globalisierung sprechen?
Kap. 4.1 führt zunächst den Begriff der Globalisierung ein, der hier vor allem in seiner ökonomischen Dimension vorgestellt wird, und zeigt verschiedene Indikatoren und Ursachen dieses globalen wirtschaftlichen Strukturwandels auf. In diesem Zusammenhang reflektieren Sie auch, wie Ihr eigener Konsum im Kontext der Globalisierung die Lebensbedingungen an anderen Orten der Erde mit beeinflusst.
Kapitel 4.2 nimmt aus betriebs- wie volkswirtschaftlicher Perspektive die Qualität des vornehmlich von mittelständischen Firmen geprägten Wirtschaftsstandorts Deutschland in den Blick. Sie erhalten – ausgehend von einem Beispiel – die Möglichkeit, Faktoren für die Standortwahl bzw. deren branchenspezifische Gewichtung herauszuarbeiten. Theoretisch fundiert werden die Erkenntnisse an zwei ökonomischen Theorien der zweiten Hälfte des 20. Jahrhunderts: dem Produktlebenszyklus und dem Wettbewerbsmodell nach Porter. Zuletzt können Sie nicht nur die langfristige Arbeitsmarktbilanz für die Bundesrepublik und die Auswirkungen für Konsumenten der weltwirtschaftlichen Verflechtungen resümieren, sondern Sie haben auch Gelegenheit, zu einer marxistischen Kritik an dem System internationalen Wettbewerbs ganz grundsätzlich Stellung zu nehmen.

**Aufgaben**

Gestalten Sie in Kleingruppen eine kleine Ausstellung zum Begriff „Globalisierung“.

## KOMPETENZEN

Am Ende dieses Kapitels sollten Sie Folgendes wissen und können:

... das Phänomen der Globalisierung in seinen unterschiedlichen Dimensionen anhand von Indikatoren sowie seine Antriebskräfte analysieren.

... soziale und ökologische Implikationen der Globalisierung bewerten und im eigenen Handeln (Konsumverhalten) berücksichtigen.

... die Position des Standorts Deutschlands im internationalen Wettbewerb darstellen.

... internationale Arbeitsteilung theoretisch erklären.

... die Globalisierung der kapitalistischen Wirtschaft unter Berücksichtigung verschiedener Perspektiven beurteilen.

# 4.1 Die „Welt ist flach" oder: Was ist Globalisierung?

## 4.1.1 Das „globale Dorf": das Phänomen Globalisierung

### M 1 ● iPhone 5: Wo kommt was her?

Mit dem iPhone hat Apple von Kalifornien aus die Smartphone-Welt erobert. Vom Konzern selbst stammen nur das Design und ein paar Bauteile.

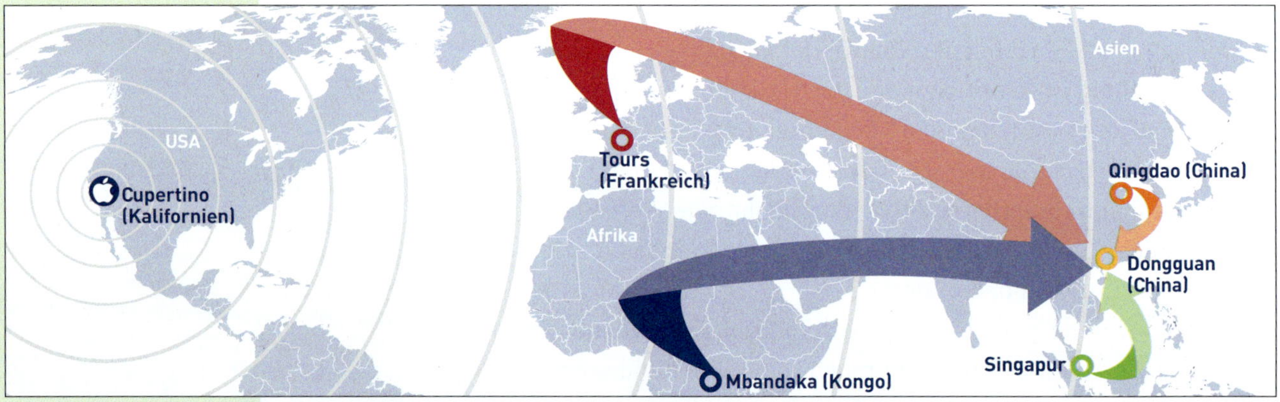


**Design:** Auch wenn das iPhone natürlich ein Produkt von Apple ist, wirklich produziert wird es in der Firmenzentrale im kalifornischen Ort Cupertino bei San Francisco nicht. Dort sitzen immerhin die Designer, die entwerfen und entscheiden, wie das neue Super-Handy aussehen soll und was es einmal können wird. „Made in USA" steht deshalb nicht mehr auf dem Handy, dafür aber wenigstens „Designed by Apple in California".

**Rohstoffe:** Im Grunde besteht auch ein iPhone nur aus einem Haufen unterschiedlichster Rohstoffe. Einer der besonders wichtigen Rohstoffe ist Tantal. Dieses chemische Element wird beispielsweise in Erzminen in Mdanka, Demokratischen Republik Kongo, gewonnen. Von dort wird es zur Weiterverarbeitung unter anderem in die Elektronikfabriken nach Asien transportiert.

**Prozessor:** Der A6-Chip, der das iPhone antreibt, ist von den Apple-Entwicklern entworfen worden. Produziert wird er im Falle des iPhone 5 zum Beispiel in Singapur.

**Sensoren:** Wo Norden und Süden ist und ob der Besitzer sein iPhone z. B. beim Spielen nach rechts, oder hinten neigt, das verraten dem Telefon seine Bewegungssensoren, die in Tours (Frankreich) produziert werden. Von dort geht es per Flugzeug zur Montage in die Fabriken nach Asien.

**Kamera:** Die Linse und die Elektronik des Kameramoduls liefert das Unternehmen Largan Precision aus der ostchinesischen Stadt Quingdao.

**Montage:** Aus allen Bauteilen viele Millionen iPhones zu produzieren, das ist der Job von zigtausend Beschäftigten der chinesischen Unternehmen Foxconn und Pegatron. Die stecken, kleben und schrauben in den Werken bei der Stadt Dongguan zusammen, was die Zulieferer aus aller Welt vormontiert haben.

*Nach: WirtschaftsSchule, Wirtschaftswoche 19.11.2012, S. 12 f.*

## M 2 ● Globale Verflechtungen im Alltag

„…Ich checke mit meinem Smartphone mal eben meine persönlichen Nachrichten. Vielleicht hat mein Vater, der für sechs Monate in China arbeitet, meinen jüngsten Blog kommentiert. Ich habe einen Tipp erbeten, welches Tablet PC momentan das beste Preis-Leistungs-Verhältnis hat.

In der Zwischenzeit könnte ich für meine Hausarbeit recherchieren, was Wikipedia zum Thema Patentschutz anbietet. Im Quellenverzeichnis gibt es einen interessanten Link zu einer wissenschaftlichen Studie des Massachusettes Institute of Technology OpenCourseWare. Es steht sogar unter einer Creative Commons Lizenz zur freien Verfügung. YouTube bietet neben Interviews einige Mitschnitte zu aktuellen Vorlesungen im Bereich Intellectual Property Rights (IPRs). Das leite ich gleich mal über Twitter und meinen Blog an meine Community weiter…“

*Nach: Die digitale Gesellschaft, Neue Wege zu mehr Transparenz, Deutsche Bank Research, 1.6.2011, S. 6*

**Erklärfilm zu Globalisierung**

Mediencode: 73005-05

## M 3 ● Globalisierung oder: Die Vernetzung der Welt

**Das „globale Dorf“ – die kulturelle Globalisierung**
- weltumspannende Kommunikation ermöglicht
- die globale Wirkungsmacht von Marken und Kulturgegenständen

→ Entsteht eine globale Einheitskultur? oder …

**Die Weltgesellschaft – die gesellschaftliche Globalisierung**
- Tourismus und Migration intensivieren transnationale Austauschbeziehungen
- Umweltgefahren machen vor territorialen Grenzen nicht Halt

→ Verhalten wir uns über die Grenzen solidarisch? oder …

**Globale Wirtschaft – die ökonomische Globalisierung**

Es ensteht eine globale Wirtschaft auf der Basis
- globaler Produktionsketten und -netzwerke
- globaler Güter-, Arbeits- und Finanzmärkte

→ Gelingt in einer globalen Wirschaft eine Wohlfahrtssteigerung und ihre gerechte Verteilung? oder …

**Weltregelwerk und Weltinnenpolitik – die politische Globalisierung**
- internationale Märkte verlangen nach internationalen, durchsetzungsfähigen Rechtsnormen und somit
- internationalen Institutionen

→ Gestalten die Nationalstaaten angesichts dieser Herausforderungen eine gemeinsame Weltinnenpolitik? oder …

### Aufgaben

1. Erläutern Sie anhand der Beispiele (M 1, M 2) die Dimensionen der Globalisierung (M 3).
2. a) Arbeiten Sie eine allgemeine Definition des Begriffes „Globalisierung“ heraus.

   b) Erklären Sie in diesem Zusammenhang auch (hypothesenartig) problematische Folgen der Globalisierung.

**H** zu Aufgabe 2b)
Formulieren Sie hierfür (negative) Gegenthesen zu den in M 3 aufgeworfenen Fragen.

## 4.1.2 Wie zeigt sich Globalisierung? Phänomene und Indikatoren globaler Verflechtungen

**Außenhandelsquote**

Die Außenhandelsquote ist der prozentuale Anteil der Summe von Im- und Exporten am Bruttoinlandsprodukt eines Staates oder einer Staatengruppe. Die Außenhandelsquote dient als Indikator für die Weltmarkteinbindung einer Volkswirtschaft. Bei Berücksichtigung des Bevölkerungswachstums relativiert sich die absolute Zunahme des grenzüberschreitenden Warenhandels, da sich die Weltbevölkerung seit 1948 etwa verzweieinhalbfacht hat. Allerdings hat sich der Weltwarenexport pro Kopf zwischen 1948 und 2005 mehr als versechzigfacht. Das weltweite Wachstum der Außenhandelsquoten ist statistisch vor allem auf den Bedeutungsgewinn intrasektoralen gegenüber intersektoralen Handels zurückzuführen.
*Autorentext*

### M 4 ● Welthandel und Weltwirtschaftsleistung im Vergleich

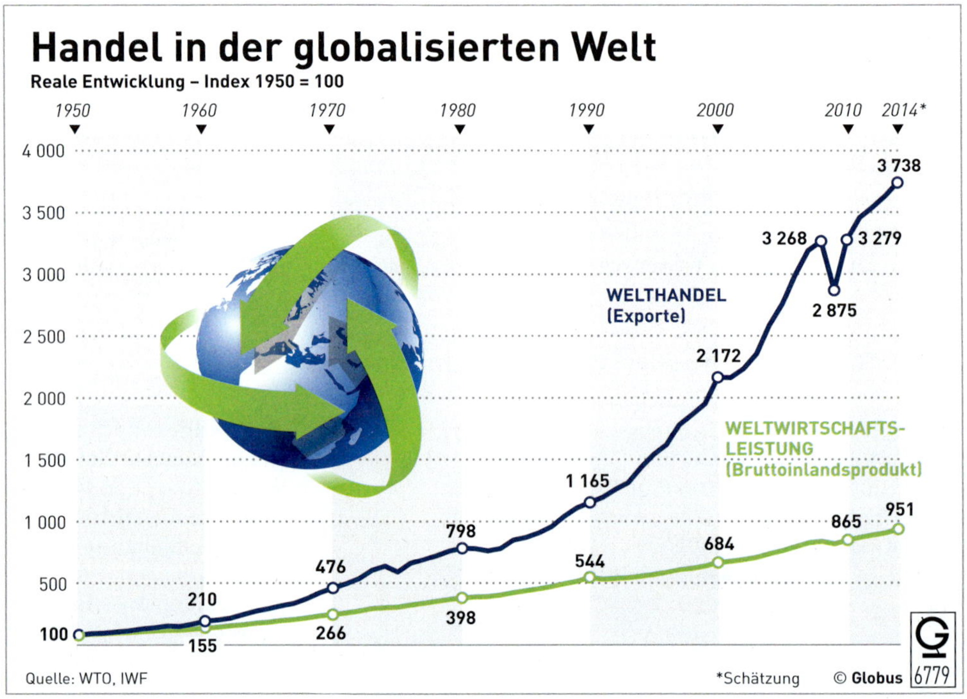


### M 5 ● Globale Handelsströme

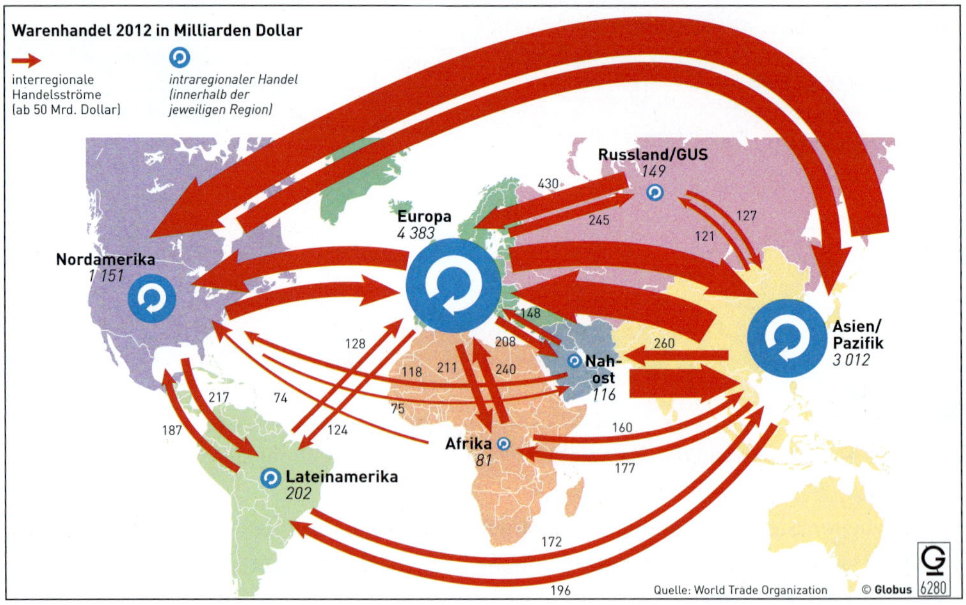

## M 6 ● Ausländische Direktinvestitionen

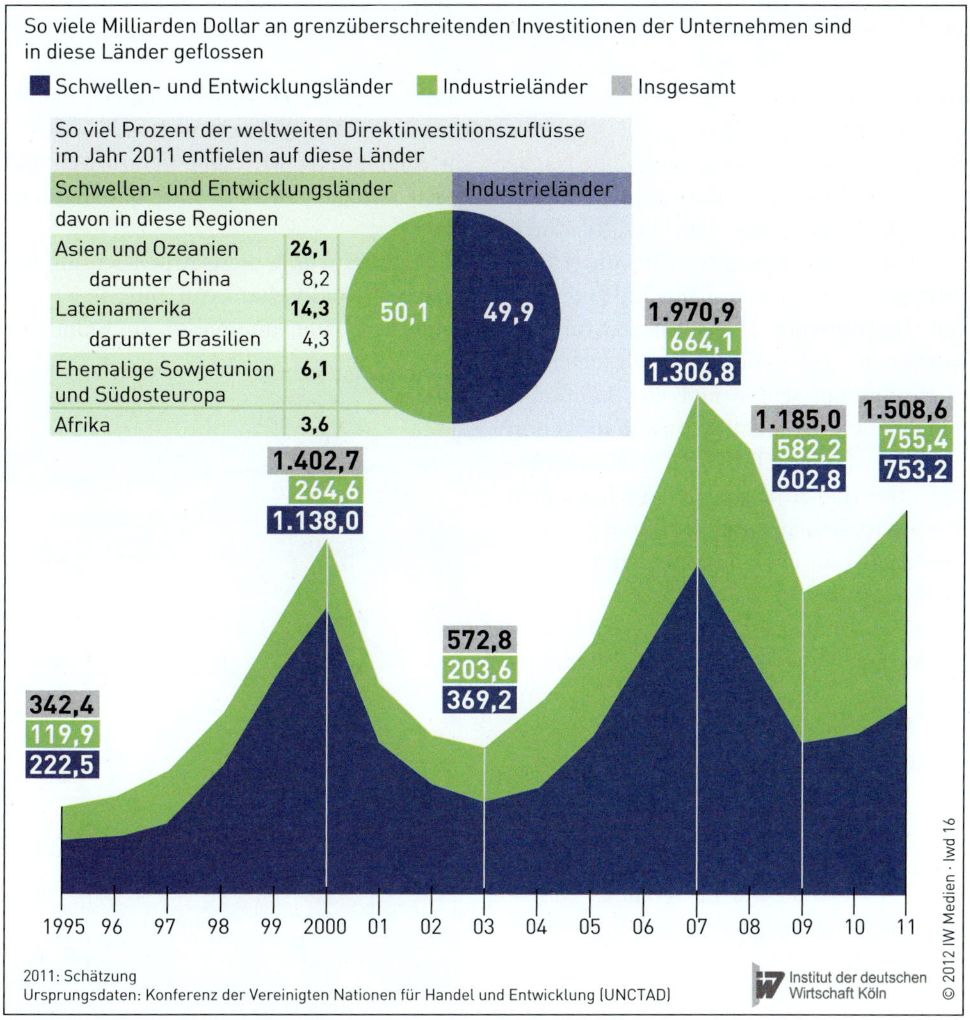


### Ausländische Direktinvestitionen

sind Kapitalexporte von Wirtschaftssubjekten (vorrangig Unternehmen), die etwa dem Aufbau von Tochterunternehmen an einem ausländischen Standort oder der Beteiligung an einem ausländischen Unternehmen dienen. Direktinvestitionen sind demnach von Investitionen an ausländischen Kapitalmärkten abzugrenzen.

## Aufgaben

1. Analysieren Sie (arbeitsteilig) die Indikatoren und Phänomene der ökonomischen Globalisierung (M 4–M 6).
2. Analysieren Sie die Handelsbeziehungen innerhalb der „Triade" Europa – Nordamerika – Asien/Pazifik (M 5) hinsichtlich möglicher ökonomischer und gesellschaftlicher Folgen ungleicher Austauschverhältnisse.
3. Der Begriff der Globalisierung ist „ebenso umstritten, wie er häufig gebraucht wird: Stellt er für die einen den Schlüsselbegriff zur Analyse der gegenwärtigen sozialen und politischen Situation dar, so erscheint er anderen weitgehend [als] ein Mythos; und wieder andere fragen nach der Berechtigung des Begriffes ‚Globalisierung' angesichts von global höchst unterschiedlich ablaufenden Entwicklungen und Veränderungen." (Andreas Busch, Politikwissenschaftler) Überprüfen Sie die Aussagekraft des Begriffes „Globalisierung" vor dem Hintergrund dieses Zitates (M 4–M 6).

H zu Aufgabe 2
Differenzieren Sie dabei die Folgen für Produzenten, Konsumenten sowie Staaten unterschiedlichen Entwicklungsstandes.

## 4.1.3 Warum hat sich die Welt „globalisiert"?

### M 7 Historische Perspektive: Phasen der Globalisierung

**Die erste Globalisierungsphase (1840 – 1914)**

Die [im 19. Jahrhundert] wachsende Nachfrage nach Produkten und steigende Löhne schufen Anreize, die Arbeitskräfte durch den Einsatz mechanischer Hilfsmittel produktiver zu machen. [...] Das Ergebnis waren wegweisende Erfindungen für die industrielle Revolution, wie die mechanisierte Spinnmaschine und die Dampfmaschine mit ihren mobilen Anwendungen in Form des Dampfschiffs und der Dampflokomotive. [...] [D]iese neuen Technologien [verbreiteten sich] rasch in Europa, in den nordamerikanischen Kolonien und später über die ganze Welt. [...]

Die neuen Transportmittel [...] erlaubten es, riesige Landflächen vor allem in Nordamerika, Argentinien oder Russland [...] wirtschaftlich zu erschließen. Mit der Vollendung der First Transcontinental Railroad von New York nach San Francisco 1869 und der Öffnung des Suezkanals im gleichen Jahr wurde es tatsächlich möglich, in 80 Tagen einmal um die Welt zu reisen, [...]. Auch die Transportkosten [...] sanken dramatisch.

Damit bekam der Fernhandel im letzten Drittel des 19. Jahrhunderts eine grundlegend neue Bedeutung: Während bisher eher Güter des Luxusbedarfs über weite Strecken transportiert wurden, [...] begann man nun, Güter des täglichen Bedarfs wie Getreide um die Welt zu transportieren. Der Außenhandel von Ländern hatte damit erstmals direkte Auswirkungen auf die Lebensverhältnisse der einfachen Leute. [...]

Das [damit einsetzende] Zeitalter der „Ersten Globalisierung" blieb noch stark vom Austausch zwischen Europa, Nord- und Südamerika und den europäischen Kolonien geprägt. [...] Charakteristisch für die „Erste Globalisierung" ist es, dass der Ort der Produktion und der Ort des Verbrauchs für eine immer größere Zahl von Waren weit voneinander entfernt lagen. Baumwolle aus den Südstaaten der USA wurde in England zu Kleidung verarbeitet und nach Europa und Indien weiterexportiert. [...]

Unterstützt wurde diese Arbeitsteilung der ersten Weltwirtschaft von intensiven Bemühungen um internationale Standards

und Regeln. [So] verbreitete sich seit etwa 1870 der Goldstandard als Währungssystem, bei dem nationale Währungen über eine fixe Goldparität miteinander verknüpft und leicht handelbar wurden. In der Meterkonvention 1875 einigten sich [...] 17 Staaten auf den Standardmeter und das Standardkilogramm als Maßeinheiten. [...] Europa – und hier besonders [...] Frankreich, Großbritannien und Deutschland – dominierte diese „Erste Globalisierung". [...]

**Fixe Goldparität**

Festgelegte Menge an Gold, die man für eine Währungseinheit bekommt

**„Globalisierung 1913":**

Anteil Europas
- an der Weltbevölkerung = 30 Prozent
- an der Weltwirtschaftsleistung = 45 Prozent

Der Erste Weltkrieg markiert [jedoch] das Ende der europäischen Dominanz, sowohl im politischen als auch im wirtschaftlichen Bereich [und läutete eine Phase der „**De-globalisierung**“ ein]. [...]

**Die Phase des Wiederaufbaus (1945 – 1989/1990)**

Nach dem Zweiten Weltkrieg hatte sich der Schwerpunkt politischer wie wirtschaftlicher Macht endgültig weg von Europa und hin zu den USA verschoben, denen aller-

dings mit der [...] Sowjetunion und China [...] nun ein starker Gegenpol erwachsen war. [...]

[Infolgedessen] zeichnete sich nach dem Krieg ab, dass eine wirtschaftliche Re-Integration nicht global, sondern nur getrennt im Westen unter Führung der USA und im Osten unter Führung der Sowjetunion erfolgen konnte. Statt einer ursprünglich geplanten Internationalen Handelsorganisation entstanden im Westen das General Agreement of Tariffs and Trade (GATT) sowie [...] die Organisation für wirtschaftliche Zusammenarbeit und Entwicklung (OECD), die auf den Abbau von Handelsbarrieren und vertiefte Kooperation hinarbeiteten. Im Osten wurde 1949 als Gegenentwurf dazu der Rat für gegenseitige Wirtschaftshilfe (RGW COMECON) begründet. Im Westen entstand das „System von Bretton Woods“, das mit der Schaffung des Internationalen Währungsfonds und der Weltbank den Versuch darstellte, über eine Bindung des US-Dollars an Gold den internationalen Goldstandard in angepasster Form wiederzubeleben. Im Osten dagegen entstand ein System von Planwirtschaften mit Verrechnungswährungen.

Auf Grundlage dieser neuen institutionellen Ordnung konnten in vielen Teilen der Welt umfangreiche Infrastrukturprojekte realisiert werden. [...] Das „Golden Age of Growth“ seit 1950, [...] brachte in Ost und West gleichermaßen reale Wachstumsraten von vier bis fünf Prozent pro Jahr bis in die 1970er Jahre hinein.

Die Industrialisierung begann in dieser Zeit auch die ehemaligen europäischen Kolonien zu erreichen [...]. Neben Japan, Australien und Neuseeland entwickelten sich Südkorea, Taiwan und Hongkong, Singapur und Malaysia zu industrialisierten Staaten [...]. Im Nahen Osten und in Teilen Afrikas, aber auch in Argentinien, Chile oder Venezuela setzte eine wirtschaftliche Dynamik ein, die im Wesentlichen durch den Export von Rohstoffen in die Industriestaaten getragen wurde. [...]

**Die zweite Globalisierungsphase (seit 1990)**

Seit Anfang der 1970er Jahre zeichnete sich eine Veränderung der Nachkriegsordnung ab [...]. Im Westen löste sich das System von Bretton Woods auf, wobei die Bindung des US-Dollars an den Goldwert und die Fixierung europäischer und US-amerikanischer Währungen aufgehoben wurden. In Westeuropa wurden ausgehend von Frankreich und Westdeutschland Bestrebungen zu einer wirtschaftlichen Integration intensiviert [...]. Im Einflussbereich der Sowjetunion dagegen mehrten sich Anzeichen einer wirtschaftlichen und politischen Krise. [...] Die Modelle einer Planwirtschaft schienen seit 1970 der zunehmenden Komplexität und der Innovationsfähigkeit der westlichen Marktwirtschaften nicht mehr gewachsen zu sein. In China begann man daher mit wirtschaftlichen Reformen und einer schrittweisen Annäherung an den Westen. [...]

Der Beginn der „Zweiten Globalisierung", von der die Weltwirtschaft bis heute geprägt ist, liegt etwa Mitte der 1980er Jahre. Wie auch bei der „Ersten" spielten dabei technologische Entwicklungen [...] eine tragende Rolle [...].

Als ab 1989 die Sowjetunion zerfiel, setzten sich kommerzielle Anwendungen für Computer, durch Satelliten unterstützte Funktelefone und standardisierte Container international durch. Die „Containerrevolution", bei der standardisierte Container eine Verladung zwischen Bahn, Schiff und Lastwagen enorm vereinfachten, führte zu dramatisch sinkenden Transportkosten, die sich direkt mit den Effekten des Dampfschiffs und der Eisenbahn vergleichen lassen. Anders als Zölle, die meist als Anteil am Warenwert erhoben werden, wirken sinkende Transportkosten sich gleichermaßen auf alle Güter unabhängig von ihrem Wert aus. Auf diese Weise wird der Transport von Rohstoffen oder industriellen Vorprodukten, die einen geringen Wert pro Gewichtseinheit haben, besonders stark begünstigt.

Durch Computer und neue Kommunikationstechnologien wurde es möglich, den industriellen Fertigungsprozess so weit zu standardisieren, dass die Industrie selbst globalisiert werden konnte. Unternehmen begannen [...] Teile von Produktion und Dienstleistungen an die jeweils kostengünstigsten Standorte zu verlagern. An den alten Industriestandorten verblieben dabei oft nur die nicht-standardisierbaren Bereiche wie Forschung und Entwicklung, Design und Marketing und sehr wissenschaftsnahe, komplexe Produktionsschritte. [...]

Der Kern der „Zweiten Globalisierung", die Fragmentierung der Wertschöpfungsketten, steht im Gegensatz zur Spezialisierung der „Ersten Globalisierung". [...] [V]iele Unternehmen haben damit einen qualitativ neuen Charakter bekommen. [Sie] haben [...] sich von ihren Ursprungsländern gelöst und sind zu globalen Akteuren geworden, die sich durch ihre Mobilität nur noch schwer durch politische Institutionen kontrollieren lassen. Die Veränderung der Informations- und Kommunikationstechnologie hat außerdem zu einer enormen Aufwertung von Banken und Finanzmärkten geführt, welche die globale Fragmentierung der Produktion finanzieren und länderspezifische Risiken absichern.

*Nikolaus Wolf, Kurze Geschichte der Weltwirtschaft, Aus Politik und Zeitgeschichte B 1-3/2014, S. 11 ff.*

*Nikolaus Wolf ist Professor für Volkswirtschaftslehre (Schwerpunkt Wirtschaftsgeschichte) an der Humboldt-Universität Berlin.*

Ⓜ zu Aufgabe 1
Visualisieren Sie die Entwicklungen innerhalb der einzelnen Dimensionen sowie ihre Wechselbeziehungen in Form eines Flussdiagramms.

## Aufgaben

1. Gliedern Sie die (historischen) Globalisierungsprozesse anhand ihrer ökonomischen, politischen, gesellschaftlich-kulturellen und technologischen Dimension.

## Außenhandelstheorien – Globalisierung mit ökonomischen Theorien erklären

**[Adam] Smith** [1723 – 1790] hatte darauf hingewiesen, dass Großbritannien und Portugal aufgrund der bestehenden klimatischen Unterschiede vom Handel miteinander profitieren würden. Ein Arbeiter in Portugal konnte z. B. mehr Wein produzieren als ein Arbeiter in Großbritannien, der seinerseits mehr Wolle produzieren konnte als der in Portugal. Wenn ein Marktttteilnehmer in der Lage ist, pro Ressourceneinheit mehr zu produzieren als ein Mitbewerber, spricht man von einem **»absoluten Kostenvorteil«**. Laut Smith würden sowohl Großbritannien als auch Portugal am meisten profitieren, wenn sie sich auf das spezialisierten, was sie am besten konnten, und mit dem Überschuss Handel trieben.

**[David] Ricardo** [1772 – 1823] untersuchte darüber hinaus, ob Länder [auch dann] von Spezialisierung und Handel profitierten, wenn eine Seite, absolut betrachtet, bei beiden Gütern im Vorteil war. Lohnte sich der Handel auch, wenn ein Land sowohl mehr Wein als auch mehr Wolle pro Arbeiter produzieren konnte?

Anders betrachtet: Sollte eine Person, die sowohl Hüte als auch Schuhe [effizienter] fertigt als eine andere, ihre Zeit zwischen beiden Aufgaben aufteilen, oder sollte sie sich auf die eine Aufgabe konzentrieren und dann mit einem weniger geschickten Arbeiter Handel treiben, der das andere Produkt herstellt?

Gesetzt dem Fall, der überlegene Arbeiter ist 20 Prozent besser bei Hüten und 50 Prozent besser bei Schuhen – dann ist es im beiderseitigen Interesse, wenn er ausschließlich Schuhe herstellt und der schlechtere Arbeiter Hüte produziert.

Diese Logik hängt mit den relativen Herstellungskosten zusammen – in diesem Fall mit der Produktionszeit, die gewonnen oder verloren wird. Weil der bessere Arbeiter Schuhe am besten fertigt, sind die Kosten, wenn er Hüte macht, hoch – er müsste dafür die wertvolle Schuhproduktion hintanstellen. Obwohl der unterlegene Arbeiter also absolut gesehen bei Schuhen und Hüten schlechter ist, sind die relativen Kosten niedriger als beim überlegenen Arbeiter, wenn er Hüte herstellt, weil bei ihm sozusagen die Einbuße an Schuhen pro Hut geringer ist. Man sagt daher, der schlechtere Arbeiter habe einen **»komparativen Kostenvorteil«** bei Hüten.

Wenn alle Länder sich auf Güter spezialisieren, bei denen sie einen komparativen Kostenvorteil haben, werden insgesamt mehr Güter produziert und der Handel liefert mehr und billigere Waren für beide Nationen.

Der komparative Kostenvorteil erklärt somit ein Paradoxon, auf das schon Adam Smith hinwies – dass Länder, die in der Warenproduktion schlechter sind als andere, trotzdem mit Gewinn exportieren können.

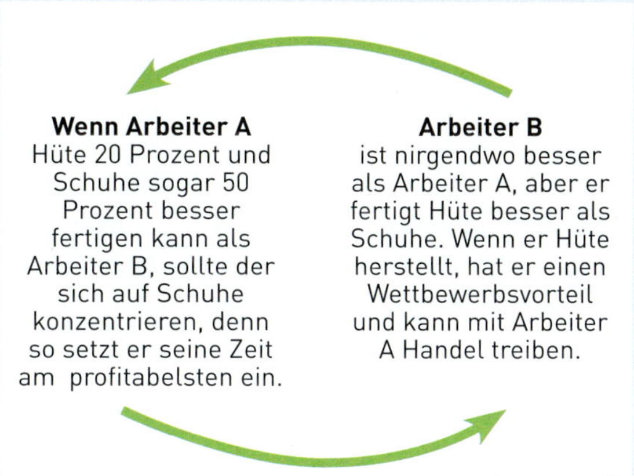


*Autorengrafik*

*Niall Kishtainy u.a., Das Wirtschaftsbuch. Wichtige Theorien einfach erklärt, London 2013, S. 83 f. (Übersetzung: Ute Mareik)*

### Aufgaben

1. Eine Rechtsanwältin ist zugleich die beste Anwältin und die beste Schreibmaschinenschreiberin des Landes. Wird sie sich auf ihre Anwaltspraxis spezialisieren und das Maschineschreiben ihrer Sekretärin überlassen oder macht sie beides allein? (nach: Paul A. Samuelson) Erläutern Sie anhand dieses alltäglichen Problems die Grundannahmen und Erkenntnisse der Theorie des absoluten bzw. des komparativen Kostenvorteils.
2. Erklären Sie die Produktionskette des „Teamgeist"-Fußballs (M 1).
3. Erläutern Sie mithilfe der Theorie der absoluten und komparativen Kostenvorteile, unter welchen Bedingungen sich die Verlagerung von (einzelnen) Produktionsschritten ins Ausland lohnt.

## 4.1.4 Unser Konsum – mit weltweiten Auswirkungen

### M 8 Globale Fußballproduktion: Das vielschichtige Foul

Blicken wir hinter die farbenfrohe, mitreißende Fassade von Fußballgroßereignissen wie Weltmeisterschaften und das glänzende runde Leder, das im Mittelpunkt eines jeden Spiels steht, [...] sind wir in der bitteren Realität globaler Produktionsketten und Gewinnmaximierung angekommen. In dieser ist vor allem eine Gruppe kein Gewinner: die Menschen, die unsere Fußbälle herstellen.
Die entwicklungspolitische Organisation Südwind recherchierte die Arbeitsbedingungen im Frühjahr 2010 in den indischen Städten Meerut und Jalandhar. Dabei zeigte sich folgendes Bild: Die Näherinnen, die in Heimarbeit die Fußbälle nähen, bekommen 4 - 6 Rupien (umgerechnet 8 Cent) pro Ball. Damit bekommen sie nur rund 1 % des Endverkaufspreises eines Balles. Das Nähen eines Fußballs nimmt etwa zwei Stunden Arbeit in Anspruch. Zum Vergleich: Ein Kilo Reis kostete Anfang des Jahres etwa 8 Rupien, d.h. die Näherinnen müssen fast zwei Fußbälle nähen, um ein Kilo Reis kaufen zu können.
[...] In drei Ländern – Pakistan, Indien und China – werden über 90 % der weltweit verkauften Fußbälle produziert. Während in Pakistan und Indien überwiegend handgenähte Bälle für Wettkampf- aber auch Werbezwecke hergestellt werden, konzentriert sich die Fußballindustrie in China auf Fußbälle, die geklebt werden. Im Unterschied zur „sauberen" Produktion im Klebeverfahren, welche in abgeschlossenen Fabriken erfolgt, ist die Herstellung handgenähter Fußbälle auf mehrere Produktionsorte und in verschiedene Produktionsschritte aufgeteilt: In Fabriken werden die Bauteile der Fußbälle, die sechseckigen Lederpaneele, geschnitten, die Schriftzüge mit Lack aufgebracht und die Löcher gestanzt. Die Einzelteile werden als Nähsets (mit Nadel und Faden) von Mitarbeitern oder Agenten der Fabrik an die Näherinnen verteilt, die in Heimarbeit oder in Nähzentren die Fußbälle mit der Hand nähen. Der Arbeitsschritt ist vollständig aus den Fabriken ausgelagert und wird auf Basis eines Stückslohns für den fertigen Fußball bezahlt. [...]
Steigt im Vorfeld von Großereignissen wie der Weltmeisterschaft oder zum Sommerbeginn in Europa die Nachfrage nach Fußbällen an, werden mehr Näherinnen beschäftigt – sinkt die Nachfrage, werden diese nicht mehr mit Nähsets beliefert.

*Ines Zanella, Fußballproduktion das vielschichtige Foul, in: Die Zukunft. at, Diskussionszeitschrift für Politik, Gesellschaft und Kultur, 06/2010*

### M 9 Teller oder Tank? Wie unsere Mobilität Lebensbedingungen weltweit beeinflusst

Biosprit wird in vielen Ländern per Dekret verordnet und soll dem Klimaschutz dienen. Die Folgen in den Erzeugerländern sind dramatisch. [...] Doch ihre Erzeugung hat einen hohen Preis, denn oft steht der Anbau von Energiepflanzen in Konkurrenz zu Nahrungspflanzen. In manchen Weltgegenden ist der Preis sogar unerträglich hoch, denn dort [...] gehen nicht nur unersetzliche Naturflächen und mit ihnen die Biodiversität verloren, sondern es werden Menschen von ihrem Land vertrieben [...]. All das dürfte künftig stark zunehmen, ebenso der Konflikt zwischen Tank und Teller. Denn die Nachfrage nach Energiepflanzen wird immer stärker wachsen, weil immer mehr Großabnehmer in Erscheinung treten. [...]
In den USA landet nach Angaben des Landwirtschaftsministeriums bereits heute

ein Viertel der Getreideernte in Form von Bioethanol in den Autotanks. [...] „Die 2009 für Biosprit genutzte Getreidemenge hätte gereicht, um 330 Millionen Menschen ein Jahr lang zu ernähren“, klagt Lester Brown, Direktor des Earth Policy Institute in Washington D.C. In Europa steht [wegen der Ausweitung von Biokraftstoffen, vgl. Randspalte] eine ähnliche Entwicklung bevor. [...]

Die Industrieländer müssen einen Großteil des Biosprits importieren. Die EU etwa bezieht ihn aus Asien, Afrika und Lateinamerika. Aber auch dort sind brauchbare Anbauflächen knapp. Um Raum für neue Plantagen zu schaffen, werden Regenwälder brandgerodet – auch wenn sie geschützt sind. Denn die Regierungen verdienen an den riesigen Konzessionen, die sie vergeben. Und drücken beide Augen zu, selbst wenn geschützte Wälder für Plantagen geopfert werden. Eine Studie des Umweltverbands WWF gibt einen Eindruck von den Flächen, um die es geht: Würde nur ein Prozent des europäischen Kraftstoffbedarfs aus Palmöl gedeckt, müsste dafür eine Million Hektar Regenwald fallen. [...]

Den Preis für diese Produktionsweise zahlt die lokale Bevölkerung. [...] Im Norden Sierra Leones etwa plant die Schweizer Firma Addax Bioenergy ein Ethanolprojekt. [...] Als Folge [des langjährigen Bürgerkrieges] leidet nach Angaben des Welternährungsprogramms (WFP) der UN noch immer über die Hälfte der Einwohner an Hunger und Unterernährung, die Lebenserwartung liegt bei 34 Jahren. Fast 500.000 Menschen sind auf die Lebensmittellieferungen des WFP angewiesen. Das Addax-Projekt dürfte diese Situation weiter verschärfen. Die Firma will für ihre Zuckerrohr- und Maniokplantagen 20.000 Hektar Land für 50 Jahre pachten und eine Ethanolfabrik bauen. Doch Maniok ist in Afrika ein Grundnahrungsmittel der Menschen, es droht also ein Konflikt zwischen Tank und Teller. Den auf dem Land lebenden Kleinbauern wurden sechs US-Dollar pro Hektar und Jahr als Entschädigung versprochen. Weil große Erntemaschinen eingesetzt werden sollen, entstehen auch kaum Arbeitsplätze. Mit der Jahresproduktion von 90 Millionen Litern Ethanol wollen die Schweizer den europäischen Markt beliefern. Laut „Rettet den Regenwald“ will sich die Deutsche Investitions- und Entwicklungsgesellschaft aus Köln an der Finanzierung des 240 Millionen Euro teuren Projekts beteiligen.

*Michael Odenwald, Böser Biosprit, in: Focus Online, 12.3.2010*

### Das E10-Projekt

Die EU und ihre Mitgliedstaaten haben sich auf das gemeinsame Ziel verständigt, die $CO_2$-Emissionen in Europa drastisch zu senken, um die globale Erwärmung zu begrenzen (siehe auch Kap. 3.2).
Insbesondere im Verkehrssektor soll diese Emissionsreduzierung durch die Ersetzung fossiler durch nachwachsende Brennstoffe auf pflanzlicher Basis erreicht werden. Hierfür wird seit 2011 in Deutschland Ottokraftstoff mit einem 10-prozentigen Anteil von pflanzlich gewonnenem Bioethanol (E10) eingeführt und soll von möglichst vielen PKW (etwa 90 Prozent aller PKW sind dazu technisch in der Lage) getankt werden.

## Aufgaben

1. Arbeiten Sie am Beispiel des Kaufs von Fußbällen (M 1/M 8) bzw. der alltäglichen Mobilität (M 9) Zusammenhänge zwischen unserem Konsumverhalten und den Lebensbedingungen in anderen Teilen der Erde heraus.
2. a) Erläutern Sie erforderliche Veränderungen
   - in der politischen Regulierung im Bereich globaler Arbeits- und Produktionsbedingungen verschiedener Produkte sowie des Klimaschutzes und der Mobilität,
   - im individuellen Konsum- und Mobilitätsverhalten.

   b) Diskutieren Sie die Umsetzbarkeit dieser Veränderungen.

**Globalisierung – Begriffliche Annäherung**
M 3

Die langfristigen Veränderungen innerhalb eines Wirtschaftssystems werden als **Strukturwandel** bezeichnet. Die Weltwirtschaft befindet sich in den letzten Jahren in einem beschleunigten Strukturwandel, der heute mit dem Begriff der **Globalisierung** zusammengefasst wird. Globalisierung hat zahlreiche Facetten – wirtschaftliche, politische, gesellschaftlich-soziale und kulturell-mediale. Im ökonomischen Bereich führt die Globalisierung zu einer immer engeren **Verflechtung der Volkswirtschaften**, die sich einerseits in global diversifizierten Produktions- bzw. Wertschöpfungsketten und andererseits in der Entstehung globaler Märkte für Waren, Dienstleistungen, Kapital und Arbeit äußert.

Umstritten ist, inwieweit der Begriff der Globalisierung den realwirtschaftlichen Entwicklungen Rechnung trägt, findet doch der weit überwiegende Teil des weltweiten Handels zwischen den Volkswirtschaften der Triade USA – Europa – Ostasien (Triadisierung) statt.

**Antriebskräfte der Globalisierung**
M 4 – M 7

Globalisierung hat zahlreiche Ursachen, die teilweise in einer engen Wechselwirkung zueinander stehen. Die entscheidende Triebkraft der Globalisierung ist der **internationale Handel**. Der Grad der (ökonomischen) Globalisierung nimmt zu, wenn der Anteil der Exporte an der Weltproduktion zunimmt. Heute schätzt man diesen Wert auf ca. 30 %. Die klassischen Außenhandelstheorien Adam Smiths und David Ricardos verdeutlichen modellhaft, dass internationaler Handel ein **Wohlstandsmotor** für alle Beteiligten sein kann.

Voraussetzungen für die Zunahme des internationalen Handels waren zunächst **technologische Entwicklungen**. Daneben haben gesunkene Kommunikations- und Transportkosten es ermöglicht, Produktionsprozesse global zu organisieren.

Globale Unternehmen vernetzen die **unterschiedlichen Produktionsstandorte**. So hat sich der Bestand an **ausländischen Direktinvestitionen** (Kapitalanlagen eines Unternehmens im Ausland zur Gründung von oder zur Beteiligung an Unternehmen, Produktionsstätten und Niederlassungen) stetig erhöht. Diese Entwicklungen werden durch politische Institutionen befördert. Mit zunehmender **Liberalisierung von Finanzmärkten** sowie einem sukzessiven **Abbau von Handelshemmnissen** wurden zusätzliche Anreize für globale unternehmerische Aktivitäten geschaffen.

**Globale Implikationen der Globalisierung**
M 8, M 9

Die Globalisierung hat die Grenzen zwischen Volkswirtschaften (nicht zwingend zwischen Staaten) durchlässiger werden lassen. Dies bringt Vorteile wie eine **größere Produktauswahl** für Konsumenten mit sich; zugleich haben jedoch Konsumentscheidungen an einem Ort der Erde oft auch (negative) Implikationen für andere Weltregionen – so führt die zunehmende Nachfrage nach Biokraftstoffen, aber auch der Wunsch, zu jeder Jahreszeit auf Früchte o.ä. zugreifen zu können, zu **Nahrungsmittelknappheit in Entwicklungsländern**, die sich hiervon wichtige Absatzchancen versprechen. Auch die **Umwelt** wird regional (Monokulturen) und global (Abholzung des $CO_2$-Speichers Regenwald) geschädigt.

## Das globale iPhone

Das iPhone ist ein zwiespältiges Produkt. Einerseits setzt es technologische und kulturelle Standards. Wie kaum ein anderes Produkt vermittelt es den Käufern das Gefühl, auf angenehme Weise an den Möglichkeiten der globalen Kommunikation teilzuhaben. Andererseits stehen Apple-Produkte wie iPhone oder iPad für die schlechten Seiten der Globalisierung.

Auf der Rückseite jedes iPhones ist zu lesen: „Entworfen von Apple in Kalifornien. Produziert in China." Das bedeutet: Apple stellt fast nichts selbst her. Die Produktion findet im Ausland statt – zu großen Teilen in den gigantischen Werken des Foxconn-Konzerns in China, für den über eine Million Menschen arbeiten.

Dass die schlechten Arbeitsbedingungen dort langsam, aber sicher das positive Image der Apple-Produkte bedrohen, hat die US-Firma 2011 erkannt. Deshalb ließ Apple die Foxconn-Werke durch die Fair Labor Association (FLA) kontrollieren, die für erträgliche Zustände in der globalen Produktionskette sorgen soll. Das Ergebnis der Überprüfung: Die Kontrolleure bestätigten viele der Vorwürfe, die unter anderem die Hongkonger Kritiker-Organisation Sacom gegen Apple und Foxconn erhebt. [...]

Der Lohn einer normalen Foxconn-Arbeiterin im Werk Chengdu in Zentralchina betrug 2011 etwa 2000 Renmimibi (210 Euro) für rund 240 Arbeitsstunden monatlich. Das machte rund 90 Euro-Cent pro Stunde – eine Summe, die den Arbeitern nur ein relativ bescheidenes Leben ermöglichte. D[ie] Löhne in China sind auch deshalb so niedrig, weil Apple seine Zulieferer unter Druck setzt.

2011 betrugen die Arbeitskosten eines iPhones im Verhältnis zu dessen Verkaufspreis größenordnungsmäßig drei Prozent. Von 500 Euro, die Kunden in Europa oder den USA zahlten, kamen etwa 15 Euro bei den Arbeiterinnen an [,wohingegen geschätzte 240 Euro Gewinn beim Weltkonzern verbleiben].

*Hannes Koch, Fragwürdige Arbeitsbedingungen – Apple und seine iPhone-Produktion in China, in: Westfälische Allgemeine Zeitung (WAZ) online, 13.9.2012*

Kunden campen zum Verkaufsstart des iPhone 6 vor dem Apple Store

### Aufgaben

1. Beschreiben Sie das iPhone und seine Produktion als Phänomen der Globalisierung. Unterscheiden Sie dabei die unterschiedlichen Dimensionen der Globalisierung.
2. Erläutern Sie die Zergliederung des Produktionsprozesses des iPhones mithilfe ökonomischer Theorien internationalen Handelns sowie Ihrer Kenntnisse über die Antriebskräfte der Globalisierung.
3. Erörtern Sie kritisch die globale Produktion und Vermarktung des iPhones.

# 4.2 Hat der Wirtschaftsstandort Deutschland Zukunft?

## 4.2.1 Wer produziert wo? Branchenspezifische Standortwahl

### M 1 Woher kommen unsere Alltagsprodukte?

## M 2 ● Produktionsstätten von Sennheiser electronic weltweit

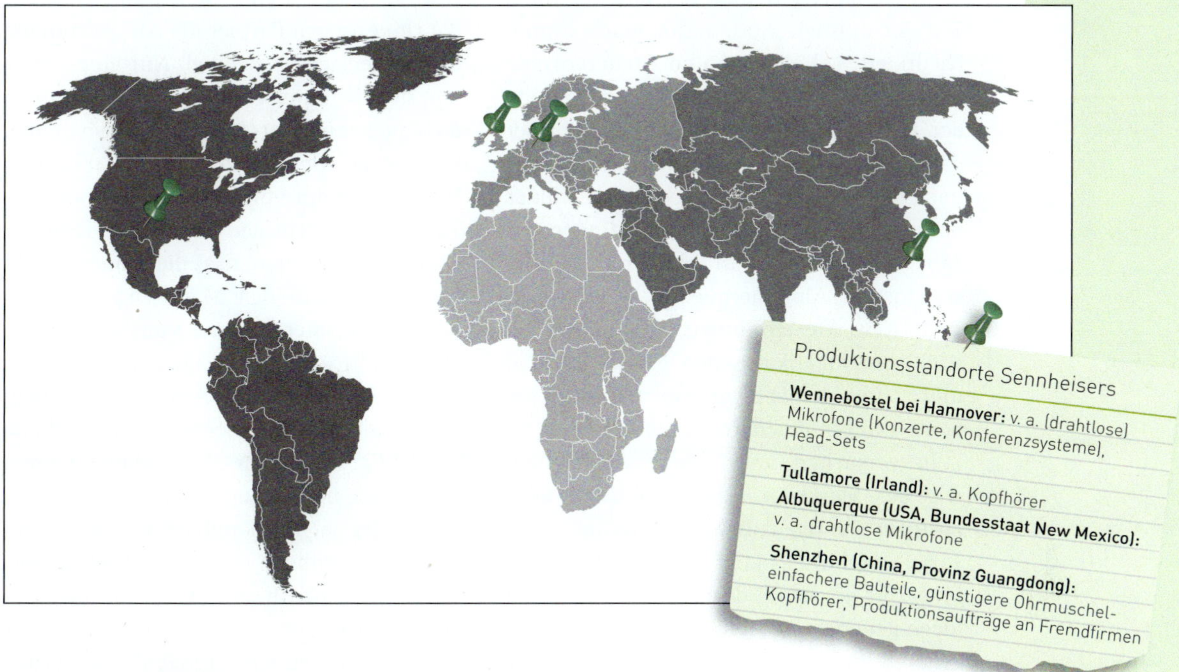


## M 3 ● Unternehmensdaten von Sennheiser electronic

| | | |
|---|---|---|
| Produkte | Kopfhörer, Mikrofone, Head-Set, professeionelle Drahtlostechniken u.ä. | |
| Rechtsform | GmbH & Co. KG | |
| Gründung | 1945 | |
| Unternehmenssitz | Wedemark-Wennebostel (bei Hannover) | |
| Mitarbeiter (2012) | 2.329 (ohne Mitarbeiter in Zulieferbetrieben) | davon in Deutschland: 1.226 |
| | | davon im Ausland: 1.103 |
| Umsatz (2012) | 584,4 Mio. Euro | davon in Deutschland: 15,7 % |
| | | davon im Ausland: 84,3 % |
| Gewinn (2012) | ca. 43,5 Mio. Euro | |

*Sennheiser electronic GmbH & Co. KG (Hg.), Geschäftsbericht 2012, Hannover 2013, S. 59 f., 66, 72*

## M 4 ● Standortstrategie von Sennheiser electronic

**a) Differenzierte Internationalisierung**

Innovationsfähigkeit ist bei Sennheiser kein Trendbegriff, sondern der Hauptgrund für den langfristigen Geschäftserfolg. [...] 1999 gewann Sennheiser – als bislang einziges Unternehmen – zum zweiten Mal in Folge den Innovationspreis. [...] Sennheiser investiert kräftig, damit die Innovationskette nicht abreißt. Rund ein Zehntel der Mitarbeiter arbeiten in Forschung und Entwicklung, knapp acht Prozent des Umsatzes werden dafür ausgegeben. [Im US-amerikanischen] Palo Alto [...] hat Sennheiser [im Jahr 2005] ein Forschungsinstitut eröffnet. Dessen fünf Mitarbeiter sollen dort beobachten, welche Entwicklungen der Digitaltechnik für die Akustik nützlich sein können. [...]

Früher als andere erkannte Sennheiser, dass Internationalisierung [eine] Chance

[...] bedeuten kann. Anfang der neunziger Jahre verlagerte Sennheiser einen großen Teil der Kopfhörerproduktion nach Irland. Niedrigere Lohnkosten und Steuervorteile gaben damals den Ausschlag. Bereits Ende der achtziger Jahre hatte Jörg Sennheiser damit begonnen, eine Vertriebsgesellschaft nach der anderen für verschiedene Länder beziehungsweise Regionen zu gründen. Im Jahr 2000 kam dann ein Produktionsstandort in Albuquerque im US-Bundesstaat New Mexico hinzu, um näher am wichtigen amerikanischen Markt fertigen und zudem den schwankenden Dollarkurs betriebsintern abfedern zu können. [...]

„Wir versuchen uns immer vorzustellen, wie der Markt in fünf oder zehn oder zwanzig Jahren aussehen könnte", sagt Jörg Sennheiser. [...] Die entscheidende Frage für ihn lautet deshalb: Wie kann ich Ideen generieren und Kontrolle über die erzeugten Produkte erhalten?

*Thomas Ramge, Klingt gut! in: brand eins 8 (2006) H. 7, S. 23 f.*

**b) Grenzen der Internationalisierung**

Seit Anfang der neunziger Jahre versuchte Sennheiser, sich durch die Produktion von Empfängerboxen im chinesischen Schanghai eine gute Startposition zu sichern. [Der damalige] Geschäftsführer Rolf Mayer, verantwortlich für Technik bei Sennheiser, sagt: „Wir glaubten an unsere chinesischen Partner." Dazu hatte er zunächst auch allen Grund gehabt. Denn zu Anfang erfüllten die chinesischen Partner die Anforderungen der Niedersachsen penibel. Nur eines wollten sie nie unterschreiben: eine Garantie, dass die Sennheiser-Technik exklusiv in den Händen der Deutschen bleibt. Im Klartext: Dem Abkupfern von Ideen und Details war Tür und Tor geöffnet. So musste Technikchef Mayer erfahren, dass die Chinesen bald ein Produkt auf den Markt brachten, das Sennheiser international Konkurrenz machen wollte – mit dem eigenen Know-how. Und noch etwas wurde registriert: „Ständig kamen die in China hergestellten Produkte beschädigt bei uns an", klagt Mayer. Einmal musste sogar eine Ladung mit 4.000 Geräten wieder nach Schanghai zurückgeschickt werden. Erhebliche technische Defekte waren der Grund für die Reklamationen. [...]

„Das Ausweichen auf Indien haben wir gar nicht erst in Betracht gezogen", sagt Sennheiser-Manager Mayer: „Weil die Qualifikation der Arbeiter dort nicht unseren Ansprüchen entspricht." [1996] hat sich Sennheiser aus der eigenen Produktion in Asien zurückgezogen, [seit 1998 wird aber wieder die Produktion einfacherer Bauteile und günstigerer Kopfhörer bei chinesischen Drittanbietern in Auftrag gegeben].

*Andreas Wildhagen, Sennheiser entdeckt die Vorteile des Standorts D, in: Die Welt vom 29.4.1997 (Text ergänzt und aktualisiert)*

## M 5 ● Industrieproduktion in Deutschland – ein Zukunftsmodell?!

Die deutschen Marken ließen sich zwar weiter weltweit gut verkaufen, aber die eigentliche Produktion würde sukzessive außerhalb der Landesgrenzen stattfinden [behaupten viele Ökonomen]. Entsprechend blieben zwar die Exporte auf hohem Niveau, aber die Importe würden immer weiter steigen. Der in Deutschland erstellte Mehrwert würde sich auf das Aufkleben der Markenschilder beschränken.

Hinter [dieser] These [...] stehen Überlegungen zum industriellen Strukturwandel wie sie bereits vor mehr als 30 Jahren formuliert wurden. Basis dieser Überlegungen war die Vorstellung, dass sich die internationale Arbeitsteilung entlang der Wertschöpfungskette industrieller Produktion organisieren ließe. Für jeden einzelnen Produktionsschritt in der Wertschöpfungskette würde der Wettbewerb die kostenoptimale Standortentscheidung erzwingen. Einfache Produktion, sei sie noch so sachkapitalintensiv, würde in die Länder mit niedrigen Löhnen abwandern. Für Hochlohnländer

wie Deutschland bliebe dann nur noch die Erstellung spezifischer hochwertiger Arbeitsschritte im Produktionsprozess übrig. Gedacht wurde hier einerseits an die Produktvermarktung und insbesondere die Markenpflege durch Management- und Marketingfachleute. Andererseits ging es vor allem um die Blaupausenproduktion [= Planung der Produkte und Produktionsprozesse] unter Einsatz von Forschungs- und Entwicklungsaktivitäten.
Schaut man nach Deutschland, hat die Mehrzahl der hierzulande ansässigen Industrieunternehmen eine andere Strategie verfolgt. Nicht die komplette Zerlegung der Wertschöpfungsketten innerhalb jedes Wirtschaftszweigs wurde angestrebt. Gefragt war vielmehr die Entscheidung, entweder die Produktion in einem Industriezweig in Deutschland ganz aufzugeben oder sie mit allen wesentlichen Komponenten fortzuführen. Die Folge war ein Strukturwandel. Viele ehemals bedeutende Branchen wie die Bekleidungs-, Textil-, Spielwarenindustrie gibt es in Deutschland gar nicht mehr oder nur noch in Nischen mit exklusiven Sonderproduktionen. Andere Industrien wie vor allem die Elektrotechnik, der Fahrzeugbau, der Maschinenbau und die Chemie sind dagegen nicht nur geblieben, sondern sogar am Produktionsstandort Deutschland weiter gewachsen.
Das wesentliche Element des deutschen Produktionsmodells ist dabei, dass nicht nur Forschung, Entwicklung, Marketing und Management, sondern auch die Produktion der Industriegüter und vieler wichtiger Komponenten im Inland vorgenommen werden. Die hohen deutschen Industrielöhne haben die Kunden auf den Weltmärkten als Qualitätsprämie offensichtlich akzeptiert.

November 2010: Die Bundeskanzlerin bei der Erweiterung des BMW-Fertigungsstandorts Leipzig.

*Martin Gornig, Alexander Kritikos, Industrie mit Zukunft. Warum viele Unternehmen in Deutschland ihre Wertschöpfungstiefe erhöht haben, in: Süddeutsche Zeitung vom 24.8.2010*

*Die Autoren sind Ökonomen beim Deutschen Institut für Wirtschaftsforschung (DIW).*

## Aufgaben

1. a) Stellen Sie begründete Vermutungen darüber an, in welchen Teilen der Welt die abgebildeten Produkte hergestellt werden (M 1).
   b) Überprüfen Sie Ihre Vermutungen zu Produktionsstätten von Bekleidung, indem Sie die Herkunftsländer der in Ihrem Kurs getragenen Kleidung (s. Innenschilder) auf einer Weltkarte markieren.
2. Vergleichen Sie die Verteilung der Produktionsstandorte der Bekleidungsindustrie mit der Standortwahl der Hochtechnologiefirma Sennheiser electronic (M 2–M 4).
3. Charakterisieren Sie Sennheisers Standortentscheidung vor dem Hintergrund der Aussagen von Gornig und Kritikos als typisch für den Industriestandort Deutschland (M 5).
4. Erläutern Sie die Wahl der jeweiligen Produktionsstandorte mit der Theorie absoluter bzw. komparativer Kostenvorteile. Begründen Sie dazu zunächst, welcher Erklärungsansatz sich besser eignet.

**F** zu Aufgabe 2
Erklären Sie die Anforderungen an branchenbezogene Srukturpolitik, die sich aus dem globalisierungsbedingten Strukturwandel (M 5, Z. 56ff.) ergeben.

METHODE

## Produktlebenszyklus – Analyse der Standortwahl

Die auf Raymond Vernon (1966) zurückgehende Produktlebenszyklustheorie erklärt Standortverlagerungen aufgrund der sich im Zeitablauf wandelnden Produktionsanforderungen. Demnach durchlaufen Produkte verschiedene Phasen, die von unterschiedlichen Standortanforderungen (charakteristische Merkmale hinsichtlich Faktorstruktur, Marktnähe, Wettbewerb etc.) geprägt sind. Grob eingeteilt, folgt nach einer Innovations- eine Wachstums- [sowie eine Reife- und Sättigungsphase] und schließlich eine Schrumpfungsphase, die den Produktlebenszyklus abschließt. Durch Produktanpassungen (z. B. Variation des Produktdesigns oder Substitutionen) lassen sich die einzelnen Phasen verlängern. Während des Produktlebenszyklus kommt es gemäß den sich wandelnden Produktionsanforderungen zu Standortverlagerungen, welche sich an den Wettbewerbsvorteilen unterschiedlicher Regionen orientieren. Bezogen auf eine internationale Arbeitsteilung haben Industrieländer bei der Entwicklung und Herstellung neuer Produkte (Innovations- und Wachstumsphase) komparative Vorteile. Diese liegen in der Verfügbarkeit qualifizierter Arbeitskräfte, der guten Ausstattung an wissenschaftlichen Einrichtungen, organisatorischen Erfahrungen sowie der Nähe zum Kunden. [Schwellen- und] Entwicklungsländer weisen dagegen Vorzüge bei standardisierten Produkten auf, die ein hoher Anteil unqualifizierter Arbeitskraft auszeichnet und die sich daher in der Wachstums- bzw. Schrumpfungsphase befinden. Entsprechend den verschiedenen Phasen erfolgt Außenhandel zwischen den beteiligten Ländern zum phasenspezifischen Angebots- und Nachfrageausgleich. Da sich auch Standortverlagerungen während des Produktlebenszyklus erklären lassen, kann die Theorie ferner die Tätigung von Direktinvestitionen [...] begründen [...].

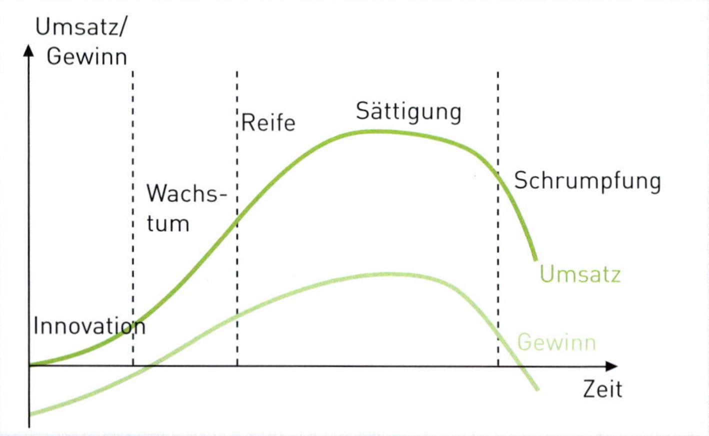

Produktlebenszyklus

*Hans-Dieter Haas, Simon-Martin Neumair, Dieter Matthew Schlesinger, Geographie der internationalen Wirtschaft, Darmstadt 2009, S. 49*

[Aufgrund] verstärkter Konkurrenz, erhöhten Kundenanforderungen und des technischen Fortschritts [besteht] ein Trend zu immer kürzeren Produktlebenszyklen. So hatte die mechanische Schreibmaschine eine Lebenszeit von ca. 30 Jahren, in denen an einem Modell kaum Änderungen vorgenommen wurden. Bei den elektromechanischen Schreibmaschinen kam hingegen schon alle 10 Jahre ein neues, überarbeitetes Modell auf den Markt, während es bei den elektronischen Schreibmaschinen schon alle 4 Jahre zu einem Modellwechsel kam. Die Lebenszeit moderner Textverarbeitungsprogramme beträgt weniger als zwei Jahre.

*Holger Arndt, Supply Chain Management. Optimierung logistischer Prozesse, 4., aktualisierte und überarbeitete Auflage, Wiesbaden 2008, S. 25*

### Aufgaben

1. a) Erklären Sie einen Produktlebenszyklus an einem High-End-Kopfhörer oder -Mikrofon der Firma Sennheiser electronic bzw. an einem Ihnen bekannten vergleichbaren Produkt.
   b) Während der Einführungsphase steigen nach der Produktlebenszyklustheorie die Umsatz- sowie die Gewinnkurve. Nur Letztere kann im negativen Bereich liegen. Erläutern Sie diesen Umstand.
2. Mit der Produktlebenszyklustheorie kann man die Tätigung von Direktinvestitionen (ausländischer Firmen) erklären. Erläutern Sie diese Aussage.

## 4.2.2 Wer bleibt? Die Position Deutschlands im internationalen Standortwettbewerb

### M 6 ● Wie teuer und produktiv sind deutsche Arbeitnehmer?

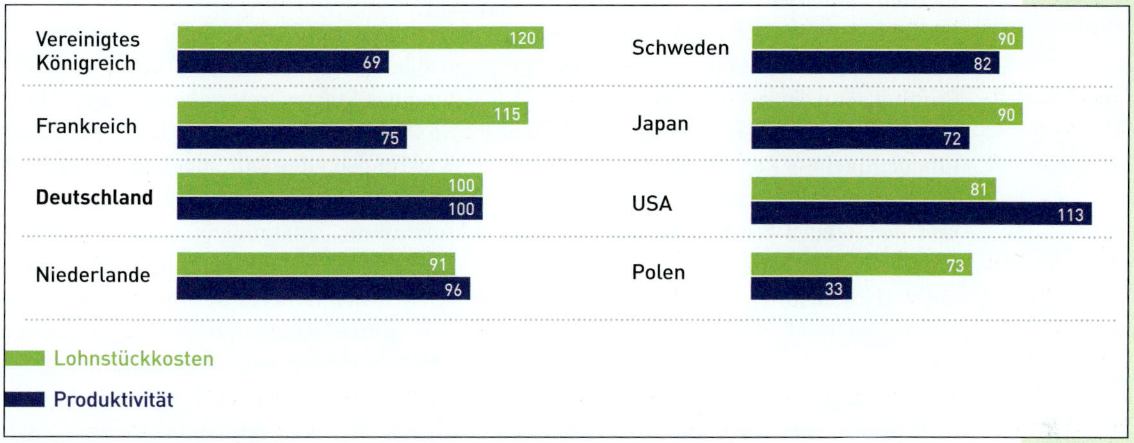


Lohnstückkosten[1] und Produktivität[2] im verarbeitenden Gewerbe 2012 im Vergleich (Deutschland = 100)

*Christoph Schröder, Produktivität und Lohnstückkosten der Industrie im internationalen Vergleich (IW-Trends 4/2013), Köln 2013, S. 104*

[1] *Lohnstückkosten: Der auf eine Leistungseinheit (z. B. auf ein einzelnes produziertes Stück) rechnerisch entfallende Anteil der gesamten Lohnkosten eines Unternehmens; Verhältnis von Arbeitskosten je Beschäftigungsstunde in Preisen von 2008 zur Produktivität*

[2] *Produktivität: Verhältnis produzierter Güter zu den zu ihrer Herstellung benötigten Produktionsfaktoren; hier Quotient aus Produktionsmenge (Ausbringungsmenge) und eingesetzten Arbeitsstunden*

**Info**

### Die Wertschöpfungskette

Der (mikroökonomische) Begriff der Wertschöpfungskette [...] hebt die Rolle gezielter Organisation der Wertschöpfungsprozesse durch Akteure, besonders durch Unternehmen, zum Zweck verbesserter Effizienz hervor. Die Effizienzgewinne können den Organisatoren, aber auch den Konsumenten zugute kommen. [...]

Zwei Tendenzen zeichnen sich ab. Erstens greifen diese Wertschöpfungsprozesse geografisch weiter aus und verändern die internationale Arbeitsteilung, zweitens verändern sich die Anteile einzelner Wertschöpfungsarten an der Gesamtwertschöpfung eines Produktes. Die eigentliche Herstellung einer Ware nimmt einen stetig geringeren Anteil ein, weil sie oft in Niedriglohnländer verlagert wird und erhebliche Produktivitätsgewinne durch neue Prozesstechniken erzielt. [...] Größere Wertschöpfungsanteile verlagern sich auf die Logistik, mit der globale Warenströme zwischen den Produktionsstandorten und den Konsumgebieten beherrscht werden, und vor allem auf die Produktentwicklung (design) sowie das Marketing (brands). Diese Dienstleistungen finden überwiegend in den wohlhabenden Ländern des Nordens statt. Auslöser sind Veränderungen in den wohlhabenden Ländern des Nordens: Wertschöpfungsketten, in denen die Hersteller eines Produktes sowohl ihre Zulieferer als auch den Absatz selbst organisieren – „producer driven value chain" – verändern sich zu (Ein-)Käufergetriebenen Ketten – „buyer driven value chain" [...].

*Eike W. Schamp, Globale Wertschöpfungsketten. Umbau von Nord-Süd-Beziehungen in der Weltwirtschaft, in: Geografische Rundschau 60 (2008) H. 9, S. 4 f.*

## M 7 ● Als wie wettbewerbsfähig gilt die deutsche Wirtschaft?

Das Weltwirtschaftsforum – eine 1972 gegründete Stiftung, für die Wirtschaftswissenschaftler und -politiker sowie Journalisten arbeiten – veranstaltet einmal jährlich in Davos den sogenannten Weltwirtschaftsgipfel. Darüber hinaus gibt die Stiftung Forschungsberichte heraus, wie den alle zwei Jahre erscheinenden „Global Competitiveness Report“, in dem die Wettbewerbsfähigkeit von Volkswirtschaften und damit auch tendenziell deren Standortqualität für Unternehmen anhand von 105 Faktoren in 12 Kategorien („Säulen“) verglichen wird. Wettbewerbsfähigkeit ist dabei definiert als Set von Institutionen, Politikfeldern und wirtschaftlichen Standortfaktoren; sie bestimmt den Grad der Produktivität eines Staates. Eine leistungsstärkere Volkswirtschaft tendiere nach Meinung des Forums immer dazu, die Einkommen der Bürger zu erhöhen.

Die Messgröße „Global Competitiveness Index“ (GCI) wird gebildet, indem für jeden der 105 Faktoren eine Bepunktung zwischen eins und sieben vorgenommen wird. Der Vergleichbarkeit halber werden die Größen je nach wirtschaftlicher Entwicklung des Staates unterschiedlich gewichtet. So haben z.B. bei wirtschaftlichen Entwicklungsländern die sogenannten Grundvoraussetzungen (z.B. Institutionen, Infrastruktur, makroökonomisches Umfeld sowie Grundschulbildung und Gesundheit) ein deutlich höheres Gewicht (60 %) als bei den durch Innovationen angetriebenen Ländern (20 %). Auch innerhalb der „Säulen“ werden (hier aber für alle Staaten identische) Schwerpunkte gesetzt. Beispielsweise setzt sich die Bewertung von Institutionen (Säule 1) zusammen aus öffentlichen (75 %) und privaten Institutionen (25 %):

**a) Rangliste großer Volkswirtschaften**

| Land | Rang (von 148) | Bewertung (1–7) |
|---|---|---|
| Schweiz | 1 | 5,67 |
| Singapur | 2 | 5,61 |
| Finnland | 3 | 5,54 |
| Deutschland | 4 | 5,51 |
| USA | 5 | 5,48 |
| Schweden | 6 | 5,48 |
| Hong Kong | 7 | 5,47 |
| Niederlande | 8 | 5,42 |
| Japan | 9 | 5,40 |
| Großbritannien | 10 | 5,37 |
| Frankreich | 23 | 5,05 |
| China | 28 | 4,84 |
| Brasilien | 56 | 4,33 |
| Indien | 60 | 4,28 |
| Russland | 64 | 4,25 |

*The World Economic Forum (Hg.), The Global Competitiveness Report 2013-2014, Genf 2013, S. 15*

**b) Deutschland im Vergleich aller „innovationsgetriebener“ Wirtschaften**

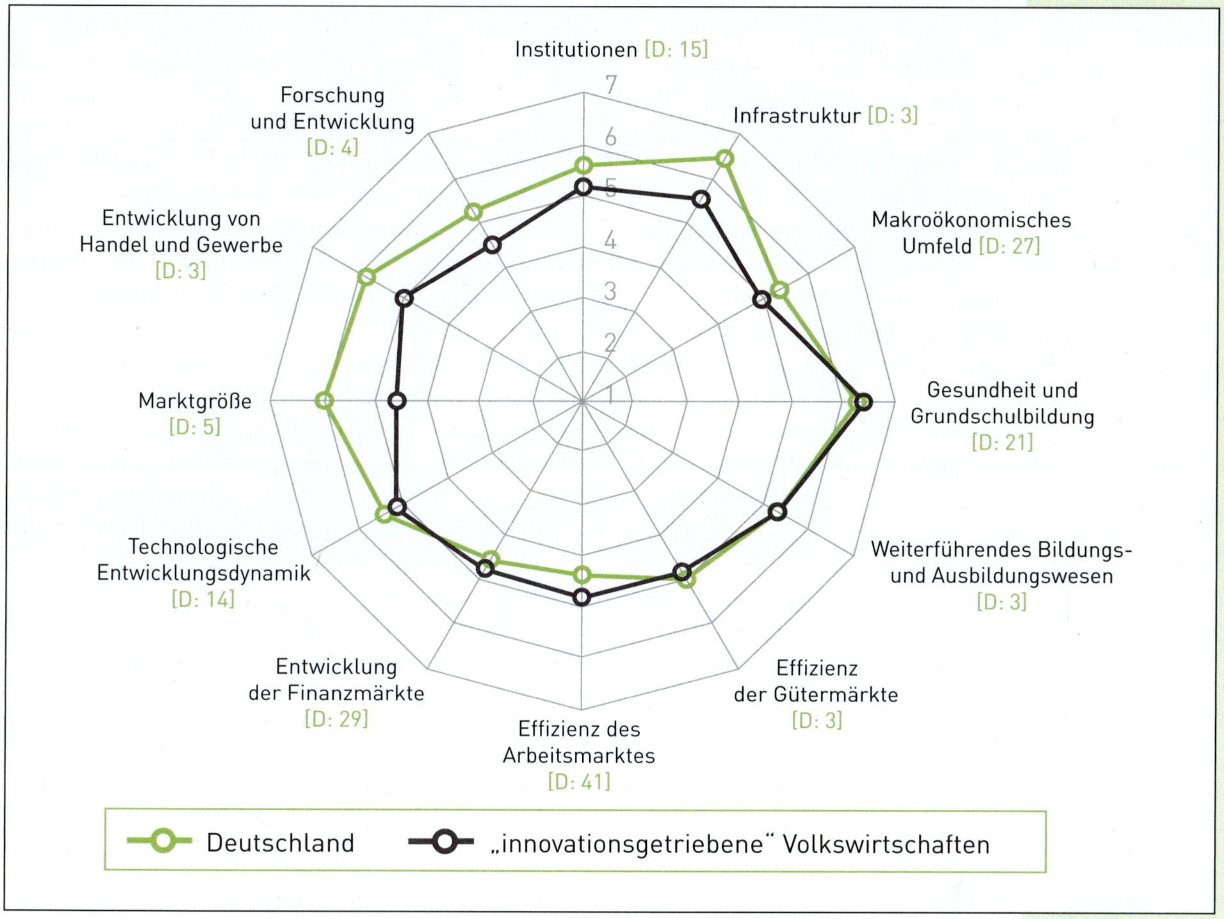


*The World Economic Forum (Hg.), The Global Competitiveness Report 2013-2014, Genf 2013, S. 194*

## Aufgaben

1. Analysieren Sie die Diagramme zu Lohnstückkosten und Produktivität – auch vor dem Hintergrund der Informationen zur Zukunft der Industrieproduktion in Deutschland (M 6, Kap. 4.2.1).
2. a) Charakterisieren Sie besondere Stärken und Schwächen des Wirtschaftsstandorts Deutschland (M 7).

   b) Arbeiten Sie auf dieser Grundlage heraus, für welche Unternehmensbranchen bzw. für welche Glieder in globalen Wertschöpfungsketten Deutschland als geeigneter Standort angesehen werden kann (M 5–M 7, Info).
3. Beurteilen Sie die Zukunftsfähigkeit des Wirtschaftsstandorts Deutschland.

F zu Aufgabe 2 b)
Recherchieren Sie die globalen Verflechtungen eines ausgewählten Unternehmens Ihrer Region und referieren Sie diese in Ihrem Kurs.

METHODE

## Das Wettbewerbsmodell nach Porter – internationale Wettbewerbsfähigkeit analysieren

Ausgangspunkt [der] Überlegungen [Michael E. Porters] ist die Hypothese, dass Nationalstaaten existieren, um ihren Bevölkerungen einen steigenden Lebensstandard zu ermöglichen. Ein wachsender Wohlstand der Bevölkerung kann nach Porter nur durch eine große Konkurrenzfähigkeit von Ländern, Branchen oder Unternehmen infolge von Produktivitätssteigerungen und nicht allein durch „Erbe", d.h. durch Erfolge, die in der Vergangenheit liegen, erreicht werden. [...] Die internationale Wettbewerbsfähigkeit eines Landes oder einer Branche hängt seiner Meinung nach von vier Haupt- und zwei Nebenelementen der Gesamtwirtschaft eines Landes ab, die Porter zu einer „Diamanten"-Theorie zusammenfasst. [...] Die von Porter analysierten vier Hauptelemente sind:

1. *Faktorbedingungen*, d.h. die Menge und Qualität der Einsatzfaktoren, insbesondere natürliche Ressourcen, die Ausbildung und Qualifikation der Arbeitnehmer und die Lohnhöhe,
2. *Nachfragebedingungen eines Landes*, insbesondere die Marktgröße, das Anspruchsniveau der Kunden an Produkte und Dienstleistungen sowie die Darstellungsmöglichkeiten der Produkte in den Medien,
3. *Verwandte und unterstützende Branchen* [z.B. die Qualität der Zulieferunternehmen], insbesondere die Existenz von sogenannten Unternehmensclustern und
4. *Unternehmensstrategien, Struktur und Konkurrenz*, insbesondere die Anzahl von konkurrierenden Unternehmen und die Intensität des Wettbewerbs in einer Branche sowie die Struktur privater oder staatlicher Unternehmen.

Neben diesen vier Hauptelementen führt Porter zwei Nebenelemente in seine „Diamanten"-Theorie ein: den *Zufall* und den *Staat* [bzw. die Regierung]. Die Elemente der nationalen Wettbewerbsfähigkeit müssen sich nach Porter gegenseitig unterstützen, wenn Unternehmen oder Branchen und daraus abgeleitet ein Land international wettbewerbsfähig werden oder bleiben wollen. Diese Verflechtung versucht er mit einem Diamanten zu symbolisieren. [...]

*Die Dynamik des „Diamanten"*

Nur Länder, die einen gut funktionierenden „Diamanten" haben, d. h. bei denen sich die einzelnen Elemente des „Diamanten" gegenseitig positiv verstärken, besitzen nach Porter langfristig nationale Wettbewerbsvorteile, die ihnen eine internationale Konkurrenzfähigkeit ermöglichen. Seiner Meinung nach ist kein Land in der Lage, in allen Branchen oder wenigstens bei den meisten Produkten weltweit gleich konkurrenzfähig zu sein. [...] Länder mit Wettbewerbsvorteilen, die nur auf einem oder zwei Elementen des Diamanten aufbauen, können, nach Ansicht Porters, keine langfristige globale Konkurrenzfähigkeit erlangen, da andere Wettbewerber in der Lage sind, sie zu umgehen. Ressourcenorientierte Wettbewerbsvorteile, z.B. die Ausnutzung billiger Arbeitskosten, sind seiner Meinung nach nur für kurzfristige Erfolge geeignet. Es kommt seiner Beobachtung nach kaum vor, dass ein Land von Beginn an über alle positiven Elemente des Diamanten verfügt. Deshalb erreichen Länder eine internationale Wettbewerbsfähigkeit meist in drei Schritten.
Im ersten Schritt erlangt ein Land seine Wettbewerbsvorteile aus einem einzigen Vorteil wie den Faktorbedingungen (z.B. billige Arbeitskräfte) oder den Nachfragebedingungen (z.B. Marktgröße). Jedoch ist von Anfang an fast immer eine heimische Konkurrenzsituation notwendig, da sie die Unternehmen anspornt, auch nach anderen als den ursprünglichen Wettbewerbsvorteilen zu suchen. So entstehen allmählich international wettbewerbsfähige Unternehmen und Branchen. Um langfristig erfolgreich zu sein, muss sich das Land im zweiten Schritt von einer „investitionsgetriebenen" zu einer „innovationsgetriebenen" Volkswirtschaft entwickeln. Im dritten Schritt bilden sich „Unternehmenscluster" von Weltspitzenunternehmen, die eng miteinander verflochten sind und die durch eine extreme Inlandskonkurrenz so „gestählt" sind, dass sie die Konkurrenz auf den Weltmärkten nicht zu fürchten brauchen. [...]

*Kritik*

[...] Porter betrachtet seine Theorie als dynamisch, während er die bisherigen Ansätze als statische Analysen ansieht. Er vertritt die Meinung, dass der „Diamant" nicht nur vergangene Zustände beschreiben, sondern auch zukünftige Entwicklungen voraussagen kann. Sein Ansatz selbst ist aber eher als Erklä-

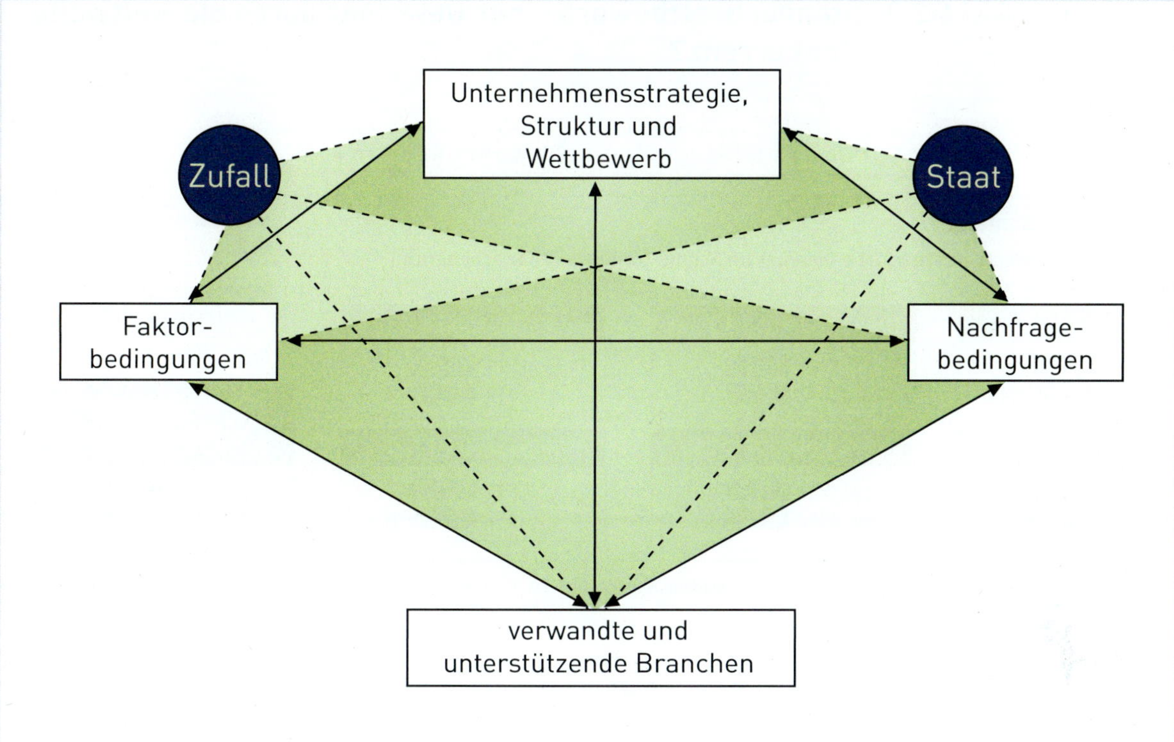


*Nach: Hans Kaminski (Hg.), oec. Ökonomie – Grundfragen wirtschaftlichen Handelns, Braunschweig 2005, S. 466*

rungsmodell für Entwicklungen der Vergangenheit angelegt. Eine zukunftsbezogene Dynamik muss auch in seinem Modell angezweifelt werden.
Probleme ergeben sich bei der „Diamanten"-Theorie von Porter auch dadurch, dass er zwar immer wieder betont, dass sich die einzelnen Elemente gegenseitig positiv unterstützen müssen, um langfristige nationale Wettbewerbsvorteile zu erzielen, jedoch werden die Abhängigkeiten und der Zusammenhang zwischen den einzelnen Bausteinen nicht hinreichend dargestellt und analysiert.

*Manfred Perlitz, Internationales Management, 5., bearbeitete Auflage, Stuttgart 2004, S. 134-136, 141, 151 (Hervorhebungen hinzugefügt)*

## Aufgaben

1. Analysieren Sie das Unternehmen Sennheiser electronic oder ein anderes Unternehmen Ihrer Wahl mittels des Wettbewerbsmodells nach Porter.
2. Charakterisieren Sie, inwieweit die Bundesrepublik Deutschland als Wirtschaftsstandort wettbewerbsfähig im Sinne Porters ist. Differenzieren Sie dazu gegebenenfalls nach Branchen.

## 4.2.3 Standortwettbewerb – nur Gewinner durch die weltweite Konkurrenz?

### M 9 (Wie) Profitieren deutsche Konsumenten?

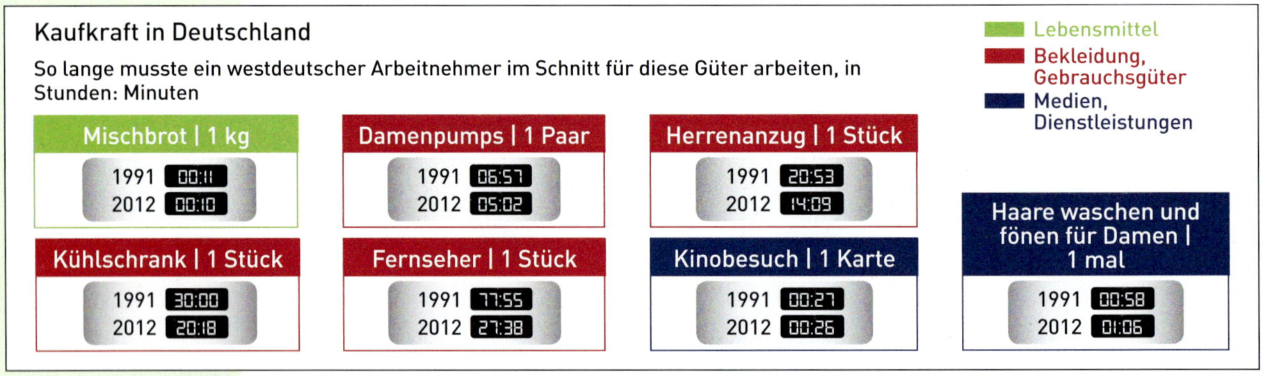


*Zitiert nach: Kaufkraft in Deutschland, in: iwd 39, Heft 22, Köln (30.5.2013), S. 7*

### M 10 (Wie) Profitieren deutsche Arbeitnehmer?

Die Globalisierung [der Wirtschaft] ist zweifellos dafür verantwortlich, dass in den Industrieländern viele einfache Produktionsjobs verloren gegangen sind. Andererseits entstehen aber in modernen und wissensintensiven Bereichen neue Beschäftigungsmöglichkeiten für höher qualifizierte Mitarbeiter. Diese sind meist produktiver und technologisch anspruchsvoller, sodass mit ihnen eine höhere Wertschöpfung und ein höheres Einkommen verbunden sind. Der so steigende Wohlstand stärkt zugleich die Binnennachfrage, was wiederum tendenziell zu neuer Beschäftigung führt. Auf diese Weise fördert die Globalisierung den Strukturwandel. [...] Der Strukturwandel geht nicht ohne Anpassungslasten vonstatten. Die empirische Forschung zeigt, dass die dauerhaften Globalisierungsgewinne deutlich größer als die vorübergehenden Anpassungskosten sind. Wer in diesem Prozess den Arbeitsplatz verliert, interessiert sich jedoch wohl nur wenig für den volkswirtschaftlichen Gewinn des Wandels [...]. Gesamtwirtschaftlich gesehen ist ein solcher Wandel aber unvermeidlich.

*IW-Dossier Globalisierung, Nr. 3 (10.8.2010), S. 16*

### M 11 Marxistische Kritik am „globalen Konkurrenzkapitalismus“

Marx stellt heraus, dass der Zweck kapitalistischer Produktion nicht etwa in der Produktion von Gütern zur Befriedigung menschlicher Bedürfnisse besteht oder gar in der Schaffung von Arbeitsplätzen, sondern einzig und allein in der Verwertung des Kapitals, das heißt in der Produktion von möglichst hohem Profit. [...] Zweck der Profitproduktion ist der Profit selbst. Profit wird investiert, um einen noch höheren Profit zu erhalten. [...] [Dies] ist nun keineswegs einer Verrücktheit der Kapitalisten geschuldet, sondern dem Druck der Konkurrenz: Führen die Konkurrenten neue Maschinen ein [...], dann muss man selbst ebenfalls diese neuen Maschinen einführen, um konkurrenzfähig zu bleiben. Zur Einführung dieser immer teureren Maschinerie wird zusätzliches Kapital benötigt. [...]

Diese oft gefeierte Dynamik des Kapitalismus hat allerdings eine Kehrseite. Da der einzige Zweck der Produktion der Profit ist, wird auch nur auf ihn Rücksicht genommen. Mensch und Natur sind bloße Mittel zur Profitproduktion. Sie werden im Laufe kapitalistischer Produktionsprozesse immer wieder beschädigt und zerstört.

Diese zerstörerische Seite wendet sich auch gegen das Kapital selbst: Um einen möglichst hohen Profit zu erreichen, sollen die Kosten gering bleiben. Das heißt: Sowohl die Löhne als auch die Zahl der Arbeitskräfte sollen möglichst niedrig bleiben. Beides schwächt die Nachfrage nach den produzierten Gütern. [...] Laufen Produktion und Konsumtion lange genug auseinander, kommt es zu einer Krise: Die Unternehmen haben zu viel produziert, schränken die Produktion ein und entlassen Arbeitskräfte, was die Nachfrage weiter vermindert, die Krise verschärft und eine größere oder kleinere Zahl von Unternehmen in den Bankrott treibt. [...]

Entstanden ist inzwischen ein globaler Konkurrenzkapitalismus, der zuweilen als „entfesselter“ Kapitalismus charakterisiert wird. [...] [Dennoch] handelt es sich um den jetzt auf globaler Ebene ganz normal – und das heißt: krisenhaft und zerstörerisch – funktionierenden Kapitalismus.

In der Krise werden alle früheren „Errungenschaften“, insbesondere die Systeme sozialer Sicherung, sowie die Schutzrechte der Beschäftigten, in Frage gestellt. [...]

Dieser globale Konkurrenzkapitalismus, kann nicht mehr nur national, sondern nur noch als weltweites System betrachtet werden: sowohl hinsichtlich seiner Funktionsweise als auch seiner Auswirkungen auf Mensch und Natur. [...] ist keineswegs so unabhängig vom Kapital, wie sich dies viele Globalisierungskritikerinnen und -kritiker wünschen. [...] Die materielle Basis des Staates sind seine Steuereinnahmen, sein in der Regel größter Ausgabenposten sind die Sozialausgaben. Ganz grundlegend ist der Staat daher auf einen einigermaßen prosperierenden Kapitalismus angewiesen, denn nur dann fließen ausreichend Steuern und halten sich die Sozialausgaben in Grenzen. [...]

[Es wäre] eine Illusion zu glauben, der Staat könne es sich zur Aufgabe machen, seine Bürgerinnen und Bürger vor den Krisen- und Verelendungstendenzen des Kapitals zu bewahren. Solange der Kapitalismus die dominierende Produktionsweise ist, wird es Krisenprozesse geben und die staatliche Politik wird nicht darum herumkommen, die Profitabilität des Kapitals auf Kosten der Mehrheit der Bevölkerung sicherzustellen.

*Heinrich, Michael: Krise der Arbeitsgesellschaft – Krise des Kapitalismus? In: http://www.oekonomiekritik.de/511Krise%20der%20Arbeitsgesellschaft.htm (11.12.2014)*

**Karl Marx**

Deutscher Philosoph und Ökonom (1818 – 1883), mit Friedrich Engel, Begründer des Kommunsimus und wissenschaftlichen Sozialismus; Zwischen 1849 und 1864 Exilleben in London, da in Deutschland verfolgt.

## Aufgaben

1. Analysieren Sie die produktgruppenbezogene Kaufkraftentwicklung und leiten Sie daraus Globalisierungseffekte für die deutschen Konsumenten ab (M 9).
2. a) Geben Sie Auswirkungen der Globalisierung für deutsche Arbeitnehmer wieder (M 10).
   b) Erläutern Sie Zusammenhänge zwischen wirtschaftlicher Globalisierung und Struktur des deutschen Arbeitsmarkts bzw. Merkmalstruktur der Arbeitslosen in Deutschland.
3. a) Fassen Sie Michael Heinrichs Kritik am (globalen Konkurrenz-)Kapitalismus zusammen (M 11).
   b) Erläutern Sie, warum sowohl die „Funktionsweise [des Kapitalismus] als auch seiner Auswirkungen auf Mensch und Natur“ (Z. 59) im weltweiten Zusammenhang betrachtet werden müssen (Kap. 3.2, Kap. 5.1).

F zu Aufgabe 3
Beurteilen Sie Heinrichs Ausführungen.

ORIENTIERUNGSWISSEN

**Standort Deutschland aus betriebswirtschaftlicher Sicht**
M 1 – M 5

Die industrielle Produktion wird nicht komplett aus Deutschland in „Niedriglohnländer" verlagert. Es ergibt sich ein differenziertes Bild: Zum einen werden Gewinne in vielen Branchen nicht (mehr) überwiegend über eine Senkung der Produktionskosten erreicht, sondern sie werden eher an anderer Stelle der **Wertschöpfungskette** realisiert. Produkte eingeführter, angesehener Marken können also im Schnitt teurer verkauft werden als Produkte ähnlicher Beschaffenheit ohne die entsprechende „brand". Zum anderen gewichten die Firmen unterschiedlicher Branchen die **Standortfaktoren** höchst unterschiedlich. Während bei einfachen Fertigungsprozessen die Arbeitskosten die zentrale Rolle spielen, stehen bei der Herstellung innovativer High-End-Produkte eher die Rechtssicherheit (Patentschutz), die Verfügbarkeit qualifizierter Arbeitskräfte sowie die Erschließung lokaler bzw. regionaler Märkte im Vordergrund. In solchen Branchen kommt es häufig zu internationaler Arbeitsteilung innerhalb einer Firma, wenn Forschung, Entwicklung und Herstellung technologischer Spitzenprodukte in hoch entwickelten Ländern angesiedelt bleibt, während einfache Vor- oder Endprodukte in Schwellenländern in eigenen Fabrikationsanlagen gefertigt bzw. bei Drittanbietern in Auftrag gegeben werden.

**Die Produktlebenszyklus-Theorie**

Legt man die sogenannte **Produktlebenszyklus-Theorie** zugrunde, so lässt sich modellhaft sagen, dass die Produktion von Gütern in der Entwicklungs-, Einführungs- und einem Teil der Reifungsphase eher in den „alten" Industrienationen stattfindet (z. B. Deutschland, USA), während in der Sättigungs- und der Schrumpfungsphase in „Niedriglohnländern" produziert wird.

**Standort Deutschland aus volkswirtschaftlicher Sicht**
M 6 – M 7

Obwohl noch immer die Angst vor globalisierungsbedingtem Arbeitsplatzverlust vorhanden ist, zieht die exportorientierte Volkswirtschaft der Bundesrepublik einen positiven Saldo aus der internationalen Arbeitsteilung. Zwar sind die **Lohnstückkosten** – ähnlich denen der anderen großen mitteleuropäischen Staaten – international vergleichsweise hoch, allerdings weist die Volkswirtschaft der Bundesrepublik insbesondere durch die Stabilität der öffentlichen Institutionen (Politik und Verwaltung), ihre exzellente Infrastruktur, das hoch entwickelte Gewerbe und die Marktgröße wesentliche Standortvorteile auf. In jüngsten Analysen konnte die Bundesrepublik ihre **Wettbewerbsfähigkeit** sogar noch steigern, wobei allerdings die relative Ineffizienz bzw. (von Unternehmerseite) fehlende Flexibilität des Arbeitsmarktes bemängelt wird. Chancen der Internationalisierung von Produktionsprozessen (und auch des Arbeitsmarkts) können genutzt werden von innovativen Unternehmen und hoch qualifizierten Arbeitnehmern. Risiken bestehen für „unbewegliche" Firmen und geringer Qualifizierte, die aufgrund der Niedriglohnkonkurrenz von Arbeitslosigkeit bedroht sind. Vorteile genießen auch Konsumenten in Deutschland, denen nicht nur eine größere Produktpalette geboten wird, sondern die aufgrund internationaler Konkurrenz auch mit niedrigen Preisen rechnen können.

KOMPETENZEN ANWENDEN

## Die Standortwahl eines deutschen Hochtechnologie-Marktführers

Am Ortsausgang von Obernkirchen beginnt er – der Weltmarkt. Kurz hinter den roten Backsteinhäusern des Dorfes zeigt das weiße Straßenschild nur noch einen Namen: Bornemann. [...]
Immerhin bei 1700 Metern unter dem Meeresspiegel können die im niedersächsischen Obernkirchen hergestellten Pumpen von Bornemann gleichzeitig Erdgas und Erdöl ans Tageslicht fördern. Damit das funktioniert, musste das [2012 an einen US-Konzern verkaufte] Unternehmen mit Sitz südlich von Hannover viel herumexperimentieren. Mit Erfolg, denn nicht nur bei den Tiefsee-Förderpumpen ist Bornemann heute Weltmarktführer [...].
Die Hälfte des Sortiments sind bei Bornemann klassische Pumpen für die Industrie – um Flüssigkeiten von A nach B zu transportieren. Eine Pumpe allerdings ist anders: Gleichzeitig kann hier Flüssiges und Gase gepumpt werden – eine Revolution, die vor allem die Öl- und Gasindustrie verändern könnte. Der [frühere] Geschäftsführer Lutz Weisbecker erklärt, warum: „Aus einem Bohrloch kommt ein fürchterliches Gemisch heraus, einmal Öl, dann Wasser, dann Gas und dann Sand, oder vulgär ausgedrückt, Dreck. Und das Problem ist, dass man das alles zusammen pumpen müsste."
Das ginge theoretisch gar nicht, aber praktisch hätten seine Ingenieure eine Lösung gefunden, um alles gemeinsam zu pumpen. Danach werde das Gemisch zu einer Anlage befördert, in der es getrennt wird in Öl, Gas, Wasser und Sand. [...] Der Vorteil: Die gleichzeitige Förderung steigert die Effizienz und macht das klimaschädliche Abfackeln von Gas bei der Ölförderung überflüssig.
Zusammen mit dem norwegischen Partner KVAERNER installiert[e] Bornemann für den britischen Öl-Multi BP [...] eine Unterwasseranlage im Golf von Mexiko – auf 1700 Meter Meerestiefe. Eine echte Herausforderung für die rund 80 Bornemann-Ingenieure. „Dort unten herrschen Bedingungen, da ist der Weltraum noch einfach dagegen, denn da kann ich aussteigen", sagt Weisbecker. Bei 170 Bar Druck kann das hingegen kein Mensch mehr. [...]
Nur auf die noch boomende Öl- und Gasindustrie verlassen will man sich bei Bornemann allerdings nicht. „In der Welt muss alles gefördert werden. Wir haben zum Beispiel ein ganz großes Ziel im so genannten Food-Bereich: Wir wollen Weltmarktführer für Käsepumpen werden", sagt Weisbecker. [...] Nicht verwunderlich, dass gerade der Nahrungsmittel-Bereich einer der Wachstums-Motoren bei Bornemann ist – mit zweistelligen Wachstumsraten. Noch macht dieser Teil aber nur rund zehn Prozent des Jahresumsatzes aus, und der liegt bei rund 80 Millionen Euro.
Selbstbewusst geht man mit der Konkurrenz im Nacken um: Als Gejagter sieht sich der vielfach preisgekrönte Mittelständler mit Marktanteilen jenseits der 70 Prozent nicht.

*Richard Fuchs, Mit gepumptem Dreck zum Marktführer, 2007, auf www.dw.de vom 6.7.2007*

### Aufgaben

1. Geben Sie die zentralen Aussagen zur Unternehmensstrategie von Bornemann Pumpen wieder.
2. Erläutern Sie, warum Bornemann Pumpen die wichtigste Produktionsstätte für seine Hochtechnologie in Deutschland unterhält.
3. Charakterisieren Sie die Standortstrategie Bornemanns als typisch für Unternehmen mit ähnlicher Ausrichtung. Beziehen Sie sich dabei auf Ihnen bekannte Theorien internationaler Arbeitsteilung.

*Le monde diplomatique, Atlas der Globalisierung 2012, S. 39*

# Globale Finanzmärkte – ausreichend reguliert?

5

Die Finanzkrise 2008 hat nicht nur die schwerste Wirtschaftskrise seit 1929 ausgelöst, sondern auch drastisch vor Augen geführt, welche Bedeutung die seit den 1970er-Jahren exponentiell gewachsenen internationalen Finanzmärkte und deren Vernetzung haben. Mithilfe von Kapitel 5 können Sie erarbeiten, ob die Finanzmärkte vor allem zerstörerisches Potenzial haben oder ob sie auch konstruktiv in Hinblick auf Wohlstandssteigerung wirken können. Auch können Sie Fragen beantworten wie: Was wird auf Finanzmärkten eigentlich gehandelt? Welche Ursachen und Folgen haben große Finanzkrisen für die Bürger? Sind Finanzmärkte nur von geldgierigen Spekulanten gesteuerte „Orte" oder ist der Normalbürger nicht nur Leidtragender, sondern auch Miturheber?
Als einen wesentlichen Finanzmarkt können Sie sich den Devisenhandel – also den Kauf und Verkauf von Währungen – erschließen. Dabei lernen Sie (un-)erwünschte Folgen der Auf- und Abwertung einer Währung gegenüber einer anderen und die Konsequenzen hochfrequenter Devisenspekulationen kennen. Um den negativen Auswirkungen von Devisen- und anderen Finanzspekulationen Herr zu werden, wird immer wieder der Vorschlag gemacht, diese Transaktionen zu besteuern. Zum Abschluss des Kapitels beurteilen Sie die Eignung dieser sogenannten „Tobin-Steuer" als Beispiel für den Versuch einer wirksamen Finanzmarktregulation.

## Aufgaben

1. Beschreiben Sie das Schaubild und arbeiten Sie mögliche globale ökonomische Problembereiche heraus.
2. Stellen Sie sich vor, der Euro verlöre aufgrund von Finanzmarktspekulationen gegenüber dem US-Dollar deutlich an Wert. Diskutieren Sie, was das für Sie als Käufer, als Reisende und als Geld-Anlegende bedeuten könnte.

## KOMPETENZEN

Am Ende dieses Kapitels sollten Sie Folgendes wissen und können:

... das Zustandekommen von internationalen ökonomischen Konflikten und Krisen (z. B. Wirtschaftskrise um 2009) – nach Ursachen, Auslösern und Folgen getrennt – erklären.

... das weltweite Finanzmarktsystem in seinen und insbesondere die Devisenmärkte in ihren Grundzügen beschreiben.

... die Wirksamkeit und Legitimität von bestehenden internationalen ökonomischen Regelsystemen sowie neuen Regulierungsvorschlägen beurteilen.

... bei privaten finanziellen Anlageentscheidungen die Auswirkungen von Spekulationsgeschäften berücksichtigen.

# 5.1 Finanzmärkte – zu schwach reguliert?

## 5.1.1 Welche Auswirkungen hatte die Wirtschaftskrise?

### M 1 Weltweite ökonomische Folgen der Wirtschaftskrise 2009

Prozentuale Veränderung des BIP * im Jahr 2009 im Vergleich zum Vorjahr

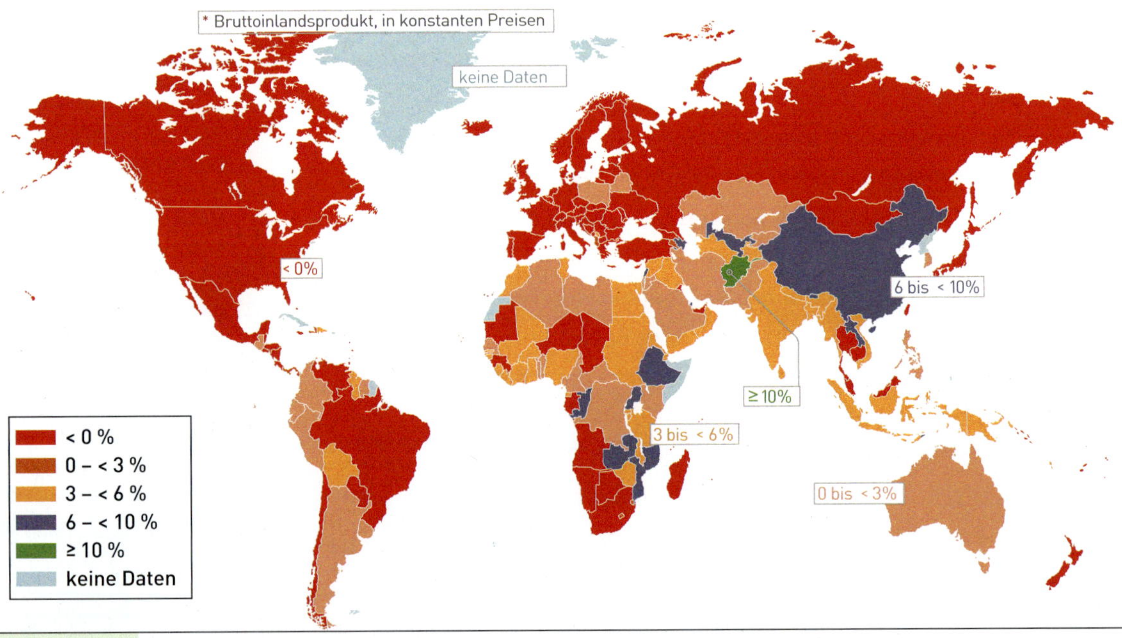


*Bundeszentrale für politische Bildung, auf: www.bpb.de, April 2010, Zahlen: IWF*

### M 2 Arbeitslosigkeit durch Wirtschaftseinbruch 2009?

a) Entwicklung der Arbeitslosenquoten

| | 2007 | 2008 | 2009 | 2010 | 2011 | 2012 | 2013* | 2014* |
|---|---|---|---|---|---|---|---|---|
| EU-27 bzw -28 | 7,2 | 7,0 | 9,0 | 9,6 | 9,6 | 10,4 | 10,8 | 10,5 |
| Eurozone | 7,6 | 7,6 | 9,6 | 10,1 | 10,1 | 11,3 | 12,0 | 11,8 |
| Deutschland | 8,7 | 7,5 | 7,8 | 7,1 | 5,9 | 5,5 | 5,3 | 5,1 |
| Frankreich | 8,4 | 7,5 | 9,1 | 9,3 | 9,2 | 9,8 | 10,3 | 10,4 |
| Griechenland | 8,3 | 7,7 | 9,5 | 12,6 | 17,7 | 24,3 | 27,3 | 26,0 |
| Irland | 4,6 | 6,4 | 12,0 | 13,9 | 14,7 | 14,7 | 13,1 | 11,4 |
| Italien | 6,1 | 6,7 | 7,8 | 8,4 | 8,4 | 10,7 | 12,2 | 12,8 |
| Spanien | 8,3 | 11,3 | 18,0 | 20,1 | 21,7 | 25,0 | 26,4 | 25,5 |
| Großbritannien | 5,3 | 5,6 | 7,6 | 7,8 | 8,0 | 7,9 | 7,5 | 6,6 |
| USA | 4,6 | 5,8 | 9,3 | 9,6 | 8,9 | 8,1 | 7,4 | 6,4 |

*Prognose

*Zahlen (saisonbereinigt): EU-Kommission, EUROSTAT, OECD (Mai 2014)*

**b) Entwicklung der Produktion der EU-27**

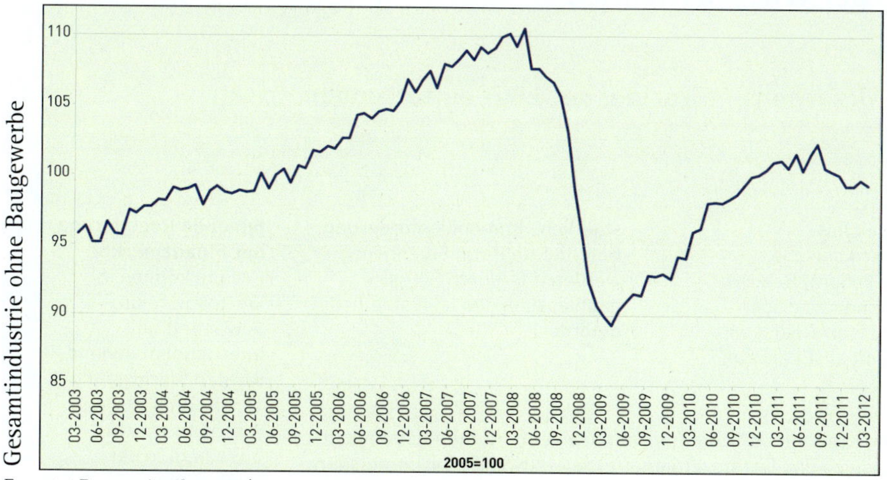


*Eurostat Pressemitteilung 71/2012, 14.5.2012, S. 1*

## M 3 ● Krisenfolgen in Entwicklungsländern

Während „sich die Krise in den entwickelten Ländern allmählich abschwächt, verschärft sie sich in den Entwicklungsländern noch“, so der sozialistische Europa-Abgeordnete Enrique Guerrero Salom. [...] Saloms Bericht [vor dem Europäischen Parlament] macht deutlich, dass die Krise – entgegen ursprünglicher Erwartungen – enorme Auswirkungen in den Entwicklungsstaaten hat. Ursprünglich sei man davon ausgegangen, dass sie die Entwicklungsländer aufgrund der geringen Integration in das globale Finanzsystem weniger stark beeinträchtigen würde als die hoch entwickelten Staaten des Nordens. [...]

Nunmehr ergibt sich jedoch ein ganz anderes Bild: Die Finanzströme in Richtung Entwicklungsländer sind um rund 40 Prozent zurückgegangen (von rund 1 Billionen Dollar 2007 auf circa 600 Milliarden in 2009). Nur 1,6 % der Kredite des Internationalen Währungsfonds sind nach Afrika gegangen. Gleichzeitig sind die Preise für Rohstoffe, eine wichtige Einnahmequelle für viele Entwicklungsländer, im Schnitt um rund 20 % zurückgegangen. Die Entwicklungshilfe lag voraussichtlich 22 Mrd. Dollar unter dem im Jahr 2005 [...] zugesagten Niveau.

In der Folge wird sich nach Schätzungen von Hilfsorganisationen und staatlichen Entwicklungsorganisationen die Zahl der in extremer Armut lebenden Menschen um 100 Millionen auf dann rund 1,1 Milliarden erhöhen. Südlich der Sahara dürften zusätzlich 30.000 bis 50.000 Kinder ihr Leben verlieren.

*„Tsunami“ in Afrika: Folgen der Finanzkrise beschäftigten die Europa-Abgeordneten, auf: www.europarl.europa.eu, 24.3.2010*

### Aufgaben

1. Erklären Sie die mögliche Bedeutung der Wirtschaftskrise um 2009 aus verschiedenen Perspektiven, z. B.: a) Arbeiter in einem Industriebetrieb in Deutschland; b) Besitzer eines mittelständischen Unternehmens für Autoteile; c) Kämmerer ihrer Gemeinde; d) Bundesfinanzminister; e) Mitarbeiter einer afrikanischen Menschenrechtsorganisation.
2. Analysieren Sie die Auswirkungen der Krise auf die Realwirtschaft anhand der Indikatoren Veränderung von Bruttoinlandsprodukt und Produktionsvolumen sowie Arbeitslosenquote (M 1–M 3).

**M** zu Aufgabe 1
Gehen Sie arbeitsteilig vor und präsentieren Sie Ihre Ergebnisse.

**H** zu Aufgabe 2
Vergleichen Sie die Entwicklung des Produktionsvolumens mit der Entwicklung der Arbeitslosigkeit in der EU.

**F** Erläutern Sie die Besonderheiten der Entwicklung der Arbeitslosenquote in Deutschland (M 2a).

## 5.1.2 Markt- oder Politikversagen? Ursachen und Auslöser der Wirtschaftskrise

### M 4 Ursachen und Verlauf der 2007 einsetzenden Krisen

#### Krisenursachen

**Boni:**
An Umsatz gekoppelte Lohnkomponenten für Bankmanager und Kreditvermittler (ohne Beteiligung an finanziellen Risiken der Abschlüsse)

**niedriger Leitzins:**
Die US-amerikanische Notenbank Federal Reserve (FED) legt einen niedrigen Leitzinssatz fest. Ziel ist es, die Wirtschaft anzukurbeln.

**staatliche Immobilienförderung:**
Bau und Kauf von Eigenheimen werden z. B. durch Steuernachlässe in den USA staatlich gefördert.

**fehlende Regulierung der Finanzmärkte:**
Kredite können in Wertpapiere umgewandelt und international gehandelt werden (Verbriefung). Verbriefungsrisiken erscheinen nicht unbedingt in der Bankbilanz. Ratingagenturen bewerten „verbriefte" Kredite als extrem sicher.

**Vergabe von Krediten an Schuldner mit schlechter Zahlungsfähigkeit:**
Auch Arbeitslose und Geringverdiener erhalten Kredite für Immobilien (sogenannte Subprime-Kredite). Sie bürgen für die Kredite nicht mit existierenden Sicherheiten, sondern mit dem Wert der – kreditfinanzierten – Immobilien. Die Nachfrage nach Immobilien steigt kontinuierlich und damit deren Preis. Die Preise übersteigen den Wert der Immobilien deutlich (Immobilienblase).
Teilweise werden mit der „Sicherheit" gestiegener Häuserpreise neue Kredite für Konsumausgaben (Autos, Reisen...) vergeben.

#### Banken- bzw. Subprimekrise (USA)

**Verfall der Immobilienpreise in den USA:**
Mit dem Erkennen der deutlich überhöhten Häuserpreise sanken die Marktpreise schlagartig und der Immobilienmarkt brach zusammen.

**Zahlungsunfähigkeit der Hausbesitzer:**
Bei privater Insolvenz können die Hausbesitzer ihre Kredite nicht zurückzahlen.

**Misstrauen im Bankensektor:**
→ Die Banken geben einander keine Kredite mehr.
→ Bankkunden fürchten den Zusammenbruch der Banken und ziehen ihre Einlagen zurück (Gefahr des bank run).

#### weltweite Finanzkrise

**Boni:**
Auszahlung oft trotz angeschlagenen Bankensektors

**Bankenpleiten:**
Weltweit geraten Banken, die verbriefte Kredite gekauft haben, in Schwierigkeiten: z. B. Pleite der Investmentbank Lehman Brothers (USA, September 2008) und Verstaatlichung der Hypo Real Estate (Deutschland, Oktober 2009).

**Folgen für Staaten:**
Hohe Kosten für „Bankenrettung"
→ zusätzliche Belastung des Staatshaushalts

#### weltweite Wirtschaftskrise

**Einschränkung der Kreditvergabe:**
Banken weltweit vergeben deutlich weniger Kredite an Wirtschaftsunternehmen.

**deutlicher Rückgang der Wirtschaftsleistung**
Es entstehen besonders Absatzschwierigkeiten für stark exportorientierte Volkswirtschaften wie die Deutschlands (weltweite Ungleichgewichte der Leistungsbilanz) sowie BIP-Einbrüche für Staaten mit großem Finanz- (z. B. Großbritannien, Irland) oder Bausektor (z. B. Spanien)
→ Einnahmeverluste letztlich auch eine Ursache für die Staatsschuldenkrise in mehreren Euro-Staaten ab 2010.

**Gefahr steigender Arbeitslosigkeit**
→ staatliche Einnahmeverluste (Steuern) und Ausgabenerhöhungen (Sozialleistungen)

*Grafik nach: Jana Bretschneider, in: Weltwirtschaftskrise, Bamberg 2011, S. 87*

**Info**

### Rating-Agenturen

Rating-Agenturen sind Unternehmen, die die Kreditwürdigkeit (Bonität) von Unternehmen oder Staaten sowie das Ausfallrisiko von Finanzprodukten ständig aktualisiert einschätzen. Diese Einschätzung wird in Buchstabenkombinationen von AAA (höchst kreditwürdig/sicher) bis D (zahlungsunfähig/äußerst risikoreich) angegeben. Investoren haben großes Interesse an dieser Einschätzung, da sie dadurch das Risiko eines (teilweisen) Zahlungsausfalls besser taxieren können. Ein höheres Risiko muss dann von den Kreditnehmern meist mit einem höheren Zins für geliehenes Geld vergütet werden. Ökonomisch haben Rating-Agenturen die Funktion, Informationskosten für Gläubiger zu senken.

Kritikpunkte: Die drei großen Agenturen (Moody's, Standard & Poor's, Fitch Rating) verfügen erstens über eine Art faktisches Rating-Oligopol und damit über die Macht, ganze Unternehmen oder Staaten in Zahlungsschwierigkeiten zu bringen. Zweitens sind diese mächtigen Agenturen Privatunternehmen und unterliegen damit einer eher geringen öffentlichen Kontrolle. Drittens haben sie insofern zur Finanzkrise ab 2007 beigetragen, als dass sie die Risiken von neuen Finanzprodukten („Verbriefungen") systematisch unterschätzten und sie sogar mit Bestnoten versahen.

*Autorentext*

## M 5 ● Markt- und Politikversagen

**a) Marktversagen**

Marktversagen liegt vor, wenn der Marktmechanismus aus Angebot und Nachfrage nicht zu den volkswirtschaftlich wünschenswerten Ergebnissen führt und die Produktionsfaktoren nicht so verwendet werden, dass sie den größtmöglichen Ertrag für die Gesamtwirtschaft bringen. In Fällen des Marktversagens, z.B. bei externen Effekten, öffentlichen Gütern oder Monopolen, greift der Staat in das Marktgeschehen ein, um Nachteile zu verhindern [...]. So werden vom Staat z.B. Forschungsarbeiten von Unternehmen finanziell unterstützt, um damit einen Anreiz zu schaffen, Grundlagenforschung zu betreiben, die für das einzelne Unternehmen hohe Kosten verursacht, gleichzeitig aber das Know-how in der gesamten Volkswirtschaft verbessert.

*Duden Wirtschaft von A bis Z, Bonn 2004*

**b) Politikversagen**

Politiker sind an Machtgewinn und -erhalt interessiert. Daher wird ihnen (1) häufig unterstellt, sie hätten nur die kurzfristige Perspektive bis zur folgenden Wahl im Blick, weswegen sie unpopuläre Entscheidungen hinauszögern und langfristige Folgen nicht ausreichend berücksichtigen würden. (2) Politiker seien durch Interessengruppen beeinflussbar, was die Wähler wiederum nur schwer kontrollieren könnten. (3) Märkte sind komplex. Es ist z.B. nie vollständig vorhersagbar, wie Produzenten und Konsumenten auf Anreize reagieren. Daher können die Wirkungen wirtschaftspolitischer Maßnahmen im Vorhinein nie vollständig richtig abgeschätzt werden.

*Autorentext*

### Aufgaben

1. Beschreiben Sie das Zustandekommen der Wirtschaftskrise 2008/09 (M 4).
2. Arbeiten Sie heraus, inwieweit es sich beim Zustandekommen der *Finanz*krise eher um Marktversagen oder um Politikversagen gehandelt hat (M 4, M 5).
3. Rating-Agenturen werden häufig als Hauptverantwortliche für die Finanzkrise bezeichnet. Überprüfen Sie diese Aussage (M 4, Infobox).

### Staatsschuldenkrise ab 2010

Die sog. „Euro-Krise" hat nur bedingt mit der Finanz- und Wirtschaftskrise zu tun. Zwar sind einige Ursachen (erhöhte Staatsausgaben zur Konjunkturförderung, Sparprogramme zur Kompensation von Einnahmerückgängen...) auf Reaktionen auf die Krise um 2008/09 zurückzuführen. Aber die Tatsache, dass sich diese Krisenstaaten auf den freien Finanzmärkten nur noch zu sehr hohen Zinsen Geld leihen können, hat vielschichtigere Ursachen (z. B. hohe Jugendarbeitslosigkeit, spekulativer Bauboom, hochriskante Bankgeschäfte in Spanien; Aufblähung des öffentlichen Sektors in Griechenland; wirtschaftsstrukturelle Unterschiede in der Euro-Zone bei gemeinsamer Währung).

*Autorentext*

### Moral Hazard

Förderung eines (für die Gemeinschaft schädlichen) Individualverhaltens aufgrund der Gewissheit, dass mögliche Kosten abgedeckt sind und nicht selbst getragen werden müssen

**H** zu Aufgabe 1
Differenzieren Sie nach Ursachen und Folgen/Auswirkungen und nutzen Sie den Moral-Hazard-Begriff.

## 5.1.3 Regelt sich auf dem Markt alles selbst? Zur Effizienz freier Finanzmärkte

### M 6 ● Verhalten von Finanzmarktakteuren in der Karikatur

*Karikatur: Kevin Kallaugher*

### M 7 ● Entwicklungstendenzen der internationalen Finanzmärkte

Die internationalen Finanzmärkte haben sich seit Mitte der 1970er-Jahre stark verändert. Die weltweite Abschaffung von Kapitalverkehrskontrollen nach dem Ende des Währungssystems von Bretton Woods und der zunehmende Einsatz von miteinander vernetzten Computern mit der damit einhergehenden Senkung von Informations- und Transaktionskosten habe eine erhebliche Zunahme internationaler Kapitalströme bewirkt (Internationalisierung) und die Effizienz von Finanzierungsprozessen erhöht. Der Einsatz von Finanzderivaten (siehe Infobox „Verbriefung" hat stark zugenommen, ebenso die Bedeutung institutioneller Anleger (Institutionalisierung). Bei Banken, Investmentgesellschaften und Versicherungen hat die Öffnung der Märkte für ausländische Anbieter zu einer spürbaren Verstärkung des Wettbewerbs geführt. Die Deregulierung und Liberalisierung der Märkte für Finanzdienstleistungen in Europa hat vor allem durch den Europäischen Binnenmarkt einen kräftigen Schub erhalten. [...]
Die zunehmende Verbriefung von Zahlungsverpflichtungen (Sekuritisierung) führt zur Handelbarkeit vieler bislang unternehmenstypischer Risiken (siehe Infobox). [Als Folge der Finanz- und Weltwirtschaftskrise 2008/09 gab es wieder Bemühungen zur Regulierung der Finanzmärkte (vgl. Kap. 5.2, M 2)].

*Michael Bauer u.a., Wirtschaft heute, Bonn 2009, S. 288*

**Hausse**
Zeit anhaltender Kursgewinne an der Börse („Bullenmarkt"); häufig ausgelöst durch sich selbst verstärkende Spekulationsgeschäfte oder durch dynamische konjunkturelle Entwicklung („Wirtschaftsboom")

**Baisse**
Längerer, von Kursverlusten geprägter Zeitraum („Bärenmarkt"); selbstverstärkende Effekte durch zunehmendes Misstrauen der Anleger und Erwartung künftiger Verluste

**Finanzmarkt-akteure**
- Banken
- Versicherungen
- Investmentgesellschaften (Investmentfonds, Risikoanleger wie Hedge Fonds oder Private Equity Fonds)
- Pensionsfonds (agieren mit Geldern zur Alterssicherung der Einzahler)
- Privatkäufer (insb. von Aktien)

**Erklärfilm zu Rating-Agenturen**

Mediencode: 73005-06

**Info**

### Der Internationale Währungsfonds (IWF)

Der IWF (2014: 188 Mitgliedstaaten) wurde 1944 auf der Konferenz von Bretton Woods gegründet mit dem Ziel, das internationale Währungssystem zu überwachen und zu stabilisieren. Bei Zahlungsschwierigkeiten eines Mitglieds kann der IWF dem Staat finanzielle Hilfen in Form von Krediten gegen Auflagen gewähren, um eine unkontrollierte Abwertung der Währung zu verhindern. Ebenfalls erfolgt Hilfe beim Aufbau einer staatlichen Finanzverwaltung (z. B. Steuerbehörden). Seine Mittel erhält der IWF aus Einlagen seiner Mitglieder, nach deren Höhe sich auch das Stimmgewicht bemisst (USA: 16,75 %, Deutschland: 5,81 %). Entscheidungen müssen mit einer 85 %-Mehrheit getroffen werden.

Kritiker bemängeln, dass die Auflagen des IWF zu stark in die (Wirtschafts-)Struktur und die staatliche Souveränität des jeweiligen Nehmerlandes eingriffen sowie eher zum Schutz der Gläubiger als zur Stabilisierung des in Not geratenen Landes geeignet seien.

*Autorentext*

### Bretton Woods-System

- Von 1944 („Konferenz von Bretton Woods") bis Mitte der 1970er-Jahre bestehendes System fester Wechselkurse
- US-Dollar als goldgedeckte Leitwährung
- Zweck: Erleichterung des Weltgüterhandels und der Auslandsinvestitionen

## M 8 ● „Architektur" und Dimension der internationalen Finanzmärkte

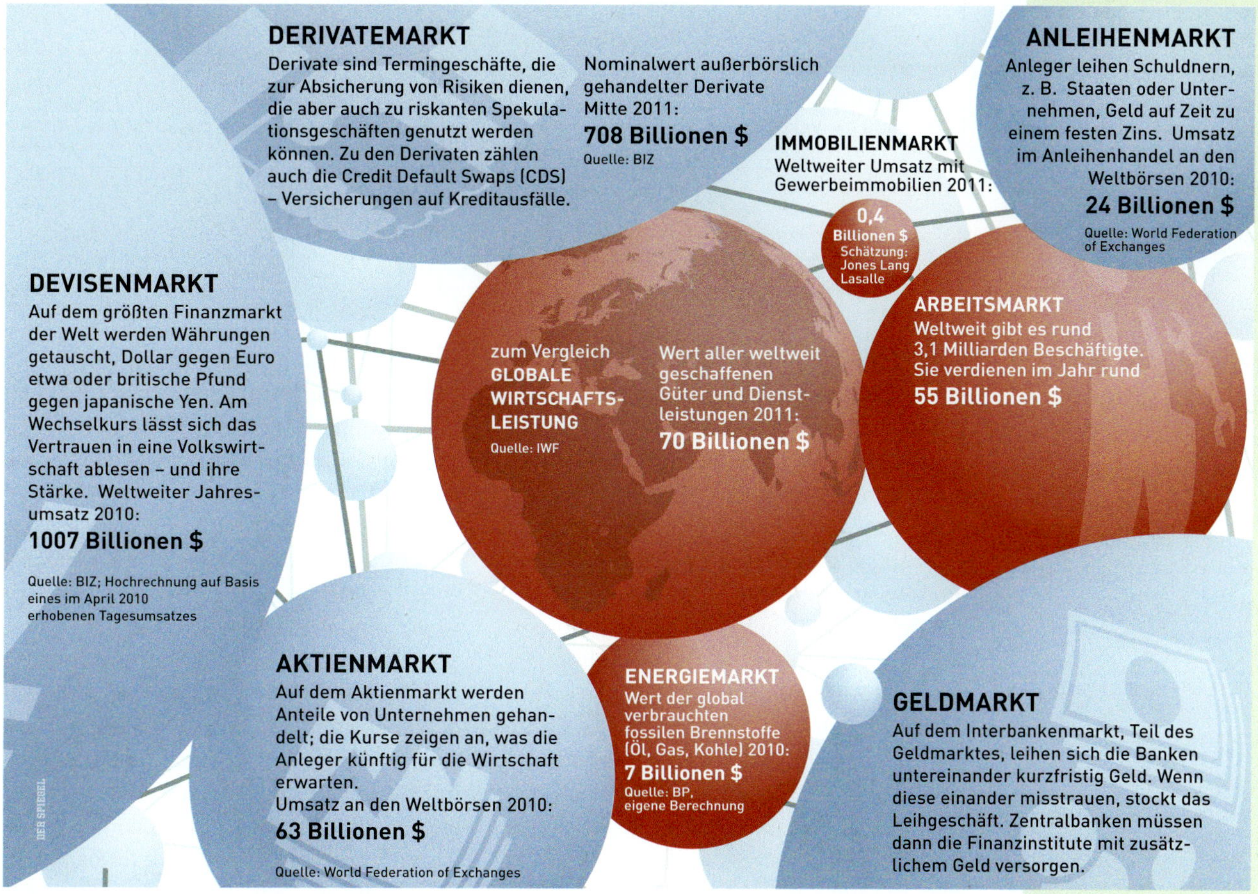


*Der Spiegel, 12.12.2011, S. 42 f.*

**Derivate**
- Finanztermingeschäfte: Preis hängt von den zukünftigen (am Fälligkeitstag bestehenden) Kursen der Referenzgrößen ab
- „Ableitungen" von folgenden möglichen Referenzgrößen (derivare (lat.): ableiten): Handelsgüter (z. B. Nahrungsmittel, Edelmetalle, Rohstoffe), Wertpapiere (z. B. Aktien), Zinssätze und Indices (z. B. Deutscher Aktienindex)

**Investmentbanken**

Banken, die sich ausschließlich auf den Handel mit Finanzprodukten spezialisiert haben, im Unterschied zu Geschäftsbanken, die Spareinlagen von Privatleuten entgegennehmen und Kredite an Unternehmen und Privatpersonen vergeben

## Info

### Verbriefung (von Kreditrechten)

Die traditionelle Praxis der Kreditvergabe wird im Englischen als „Buy-and-Hold" bezeichnet. Das bedeutet, dass eine Bank einen Kredit vergibt und diesen so lange in ihrer Bilanz behält, bis er vollständig zurückbezahlt worden ist. Dieses Vorgehen sorgt bei der kreditvergebenden Bank für ein großes Interesse, dass der Gläubiger zuverlässig seinen Kredit zurückbezahlt. Dementsprechend ist zu erwarten, dass sie mit großer Sorgfalt bei der Kreditvergabe vorgehen wird. Diese Praxis wurde in den Vereinigten Staaten zunehmend abgelöst durch das Geschäftsmodell „Originate-to-Distribute". Hierbei vergibt eine Bank [...] einen Kredit mit dem Wissen, dass dieser schon nach kurzer Zeit nicht mehr in den eigenen Büchern enthalten sein wird. Die Kredite wurden dann an Investmentbanken verkauft; diese haben die Kredite wiederum zu Paketen gebündelt, in einzelne Tranchen zerteilt und an Investoren weltweit weitergereicht [= Verbriefung von Kreditrechten] [...]. Es ist unschwer zu erkennen, dass diese Vorgehensweise der Weitergabe von Kreditrisiken die Sorgfalt bei der Prüfung der Kreditwürdigkeit [etwa bei Immobilienfinanzierungen] beeinträchtigen kann. [...]

[D]ie neue Form der Kreditgewährung [hat zunächst] entscheidend zu [...] dem globalen Wirtschaftswachstum beigetragen [...]. Die neuen Finanzprodukte haben die Kosten der Kreditvergabe maßgeblich gesenkt – auch für deutsche mittelständische Unternehmen. [...] Deutschland hat noch in anderer Weise von der Entwicklung der Kreditverbriefung profitiert. So hat die Zunahme von Krediten in den Schwellen- und Entwicklungsländern das Wachstum entscheidend beschleunigt – Länder, deren Nachfrage ganz entscheidend zu Deutschlands Status als Exportweltmeister beigetragen hat.

*Jürgen Fitschen, Neuordnung der Finanzmärkte – Von der Krise zur Reform, in: Bitburger Gespräche. Jahrbuch 2009/I, München 2010, S. 73 ff.*

## M 9 • Heiner Flassbeck: Ineffizienz der Finanzmärkte durch Herdenverhalten

An Finanzmärkten macht man in der Regel nicht dadurch Gewinne, dass man Dinge erwirbt, die man für den eigenen Lebensunterhalt oder die eigene Produktion braucht und verbraucht, sondern dadurch, dass man bestimmte Vermögenstitel (*assets*) günstig ein- und zu einem höheren Preis wieder verkauft. Ob es dabei um Anteilsscheine an Unternehmen, an Häusern, an Rohstofferlösen oder an Währungen geht, ist unbedeutend. Der Akteur will ja nichts verbrauchen, sondern das gekaufte Papier nur an einen anderen Akteur weiterverkaufen [...]. Zudem macht es im Prinzip keinen Unterschied, ob man Papiere hält, deren Wert steigt, wenn das dem Papier zugrunde liegende *asset* an Wert gewinnt oder deren Wert dadurch steigt, dass ein *asset*, gegen dessen Wertverlust man sich versichert hat, an Wert verliert, wie bei den mittlerweile zu notorischer Berühmtheit gelangten *credit default swaps.*

Der Preis eines Vermögenstitels, etwa einer Aktie, steigt aber auf modernen Finanzmärkten [...] nicht dann, wenn es angesichts der Fundamentaldaten eines Unternehmens geboten wäre, sondern genau dann, wenn viele Finanzmarktteilnehmer überzeugt sind, dass der Preis dieser Aktie steigen wird [...]. Die Informationen, die man braucht, um an diesem Markt erfolgreich zu sein, sind folglich nicht Informationen über die individuellen fundamentalen Bedürfnisse oder Leistungen der Marktteilnehmer, sondern Informationen über die Informationen, die voraussichtlich die Erwartungen der Masse der Marktteilnehmer in ihrer Kaufentscheidung leiten werden.

Genau an dieser Stelle bricht das Dogma der effizienten Märkte in sich zusammen. Es ist nun nämlich rational, Vermögenstitel an einem Markt nur deswegen zu kaufen, weil man erwartet, dass andere das Gleiche tun werden – selbst wenn man eigentlich der Überzeugung ist, dass sich die Fundamentaldaten, die dem Vermögenstitel zugrunde liegen, verschlechtern. Kommt es zu einer solchen Herdenbildung, produziert der Finanzmarkt systematisch falsche Preise, da diese mit Angebot und Nachfrage an den realen Märkten nichts mehr zu tun haben. Herdenbildung ist aber der Normalfall an den „Märkten", und folglich sind die Preise dauerhaft verzerrt. [...] An Finanzmärkten, wo von allen Teilnehmern die gleichen Informationen ausgewertet und bewertet werden, ist Herdenbildung absolut rational. Weil die Herde dadurch Gewinne machen kann, dass alle in die gleiche Richtung rennen, muss der normale Marktteilnehmer folgen, will er nicht unter die Hufe kommen. [...] Deutlicher als an allen anderen Märkten wird das bei Währungsspekulationen sichtbar, wo die Herde die Wechselkurse nachweislich über Jahre gegen die Fundamentaldaten (also vor allem die Preis- und Zinsdifferenzen) und damit in die falsche Richtung bewegen kann. Das richtet fürchterlichen Schaden in der Realwirtschaft an, weil ganze Sektoren der Wirtschaft quasi über Nacht ihre weltwirtschaftlichen Positionen räumen und ihre Arbeiter entlassen müssen. [...] Aber auch an Rohstoffmärkten, einschließlich der Märkte für Grundnahrungsmittel, lassen sich solche Herdenphänomene mit all ihren negativen Folgen aufzeigen. [...] Man kann die Fehlfunktion der Finanzmärkte auf die einfache Formel bringen, dass normale Märkte Knappheit beseitigen, also zu Preissenkungen tendieren, während Finanzmärkte Knappheit schaffen, also zu Preiserhöhungen tendieren. An einem normalen Markt wird ein Investor belohnt, wenn er als Erster eine Knappheit in Gestalt „zu hoher Preise" erkennt und beseitigt; an den Finanzmärkten hingegen wird der Investor belohnt, dem es gelingt, möglichst viele „Investoren" in einen Markt zu locken und damit Preiserhöhungen in Gang zu setzen. Seine Kunst ist es nur, als Erster wieder auszusteigen, also rechtzeitig zu deinvestieren.

Börsenhändler bei der Arbeit.

*Heiner Flassbeck, Zehn Mythen der Krise, Frankfurt a.M. 2012, S. 11 ff.*

*Heiner Flassbeck ist seit 2003 Chefvolkswirt der Welthandels- und Entwicklungskonferenz der Vereinten Nationen (UNCTAD).*

**credit default swaps (CDS):**
Derivate, die es erlauben, Kreditausfallversicherungsverträge (außerbörslich als Wertpapiere) zu handeln; Einschätzung des Kredit-Ausfallrisikos dadurch deutlich erschwert

## Aufgaben

1. Beschreiben Sie die Karikatur und deuten Sie sie vor dem Hintergrund der Überlegungen Flassbecks zum „Herdenverhalten" auf den Finanzmärkten (M 6, M 9).
2. „In unterschiedlicher Gestalt werden Schulden [...] selbst zu einer handelbaren Ware gemacht [...]. [Der Kredit] erhält dann zwar einen Preis, besitzt aber [als Nicht-Arbeitsprodukt] keinen Wert [...]." (Michael Heinrich) Erläutern Sie diese – an Karl Marx angelehnte – Aussage.
3. Entwickeln Sie Maßnahmen zur Regulierung der Finanzmärkte und diskutieren Sie diese.

**M zu Aufgabe 3**
Arbeiten Sie in Gruppen und halten Sie die Maßnahmen sowie die Pro- und Kontra-Argumente auf einem Plakat fest (M 7, M 8; Kap. 2.2.1, 2.2.2).

### 5.1.4 Devisenmärkte: Welche Bedeutung haben Wechselkurse?

#### M 10 Betroffene von Wechselkursänderungen

**Angelika M.** ist Beraterin für Handelsbeziehungen der deutschen Bundesregierung. Seit über einem Jahrzehnt exportieren die Wirtschaftsunternehmen der Bundesrepublik deutlich mehr als nach Deutschland eingeführt wird (sogenannter Handelsbilanzüberschuss). Zugpferde dabei sind die Maschinenbau- und die Automobilindustrie. Exportiert wird dabei vor allem in EU-Staaten, in die USA und nach China. Deutschland ist ein sehr rohstoffarmer Industriestaat. Sowohl die metallischen u. ä. Grundstoffe für die Produktion als auch Brennstoffe müssen importiert werden. Ein Großteil der Güterausfuhren sowie der Rohstoffeinfuhren werden in US-$ abgewickelt.

**Petra M.** ist Einkaufsmanagerin bei einem der größten Produzenten für Aluminiumgussteile, die insbesondere im Autobau und der Elektrotechnik gebraucht werden. Das Aluminium wird aus dem Erz Bauxit gewonnen, das in großen Mengen vor allem in China, Australien, Indien, Guinea und Jamaika abgebaut wird. Der Kauf von Bauxit wird zumeist in US-$ abgewickelt. Da Petra M.s Mann aus New York stammt, verbringen die beiden jedes Jahr ihren gesamten Urlaub in den Vereinigten Staaten. Dort besitzen sie auch eine Wohnung, von der sie einige Zimmer dauerhaft vermietet haben.

**Günther H.** ist Eigner eines großen mittelständischen Betriebes für Pumpen. Seine Firma gilt als führend auf dem Weltmarkt [...]. Insbesondere seine hoch technologisierten Produkte für die Erdölförderung verkauft Günther H. zu erheblichen Teilen ins außereuropäische Ausland. Diese Verträge werden ausnahmslos in US-$ abgeschlossen. Genauso verhält es sich bei den einfachen Vorprodukten, die die Firma Günther H.s vor allem auf asiatischen Märkten einkauft. Dabei hat die Firma bei seinen Lieferanten mittelfristige Verbindlichkeiten (= Schulden) in Höhe von 15 Mio. US-$.

#### M 11 Entwicklung des Wechselkurses Euro-Dollar

*Europäische Zentralbank, http://sdw.ecb.europa.eu (Stand: Juli 2014)*

**Terms of Trade**
→ vgl. Kap. 4.1

#### M 12 Wie wirkt sich Abwertung volkswirtschaftlich aus?

Durch eine Abwertung der Inlandswährung werden die eigenen Exportgüter aus der Sicht des Auslandes billiger, die ausländischen Importgüter aus der Sicht des Inlands teurer, sodass sich eine Tendenz zur Verbesserung der Leistungsbilanz ergibt. Dies lässt sich auch anhand des Begriffs „Terms of Trade" erläutern. Eine Abwertung der Inlandswährung, welche die Exportpreise senkt und die Importpreise erhöht, würde zu einer „Verschlechterung" der Terms of Trade führen, da mit dem Erlös einer konstanten Menge an Exportgütern nur noch eine kleinere Menge an Importgütern „bezahlt" werden kann. Analog ergibt sich, dass eine Aufwertung der Inlandswährung eine Verbesserung der Terms of Trade bedeutet. [...]

Aus der Verschlechterung der Terms of Trade bei einer Abwertung mit Verbilligung der Export- und Verteuerung der Importgüter folgen wiederum positive Effekte für die Beschäftigung im Inland, und hier ist auch die Hauptantriebskraft für den Wunsch nach Abwertung der eigenen Währung im internationalen Kontext zu sehen. [...] Der Preis für die beschäftigungsfördernden Effekte der Abwertung [liegt in einer Tendenz zu Inflation: Z.B. werden durch eine Abwertung der Inlandswährung für die Konsumenten importierte Produkte teurer (Nachfragesog-Inflation)]. Viele Länder griffen daher bei Abwertungen vorübergehend zu Preisstopps. Der positive Beschäftigungseffekt wird aber allgemein als wichtiger betrachtet, wie auch das historische Beispiel des sogenannten Abwertungswettlaufs im Gefolge der Weltwirtschaftskrise von 1929 deutlich macht [...].

*Jörn Altmann, Wirtschaftspolitik, Stuttgart 2007, S. 451 f. (Text angepasst)*

**Info**

### Terminologie am Devisenmarkt

Am Devisenmarkt werden Währungen gehandelt (Devisen = Zahlungsmittel in fremder Währung). Dabei sind folgende Begriffe besonders relevant:
(1) Zum einen drückt [der Wechselkurs] den Preis in Inlandswährung aus für eine Einheit ausländischer Währung; dies bezeichnet man als **Preiswechselkurs**, z. B.: 1 USD = 0,7738 EUR, d. h. 1 amerikanischer Dollar (USD) kostet in Deutschland 0,7738 Euro [...].
(2) Seit Einführung des Euro sind die Preisnotierungen aber „out"; stattdessen zeigt ein Wechselkurs den Gegenwert jeweils 1 Euro in der entsprechenden ausländischen Währung. Dies bezeichnet man als Mengenwechselkurs (Mengennotierung). Der **Mengenwechselkurs** drückt aus, welche „Menge" ausländischer Zahlungsmittel man für eine Einheit der Inlandswährung tauschen kann. Im EUR-Raum bedeutet daher die Schreibweise „USD 1,2924": 1 Euro = 1,2924 Dollar (Mengenwechselkurs) [...]. Heute steht also die Basiswährung vorne und dahinter der variable Gegenwert in Zielwährung. [...]
Die Begriffe **Aufwertung** bzw. **Abwertung** hängen eng zusammen [...]. So ist eine Aufwertung des Dollars gegenüber dem Euro sinngemäß identisch mit einer Abwertung des Euros gegenüber dem Dollar: Als Abwertung des Euro bezeichnet man die Tatsache, dass sich der Wechselkurs von z. B. 1 EUR = 1,10 USD verändert zu 1 EUR = 1,05 USD, d. h. der Mengenwechselkurs sinkt. Das bedeutet gleichzeitig aber, dass der Dollar teurer wird.

*Nach: Jörn Altmann, Wirtschaftspolitik, Stuttgart 2007, S. 433 f., 448 f. (Text ergänzt)*

## M 13 ● Wie wirkt sich Aufwertung volkswirtschaftlich aus?

Sind die ökonomischen Aussichten in einem Land positiv, dann wird das betreffende Land zum Zielort internationaler Kapitalanleger und dessen Währung wertet auf. Wenn die Investoren erwarten, dass eine Währung weiter aufwertet, so sind sie gern bereit, in dem betroffenen Land weiter anzulegen oder an die Bürger und Unternehmer des Landes Kredite zu vergeben, weil ja deren Umsätze, Gewinne oder Grundeigentum plötzlich um Vieles wertvoller erscheinen. Ein Land kann in einer solchen Situation problemlos für lange Zeit über die eigenen Verhältnisse leben und trotzdem üppige Kredite vom Rest der Welt einstreichen. [...] Die durch Kapitalzuflüsse ausgelöste Aufwertung zerstört die Wettbewerbsfähigkeit der heimischen Industrie. Sie wird so zum einen von den Exportmärkten verdrängt, während heimische Konsumenten gleichzeitig vermehrt Importe kaufen, anstatt teurerer Produkte aus der heimischen Produktion. [...]
Dieses Szenario entspricht der Situation in den USA zu Anfang des ersten Jahrzehnts im 21. Jahrhundert: Während des starken Dollarkurses gaben die amerikanischen Bürger, Unternehmen und die Regierung in der Summe deutlich mehr Geld aus als sie verdienten. Trotzdem legten internationale

**Leistungsbilanzsaldo**
Differenz zwischen dem Soll und Haben aller wirtschaftlichen Transaktionen einer Volkswirtschaft mit dem Ausland; bestehend aus vier Teilbilanzen (Handels-, Dienstleistungs-, Übertragungs- und Einkommensbilanz); Leistungsbilanzdefizit = negativer Saldo, Leistungsbilanzüberschuss = positiver Saldo

(H) zu Aufgabe 1
Berücksichtigen Sie die Sicht der deutschen Exportwirtschaft sowie der deutschen Regierung.

(M) zu Aufgabe 3
Legen Sie dazu ein Flussdiagramm an, von dessen Startpunkt „Euro-Abwertung" mehrere Folgepfeile abgehen können.

(H) zu Aufgabe 5
„Flucht aus dem Euro-Raum – Der Euro hat kräftig zugelegt und könnte damit die wirtschaftliche Erholung bremsen. Deutsche Firmen überlegen, ihre Produktion nach Asien und in die USA zu verlagern."

(F) Arbeiten Sie die wirtschaftspolitischen Ziele der Bundesrepublik Deutschland und deren Beziehung zueinander heraus, die staatlicherseits mit einer Währungsabwertung verfolgt werden (können) (M 12).

Investoren mit Freude ihr Geld in den USA an und ermöglichten so ein enormes Leistungsbilanzdefizit. [...]
Gefährlich ist an diesem Prozess, dass er sich sehr schnell in sein Gegenteil verkehren kann. Kommt es zur Ernüchterung der Investoren, wenn sie eine Abwertung erwarten, folgt der Kursabsturz, weil sich im Bestreben, ihre Vermögen zu sichern, alle bemühen, ihre Geldwerte in andere stabilere Währungen zu tauschen. Nun sind die Sicherheiten in dem betroffenen Land weniger werthaltig und die Kreditwürdigkeit des Landes sinkt. In der Folge müssen Unternehmen Investitionspläne zurückschneiden, Bürger ihren Konsum reduzieren, das Land rutscht in die Krise. Weil Devisenmärkte und internationale Kapitalströme von Erwartungen getrieben sind, kann es durchaus geschehen, dass Länder ohne fundamentale Schwierigkeiten in einen solchen Strudel geraten.

*Sebastian Dullien, Hansjörg Herr, Christian Kellermann, Der gute Kapitalismus ... und was sich dafür ändern müsste, Bielefeld 2009, S. 72 ff.*

## Info

### Teilnehmer am Devisenhandel

(1) Der größte Teil des Devisenhandels wird von [ca. 3.000] **Geschäftsbanken** abgewickelt, die eigens zu diesem Zweck Fremdwährungskonten im Ausland unterhalten. [...]

(2) Daneben ist seit geraumer Zeit eine zunehmende Bedeutung der **Devisenmakler** festzustellen. Die Maklerfirmen sind spezialisierte Devisenhandelsunternehmen, die für die Abwicklung ihrer Geschäfte Gebühren verlangen. Sie vermitteln Geschäfte, indem sie von Banken oder anderen Maklern Devisen ankaufen, um sie an andere Banken oder Makler zu verkaufen. [...]

(3) Die dritte Teilnehmergruppe am Devisenhandel bilden die (nationalen) **Zentralbanken.** [Sie] betreiben kommerzielle Geschäfte, indem sie beispielsweise Zinserträge aus der Anlage von Währungsreserven in heimische Währung tauschen [...]. Zweitens greifen die Zentralbanken gelegentlich [...] in das Geschehen am Devisenmarkt ein, um bestimmte Wechselkurse durch eigene Ankäufe oder Verkäufe von Devisen in die gewünschte Richtung zu beeinflussen. Solche Geschäfte heißen Devisenmarktinterventionen [...].

*Rolf Caspers, Zahlungsbilanz und Wechselkurse, München/Wien 2002, S. 46 f.*

## Aufgaben

1. Beschreiben Sie die Entwicklung des Wechselkurses von Euro und Dollar unter Zuhilfenahme der entsprechenden Fachbegriffe (M 11). Gehen Sie dabei von der Mengennotierung aus Sicht des Euro aus (Infobox).
2. Erklären Sie, inwieweit die in M 10 aufgeführten Akteure von einer Euroabwertung bzw. -aufwertung betroffen wären (M 10, M 11).
3. Gliedern Sie die Folgen der Abwertung des Euro im Jahr 2010 in begrüßenswerte und problematische Effekte (M 11, M 12).
4. Erklären Sie die Zusammenhänge zwischen der Wechselkursentwicklung sowie der wirtschaftlichen Entwicklung einer Volkswirtschaft mithilfe des Wirtschaftskreislaufmodells („offene Volkswirtschaft").
5. Charakterisieren Sie – ausgehend von dieser Überschrift – den jeweiligen Wechselkurs einer (Landes-)Währung als Standortfaktor (M 12, M 13, vgl. Kap. 4.2).

## 5.1.5 Wie kommt es zu (schädlichen) Wechselkursschwankungen?

### M 14 Welche Größenordnung hat der Devisenhandel?

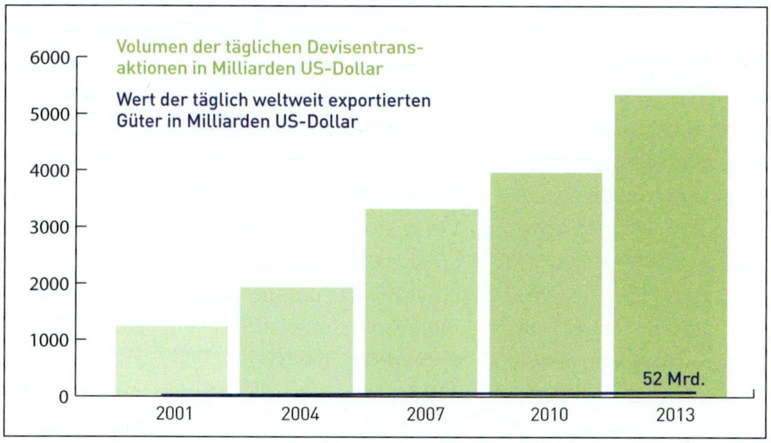


*Bank of international Settlements (Hg.), Triennial Central Bank Survey 2013, Basel 2013, S. 9; eigene Berechnung nach http://stat.wtp.org (12.5.2014)*

### M 15 Wie kann es zu Wechselkursschwankungen kommen?

**Orientierungsgröße Kaufkraftparität**

Heftige Preisschwankungen an einem Markt, so auch starke Devisenkursbewegungen am Devisenmarkt, signalisieren, dass die Marktteilnehmer recht orientierungslos sind. Es fällt ihnen schwer vorherzusagen, wie sich Angebot und Nachfrage am Markt entwickeln und in welche Richtung sich die Preise bewegen werden. Am Devisenmarkt sind solche heftigen Marktschwankungen zu beobachten, die Devisenkurse bewegen sich volatil [= (stark) schwankend]. Das überrascht zunächst, denn es gibt Orientierungsgrößen, denen der Markt folgen kann. Die aus diesen Orientierungsgrößen abzuleitenden Richtungen, in die sich die Wechselkurse bewegen können, widersprechen sich.

Ein [...] Maßstab für die Wechselkursentwicklung ist [...] die Veränderung der Kaufkraftparität. Angenommen, in den USA steigen die Preise um 5 % und in der EWU [= Europäische Wirtschafts- und Währungsunion; Eurozone] um 2 %. Die Kaufkraft des US-$ in den USA verringert sich um 5 % und die Kaufkraft des Euro in der EWU um 2 %. [...] Das bedeutet für den Devisenmarkt, der Euro muss gegenüber dem US-Dollar um 3 % aufwerten und der US-Dollar gegenüber dem Euro um 3 % abwerten. [...]

**Orientierungsgröße Zinsparität**

Die Unternehmen, die Waren ausführen oder einführen, vergleichen die jeweiligen Preise in den beteiligten Ländern und nehmen den Wechselkurs zwischen den beteiligten Ländern zur Kenntnis. Wechselkurse aber werden nicht nur von Waren- und Dienstleistungstransaktionen bestimmt, sondern auch und vor allem von Geld- und Kapitalbewegungen. [...] Die Teilnehmer am Kapitalverkehr wollen eine möglichst hohe Rendite erzielen. Sie werden ihre Mittel in Ländern anlegen, die hohe Zinsen vergüten. Angenommen, die Zinsen vergleichbarer Anlagen sind in den USA höher als in der EWU. Teilnehmer am internationalen Geld- und Kapitalverkehr werden dann Mittel aus der EWU in die USA transferieren. [...] Das [dadurch steigende] Angebot an Euro am amerikanischen Devisenmarkt führt dazu, dass der Euro/US-Dollar-Kurs sinkt. Der Euro wertet ab und der US-Dollar auf. Allgemein kann man feststellen: Werden die Zinsen in einem Land erhöht, dann wertet die Währung dieses Landes auf. Umgekehrt wertet die Währung eines Landes ab, wenn dieses Land seine Zinssätze senkt.

Damit haben wir den Punkt der Orientierungslosigkeit des Devisenmarktes erreicht. Die Orientierungsgrößen Veränderung der Kaufkraftparität und Veränderung der Zinsparität weisen nämlich in entgegengesetzte Richtungen. Angenommen, das Sozialprodukt eines Landes wird infolge hoher Lohnsteigerungen oder hoher öffentlicher Ausgaben übermäßig in Anspruch genommen. Dadurch steigt das Preisniveau dieses Landes. Die Zentralbank greift ein und erhöht die Zinssätze. Welche Kursentwicklung haben die Teilnehmer am Devisenmarkt für die betroffene Währung zu erwarten? Es kommt darauf an, ob man der Kaufkraftparitätentheorie folgt oder der Zinsparitätentheorie. Vertraut man der Kaufkraftparitätentheorie, dann rechnet der Markt damit, dass die betroffene Währung abwertet. Sieht man in der Zinsparitätentheorie den dominierenden Einfluss auf die Wechselkurse, dann muss man davon ausgehen, dass die betroffene Währung aufwertet. Der Devisenmarkt erhält bei so einem wirtschaftlichen Ereignis für die Wechselkursentwicklung kein eindeutiges Signal. Er bleibt orientierungslos.

**Orientierungsgröße Handelsbilanz**

[...] Die [Handels-]Bilanzen der Länder [...] enthalten im Wesentlichen die Waren- und Dienstleistungsausfuhren und Waren- und Dienstleistungseinfuhren. Grundsätzlich gilt der Satz, wenn ein Land ein Defizit in der [Handels-]Bilanz aufweist, dann wertet die Währung dieses Landes ab. Ein Defizit der [Handels-]Bilanz bedeutet, das Land kann die aus dem Ausland in Anspruch genommenen Leistungen nicht durch eigene Leistungen ausgleichen. Es muss fremde Währung erwerben, um das Defizit „zu bezahlen". Das Angebot an eigener Währung und die Nachfrage nach fremder Währung am Devisenmarkt werten die eigene Währung ab [und umgekehrt]. [...]

**Verunsicherte Spekulanten**

[...] Letztlich verändert sich der Wechselkurs in irgendeine Richtung, die einige Marktteilnehmer vorgeben. Jeder Marktteilnehmer beobachtet das am Monitor. Schließlich folgt der Markt, als Trittbrettfahrer, dieser Vorgabe. [...] Wenn der Devisenmarkt weitgehend orientierungslos ist, dann bildet er Wechselkurserwartungen, die in keinem Zusammenhang mehr mit den fundamentalen [wirtschaftlichen] Größen stehen. Angenommen, der Devisenmarkt erwartet, dass der Wechselkurs des Euro auf 1,00 US-$ gehen wird. Die Spekulation stabilisiert den Kurs dort. Dann erwartet man Kurse von 1,10 US-$, 1,20 US-$ und 1,30 US-$. Auch diese Erwartungen werden durch die Spekulation bestätigt. Erst wenn die Mehrheit der Teilnehmer am Devisenmarkt davon überzeugt ist, dass der Wechselkurs unrealistisch hoch ist, wendet sich das Blatt.

*Claus Köhler, Orientierungshilfen für die Wirtschaftspolitik, Berlin 2004, S. 108-115*
*Claus Köhler (*1928) gehörte von 1969 bis 1974 dem Sachverständigenrat zur Begutachtung der gesamtwirtschaftlichen Entwicklung und von 1974 bis 1990 dem Direktorium der deutschen Bundesbank an.*

**Hausse, Baisse**
→ vgl. Kap. 5.1.3

## Aufgaben

1. Beschreiben Sie die Dimension der Devisenmärkte (M 8, M 14).
2. Geben Sie die Erklärungsansätze für Wechselkursschwankungen in eigenen Worten wieder (M 15).
3. Erläutern Sie Wechselkursänderungen mithilfe des Marktmodells.
4. „Letztlich verändert sich der Wechselkurs in irgendeine Richtung, die einige Marktteilnehmer vorgeben (M 15, Z. 105–107). Arbeiten Sie das politische Problem heraus, das sich aus dieser Aussage ergibt.

H zu Aufgabe 3
Nutzen Sie dafür Preis-Mengen-Diagramme (Preis = Wechselkurs, Menge = Geldmenge).

# 5.2 Finanzmärkte stärker regulieren?!

## 5.2.1 Internationale Finanzmärkte politisch regulieren?

### M 1 ● Droht ein neuer Finanzmarkt-Crash?

Der Blick auf die amerikanische Autoindustrie weckt schlimme Erinnerungen. Viele Kunden suchen sich bei ihrem General-Motors-Händler ein Modell aus und finanzieren das Geschäft auf Pump. Bis vor einem Jahr waren die Kreditbestimmungen [für Privatpersonen] noch recht streng. Das war eine Konsequenz aus der Finanzkrise. Doch inzwischen ist es vorbei mit dieser begründeten Vorsicht. Auch schlecht verdienende Autokäufer mit unsicheren Einkommensverhältnissen erhalten wieder einen Kredit.

Das erinnert an das dunkelste Kapitel der amerikanischen Finanzgeschichte. Schon einmal, zwischen 2005 und 2008, haben amerikanische Konsumenten billig Geld erhalten. Damals für den Kauf von Häusern. Diese schlecht besicherten Kredite (Subprime) wurden dann von Finanzingenieuren in undurchschaubare Anleihebündel verpackt und an Banken in der ganzen Welt verkauft. Auch deutsche Institute wie IKB und HRE schlitterten deshalb fast in die Pleite. [...]

Der Gesamtmarkt für amerikanische Autokredite und Leasingverträge wird auf 900 Milliarden Dollar geschätzt. Dabei werden beim Verkauf von Neuwagen 34 Prozent der Kredite an Kunden vergeben, die in der Vergangenheit schon häufig wegen schlechter Zahlungsmoral aufgefallen sind [...]. Bei Gebrauchtwagen liegt der Subprime-Anteil bei 62 Prozent. Das ist riskant, denn schon der kleinste Zinsanstieg oder eine unerwartete Sonderausgabe kann die Rückzahlungsfähigkeit des Kunden schwächen. Dann droht der Kredit zu platzen.

Dieser Umstand könnte nicht nur für die Autobanken zum Problem werden, sondern auch für den Rest der Welt. Viele dieser Einzelkredite werden in alter Tradition verschnürt und als Verbriefungen an Investoren weitergereicht. Die internationalen Anleger mögen diese ABS-Papiere, denn die Zinsen sind attraktiv. Wieder einmal gehen Kreditpakete um die Welt. Muss man sich darüber Sorgen machen?

Ja, denn die Kehrtwende ist Ausdruck eines grundlegenden Problems. Die amerikanische Notenbank FED flutet seit Jahren die Märkte mit billigem Geld bei einem Leitzins von nahe null Prozent. Die Zentralbanken in Japan und Europa machen es ähnlich. Dadurch konnten die Währungshüter den Kollaps des globalen Finanzsystems verhindern. Doch nun zeigen sich die Nebenwirkungen der „Operation Notenpresse".

Allzu billiges Geld vernebelt den Blick für die Risiken. Investoren prüfen nur oberflächlich, wofür sie es ausgeben. Schließlich ist Geld so billig wie noch nie in der Wirtschaftsgeschichte. Es werden Wertpapiere gekauft, die man wohl niemals kaufen würde, wenn der Zinssatz dort läge, wo er im Mittel immer liegen sollte: deutlich über null Prozent. Die Niedrigzinspolitik hat die Investorenanreize in der globalen Wirtschaft verzerrt.

Das Verhalten der Investoren ist verständlich, denn die niedrigen Zinsen bringen Pensionskassen, Fonds und Versicherungen in die Bredouille [= Zwickmühle]. Sie müssen hohe Risiken eingehen, um die den Kunden versprochenen Renditen zu erwirtschaften. [...] Die Ereignisse der letzten 14 Jahre haben gezeigt, dass es genau diese Geisteshaltung ist, die ein Finanzsystem zerstören kann.

*Markus Zydra, Süddeutsche Zeitung, 2.5.2014, S. 17*

## M 2 Finanzmarktregulierung in den USA und der EU nach 2008

| | USA („Dodd-Frank-Act") | EU |
|---|---|---|
| **Finanzaufsichtsbehörden** | • US-Notenbank Federal Reserve darf auch nicht bankenförmige Finanzinstitute beaufsichtigen.<br>• Financial Stability Oversight Council als neue Aufsichtsbehörde mit Informationsrechten | • 3 neue Aufsichtsbehörden (für Banken, Versicherungen und Wertpapiermärkte) zur Koordinierung der voll zuständigen nationalen Aufsichtsbehörden<br>• European Systemic Risk Board zur Beobachtung systemischer Risiken |
| **Wertpapiermärkte** | • Verbriefungen: Mindestens 5 % müssen in Bilanz des emittierenden Instituts bleiben. | |
| | • Börsen- und Bankaufsicht kann auch abweichende Verbriefungsanteile in Bilanz festlegen. | • bei erneuten Verbriefungen verbleibt höherer Anteil in Bankbilanz |
| | • Derivate: Überwachung durch Börsenaufsicht; kein reiner Interbanken- oder Börsenhandel mehr, sondern nur noch über eine sogenannte Clearing-Stelle | • Derivate: kein reiner Interbanken- oder Börsenhandel mehr, sondern nur noch über eine sogenannte Clearing-Stelle (Ausnahmen noch ungeklärt) |
| **Hedge- und Private Equity-Fonds** | • Registrierungspflicht bei der Börsenaufsicht<br>• Börsenaufsicht darf Finanzdaten abfragen. | • Lizenzierungspflicht im Herkunftsland<br>• Regelmäßige Informationspflicht an die Aufsichtsbehörde über Volumina und Anlagestrategien |
| **Banken** | • „Basel III": Bis 2015 mind. 4,5 % und bis 2019 Aufbau von mind. 7 % Eigenkapital für risikoreiche Anlagegeschäfte | |
| | • Begrenzung des Eigenhandels mit Finanzprodukten | • „EU-Bankenunion": Von Banken zwangsfinanzierter „Abwicklungsfonds" in Höhe von 55 Mrd. Euro; Entscheidung über Bankenrettung/-schließung bei EU-Ministerrat |
| **Insolvenz „systemrelevanter" Banken („too big to fail")** | • Ab 2012 müssen die 29 „globally systemically important financial institutions (G-SIFIS)" Abwicklungspläne bei einer möglichen Insolvenz vorlegen.<br>• zusätzlicher Eigenkapitalpuffer von bis zu 3,5 % (aufzubauen 2016–2019) | |
| **Ratingagenturen** | • Haftung bei grober Fahrlässigkeit<br>• Börsenaufsicht darf Ratings untersagen, wenn die Agentur nicht die Mittel für eine zuverlässige Bewertung aufweist.<br>• rechtliche Trennung der Verkaufs- von der Ratingabteilung innerhalb der Agentur<br>• gesetzlicher Zwang zu Ratings für Finanzprodukte abgeschafft | • Überwachung durch die Wertpapier-Aufsichtsbehörde<br>• Wechsel der Ratingagentur alle 3 Jahre (noch nicht beschlossen)<br>• Haftung der Agentur bei grob fahrlässigen Ratings (noch nicht beschlossen)<br>• Gründung einer öffentlichen EU-Ratingagentur (diskutiert) |
| **Finanzmanager-Gehälter (inkl. Boni)** | • Nicht bindende Aktionärsabstimmung über Managervergütung<br>• Bezahlsysteme, die „unangemessene Risiken" vergüten, können durch Aufsichtsbehörden verboten werden. | • mind. 40 % der variablen Gehaltsbestandteile („Boni") erst mit Verzögerung auszuzahlen<br>• mind. 50 % der Boni in Wertpapieren aus den eigenen Institutsbeständen<br>• aktuelle und zukünftige Risiken in Leistungsvergütung einbezogen |

*Zusammenstellung des Autors nach: Sebastian Dullien, Anspruch und Wirklichkeit der Finanzmarktreform, IMK Study 26, März 2012, S. 7 ff.*

## M 3 Kontrovers diskutiert: Finanzmärkte noch stärker regulieren?

**a) Uwe Foullong: Mehr Regulation**

[Nach der Finanzkrise 2008 wurde] vieles reguliert, aber nur halbherzig und konzeptionslos. [...] Das Ziel, zukünftig solche massiven Krisen zu vermeiden, kann nur erreicht werden, wenn die Kapitalmärkte dem Primat der Politik untergeordnet und die Banken auf die Unterstützung der Realwirtschaft ausgerichtet werden. [...] Die neue Finanzmarktarchitektur sollte aus folgenden Stützpfeilern bestehen: Als Erstes ein Verbot spekulativer Produkte, weil sie der Realwirtschaft schaden. Ein echter „Finanz-TÜV" sollte deshalb Finanzprodukte auf ihre nützliche Wirkung für die Realwirtschaft prüfen, um sie gegebenenfalls abzulehnen. Die Einführung einer Finanztransaktionssteuer begrenzt kurzfristige Spekulationsgeschäfte, ohne die Realwirtschaft zu belasten, und erbringt gleichzeitig das nötige Geld für die Finanzierung der Krisenkosten. Bei systemrelevanten Banken muss zudem das spekulative Investmentbanking vom realen Bankgeschäft getrennt werden. Auch die Schattenbanken müssen dringend einbezogen werden: Hedge-Fonds, Private-Equity-Fonds und Zweckgesellschaften sind entsprechend streng zu regulieren. Außerbörsliche Geschäfte sind zu unterbinden, indem alle Wertpapiergeschäfte über Börsen beziehungsweise Clearinghäuser laufen, um so die notwendige Transparenz zu schaffen. [...] Die Macht der Ratingagenturen mit ihren Interessenkonflikten wiederum muss deutlich begrenzt werden. Die Einrichtung einer unabhängigen, europäischen Agentur ist dazu nützlich. [...] Die Eigenkapitalregeln sollten in einer differenzierten Weise über die geplanten Basel-III-Regeln hinausgehen, indem für spekulative Geschäfte die erforderliche Eigenkapitalunterlegung deutlich angehoben wird.

*Uwe Foullong, Wie Finanzmärkte zu regulieren sind, in: Financial Times Deutschland, 16.4.2012*

**b) Kaspar Villinger: Mehr Schaden als Nutzen durch Regulation**

Regulierung schränkt immer Freiräume ein. Freiräume aber sind wichtig, damit Unternehmen Kreativität entwickeln und zum Wachstum beitragen können. Natürlich geht es auch in einer Marktwirtschaft nicht ohne Regulierung, und sei es nur, um den Marktzugang aller Teilnehmer und den Wettbewerb zu sichern. Gerade im Finanzsektor vermag Regulierung auch vertrauensbildend und damit wachstumsfördernd zu wirken. [...] Wenn aber jeder vermeintliche Missstand zu einer neuen Regulierung führt, werden die wirtschaftlichen Freiräume zunehmend eingeschränkt [...]; und die Compliance wird so aufwendig, dass sie mehr und mehr der schöpferischen Kräfte des Managements beansprucht. [...] Zudem verhindern Detailvorschriften oder gar Verbote gewisser komplexer Produkte neue Krisen nicht, weil immer neue regulatorische Lücken ausnutzende Produkte entwickelt werden und weil erfahrungsgemäß Geschäfte in unregulierte Bereiche abgedrängt werden.

*Kaspar Villinger, Mit regulatorischer Hektik ist der Subprime-Krise nicht beizukommen, in: Neue Zürcher Zeitung, 1.4.2008*

**Compliance**
→ Aufwand zur Einhaltung von Regeln

### Aufgaben

1. Fassen Sie Markus Zydras Aussagen zu neuen Gefahren für die internationalen (Finanz-)Märkte zusammen (M 1).
2. Vergleichen Sie die Regulierungsmaßnahmen der USA und der EU miteinander (M 2).
3. Stellen Sie die Argumentationen Foullongs und Villingers gegenüber (M 3).
4. Nehmen Sie Stellung zu den von Uwe Foullong geforderten zusätzlichen Regulierungsmaßnahmen für Finanzmarktteilnehmer (M 3).

**F zu Aufgabe 1**
„Die Niedrigzinspolitik hat die Investorenanreize [...] verzerrt." (Markus Zydra)
Erläutern Sie diese Aussage wirtschaftstheoretisch.

## 5.2.2 Eine Finanztransaktionssteuer in der EU einführen?

### M 4 ● EU-Finanzmarktregulierung in der Karikatur

**Bildsymbolik**

„Heuschrecke“: Vom ehemaligen SPD-Vorsitzenden Franz Müntefering 2005 geprägte abwertende Tiermetapher für sehr risikoreich agierende Finanzmarktakteure und auf kurzfristigen Gewinn zielende „anonyme“ Investoren; Referenz zu biblischer Heuschreckenplage

*Karikatur: Martin Erl*

### M 5 ● Vorschlag der Europäischen Kommission für eine Finanztransaktionssteuer

**Finanztransaktionssteuer (FTS)**

Der US-amerikanische Ökonom und wissenschaftliche Berater John F. Kennedys James Tobin (1918-2002) forderte seit 1972 eine FTS auf Devisengeschäfte („Tobin-Tax“); die seit 1998 bestehende globalisierungskritische Organisation attac verfolgt als Hauptziel die Einführung einer FTS auf alle Finanztransaktionen.

*Nach: dpa • 16030*
*Quelle: EU-Kommission, dpa*

## M 6 Kontrovers diskutiert: Sollen Finanztransaktionen besteuert werden?

### a) Finanztransaktionen müssen besteuert werden

[Eine Transaktionssteuer] hatte Keynes (1936) für den Aktienmarkt und Tobin (1978) für den Devisenmarkt vorgeschlagen. [...] Während Keynes nur Aktientransaktionen und Tobin nur Devisentransaktionen erfassen wollte, schlägt das WIFO [Österreichisches Institut für Wirtschaftsforschung] eine generelle Finanztransaktionssteuer (FTS) vor: Sämtliche Transaktionen mit Finanzwerten wie Aktien, Finanz- und Rohstoffderivate, Devisen etc. würden mit einem einheitlichen Satz besteuert [...].

Aus drei Gründen scheint eine generelle FTS effizienter als eine Steuer auf spezifische Transaktionen. Erstens, weil eine generelle FTS nicht bestimmte Markttypen diskriminiert. Zweitens, weil der Steuersatz sehr klein angesetzt werden kann, wenn alle Transaktionen besteuert werden. Drittens, weil eine FTS trotz ihres generellen Charakters in Etappen umgesetzt werden könnte, und zwar entsprechend der unterschiedlichen Marktbedingungen bzw. der unterschiedlichen Bereitschaft in den einzelnen Ländern, eine FTS einzuführen. [...]

Die Befürworter von Transaktionssteuern begründen ihre Position mit folgenden Einschätzungen der Handels- und Preisdynamik auf Finanzmärkten sowie der Effekte solcher Steuern [...]:

**Argument 1:** Moderne Finanzmärkte („asset markets") sind durch ein Übermaß an Liquidität („excessive liquidity") charakterisiert. Ursache dafür ist die Dominanz kurzfristig-spekulativer Transaktionen.

**Argument 2:** Spekulation erhöht nicht nur die kurzfristige Volatilität von Wechselkursen, Rohstoffpreisen und Aktienkursen, sondern verursacht auch langfristige Schwankungen dieser für die Weltwirtschaft besonders bedeutenden Preise und damit massive und nachhaltige Abweichungen von ihren theoretischen Gleichgewichtswerten („fundamentals").

**Argument 3:** Dieses „overshooting" der wichtigsten „asset prices" verstärkt rückwirkend die [Dominanz der Spekulationsgeschäfte gegenüber den Investitionen in der Realwirtschaft] (Keynes, 1936) und dämpft so das Wachstum von Produktion und Beschäftigung.

**Argument 4:** Eine Transaktionssteuer verteuert die Spekulation umso mehr, je kürzer ihr Zeithorizont [...] bei Derivatgeschäften ist. Sie würde daher spezifisch die destabilisierenden Transaktionen belasten und so zu einer Verbesserung der gesamtwirtschaftlichen Entwicklung beitragen. [...]

**Argument 6:** Eine generelle FTS würde einen hohen Steuerertrag erbringen, welcher zur Konsolidierung der Staatsfinanzen, aber auch zur Finanzierung supranationaler Institutionen bzw. Projekte verwendet werden könnte (EU-Budget und Entwicklungshilfe).

*Stefan Schulmeister, Tobin or not Tobin? Die Finanztransaktionssteuer – Konzept, Begründung, Effekte, in: Informationsbrief Weltwirtschaft & Entwicklung – W&E-Hintergrund, 2009, Nr. 6, S. 1 f.*

**John Maynard Keynes**

(1883–1946), britischer Ökonom und Regierungsberater, gilt als Begründer der nachfrageorientierten Wirtschaftspolitik

### b) Argumente für FTS auf dem Prüfstand

*Geld einnehmen*

[N]icht alle Länder in der Europäischen Union sind einverstanden mit dem Vorschlag. Großbritanniens Premierminister David Cameron zum Beispiel sperrt sich dagegen, die Londoner Börse mit so einer Steuer zu belasten. [...] Allein für die Finanzprodukte, die aus London heraus ge- und verkauft werden, fällt dann rund ein Drittel der Steuereinnahmen weg. Dazu kommt der Verlagerungseffekt: Börsenhändler könnten in so einer Situation ihre Geschäfte leicht nach London verschieben. [...]

*Die Banken bestrafen*

Die Banken sollen [für die Folgen der von ihnen verursachten Finanzkrise] bezahlen, fordern die Deutschen [...]. Der Vorschlag der EU-Kommission sieht sogar vor, Geschäfte mit

### FTS in der EU

Zehn der 28 EU-Staaten (darunter Deutschland, Frankreich, Italien, Österreich) haben sich im Mai 2014 auf eine stufenweise Einführung einer gemeinsamen FTS ab 2016 geeinigt. In einem ersten Schritt soll der Handel mit Aktien und Derivaten besteuert werden. Obwohl die Steuerhöhe und andere Modalitäten noch ausgehandelt werden müssen, erhoffen sich die Staaten Mehreinnahmen in Höhe von 34 Mrd. Euro (davon Deutschland: 12 Mrd. Euro). *Autorentext (Stand: Juli 2014)*

Privatpersonen völlig von der Steuer zu befreien. [...] Doch die Privatleute treten selten direkt an der Börse auf. Sie beauftragen ihre Bank, Aktien zu kaufen – und die Bank kann die Steuer durchaus auf ihre Provision draufschlagen. Dann träfe die Steuer doch wieder die Bürger. [...] Und selbst die ärmere Hälfte [der Bevölkerung] wird die Kosten indirekt mittragen. Wer eine Riester-Rente hat, eine Lebensversicherung oder auch nur einen Anspruch auf eine Betriebsrente, dessen Geld ist meist an der Börse angelegt, in Aktien oder in Anleihen – und damit wird auch für ihn die Steuer fällig. [...]

Und dann gibt es noch Kosten der Transaktionssteuer, die die Bürger indirekt zahlen. Die kommen daher, dass die Steuer den Handel mit Aktien, Anleihen und Co. unattraktiver macht. Deshalb bleiben die Aktienkurse in Ländern mit Transaktionssteuern niedriger als in Ländern ohne, wie mehrere Studien zeigen. Das schadet nicht nur den Privatanlegern, sondern auch den Firmen der Realwirtschaft: Börsengänge bringen weniger Geld, die Kreditzinsen steigen. Deshalb können die Firmen weniger investieren, und das kostet Arbeitsplätze.

*Die Märkte beruhigen*

[...] Zwar verdrängt die Transaktionssteuer tatsächlich einige Spekulanten, aber ruhiger wird die Börse dadurch nicht. Das zeigt die Erfahrung aus Schweden, wo in den 80er-Jahren die Transaktionssteuer eingeführt und später erhöht wurde. Damals untersuchte der Investmentbanker Steven Umlauf, wie zittrig die Börse in Stockholm nach der Einführung der Steuer war. [...] Tatsächlich wurden die Kurse trotz höherer Steuern nicht ruhiger. Auch London ist trotz seiner „Stamp Duty“ nicht als Hort der internationalen Finanzstabilität bekanntgeworden.

*Patrick Bernau, Die Robin-Hood-Steuer, in: Frankfurter Allgemeine Zeitung, 14.1.2012*

## M 7 ● EU-Finanztransaktionssteuer – politisch durchsetzbar?

**Deutschland**
Viele Kräfte in der deutschen Parteienlandschaft (SPD, Grüne, auch CDU) befürworten grundsätzlich eine Finanztransaktionssteuer (FTS). Die FDP lehnt eine FTS aus prinzipiellen Erwägungen heraus ab (Marktfreiheit, Deregulierung statt neuer Marktregeln).
Seit 1991 existiert in Deutschland keine Börsenumsatzsteuer mehr.

**Frankreich**
Der 2012 gewählte Präsident François Hollande ist (als Sozialist) Befürworter höherer/hoher Steuersätze auf große Vermögen, hohe Einkommen und auch Finanztransaktionen. Als direkt gewählter Präsident Frankreichs hat er große Macht: Er bestimmt z.B. alle Minister und die Richtlinien der Regierungspolitik.
Eine frühere Börsenumsatzsteuer war 2008 abgeschafft worden.

**Irland**
Auch aufgrund niedriger Besteuerung erreichte der Bankensektor vor der Finanzkrise (ab 2008) einen BIP-Anteil von 13 %. Industrie ist nur wenig vorhanden, eine wichtige Einnahmequelle besteht im Tourismus.

**Großbritannien**
Vor allem seit der massiven Deindustrialisierung in den 1980er Jahren ist der Finanzplatz London mit 10 % des gesamten nationalen BIP der wichtigste volkswirtschaftliche Einzelfaktor. Zudem besteht ein enges Verhältnis zu den USA, deren Regierungen eine FTS bislang entschieden ablehnen.
In Großbritannien existiert bereits eine sog. „Stempelsteuer“ in Höhe von 5 % für einen Umsatz von über 250.000 Pfund beim Handel mit inländischen Aktien.

**Schweden**
In Schweden wurde im Jahr 1984 unilateral eine Börsenumsatzsteuer eingeführt. Die erhofften Einnahmen von umgerechnet 165 Mio. Euro/Jahr wurden bei weitem nicht erzielt. Stattdessen ging der Umsatz von Bonds (verzinsliche Wertpapiere) um 85 %, der von Terminkontrakten und Optionen um 98 % zurück. Über die Hälfte des Handels mit schwedischen Aktien verlagerte sich an den Finanzplatz London. Im Jahr 1992 wurde die Steuer wieder abgeschafft.

*Autorentext*

Info

## Entscheidungsstrukturen in der EU

Die Politikfelder in der Europäischen Union sind in höchst unterschiedlichem Grad „vergemeinschaftet“: Im Bereich des (supranational gesteuerten) Binnenmarktes haben die von der Europäischen Kommission vorgeschlagenen und vom Rat der EU („Ministerrat“) sowie vom Parlament beschlossenen „Gesetze“ unmittelbare Gültigkeit in den Mitgliedstaaten (sog. Verordnungen) bzw. müssen in nationales Recht umgesetzt werden (sog. Richtlinien). Schwächer vergemeinschaftet ist bspw. die Sozialpolitik, bei der gemeinsame Entwicklungslinien/-ziele (letztlich nicht verbindlich) vereinbart und evaluiert werden. Rein intergouvernemental ist die Gemeinsame Außen- und Sicherheitspolitik organisiert. Zwar existieren von allen Mitgliedern akzeptierte Grundsatzpapiere (z.B. Europäische Sicherheitsstrategie), aber ein gemeinsames (etwa militärisches) Vorgehen bedarf der Zustimmung jedes einzelnen EU-Staates (Einstimmigkeitsprinzip).

Überhaupt nicht gemeinsam beschlossen wird der wesentliche Teil der Fiskalpolitik; das Recht, Steuern zu erheben, liegt allein bei den Nationalstaaten. Die gleichzeitige Einführung analoger Steuern bedarf also ebenfalls eines einstimmigen Beschlusses der nationalen Entscheidungsgremien.

Vollständig bei einer gemeinschaftlichen Institution (Europäische Zentralbank, EZB) liegt die Geldpolitik in der Euro-Zone. Formal handelt es sich aber hierbei nicht um ein politisches Organ, denn die EZB ist erstens unabhängig von politischen Weisungen und ihre Präsidiumsmitglieder werden nicht durch den Souverän gewählt.

*Autorentext*

## M 8 ● Bestie Finanzmarkt?

*Karikatur: Dieter Hanitzsch, Baaske Cartoons*

### Aufgaben

1. Analysieren Sie die Karikatur (M 4).
2. Geben Sie die wesentlichen Ziele und Funktionsweisen der Finanztransaktionssteuer wieder, die von der EU-Kommission vorgeschlagen wird (M 5).
3. Erörtern Sie die Einführung einer EU-Finanztransaktionssteuer (M 6).
4. Beurteilen Sie – vor dem Hintergrund der Interessenlage der EU-Mitgliedstaaten – die Durchsetzungschancen für eine EU-weite Finanztransaktionssteuer (M 7).
5. Analysieren Sie die Karikatur und prüfen Sie, ob sie heute noch als aktuell angesehen werden kann (M 8, Kap. 5.2.1).

**F** zu Aufgabe 1
Stellen Sie dabei Hypothesen auf, in welcher Weise die „Heuschrecke“ an der „Wiederaufforstung“ konkret beteiligt werden könnte.

**H** zu Aufgabe 3
Gewichten Sie die Ihnen bekannten Argumente für und gegen eine FTS und ordnen Sie sie Ihnen bekannten politischen Urteilskategorien/-kriterien zu.

**M** zu Aufgabe 4
Simulieren Sie – nach einer weiteren Recherche – eine Sitzung des Rats der EU-Finanzminister zum Thema „Einführung einer EU-weiten FTS“.

ORIENTIERUNGSWISSEN

**Beschaffenheit, Funktionen und Entwicklung der internationalen Finanzmärkte**
Kap. 5.1, M 7, M 8

Die internationalen Finanzmärkte bestehen aus den **Teilmärkten** für **Kredite**, **Devisen** und **Wertpapiere**. Marktakteure sind nicht nur Börsenmakler und Hochrisiko-Spekulanten wie Hedge-Fonds, sondern (teilweise ungewollt) auch einfache Bankkunden und Arbeitnehmer, mit deren Spar- und Renteneinlagen (z. B. durch Pensionsfonds) spekuliert wird. Nach marktwirtschaftlicher Theorie erfüllen Finanzmärkte zwei Funktionen: Zum einen informieren sie durch die Zinshöhe über das Anlagerisiko (**Informationsfunktion**). Zum anderen sollen sie dazu dienen, Kapital auf effiziente Weise Investoren zur Verfügung zu stellen, um somit zukünftig Gewinne erwirtschaften zu können (**Lenkungs- oder Allokationsfunktion**).
Infolge der Deregulierung der weltweiten Finanzmärkte seit den 1970er-Jahren bildeten sich nicht nur Märkte für völlig neue Finanzprodukte, sondern es nahm auch das **Volumen** der Finanztransaktionen enorm zu.

**Ursachen der Finanzkrise 2008**
Kap. 5.1, M 4

Die Finanzkrise 2008 mit dem Zusammenbruch mehrerer Banken zeigte aber auch die Gefahren einer zu geringen Regulierung: Neben der Verschleierung von in Wertpapieren schlummernden **Ausfallrisiken** („Verbriefungen") waren folgende systemische Schwächen für die Finanzkrise hauptverantwortlich: eine **expansive Geldpolitik** insbesondere der US-amerikanischen Notenbank FED (wodurch viel Kapital „nach Anlagemöglichkeiten suchte"), zu **geringe Risikovorsorge** bei Banken (schlechte Prüfung der Kreditwürdigkeit; zu geringe Eigenkapitalquote zum Überstehen von Krisen; keine Knüpfung der Managergehälter an das Risiko von Anlagestrategien) und eine **unzureichende Risikoeinschätzung** durch Rating-Agenturen.

**Destabilisierung durch Wechselkursschwankungen auf Devisenmärkten**
Kap. 5.2, M 1 – M 2

Auch Devisen (= ausländische Währungen) können in spekulativer Absicht gehandelt werden. Durch Herdenverhalten kann sich der (Ver-)Kauf bestimmter Währungen rasch beschleunigen und somit zu starken Wechselkursausschlägen führen, die angeschlagene Volkswirtschaften weiter destabilisieren können. Generell haben **Abwertungen** der eigenen Währung nur scheinbare Vorteile (günstigere Auslandsurlaube, faktische Exportförderung). Aber sie bergen die große Gefahr des **Abwertungswettlaufs**, wenn die Regierungen bzw. Notenbanken anderer Staaten die Exportwirtschaft durch expansive Geldpolitik stützen möchten.
Eine **Aufwertung** der Währung gegenüber anderen kann ein Exporthindernis sein (Verteuerung der Waren im Ausland) mit entsprechend negativen Folgen für die Beschäftigungsquote in exportorientierten Industriebranchen und einer aufgrund höherer Arbeitslosigkeit schrumpfenden Binnennachfrage.

**Politische Regulation der Finanzmärkte**
Kap. 5.2, M 3, M 5, M 6

Sowohl die USA als auch die EU haben ab 2009 Regulierungsmaßnahmen für die Finanzmärkte getroffen. Unter anderem wurden neue **Aufsichtsbehörden** geschaffen. Allerdings wird vielfach kritisiert, dass bisher noch keine echte Haftung realisiert worden ist. Auch sei die Information auf den Märkten noch immer unzureichend.
Eine EU-weite **Finanztransaktionssteuer** könnte risikoreiche Kürzestzeit-Investments ggf. eindämmen. Weltweit (insb. Veto der USA) und auch EU-weit (insb. Veto Großbritanniens) ist eine solche Steuer zurzeit nicht durchsetzbar.

## Finanzmärkte als „fünfte Gewalt"?

Banken und Finanzmärkte erfüllen zwei sehr grundlegende wirtschaftliche Funktionen. Sie vermitteln Kapital von Gläubigern zu Schuldnern, und sie verteilen finanzielle Risiken auf diejenigen, die diese am besten tragen können und wollen. [...] Die Öffnung der nationalen Finanzmärkte gegenüber dem Ausland erweitert diese positiven Effekte. Die Unternehmen können auf den weltweiten Pool des Anlage suchenden Kapitals zurückgreifen. [...]
Finanzmärkte sind effiziente Sensoren für [...] Fehlentwicklungen, doch sie erzwingen nicht eine bestimmte Politik [...]. Die Finanzmärkte prüfen nur ständig, ob die Politik in sich konsistent ist oder ob es nicht früher oder später zu einer Korrektur kommen muss. Insofern sollte man [...] von einer „Wächterfunktion" sprechen [...]. Die autonomen Entscheidungen, die Hunderttausende von Anlegern auf den Finanzmärkten treffen, werden im Gegensatz zu Wahlentscheidungen nicht alle vier oder fünf Jahre, sondern täglich gefällt, was Regierungen ständig unter einen erheblichen Erklärungszwang setzt. [...]
Wirklich gefährlich sind spekulative Blasen oder „irrationaler Überschwang", also nicht gerechtfertigte Erwartungen im Zuge eines Herdentriebs an den Finanzmärkten. Auch an den Finanzmärkten agieren fehlbare Menschen, die kollektiven Stimmungen ebenso ausgesetzt sind wie kurzfristigem Entscheidungsdruck. So negativ die Auswirkungen von Fehlentwicklungen auf Finanzmärkten sind, so haben marktwirtschaftliche Ordnungen zumindest den Vorteil, dass Fehler relativ schnell aufgedeckt werden. [...]
Wenn man so will, haben die Finanzmärkte quasi als „fünfte Gewalt" neben den Medien eine wichtige Wächterrolle übernommen. Wenn die Politik im 21. Jahrhundert in diesem Sinn im Schlepptau der Finanzmärkte stünde, wäre dies vielleicht so schlecht nicht.

*Rolf-E. Breuer, in: Die Zeit, 27.4.2000*
*Rolf-E. Breuer war bis 2006 Aufsichtsratsvorsitzender der Deutschen Bank.*

*Karikatur: Klaus Stuttmann*

**Aufgaben**

1. Fassen Sie die Funktionen von Finanzmärkten nach Breuer sowie dessen Bewertung aus dem Jahr 2000 zusammen.
2. Analysieren Sie die Karikatur.
3. Nehmen Sie Stellung a) zu Breuers These, die Finanzmärkte seien als „fünfte Gewalt" bzw. als „Wächter" zu begreifen; oder b) zur Aussage der Karikatur. Beziehen Sie sich dabei auf Ihre Kenntnisse zu Ursachen und Verlauf der Finanz- und Wirtschaftskrise ab 2007.

## Wozu brauchen wir eine Weltwirtschaftsordnung? Herausforderungen der Globalisierung in drei Fallgeschichten

**Fall 1**
Das wirtschaftlich aufstrebende Land Laboristan verfügt über große und leicht zu erschließende Vorkommen „Seltener Erden" – ein Sammelbegriff für Mineralien, die für die Produktion modernster Elektronikartikel unverzichtbar sind und daher auch von den Herstellern in Palumbien und Westererde dringend gebraucht werden.
Auch Laboristan baut inzwischen eine international agierende Elektronikindustrie auf, die vor allem aufgrund der vergleichsweise geringen Lohnkosten international konkurrenzfähig ist. Diese aufstrebende Industrie unterstützte die laborische Regierung nun durch folgende Maßnahme. Während die Gewinnung der „Seltenen Erden" in Laboristan weiter ausgebaut wird, wird der Export dieser Mineralien durch zwei handelspolitische Maßnahmen gedrosselt. Es wurde eine Höchstgrenze für auszuführende Rohstoffe (nach Gewicht) festgesetzt und die Ausfuhr zudem mit erheblichen Zöllen belegt.

**Fall 2**
Das agrarisch geprägte Land Laktanien verfügte über viele Jahrhunderte über eine gut funktionierende Viehwirtschaft, die auf der Grundlage kleinbäuerlicher Strukturen die Versorgung der Menschen mit Milch und Milchprodukten zu angemessenen Preisen über regionale Märkte sicherstellte. Dies hat sich, seit die Regierung Laktaniens die Einfuhr agrarischer Güter vollkommen frei gab, massiv geändert: Der Großteil der Kleinbauern musste seinen Betrieb einstellen, da er mit den günstigen Preisen ausländischer Konkurrenz nicht mithalten kann.
Diese besteht vor allem aus Großfabrikanten aus Norderde, die den Markt Laktaniens mit Milchpulver gleichsam „fluten". Um den heimischen Markt nicht mit Angebot zu „überfüllen", zahlt die Regierung Norderdes Prämien an Großbetriebe, die ihre Produkte exportieren, weshalb diese ihr Milchpulver trotz der Transportkosten sehr günstig in Laktanien anbieten können.

**Fall 3**
Südland verfügte historisch über vielfältige Kohlevorkommen, die im Zuge der Industrialisierung jedoch inzwischen weitgehend erschöpft sind; die Erschließung der verbleibenden Vorkommen wird immer aufwändiger und damit kostenintensiver, jedoch sind sehr viele Arbeitsplätze – und damit auch Familien, Städte und Gemeinden – direkt oder indirekt von der Fortsetzung dieser Förderung abhängig.
Umso größer ist die Angst vor der kostengünstigen Konkurrenz aus Karbonien, das über leicht zugängliche, jedoch noch längst nicht erschöpfte Kohlevorkommen verfügt. Mit Verweis auf die geringeren Schadstoffemissionen südländischer Kohle erlässt die dortige Regierung ein Gesetz, das den Verbrauch karbonischer Kohle begrenzt und reduziert zugleich die Steuerverpflichtungen der südländischen Kohleförderer.

# Marktöffnung – Wohlstand für alle?

6

Im Zeitalter der Globalisierung hat sich der weltweite Handel massiv intensiviert (vgl. Kap. 4). Damit sind zwangsläufig zwischenstaatliche Konflikte verbunden, ergeben sich aus eben diesem Handel doch Chancen und Risiken für die jeweiligen Länder, die neben der Wirtschaftskraft auch die soziale Situation sowie ökologische Risiken betreffen können. Das mit diesem Konflikt verbundene Spannungsverhältnis von Freihandel und Protektionismus steht als grundlegender Konflikt internationaler Handelspolitik im Zentrum dieses Kapitels.
Dazu erarbeiten Sie am Beispiel eines Handelsstreites zwischen China und der EU Gegenstände und Ausmaße möglicher Handelskonflikte und untersuchen dabei die Grundsätze und Entscheidungsmechanismen, mit denen diese im Rahmen der Welthandelsorganisation (WTO) gelöst werden (können) (Kap. 6.1).
Neben der WTO sollen – weltweit zunehmende – bilaterale Freihandelsabkommen der globalen Wohlfahrtssteigerung dienen. Mit dem geplanten Freihandelsabkommen zwischen der EU und den USA (TTIP) erarbeiten Sie ein umstrittenes Beispiel dieser Strategie und diskutieren dessen Vor- und Nachteile (Kap. 6.2).

## Was wissen Sie schon?

1. Lesen Sie (arbeitsteilig) die Fallschilderung und formulieren Sie eine Überschrift, die die dargestellte Herausforderung bzw. Problemstellung „auf den Punkt" bringt.
2. Analysieren Sie „Ihren" Fall – ausgehend von den gewählten Überschriften – anhand der in der Tabelle angegebenen Leitfragen.

| Problem(e)? | Für wen? | (mögliche) Ursache? | Daraus resultierende Forderung/ Erwartung? |
|---|---|---|---|
| | | | |

3. Stellen Sie sich im Kurs die untersuchten Fälle vor und diskutieren Sie davon ausgehend Notwendigkeit und mögliche Ausgestaltungen einer Weltwirtschaftsordnung.

## KOMPETENZEN

Am Ende dieses Kapitels sollten Sie Folgendes wissen und können:

... Chancen und Risiken eines global liberalisierten Handels kennen und erörtern.

... Aufbau und Funktion der Welthandelsorganisation WTO kennen und problematisieren.

... das Zustandekommen von internationalen ökonomischen Konflikten unter Berücksichtigung ihrer Ursachen, Auslöser und Folgen analysieren.

... die Wirksamkeit und Legitimität von internationalen ökonomischen Regelsystemen beurteilen.

# 6.1 Gerechter Handel für alle? Die Welthandelspolitik im Rahmen der WTO

## 6.1.1 „Seltene Erden“: Handelskonflikt um einen begehrten Rohstoff

### M 1 Werden Smartphones unbezahlbar?

**a) China treibt Preise für Seltene Erden in die Höhe**

Weil im vergangenen Jahr durch die weltweite Konjunktureintrübung die Preise für Seltene Erden kräftig gefallen sind, hat das chinesische Handelsministerium in Peking angekündigt, die Exporte im ersten Halbjahr 2012 bei 10.546 Tonnen zu deckeln – das sind 27 Prozent weniger als im Vorjahr. [...] Zudem will das chinesische Handelsministerium die Zahl der ausfuhrberechtigten Unternehmen von 26 auf nur noch elf beschränken.

*Nicolai Kwasniewski/dapd, auf: www.spiegel.de, 27.12.2011*

b)

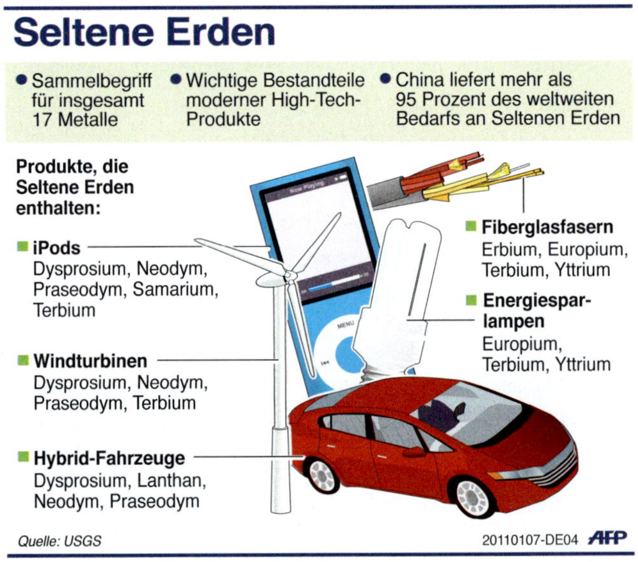


### M 2 „Seltene Erden“: Bedeutung eines Rohstoffes

Seltene Erden sind ein besonders heikles Thema für die USA [und weitere westliche Industrienationen]. Aufgrund ihrer Eigenschaften sind sie für die Herstellung von Hochtechnologieprodukten und bei Grünen Technologien wie der Photovoltaik, Windkraftanlagen oder auch der Elektromobilität heute so gut wie unersetzbar – Industrien, in denen China droht, die USA abzuhängen. Auch für die moderne Kriegsführung ist die Metallgruppe kritisch. So ist sie Bestandteil beispielsweise von Radargeräten, Lasern und Zielautomatiken, die in präzisionsgelenkter Munition, Marschflugkörpern, Kampfflugzeugen, Raketenabwehrsystemen und Nachtsichtgeräten eingesetzt werden. Auch für den Bau von Drohnen werden Seltene Erden benötigt. Insofern fürchten die USA eine gefährliche Abhängigkeit von dem ohnehin nicht einfachen Handelspartner. Dass China nicht davor zurückschreckt, seine Muskeln spielen zu lassen, zeigte es 2010, als das Land – wenn auch nicht offiziell – ein temporäres Embargo auf den Export Seltener Erden nach Japan verhängte. Der viel zitierte Ausspruch „der Nahe Osten besitzt Öl, China besitzt Seltene Erden“ des ehemaligen Staatspräsidenten Chinas, Deng Xiaoping, bestärkt die Sorge der Amerikanerinnen und Amerikaner.

Zwar kommen, anders als ihr Name suggeriert, die Seltenen Erden in der Erdkruste sehr häufig vor. Große, abbauwürdige Lagerstätten finden sich beispielsweise in Russland, Kanada, Australien oder auch den USA. Bei der Produktion allerdings verfügt China nahezu über ein Monopol: Auf das Land entfallen etwa 95 Prozent der globalen Produktion und fast die Hälfte der geschätzten globalen Reserven. Die USA sind fast vollständig auf Importe der Metalle angewiesen. Im Jahr 2011 importierten sie Seltene Erden im Wert von 696 Millionen US-Dollar, was einen Anstieg von 161 Millionen US-Dollar im Vorjahresvergleich bedeutet. Dabei stammten 79 Prozent aus China. Umso gravierender ist es, dass die aus China exportierten Seltenen Erden aufgrund von Quoten, Exportzöllen und Mindestexportpreisen derzeit deutlich teurer sind als auf dem chinesischen Markt.

*Stormy-Annika Mildner, Seltene Erden, in: Stiftung Wissenschaft und Politik (Hg.), Kurz gesagt, 15.3.2012*

## M 3 ● Freihandel und Protektionismus – außenhandelspolitische Leitbilder

Freihandel und Protektionismus bilden zwei gegensätzliche Pole, zwischen denen die Außenhandelspolitik von Staaten bzw. Staatengruppen ausgestaltet werden kann:

| | Freihandel | Protektionismus |
|---|---|---|
| Grundannahme | Ein ungeregelter Handel („Weltmarkt") führe zur optimalen Allokation (Verteilung bzw. Zuweisung von Ressourcen) aller auf der Welt verfügbaren Güter (Tausch, Arbeitsteilung) und somit zum Wohlstand für alle Beteiligten. | Die einheimische Produktion von Gütern und deren Handel bei gleichzeitig möglichst geringen Importquoten führe zu einer florierenden Wirtschaft, in der die Bevölkerung Arbeit finde und der Staat angemessene Steuereinnahmen generiere, mit denen die Wirtschaft weiter belebt werden könne. |
| Konkrete Maßnahmen | • Vollständiger Abbau/Vermeidung tarifärer und nicht-tarifärer Handelsbeschränkungen<br>• Instrumente zur Kontrolle und Durchsetzung des Freihandels<br>• Etablierung von Freihandelszonen und integrierten Wirtschaftsräumen | **Tarifäre Handelsbeschränkungen:**<br>• Zölle als indirekte Steuer auf Import- bzw. Exportgüter<br>**Nicht-tarifäre Handelsbeschränkungen:**<br>• Mengenbeschränkungen (Kontingente)<br>• Beschränkungen anhand von Produkteigenschaften (z. B. technische Normen, Verbraucherschutz)<br>• Subventionen an einheimische Produzenten<br>• Öffentliche Auftragsvergabe an inländische Firmen |
| Gründe für wirtschaftspolitische Umsetzung | • Erschließung neuer Märkte unter...<br>• Ausschöpfung absoluter oder komparativer Kostenvorteile<br>• Versorgung mit Gütern, über die das Land nicht selbst verfügt | • Schutz von im globalen Wettbewerb unterlegenen Industriezweigen, auch...<br>• bei staatlich angeregtem Aufbau neuer Industriezweige („nachholende Entwicklung")<br>• Sicherung von Arbeitsplätzen |

*Zusammenstellung des Autors*

## Aufgaben

1. Arbeiten Sie die Positionen und dahinter liegenden Interessen der Akteure im Handelskonflikt um die „Seltenen Erden" (M 1, M 2) heraus.

2. a) Die Volkswirtschaft Palumbiens ist durch große Vorkommen agrarischer Rohstoffe sowie eine wenig effiziente Industrie zur Weiterverarbeitung dieser Güter (z.B. Kaffeeröstung) geprägt. Fossile Rohstoffe sowie industrielle Konsumgüter kann Palumbien demgegenüber kaum oder gar nicht im eigenen Land gewinnen bzw. herstellen.
   Beschreiben Sie (M 3) die konkrete Ausgestaltung der palumbischen Außenhandelspolitik und ihrer Auswirkungen (Preise, Versorgungssituation) unter Bedingungen des (a) Freihandels und des (b) Protektionismus.

   b) Ordnen Sie die Positionen der am Handelskonflikt um die Seltenen Erden beteiligten Akteure in die außenhandelspolitischen Leitbilder (M 2, M 3) ein.

M Visualisieren Sie Ihre Ergebnisse in einem Venn-Diagramm.

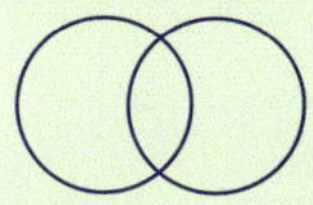

Venn-Diagramm

F Erläutern Sie die Außenhandelstheorien von Adam Smith und David Ricardo (vgl. Kap. 4.1) als theoriegeschichtliche Bezugspunkte der Freihandels-Doktrin (M 3).

## 6.1.2 Die Welthandelsorganisation (WTO): „Arena“ für die Regulierung von Handelskonflikten?

### M 4 ● „Seltene Erden“: ein Handelskonflikt kommt vor die WTO

Der Handelsstreit mit China um Exportbeschränkungen für sogenannte Seltene Erden wird zu einem Fall für die Welthandelsorganisation (WTO) in Genf. Wie der Handelskommissar der Europäischen Union, Karel De Gucht, mitteilte, wurde gemeinsam mit den USA und Japan Beschwerde eingereicht. Ziel sei die Aufnahme eines offiziellen Schlichtungsverfahrens, erklärte er.

Mit Exportquoten, Zöllen und Mindestpreisen benachteilige China die globalen Abnehmer und verstoße damit gegen den Beitrittsvertrag zur WTO. „Diese Maßnahmen schaden Produzenten und Verbrauchern in der EU und in der ganzen Welt“, sagte De Gucht. [...]

In China stieß das Vorgehen auf Kritik. Industrieminister Miao Wei sagte der staatlichen Nachrichtenagentur Xinhua, man bedaure die Entscheidung. China werde sich nun aktiv verteidigen und seine Position darlegen. Ein Sprecher des Außenministeriums betonte, die Exportbeschränkungen stünden im Einklang mit den WTO-Regeln. Sie seien zum Schutz der Umwelt verhängt worden und sollten darüber hinaus eine nachhaltige Entwicklung im Land gewährleisten. China werde den internationalen Markt weiter mit Seltenen Erden versorgen.

*Christoph Prössl, auf: www.tagesschau.de vom 13.3.2012*

### M 5 ● Die Welthandelsorganisation: Grundprinzipien und institutionelle Ordnung

Seit 1995 legt die Welthandelsorganisation WTO (World Trade Organization) als einzige international anerkannte Vertragsinstitution Regeln des Welthandels fest. Die um wichtige Bereiche wie Dienstleistungen und geistiges Eigentum erweiterte WTO ist die Nachfolgeorganisation des GATT (General Agreement on Tariffs and Trade). Ihre Mitglieder wickeln über 90 % des Welthandels ab.

Das Hauptziel der WTO, die Erleichterung des weltweiten Handels im Sinne der Grundannahmen der liberalen Handelstheorie, soll durch Vereinbarungen zum wechselseitigen Abbau von Handelshemmnissen unter den Mitgliedstaaten sowie durch die Etablierung von Verfahren zur Beilegung von Streitigkeiten erreicht werden. Durch die ständige Überprüfung der nationalen Handelspolitik sollen Konflikte mit den bestehenden multilateralen Verpflichtungen möglichst frühzeitig erkannt und ausgeräumt werden. Scheitert die informelle Streitbeilegung, so besitzt die WTO ein formelles Streitschlichtungsverfahren. Kommt es hier zu keiner Einigung oder befolgt eine Partei den Schiedsspruch nicht, so können die Staaten Gegenmaßnahmen in Form von Strafzöllen oder der Rücknahme von Handelserleichterungen ergreifen.

*Nach: Wichard Woyke, WTO/GATT, in: Wichard Woyke (Hg.), Handwörterbuch internationale Politik, 9. Aufl., Opladen 2004, S. 591 ff. (aktualisiert)*

**160 Mitgliedstaaten** (Stand: 2014)

**Hauptorgan:** Ministerkonferenz:
- **Prinzip der Konsensentscheidungen:** eine Entscheidung gilt als angenommen, wenn ihr kein Mitgliedsstaat formell widerspricht
- **Prinzip der formalen Gleichheit:** one state, one vote

| Güter- und Zollabkommen (GATT) | Dienstleistungsabkommen (GATS) | Abkommen über geistiges Eigentum (TRIPs) |
|---|---|---|
| regelt den Warenverkehr in den Bereichen Industriegüter: Zollsenkungen bis zu 100%, Landwirtschaft: Abbau von Exportbeschränkungen | regelt den Handel mit Dienstleistungen, Abbau von Handelshemmnissen in den Bereichen: Telekommunikation, Banken und Versicherungen, Transport, Tourismus | regelt den Schutz des geistigen Eigentums in den Bereichen: Patente, Marken, Urheberrecht, Industriedesign, Computerprogramme |
| 30.10.1947 seit 1.1.1995 unter dem Dach der WTO | 1.1.1995 | 1995/2001 (Review) |

**Dispute Settlement Body (DSB) / Streitschlichtung**
Regelung bei Handelskonflikten

| | |
|---|---|
| **Prinzip der Meistbegünstigung:** | Handelsvorteile müssen allen Mitgliedsstaaten in gleicher Weise gewährt werden |
| **Prinzip der Nichtdiskriminierung:** | Keine Benachteiligung eines einzelnen Mitgliedsstaates gegenüber anderen |
| **Prinzip der Inländerbehandlung:** | Keine Begünstigung inländischer Produkte gegenüber ausländischen |
| **Prinzip der Transparenz:** | Keine geheimen Abkommen, gegenseitige Information über Handelsvorschriften |

*Grafik nach: Politik und Unterricht 4/2003, Globalisierung, Landeszentrale für politische Bildung Baden-Württemberg, S. 28*

## M 6 ● Der Nichtdiskriminierungsgrundsatz – Grundlage einer freien Handelsordnung

Das zentrale Prinzip, das der multilateralen Handelsordnung zugrunde liegt, ist der **Nichtdiskriminierungsgrundsatz.** Das Nichtdiskriminierungsprinzip besagt, dass Anbieter beziehungsweise ihre Waren und Dienstleistungen unabhängig von ihrer Herkunft gleich behandelt werden müssen. Das Nichtdiskriminierungsprinzip hat zwei Hauptausprägungen: Zunächst dürfen gemäß dem **Grundsatz der Inländerbehandlung** ausländische Waren nicht schlechter behandelt werden als vergleichbare inländische Waren – etwa hinsichtlich steuerlicher Regelungen oder Vermarktungsregeln. Gemäß dem **Grundsatz der Meistbegünstigung** müssen zudem alle vergleichbaren ausländischen Waren unabhängig vom jeweiligen Herkunftsland gleich behandelt werden. Das Nichtdiskriminierungsprinzip ist damit Grundlage für jede freihändlerische Ordnung und damit für eine marktwirtschaftliche Ordnung im internationalen Rahmen. Motiviert werden die Liberalisierungsbestrebungen durch [Grundannahmen der liberalen Wirtschaftstheorie]. Diese legen nahe, dass eine freihändlerische Handelspolitik in aller Regel die beste Politikempfehlung unter Wohlfahrtsgesichtspunkten darstellt, [ohne dass hierbei Fragen der gerechten Verteilung berücksichtigt werden].

Gleichwohl gibt es von beiden Ausprägungen des Nichtdiskriminierungsgrundsatzes gewichtige Ausnahmen: Abweichend vom Grundsatz der Inländerbehandlung dürfen ausländische Güter mit Einfuhrzöllen belegt werden. [Deren Höhe wird] in sogenannten Zolllisten, die beim WTO-Sekretariat in Genf hinterlegt sind, auf einem bestimmten Niveau produktweise gebunden. Diese von Land zu Land unterschiedlichen gebundenen Zölle sind das Ergebnis

### Schlichtungsverfahren in der WTO

Eine wesentliche Neuerung bei der Gründung der Welthandelsorganisation gegenüber ihrem Vorgänger der GATT-Verträge ist in der Institutionalisierung eines wirksamen, weil durchsetzungsfähigen Schlichtungs- bzw. Gerichtsverfahrens für Handelsstreitigkeiten zu sehen.
Hierbei kann ein Mitglied der WTO ein anderes wegen des Verstoßes gegen die Prinzipien der Welthandelsorganisation vor dem Dispute Settlement Body (DSB) anklagen, wobei der Eröffnung eines Streitbeilegungsverfahrens vergleichsweise geringe Hürden gesetzt sind. Ein hierfür zuständiges „Panel" (internationale Handelsexperten) überprüft den Fall, sofern die Streitparteien sich nicht einigen können, und nimmt eine Bewertung dessen vor. Diese Stellungnahme kann nur einstimmig vom DSB abgelehnt werden, was auch für den Fall eines Berufungsverfahrens gilt. Eine unterlegene Streitpartei kann daher das Streitbeilegungsverfahren nicht durch ein eigenes Veto unterlaufen, sondern muss sich der Entscheidung der Mehrheit der WTO-Mitgliedstaaten fügen.

*Autorentext*

der bislang acht multilateralen GATT-Verhandlungsrunden, in denen es gelungen ist, den durchschnittlichen Zollsatz der Industrieländer von rund 40 Prozent unmittelbar nach dem Zweiten Weltkrieg auf zwischenzeitlich rund 4 Prozent nach der Uruguay-Runde zu senken.

*Nach: Thomas A. Zimmermann, Die WTO: Der falsche Prügelknabe; in: WTO-News, Ausg. 2 (Dezember 2000), S. 1 f.*

## M 7 ● Das WTO-Streitschlichtungsverfahren: ein akzeptiertes „Welthandelsgericht"?

*Im Rahmen eines Forschungsprojektes zur Verrechtlichung internationaler Politik haben Politikwissenschaftler das Streitverhalten beklagter Staaten (wichtigste Wirtschaftsnationen, OECD-Staaten) untersucht und sind dabei zu folgendem Ergebnis gekommen:*

**„getreuer Streitverlauf"** = Konfliktaustragung in den dafür vorgesehenen Institutionen und unter Beachtung der geltenden Regelungen

**„vermeidender Streitverlauf"** = Konfliktaustragung außerhalb der dafür vorgesehenen Institutionen

**„missachtender Streitverlauf"** = Konfliktaustragung in den dafür vorgesehenen Institutionen, jedoch unter zumindest teilweiser Missachtung der geltenden Regelungen und/oder der abschließenden Entscheidung dieser Institution

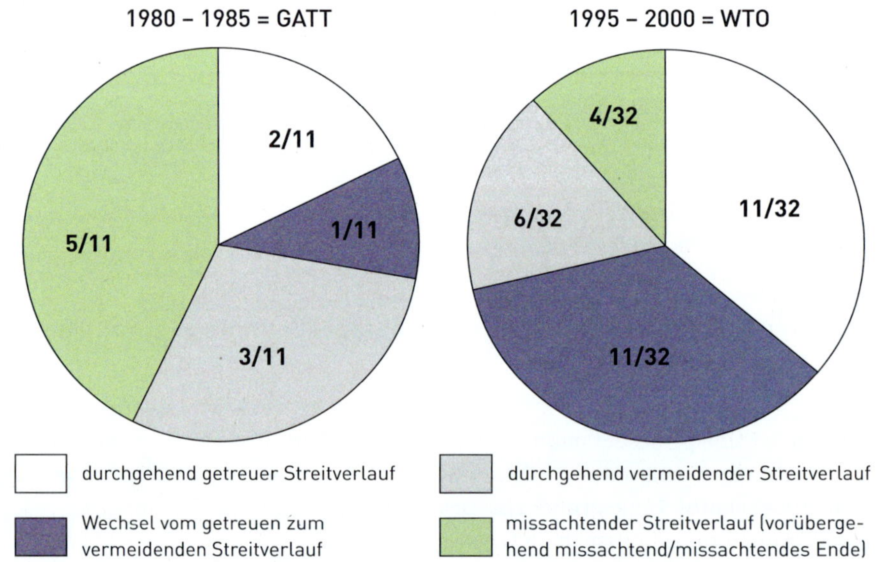


*Bernhard Zangl u.a., Weltherrschaft des Rechts, in: Volker Rittberger (Hg.), Wer regiert die Welt und mit welchem Recht?, Baden-Baden 2009, S. 135*

## M 8 ● Handelskonflikt ohne Ende? Die Entscheidung der WTO zu „Seltenen Erden" und die Folgen

Der internationale Handelsstreit um begehrte Industriemetalle (Seltene Erden) aus China geht in die nächste Runde. Die Volksrepublik kündigte [...] an, einen Schiedsspruch der Welthandelsorganisation (WTO) nicht hinnehmen zu wollen. Die WTO hatte die von der Volksrepublik verfügten Exportbeschränkungen für Seltene Erden für unzulässig erklärt. Das im März gefällte Urteil bedeutete einen Sieg für die Kläger – die Vereinigten Staaten, die Europäische Union und Japan. Sie werfen China vor, mit den im Jahr 2010 eingeführten Ausfuhrquoten heimischen (chinesischen) Firmen unfaire Wettbewerbsvorteile zu verschaf-

fen. Die Beschränkungen hatten die Weltmarkt-Preise für die stark gefragten Rohstoffe drastisch in die Höhe getrieben. [...]
Ein WTO-Schiedsgericht hatte befunden, dass die Exportquoten gegen internationale Handelsregeln verstoßen. Ein Sprecher des chinesischen Handelsministeriums sagt nun, sein Land werde sich im Berufungsverfahren energisch dagegen wehren. Die chinesische Regierung begründet die eingeführten Quoten offiziell damit, dass diese für einen besseren Schutz von Umwelt und Ressourcen sorgten.

*FAZ.net/Reuters, 17.4.2014*

**Folgen**
Im Januar 2015 gab die chinesische Regierung bekannt, die Ausfuhrbeschränkungen für seltene Erden aufzuheben, und folgte somit den Vorgaben des WTO-Schiedsgerichtsurteils (vgl. M 8)

## M 9 Vor dem Gericht sind alle gleich? Das WTO-Schlichtungsverfahren in der Diskussion

Die bekanntesten WTO-Streitfälle sind zwar zumeist diejenigen, in denen sich unterlegene Streitparteien zunächst einer Umsetzung des Berichts verweigerten [...]. In den allermeisten Streitfällen findet jedoch entweder eine Umsetzung von Empfehlungen statt oder es kommt zu einer bilateralen Einigung zwischen den Streitparteien vor der Verabschiedung eines Berichts durch den DSB im „Schatten des Rechts" [...].
Jedoch [...] [wird] hinsichtlich des Streitverfahrens [...] argumentiert, dass dieses von Entwicklungsländern deutlich weniger angerufen wird als von den industrialisierten Ländern, da ärmere Länder finanziell und logistisch nicht in der Lage seien, die notwendigen Verwaltungsstäbe aufzubauen und zu unterhalten, um in dem komplexen Streitverfahren erfolgreich argumentieren zu können [...]. Dies habe dazu geführt, dass zwar in der WTO absolut die Wahrscheinlichkeit zugenommen habe, dass kleine Länder Beschwerden einreichen. Relativ gesehen habe aber die Wahrscheinlichkeit, dass große Länder eine Beschwerde einreichen, deutlich stärker zugenommen [...].
Dennoch sollte nicht unerwähnt bleiben, dass das Streitverfahren offensichtlich einen Beitrag dazu leisten kann, Machtasymmetrien zu verkleinern.

*Achim Helmedach, Regieren im Welthandel, in: Helmut Breitmeier u.a.(Hg.), Sektorale Weltordnungspolitik, Baden-Baden 2009, S. 101 f.*

### Aufgaben

1 a) Fassen Sie die handelspolitischen Ziele und Instrumente der Welthandelsorganisation (WTO) zusammen (M 5, M 6).

b) Arbeiten Sie die Klagegründe heraus, die in Übereinstimmung mit den Verträgen der WTO gegen China (M 1, M 4) angeführt werden (können).

2 a) Analysieren Sie die Durchsetzungsfähigkeit der WTO als Rechtsetzungsinstanz für globalen Handel (M 5, M 7, Info-Box).

b) Entwickeln Sie eine Lösung des Handelskonfliktes um „Seltene Erden" im Rahmen der WTO (M 1 – M 6, Info-Box).

3 a) Beurteilen Sie vor dem Hintergrund Ihrer bisherigen Ergebnisse die Lösung des Handelskonfliktes zwischen China und der EU bzw. den USA (M 8).

b) Die WTO stellt eine Arena zur effizienten und regelgeleiteten Beilegung von Handelskonflikten dar. Erörtern Sie diese These.

F zu Aufgabe 2 b)
Charakterisieren Sie die WTO und ihre Entscheidungs- bzw. Konfliktlösungsmechanismen (M 5-M 7) als Beispiel einer Global Governance (vgl. Kap. 2.2). Gehen Sie dabei auch auf die Fähigkeit der Organisation ein, „Compliance" (Regeltreue, Unterstützung der Organisationsziele) bei ihren Mitgliedern zu erzeugen.

H zu Aufgabe 3 b)
Entwickeln Sie ausgehend von den vorliegenden Materialien und Ihren bisherigen Ergebnissen zunächst jeweils 2-3 Pro- und Kontra-Argumente, die Sie nach Urteilskategorien geordnet notieren und gewichten.

### Aspekte politischer Legitimität

- Anerkennungswürdigkeit eines politischen Systems, einer Position, einer Institution o. Ä.
- Input-Legitimität beruht auf Partizipation und Interessenausgleich mittels Entscheidungsverfahren
- Output-Legitimität: Politikergebnisse fördern Allgemeinwohl statt Partikularinteressen

### Agenda Setting

Setzen von Themenschwerpunkten für politische Verhandlungen und Entscheidungsprozesse

### Doha-Runde

bezeichnet die seit 2001 laufende Verhandlungsrunde der WTO, in deren Rahmen der globale Freihandel insbesondere auch im Agrar- und Dienstleistungssektor sicher gestellt und bessere wirtschaftliche Bedingungen für Entwicklungsländer geschaffen werden sollten.

## 6.1.3 Die WTO: Hüterin einer fairen Welthandelspolitik?

### M 10 ● Die WTO in der Kritik

- Das Legitimationsdefizit der WTO ist in erster Linie ein Demokratiedefizit (Input-Legitimität). Die umfangreichen Regelungen der WTO-Verträge greifen tief in nationales Recht ein und berühren zahlreiche gesellschaftliche Sphären (Wirtschaft, Sozial- und Gesundheitswesen, Ökologie), ohne dass die Betroffenen und entsprechende Bürgergruppen an den Entscheidungen beteiligt würden.
- Die Entscheidungsfindung in der WTO ist von geringen Partizipationsmöglichkeiten vor allem für Vertreter aus Entwicklungsländern gekennzeichnet.
- Die Entscheidungsfindung in der WTO leidet unter einem Transparenzdefizit. Dies zeigt sich besonders an dem viel gerühmten Streitschlichtungsverfahren, das anders als bei einem echten Gerichtsverfahren nicht öffentlich durchgeführt wird.
- Darüber hinaus führt die Verengung des Welthandels auf die Freihandelsdoktrin zu sozialen und ökologischen Folgeproblemen vor allem in bereits benachteiligten Gesellschaften des globalen Südens (Output-Legitimität).

*Nach: Landeszentrale für politische Bildung, Politik und Unterricht, Globalisierung, Stuttgart 4/2003, S. 29 (ergänzt)*

### M 11 ● „One state, one vote“: Wie demokratisch ist die Welthandelspolitik?

Das mühsame Vorankommen der Doha-Verhandlungsrunde [...] zeigt, dass das Regieren in der WTO ein schwieriger Prozess ist. Aber ist es wenigstens ein demokratischer? Die WTO ist trotz aller Veränderungen eine reine Staatenorganisation geblieben, die weiterhin dem Konsensprinzip unterliegt. Dieser Umstand, dass allen Veränderungen der Regeln im Welthandel einstimmig von allen Mitgliedern zugestimmt werden muss, wird von Befürwortern als Indiz gewertet, dass die WTO demokratischen Prinzipien folgt. [...] Andererseits wird der WTO aber auch vorgeworfen, sie „zerstöre die Demokratie, wie wir sie kennen“ [...].

Erstens wird bemängelt, dass trotz des Einstimmigkeitsprinzips der Einfluss auf die Gestaltung und Durchsetzung der internationalen Handelspolitik asynchron verteilt sei und mithin der demokratische Standard der prozeduralen Fairness verletzt werde [...]. Hinsichtlich der Regelsetzung in den Verhandlungsrunden komme es immer wieder zu einem Agenda Setting durch die großen Mitglieder. Diese seien in der Lage, frühzeitig den Verhandlungsspielraum einzuengen, da sie über gut ausgestattete und erfahrene Verwaltungen verfügen, auf deren Expertise gleich zu Beginn von neuen Verhandlungsrunden zurückgegriffen werden könne. Zusätzlich können die entwickelten Länder auf die weiteren Ressourcen von Lobbygruppen zurückgreifen.

Kritisiert wird ebenfalls, dass diese Informationsasymmetrien durch in- oder halboffizielle Verhandlungen in einem kleineren Rahmen noch verstärkt werden [...]. In den Verhandlungen der Quad-Gruppe (USA, EG, Kanada, Japan), der G7/G8, der G4 (USA, EG, Indien, China) oder den Green Room Meetings der WTO [informelle Treffen des Generalsekretärs mit einflussmächtigen Mitgliedstaaten zum Abklären von Verhandlungsoptionen] können sich einige wenige Mitglieder abstimmen, ohne dass ein Informationsfluss zu den übrigen Mitgliedern stattfindet.

Unterschiedliche Einflussmöglichkeiten und Informationen im Rahmen von Verhandlungen in GATT und WTO bedeuten also ein Demokratiedefizit. Zwar ist aufgrund der hohen Mitgliederzahl der WTO und deren Heterogenität klar, dass kaum sämtliche Sonderinteressen aller Mitglieder berücksichtigt werden können [...], jedoch müsste es unter dem Gesichtspunkt der prozeduralen Fairness verstärkt zu Anstrengungen kommen, mehr unterschiedliche Interessengruppen an den kleineren Verhandlungsrunden teilnehmen zu lassen und verstärkte Transparenzpflichten zu installieren.

*Achim Helmedach, Regieren im Welthandel. Die Welthandelsorganisation als globaler Akteur, in: Helmut Breitmeier, Michèle Roth, Dieter Senghaas (Hg.), Sektorale Weltordnungspolitik, Baden-Baden 2009, S. 105 ff.*

## M 12 ● Durchbruch in Bali? Ein neuer Welthandelsvertrag

Wie Ertrinkende nach dem Strohhalm haben Politiker aus Nord und Süd nach einem Kompromiss für die Welthandelsorganisation (WTO) gegriffen. Mit Tränen in den Augen und Rührung in der Stimme verkündeten sie von der indonesischen Ferieninsel Bali, dass sich die Handelsminister von 159 Ländern nach jahrelangen Verhandlungen auf ein neues Abkommen verständigt hätten.

So erfreulich auf den ersten Blick die Einigung von Bali auch scheint, so bescheiden wird das Ergebnis bei genauerer Betrachtung.

> Beschlossen wurden Handelserleichterungen für alle durch einen Abbau bürokratischer Einfuhrhemmnisse, weitere Handelsvorteile für Entwicklungsländer im Agrarbereich durch die Abschaffung von Exportsubventionen und eine zusätzliche finanzielle (Handels-) Förderung zugunsten der am wenigsten entwickelten Länder dank eines besseren Zugang zu den Märkten der Industrie- und Schwellenländer.

Erhofft wird vom Bali-Abkommen, dass der Welthandel damit neuen Schwung erhält. Milliarden Dollar von Kosteneinsparungen und Millionen neuer Jobs werden erwartet. Besonders profitieren dürften jene Länder, die international stark verflochten sind. So auch Deutschland. Deshalb wird auch hierzulande das Wunder von Bali gefeiert. Zu früh, denn der Kompromiss kommt zu spät.

Bali steht nicht für den Anfang einer neuen WTO. Im Gegenteil: Die WTO ist am Ende. Gerade Bali hat gezeigt, dass das Konzept der Einstimmigkeit keine Zukunft hat. Wenn Länder [...] mit ihrem Veto jederzeit und überall die WTO blockieren können, wird sich wenig bewegen lassen. Indien, Kuba, Venezuela, Bolivien und Nicaragua haben auf Bali klar gemacht, wie groß das Erpressungspotenzial ist, wenn Einstimmigkeit gilt. Der Preis einer Deblockierung ist nun fixiert. In Zukunft wird es mit Sicherheit nicht billiger, sondern teurer werden, weitere Kompromisse zu finden.

Wenn es nur ein „alles oder nichts" gibt, also keine einzelnen Sektoren oder Themen gesondert, sondern nur sämtliche Dossiers in einer großen Schlussabstimmung am Stück entschieden werden können, solange also ein einzelnes Land alles verhindern kann, selbst wenn alle anderen dafür sind, solange wird die WTO den Anschluss an die Wirklichkeit verlieren. Und weil ein Übergang zu einem Verfahren der Mehrheitsentscheidung der Einstimmigkeit bedarf, wird sich daran auch nichts ändern lassen. [...] Ausnahmen, wie sie nun verständlicherweise für Indien getroffen wurden, erhalten – als Folge des Einstimmigkeitsprinzips – nahezu Ewigkeitscharakter.

**Nationales Ernährungsprogramm Indiens**

Durch eine Ausnahmeregelung soll es Indien weiterhin bis 2017 gestattet sein, ein nationales Ernährungsprogramm für die ärmsten Bevölkerungsschichten aufrechtzuerhalten. Da dieses Programm auf der Subventionierung von Lebensmitteln basiert, drohen Indien andernfalls Klagen vor der WTO.

Sollte Indien im Bereich der Versorgungssicherheit mit Nahrungsmitteln einer dauerhaften Lösung nicht zustimmen, wird das Provisorium zum Dauerzustand, was auch nicht die Regel werden kann. [...]

Das Handelsabkommen von Bali weckt Hoffnungen, die nicht erfüllt werden können. Denn beschlossen wurden vorerst nichts mehr als Absichtserklärungen. Wie weit die Versprechungen tatsächlich umgesetzt werden, bleibt zunächst noch offen. Für Konkretisierung, Umsetzung und Ratifizierung der Bali-Abkommen wurden auf der Zeitachse weite Spielräume geschaffen. Wahre Glaubwürdigkeit sieht anders aus. [...]

Die Welt hat sich in den letzten 20 Jahren dramatisch verändert. Nicht aber die Strukturen der WTO. Sie sind seit ihrer Gründung 1995 nahezu unverändert geblieben. Nun zeigt sich mit Blick auf die Erfolge der Vergangenheit ein trauriges Ergebnis: der multilaterale Weg ist an sein Ende gelangt. [...] Eine Verlängerung des multilateralen Liberalisierungsweges wäre nur unter großen Mühen und kleinen Fortschritten möglich. Eine schlichte Kosten-Nutzen-Rechnung verdeutlicht, dass die an sich beste Option politisch nicht mehr gangbar ist. Stattdessen werden zweitbeste Lösungen attraktiver. Sie finden sich in regionalen oder bilateralen Handelsabkommen – wie beispielsweise die transatlantische Partnerschaft (TTIP) zwischen den USA und der EU.

*Thomas Straubhaar, in: Die Welt, 9.12.2013*

*Professor Thomas Straubhaar ist Direktor des Hamburgischen Weltwirtschaftsinstituts (HWWI) und Universitätsprofessor für Volkswirtschaftslehre, insbesondere internationale Wirtschaftsbeziehungen, an der Universität Hamburg.*

## Indien lässt Bali-Paket platzen

Der Optimismus war enorm. Endlich schien die oft geschmähte Welthandelsorganisation (WTO) zu liefern [...] – die Vereinbarungen des WTO-Gipfels auf Bali im vergangenen Jahr sollten eine neue Ära einleiten. Knapp acht Monate danach erwies sich diese Hoffnung als „Aufblastier". Indien zog [jetzt] den Stöpsel.

Damit ist das erste globale Abkommen über Handelserleichterungen in der fast 20-jährigen Geschichte der WTO – das sogenannte Bali-Paket aus mehreren Einzelvereinbarungen – bis auf weiteres gescheitert. Die Frist zur Unterzeichnung eines Protokolls über Handelserleichterungen (TFA), mit dem das Paket rechtswirksam geworden wäre, ließ die neue nationalistische Regierung Indiens verstreichen. [...] Indiens neue Führung unter Premierminister Narendra Modi will das Protokoll zum Bali-Abkommen über Handelserleichterungen nur noch dann unterzeichnen, wenn dem Land dauerhaft eine Ausnahmegenehmigung für die Subventionierung von Grundnahrungsmittel eingeräumt wird.

*FAZ.net/dpa, 1.8.2014*

## Aufgaben

1. In M 10 werden zentrale Kritikpunkte an der WTO, wie sie häufig von globalisierungskritischen Gruppierungen wie ATTAC vorgebracht werden, dargestellt.
   a) Erläutern Sie diese Kritikpunkte.
   b) Bewerten Sie auf einer Skala von 0 (stimme gar nicht zu) bis 5 (stimme voll zu) Ihre (vorläufige) Haltung zu den vorgebrachten Aspekten.
2. Analysieren Sie die Praxis der Entscheidungsverfahren der WTO sowie die formalen und informellen Machtfaktoren, die sie prägen (M 5, M 7, M 9-M 11, 12).
3. Gestalten Sie (arbeitsteilig) auf der Grundlage Ihrer bisherigen Ergebnisse
   a) einen Flyer für ATTAC, in dem die Kritik an der WTO verständlich dargestellt und mit Beispielen belegt wird.
   b) eine Werbeanzeige, in der die WTO ihre eigenen Errungenschaften darstellt, an Beispielen belegt und auf diese Weise die vorgebrachte Kritik entkräftet.
4. Das Abkommen von Bali wird von Beobachtern unterschiedlich bewertet: Während die einen es als erfolgreichen Durchbruch betrachten, sehen andere darin das Ende der WTO und somit der globalen Handelsbeziehungen und fordern daher eher bilaterale Verhandlungsformate (M 11). Erörtern Sie diese Positionen.

## 6.1.4 Globaler Freihandel – Wohlstandsmotor für alle?

### M 13 ● Globalisierung – eine Erfolgsgeschichte?

a) Die Fakten zeigen, wie sehr die Globalisierung in den letzten fünfzig Jahren den Wohlstand der Massen verbessert hat. [...] Globalisierung bringt [zwar] nicht allen Ländern und schon gar nicht allen Menschen gleich viel Reichtum. Sie hat aber dafür gesorgt, dass heute mehr Menschen länger und besser leben als jemals zuvor in der Weltgeschichte. [...]

*Thomas Straubhaar, Was bringt die Globalisierung?, in: Rheinischer Merkur, 31.5.2007*

b)

| **Entwicklungsländer: Globalisierung bringt mehr Wachstum**<br>Zunahme des Lebensstandards gemessen als reales BIP pro Kopf zwischen 1990 und 2006 in Prozent | |
|---|---|
| Globalisierer: Entwicklungsländer, die sich für den Weltmarkt in den 80ern stark geöffnet haben | 48,7 |
| Nicht-Globalisierer: Entwicklungsländer, die sich für den Weltmarkt in den 80ern weniger (stark) geöffnet haben | 22,1 |
| Entwicklungsländer: Länder mit einem Pro-Kopf-Einkommen von weniger als rund 9.000 Dollar (ohne Transformationsstaaten) | |

*Zahlen: IWF, Weltbank, in:Institut der deutschen Wirtschaft Köln München GmbH iw-Dossier Globalisierung Nr. 3/2010, 10.8.2010*

### M 14 ● Sozioökonomische Entwicklung weltweit

a) Armut nach Weltregionen

| | Arme, die von weniger als 1,25 US-$ pro Tag leben | | | | | |
|---|---|---|---|---|---|---|
| | in Mio. | | | Anteil in % | | |
| Region | 1990 | 2008 | 2015* | 1990 | 2008 | 2015* |
| Ostasien und Pazifik | 926,4 | 284,4 | 159,3 | 56,2 | 14,3 | 7,7 |
| davon China | 683,2 | 173,0 | k. A. | 60,2 | 13,1 | k. A. |
| Europa und Zentralasien | 8,9 | 2,2 | 1,4 | 1,9 | 0,5 | 0,3 |
| Lateinamerika und Karibik | 53,4 | 36,8 | 33,6 | 12,2 | 6,5 | 5,5 |
| Naher Osten und Nordafrika | 13,0 | 8,6 | 9,7 | 5,8 | 2,7 | 2,7 |
| Südasien | 617,3 | 570,9 | 418,7 | 53,8 | 36,0 | 23,9 |
| Afrika südlich der Sahara | 289,7 | 386,0 | 397,2 | 56,5 | 47,5 | 41,2 |
| Welt insgesamt | 1.908,6 | 1.289,0 | 1.019,9 | 43,1 | 22,4 | 16,3 |
| ohne China | 1.226,8 | 1.116,0 | - | 37,2 | 25,2 | k. A. |

*Weltbank (Hg.), Global Monitoring Report 2012, Overview, S. 3*

* Prognose

b) Soziale Schlüsselindikatoren

| | Beendigung der Grundschule (in %) | | Kindersterblichkeit[1] (in ‰) | | Lebenserwartung (in Jahren) | |
|---|---|---|---|---|---|---|
| | 1988/89–1993/94 | 2007 | 1990 | 2012 | 1990 | 2013 |
| Ozeanien und Pazifik | 97 | 100 | 59 | 21 | 68 | 74 |
| Europa und Zentralasien | 94 | 98 | 46 | 23 | 70 | 71,3 |
| Lateinamerika und Karibik | 88 | 97 | 53 | 19 | 68 | 74,9 |
| Naher Osten und Nordafrika | 82 | 91 | 80 | 37 | 61 | 70,2 |
| Südasien | 74 | 79 | 130 | 57 | 58 | 67,2 |
| Afrika südlich der Sahara | 50 | 63 | 187 | 97 | 51 | 56,8 |

[1]Sterblichkeit von Kindern unter fünf Jahren

*World Bank, World Development Report 1992; Weltbank (Hg.), Weltentwicklungsbericht 2010; UNDP, UNDP, Human Development Report 2014*

c) Wirtschaftskraft

| | Entwicklung des realen Bruttoinlandsprodukts pro Kopf in ausgewählten Regionen, Angaben in US-Dollar Kaufkraftparität | | | | | | | |
|---|---|---|---|---|---|---|---|---|
| | 1980 | 1985 | 1990 | 1995 | 2000 | 2005 | 2010 | Veränderung 1980–2010 |
| Euro-Zone | k. A. | k. A. | k. A. | 21.200 | 25.472 | 30.050 | 32.388 | – |
| Schwellen- und Entwicklungsökonomien | 1.278 | 1.721 | 2.156 | 2.488 | 3.092 | 4.302 | 5.772 | + 352 % |
| Afrika | 963 | 1.210 | 1.377 | 1.427 | 1.627 | 2.124 | 2.589 | + 169 % |
| Zentral- und Osteuropa | 3.747 | 4.973 | 6.167 | 6.715 | 8.530 | 11.781 | 14.292 | + 281 % |
| asiatische Entwicklungsländer | 398 | 641 | 948 | 1.468 | 2.002 | 3.053 | 4.591 | + 1.053 % |
| Mittlerer Osten | 4.066 | 4.767 | 5.070 | 5.881 | 7.103 | 9.163 | 11.318 | + 178 % |
| Westliche Hemisphäre | 3.713 | 4.460 | 5.208 | 6.349 | 7.404 | 8.873 | 10.577 | + 185 % |

*IWF, zitiert nach: Thieß Petersen, Ökonomische Globalisierung und Neuverteilung des globalen Wohlstands, in: GWP 59 (2010), Heft 1, S. 80*

## M 15 ● Die neue internationale Arbeitsteilung

a) Schwerpunkte des Exports

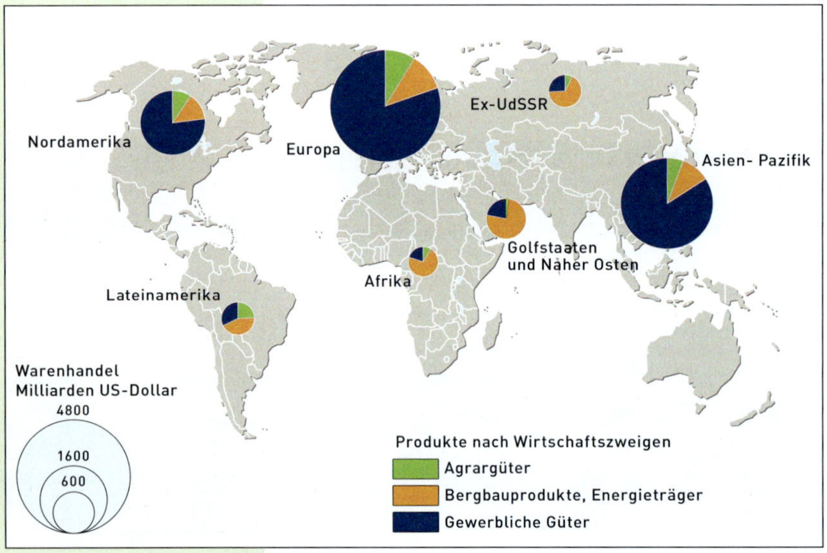


*Le Monde diplomatique, Atlas der Globalisierung 2009, S. 56*

b) Exportgüter und Handelswege

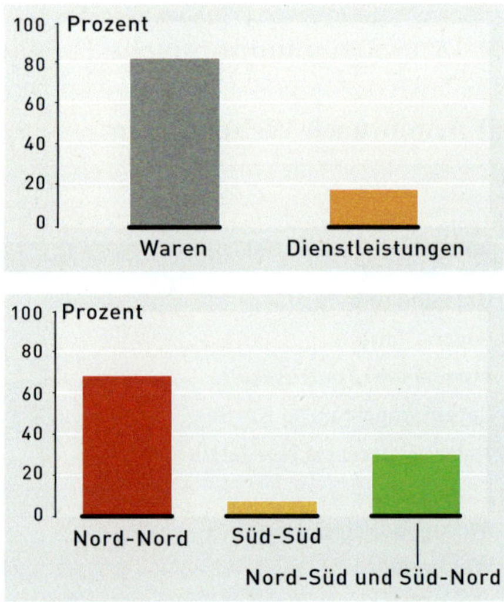


*Le Monde diplomatique, Atlas der Globalisierung 2009, S. 57*

## M 16 ● Globale Handelsbeziehungen: „Terms of Trade"

**a) Die Terms of Trade**

Die Terms of Trade auf Güterbasis (Commodity Terms of Trade) werden berechnet, indem der Preisindex der Exporte durch den Preisindex der Importe in heimischer Währung geteilt wird.

An der Entwicklung der Terms of Trade kann abgelesen werden, wie sich die Austauschverhältnisse der exportierten und importierten Waren verändern. Steigen die Terms of Trade eines Staates, durch eine Preissteigerung der eigenen Exportgüter und/oder durch eine Preissenkung der Importgüter, verbessert sich die außenwirtschaftliche Position, da sich die Fähigkeit erhöht, mit dem gleichen Exportvolumen mehr Güter zu importieren.

*Autorentext*

b) Reale Austauschverhältnisse (Terms of Trade)

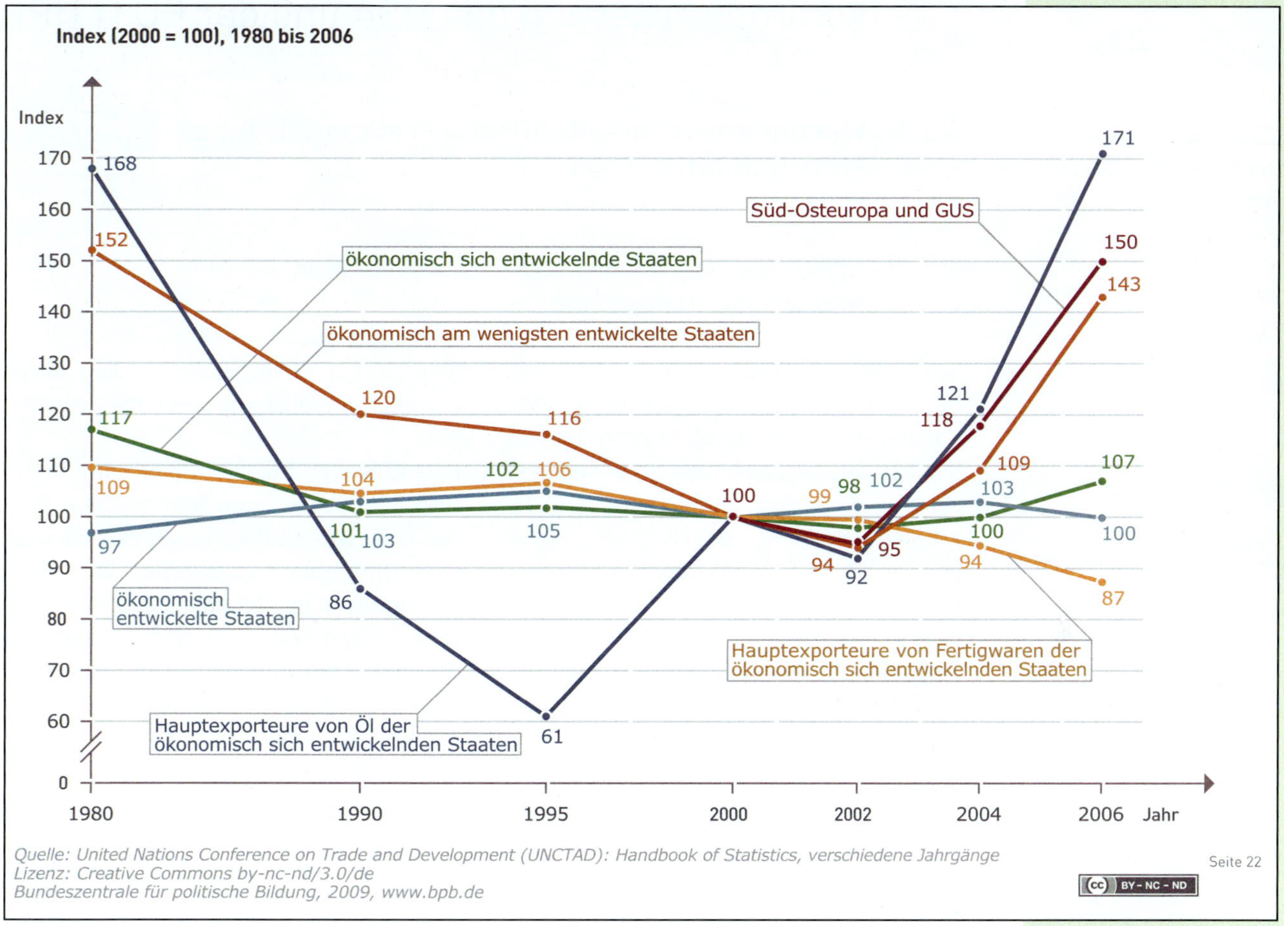


*www.bpb.de, 7.10.2009*

## Aufgaben

1. Erläutern Sie ausgehend von M 13 das „Wohlfahrtsversprechen" eines globalisierten (Frei-)Handels.
2. Analysieren Sie Trends der globalen Ungleichheiten (M 14). Berücksichtigen Sie dabei die Entwicklungen innerhalb einzelner Weltregionen (regionaler Längsschnitt) und die weltweiten Unterschiede zu einem bestimmten Zeitpunkt (Querschnitt). Nutzen Sie hierfür auch die Statistik „Globale Handelsströme" (Kap. 1.1, M 14).
3. Erklären Sie ausgehend von M 15/M 16 die in den Statistiken (M 14) deutlich werdenden globalen sozioökonomischen Ungleichheiten.
4. Überprüfen Sie anhand Ihrer Analyseergebnisse (Aufgabe 2/3) die Aussagen Straubhaars (M 13).

F zu Aufgabe 1
Beziehen Sie auch die Ihnen bekannten (klassischen) Außenhandelstheorien (Kap. 4.1) in Ihre Argumentation mit ein.

M zu Aufgabe 2
Werten Sie die Statistiken in einer arbeitsteiligen Gruppenarbeit aus.

F zu Aufgabe 4
Gestalten Sie einen Leserbrief, in dem Sie auf Straubhaars Überlegungen reagieren.

# 6.2 Vorteile für alle? Das geplante Freihandelsabkommen zwischen den USA und der EU (TTIP)

## 6.2.1 Warum eine transatlantische Freihandelszone? Ziele und Interessen

### M 1 Mit dem VW Golf von Wolfsburg nach Manhattan – ein Weg voller Hindernisse

Seit einem halben Jahr ist [David Soleimani] General Sales Manager beim VW-Händler Open Road in Manhattan. [...] Ein Modell läuft besonders gut. „Ich verkaufe einen Golf am Tag, mindestens." [...] Eigentlich eine klare, einfache Sache, sollte man denken. Ein Auto, deutsche Wertarbeit aus Wolfsburg, verkauft in ein Autohaus in New York.

So einfach ist das aber nicht. Genauer gesagt ist es sogar kompliziert. Weil die beiden Wirtschaftsräume so unterschiedliche Standards haben. [...] Es geht um Details, Normen und Zölle. [...] Der Golf [...] in Manhattan [...] musste dieselben Hürden nehmen wie alle anderen 41.000 Golfs, die Volkswagen im vergangenen Jahr in die USA exportiert hat. Er ist schwarz, hat ein Sonnendach und kostet 24.280 Dollar plus Steuern. [...] Rund ein halbes Jahr zuvor [...] ist er in Wolfsburg vom Band gelaufen. [...]

Autoverschiffung des VW Golf

Roland Walter arbeitet in Wolfsburg in der Halle 54. Team zehn, Montagelinie drei. Auf einer breiten Bahn aus Holz ziehen im steten Strom Fahrzeuge vorbei. Die Arbeiter schrauben hier Einbauteile in die Karosserie. Roland Walters Team baut unter anderem den Dachhimmel aus Filz ein. Nicht jedes Fahrzeug bekommt die gleichen Teile. Je nach Bestimmungsort und Ausstattung gibt es Unterschiede. Auf keinen Fall darf Walter ein falsches Teil einbauen. Das würde den Ablauf dieser Maschinerie, die täglich bis zu 2.300 Golf ausspuckt, empfindlich stören.

Wenn ein Fahrzeug sich nähert, wirft Walter einen Blick auf die Produktionsliste. Darauf sind für die nächsten 15 bis 30 Autos die Montageanforderungen vermerkt. Es gibt eine Kategorie, die bei Walter besondere Aufmerksamkeit auslöst: NAR. Das steht für Nordamerika. „Beim NAR-Golf ist vieles anders", sagt Walter. Für ihn heißt das: anderer Dachhimmel. Walter zeigt auf Filzteile, die neben dem Band vorsortiert auf einem Ständer hängen. Zwischen mehreren Standardteilen ein NAR-Dachhimmel. „Der ist hier an der Seite mit einem Metallteil verstärkt und über dem Kopf mit einer Plastikschiene", sagt Walter. „Das liegt am Airbag, der ist auch anders."

Ein Golf besteht aus über 8000 Einzelteilen. Sie alle müssen zur richtigen Zeit am richtigen Ort sein. „Just in time" nennt man das. Kommt ein Teil in zwei Ausführungen vor, haben die Logistiker eine Aufgabe mehr zu lösen. Ebenso wie die Zulieferer. Zwei Ausführungen des gleichen Teils, das bedeutet vor allem: mehr Kosten. Und die fallen bereits bei der Entwicklung eines neuen Modells an.

Dass der Golf in Manhattan einen anderen Airbag und einen verstärkten Dachhimmel haben muss, hat einen Grund. Er lautet FMVSS208. Diese US-Verordnung regelt auf 92 eng bedruckten Seiten den Insassenschutz beim frontalen Crash. Auch die Europäer haben eine Verordnung dazu. Sie heißt ECE-R 94 und umfasst 51 Seiten. Beide wollen das Gleiche. Und sind doch grundverschieden. [...] Die Folge: Jedes Auto, das auf beiden Seiten des Atlantiks verkauft werden soll, muss von Anfang an so entwickelt werden, dass es später auch beide Standards erfüllt.

„Bei uns beschäftigen sich Hundertschaften mit diesen Fragen", sagt Christian Buhlmann, als VW-Sprecher zuständig für die Produkte für die USA. [...] Neben der Fahrzeugsicherheit seien vor allem die Abgas- und Motorsteuerung sowie „Licht und Sicht" betroffen. „Wir machen Leuchten für Amerika, wir machen Leuchten für Europa, es geht gar nicht anders", sagt er. Im Grunde muss jedes Auto zweimal entwickelt werden.

Für Freunde des freien Handels ist dieser Aufwand Ergebnis von „nicht tarifären Handelshemmnissen". Der Begriff umfasst alles, was neben Zöllen einem reibungslosen Warenaustausch im Wege steht. Und das sind vor allem unterschiedliche Vorschriften wie bei den Crashtests.

Sie verursachen hohe Kosten für die Hersteller. Würden sie angeglichen, ließen sich Milliarden Euro jährlich sparen, sagt der Verband der Automobilindustrie. Laut einer Studie im Auftrag der EU-Kommission entsprechen sie gar einem zusätzlichen Zollsatz von 26 Prozent. Lässt sich das einsparen? [...] Die deutschen Automobilhersteller zahlen im transatlantischen Handel rund 1 Mrd. Euro an Zöllen pro Jahr, sagt der VDA [Verband der Automobilindustrie]. Der Satz für Pkw-Importe in die USA liegt bei 2,5 Prozent. In umgekehrter Richtung sind es zehn. Für die Einfuhr von Kfz-Teilen aus Deutschland in die USA fallen noch einmal jährlich rund 100 Mio. Euro an.

*Christian Salewski, Follow the VW Golf, in: Capital, 16.5.2014*

## M 2 ● Das geplante transatlantische Freihandelsabkommen (TTIP)

*Aus einer offiziellen Darstellung der Europäischen Union:*

Bei der transatlantischen Handels- und Investitionspartnerschaft (TTIP) handelt es sich um ein Handelsabkommen, das zurzeit zwischen der Europäischen Union und den Vereinigten Staaten ausgehandelt wird. Ziel ist die Beseitigung von Handelshemmnissen in einem breiten Spektrum von Branchen und damit die Erleichterung des Kaufs und Verkaufs von Waren und Dienstleistungen zwischen der EU und den Vereinigten Staaten.

Die EU und die USA erstreben nicht nur einen branchenweiten Zollabbau, sondern auch die Reduzierung von Hürden, die über Zollgrenzen hinausgehen, wie zum Beispiel unterschiedliche technische Regelwerke, Normen und Zulassungsverfahren. [...] Die TTIP-Verhandlungen haben außerdem zum Ziel, beide Märkte für Dienstleistungen, Investitionen und öffentliche Vergabeverfahren zu öffnen.

Laut unabhängigen Studien hat die TTIP das Potenzial:

- die Wirtschaft der EU um 120 Milliarden,
- die Wirtschaft der USA um 90 Milliarden,
- die Weltwirtschaft um 100 Milliarden anzukurbeln.

*Europäische Kommission, www.ec.europa.eu, About TTIP, Stand: 26.6.2014*

### Reichweite der TTIP

Aufgrund bestehender Freihandelsabkommen in Europa (Europäische Freihandelszone) bzw. Nordamerika (NAFTA) würde ein transatlantisches Freihandelsabkommen neben den unmittelbaren Verhandlungspartnern EU und USA auch weitere Staaten mittelbar integrieren.

## M 3 Das transatlantische Freihandelsabkommen – Interessen und Prognosen

### a) Handelsbeziehungen der EU

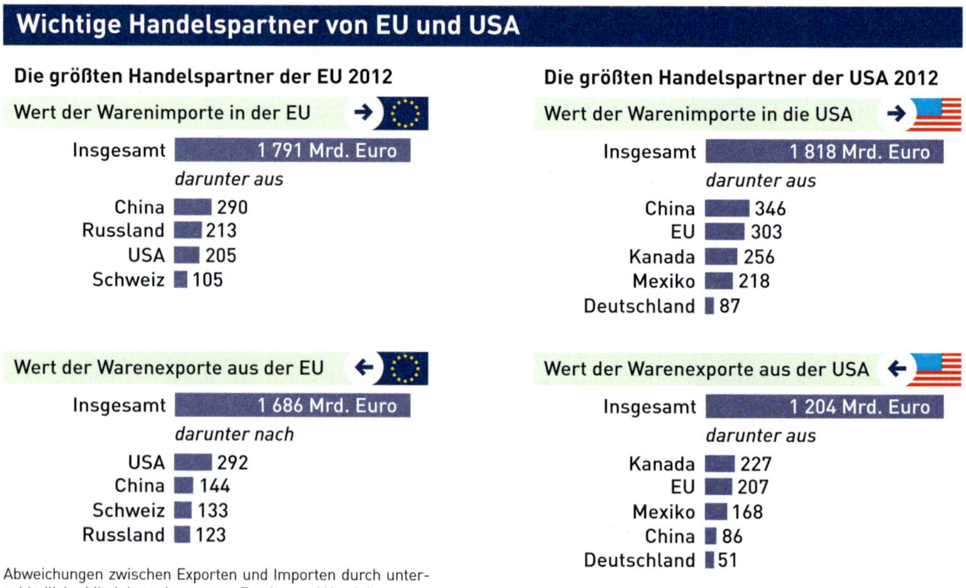


Abweichungen zwischen Exporten und Importen durch unterschiedliche Miteinberechnung von Fracht- und Versicherungskosten. Quelle: EU-Komission

*Zahlen: EuroStat, 4.2.2014*

### b) Mögliche Wirkungen eines transatlantischen Freihandelsabkommens

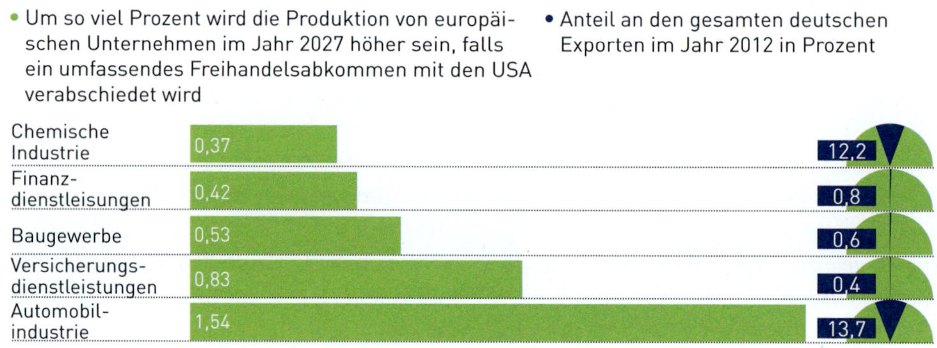


Dem unterstellten Freihandelsabkommen liegen folgende Abnahmen zugrunde: 100 Prozent Zollabbau, 25 Prozent Abbau von nichttarifären Handelshemmnissen bei Waren und Dienstleistungen, 50 Prozent Abbau von nichttarifären Handelshemmnissen in der öffentlichen Beschaffung (Ursprungsdaten: Centre for Economic Policy Research, Welthandels- und Entwicklungskonferenz)

*Institut der deutschen Wirtschaft Köln, iwd 10, 2014 (06.03.2014), S. 2*

## Aufgaben

1. Beschreiben Sie am Beispiel des VW Golf (M 1) Hindernisse, die den Handelsbeziehungen zwischen der EU und den USA im Wege stehen.
2. a) Arbeiten Sie vor diesem Hintergrund die Ziele und Interessen, die die Verhandlungen um ein transatlantisches Freihandelsabkommen leiten, heraus (M 1-M 3).
   b) Entwickeln Sie (hypothesenartig) mögliche Kritikpunkte an der Bildung einer transatlantischen Freihandelszone.

H zu Aufgabe 2 b)
Betrachten Sie hierfür mögliche Auswirkungen des TTIP auf die Bereiche Nahrungsmittelsicherheit, Datenschutz und kulturelle Besonderheiten.

## 6.2.2 Ausverkauf europäischer Interessen? Das transatlantische Freihandelsabkommen in der Kritik

### M 4 ● Kritik am TTIP

*Die Nichtregierungsorganisation Campact, das wichtigste politische internetbasierte Beteiligungsforum in Deutschland, versuchte durch verschiedene Kampagnen die Wahlen zum Europäischen Parlament 2014 zu einer Abstimmung über das von ihr kritisierte TTIP zu erklären:*

| TTIP gefährdet | | | | |
|---|---|---|---|---|
| **die Demokratie:** Konzerne können Milliarden Euro aus unseren Staatskassen fordern, wenn Gesetze ihre Gewinne schmälern. Die Entscheidung fällen geheim tagende Schiedsgerichte. | **öffentliche Leistungen:** Die Privatisierung von Wasserversorgung, Gesundheit und Bildung droht. | **die Gesundheit:** Was in den USA erlaubt ist, würde auch bei uns legal – Fracking, Chlorhühner, Gentechnik im Essen und Gift in der Kosmetik. | **die Freiheit:** Im Internet würde noch mehr überwacht und zensiert. Der Datenschutz würde ausgehebelt, die kulturelle Vielfalt bedroht, der Zugang zu Bildung und Wissenschaft eingeschränkt. | **die soziale Sicherheit:** Arbeitnehmerrechte und Sozialstandards würden geschwächt, Mindestlöhne untergraben, kleine Betriebe vom Markt gefegt. |

*Campact, 10.4.2014*

### M 5 ● Renate Künast: Abbau europäischer Standards und staatlicher Souveränität

Die Einfuhrzölle sind niedrig wie lange nicht, tarifäre Handelshemmnisse bestehen fast keine mehr. Und mit dem zur Zeit verhandelten Freihandelsabkommen TTIP zwischen den USA und der EU wird uns nun noch ein zusätzliches Wirtschaftswachstum von bis zu 0,34 Prozent versprochen. Institute rechnen mit circa 400.000 neuen Arbeitsplätzen, wenn durch das Abkommen nicht-tarifäre Handelshemmnisse abgebaut werden. Im Verhandlungs-Englisch bedeutet das „regulatory coherence", und zwar über alle Politikbereiche hinweg: Umweltschutz, geistiges Eigentum, Arbeitnehmerrechte, Gesundheit, Tierschutz und Tiermast, Einsatz von toxischen Chemikalien, Lebensmittelsicherheit, Zusatzstoffe, genetisch veränderte Organismen und Datenschutz.

Deshalb liegt genau dort der Hase im Pfeffer. TTIP-Verhandler versprechen uns die Beibehaltung europäischer Standards. Aber das explizite Ziel des Freihandelsabkommens, die Kohärenz der Normen, hat unausweichlich ein Schleifen von Standards zur Folge. Das dazu gehörende Werkzeug ist das Recht auf Investorenklage, welches in das Abkommen aufgenommen werden soll. Sie beinhaltet, dass das Recht auf erwartete Gewinne gegen Regelungen zum Chemieeinsatz, Lebensmittelsicherheit etc. geltend gemacht werden kann. Einklagbar ist dies dann vor einem neu zu schaffenden internationalen Schiedsgericht. Am Ende kann die Aushebelung und systematische Aushöhlung europäischer Rechtssetzung und der Verlust von Souveränität stehen. [...]

**Internationale Schiedsgerichte**

Schiedsgerichte, die im Zusammenhang mit internationalen Investitionsschutzabkommen (früher etwa zum Schutz vor Enteignung ausländischer Unternehmen ausgehandelt) eingerichtet werden, verfügen über die gleichen Entscheidungsbefugnisse wie staatliche Gerichte – ihre Entscheidungen sind für die Vertragspartner bindend. Sie sind jedoch nicht mit hauptamtlichen Richtern, sondern mit Juristen und Anwälten besetzt, die oft im Hauptberuf Firmeninteressen vertreten (nach OECD-Angaben gilt dies für 60% der „Richter").

Legitimierte Gremien der EU würden nach Inkrafttreten eines Abkommens weiter über Verordnungen oder Richtlinien entscheiden. Jede dieser Normen kann aber nach Vertragslage zum sogenannten nichttarifären Handelshemmnis werden. Geklagt wird dann wegen Reduzierung der Gewinnerwartung, weil beispielsweise toxische Chemikalien in Plastikverpackungen verboten oder erlaubte Rückstandshöchstwerte in Lebensmitteln reduziert werden. [...] In der Praxis wäre das nicht bedeutungslos. Gerade verklagt Vattenfall die Bundesrepublik auf Schadenersatz wegen des beschlossenen Ausstiegs aus der Atomenergie. [...]

Es beginnt mit dem in der EU verankerten Vorsorgeprinzip (precautionary principle), das wir von der Lebensmittelsicherheit über den Einsatz von Zusatzstoffen bis zum Chemikalieneinsatz anwenden. Den USA ist dieses Prinzip fremd.

Ob Wachstumshormone in der Tiermast, Agrogentechnik und Kennzeichnung, Chlorbehandlung von Hühnchen oder Kennzeichnung von Produkten: Was uns (auch durch das Vorsorgeprinzip) rechtlich selbstverständlich ist, ist in den USA kein geltendes Recht. Bei der Zulassung von Agrogentechnik als Saatgut und Lebensmittel – ein großer Wirtschaftszweig von Monsanto und seinen Tochterunternehmen – wird das auch in Zukunft zu Differenzen führen. Es scheint, dass bei den Verhandlungen seitens der USA auch versucht wird, das Recht über erlaubte Lebensmittelzusätze zu verändern. Den aktuellen Codex Alimentarius aufzuweichen wäre ein fatales Signal, denn schon heute sind für uns die dort zugelassenen Zusatzstoffe fragwürdig in ihrer Wirkung für die menschliche Gesundheit.

An dieser Front kann nur das transatlantische Food Business gewinnen. Noch klingt uns in den Ohren, die Standards würden nicht gesenkt. Der Blick auf die Verhandlungen lässt mich aber befürchten, dass dieses Freihandelsabkommen ein reines Industrie- und Investorenabkommen ist. Regulatorische Kohärenz zum Abbau sogenannter nichttarifärer Handelshemmnisse ist ihr Ziel. Nachhaltigkeit und Verbraucherinteressen sind Fremdwörter.

Unser Ziel ist ein nachhaltiges Europa, das auf den Erhalt seiner Lebensgrundlagen achtet. Wo findet der Erhalt der bäuerlichen Landwirtschaft und der ländlichen Räume seine Absicherungen? Wo findet Klimaschutz statt? Wie ist der Erhalt bestehender Subventionen gesichert? Wie werden sich die kleinen Saatguthersteller behaupten können gegen die ganz Großen, ihre Patente und ihre Anwälte vor dem Schiedsgericht? Und werden wir unsere Zukunft gestalten können, indem wir bei öffentlichen Ausschreibungen hohe ökologische und soziale Standards für den gesamten Produktionsprozess fordern?

*Renate Künast, in: Frankfurter Rundschau, 9.1.2014*

*Renate Künast ist Bundestagsabgeordnete von Bündnis 90/Die Grünen.*

**H** zu Aufgabe 1 b)
Unterscheiden Sie dabei Argumente der wirtschaftlichen Sphäre von solchen der politischen Sphäre und gliedern Sie die Argumente anhand der Kategorien Effizienz, Legitimität und Grundwerte.

**M** zu Aufgabe 2
Gestalten Sie Ihr politisches Urteil in Form eines Gast-Kommentares auf www.campact.de.

## Aufgaben

1. a) Arbeiten Sie die Kritik (M 4, M 5) an der transatlantischen Handelspartnerschaft (TTIP) hinsichtlich der zugrundeliegenden Argumente und Werthaltungen heraus.
   b) Vergleichen Sie die Kritik am TTIP (M 4, M 5) mit den an die Handelspartnerschaft gerichteten positiven Erwartungen (M 1–M 3). Stellen Sie die Ergebnisse tabellarisch gegenüber.
2. Nehmen Sie zur geplanten Gründung einer transatlantischen Freihandelszone zwischen der EU und den USA begründet Stellung.

**Freihandel – Leitbild der Welthandelsordnung**
Kap. 6.1, M 3

Die **liberale Freihandelsdoktrin** geht im Anschluss an Ricardos Theorie komparativer Kostenvorteile davon aus, dass freier Handel auch bei ungleichen Voraussetzungen Wohlstandsgewinne für alle Beteiligten generiere. In diesem Sinne wird die ökonomische Globalisierung vielfach als Wohlstandsmotor betrachtet. Die 1995 gegründete **World Trade Organization (WTO)**, die als international anerkannte und mit derzeit 160 Mitgliedern (Stand: 2014) beinahe universelle (hohe Inklusivität) Organisation die Regeln des Welthandels festlegt, ist eben diesem Grundsatz verpflichtet. Ihr Hauptziel besteht in einem **weltweiten Handel ohne (tarifäre oder nichttarifäre) Handelshemmnisse.**

**Prinzipien der Welthandelsordnung**
Kap. 6.1, M 5, M 6

Die im Rahmen der WTO anerkannten Handelsverträge sollen sich an den drei konstituierenden Prinzipien orientieren, die von allen Mitgliedstaaten in ihrer Außenhandelspolitik berücksichtigt werden müssen:

- **Meistbegünstigung:** Handelspolitische Zugeständnisse, die sich zwei Staaten untereinander anbieten, gelten automatisch für alle WTO-Mitglieder.
- **Reziprozität:** Alle Handelserleichterungen sollen gegenseitig (wechselseitig) sein.
- **Inländerbehandlung/Nichtdiskriminierungsgrundsatz:** Alle importierten Waren und Dienstleistungen sind handelspolitisch wie inländische zu behandeln.

**Vertragswerk und Organe der WTO**
Kap. 6.1, M 10, M 11

Die innere Struktur der WTO umfasst drei Teilabkommen: das Allgemeine Zoll- und Handelsabkommen (GATT, General Agreement on Tariffs and Trade), das Allgemeine Abkommen über den Handel mit Dienstleistungen (GATS, General Agreement on Trade in Services) und das Abkommen über den Schutz geistigen Eigentums (TRIPs, Trade Related Intellecutal Property Rights). Zentrales Entscheidungsgremium der WTO ist die **Ministerkonferenz**, in der Entscheidungen nach dem **Grundsatz „one state, one vote"** in der Regel im Konsens getroffen werden. Eine Besonderheit stellt in diesem Zusammenhang die EU dar, die in der WTO-Ministerkonferenz – vertreten durch ihren Handelskommissar – nach oft intensiven Abstimmungsprozessen mit einer Stimme spricht. Zur Beilegung von Handelsstreitigkeiten steht der WTO ein **Streitschlichtungsmechanismus** zur Verfügung, der – somit ein wesentliches Novum gegenüber dem GATT – über Sanktionsbefugnis verfügt und von den Beklagten nicht unterlaufen werden kann.

**Beurteilung der WTO**
Kap. 6.1

Die Arbeit der WTO wird unterschiedlich beurteilt. In ökonomischer Hinsicht ist die signifikante **Senkung der weltweit erhobenen Zölle** zu konstatieren, jedoch wird vielfach kritisiert, dass die erhofften Wohlstandsgewinne gerade in Entwicklungsländern ausbleiben (Effizienz, Output-Legitimität).
In politischer Hinsicht werden vielfach die formale Gleichheit aller Mitglieder sowie die Institutionalisierung eines sanktionsfähigen Schiedsgerichts positiv hervorgehoben, denen jedoch die faktischen **Machtasymmetrien** gerade bei den Vertragsverhandlungen in der Ministerkonferenz (Drohpotenzial wirtschaftlich starker Nationen) sowie die **mangelnde Transparenz der Organisation** insgesamt entgegen stehe (Input-Legitimität). Nicht zuletzt sind die Verhandlungsrunden der letzten Jahre auf-

grund **fundamentaler Interessenunterschiede** der WTO-Mitglieder sowie des geltenden Konsensprinzips ins Stocken geraten bzw. zuletzt gescheitert (Output-Legitimität).
Aufgrund dessen streben vor allem wirtschaftlich starke Nationen vermehrt bilaterale Handelsverträge an, in denen gerade sie ihre Verhandlungsposition besser durchsetzen können.

**Globale Ungleichheiten – die Situation der Entwicklungsländer**
Kap. 6.1, M 14, M 16

Wohlstand und Entwicklungschancen auf der Welt sind nach wie vor ungleich verteilt. So erwirtschaften etwa 15 Prozent der Weltbevölkerung in den Industrieländern ca. 50 Prozent der Weltwirtschaftsleistung. Ob die Globalisierung diese Ungleichheit verstärkt oder ob sie den ärmeren Ländern Chancen eröffnet, um am Wohlstand teilzuhaben, wird unterschiedlich beurteilt. Viele Staaten, insbesondere in Südostasien, konnten von einer **Integration in den Weltmarkt** überproportional profitieren. Das Wachstum anderer Länder, allen voran die afrikanischen Staaten südlich der Sahara, weist dagegen eine deutlich geringere Dynamik auf. Zwar geht die Armut weltweit zurück, doch vergrößert sich das **Wohlstandsgefälle** zwischen reichen und armen Staaten immer weiter. Auch innerhalb der Staaten kann man diese Entwicklung beobachten.
Untersuchungen zeigen, dass das Ausmaß von **Wohlstandsgewinnen vom Grad** der **Marktöffnung abhängig** ist. Entwicklungserfolge aufgrund der Liberalisierungsstrategie stellen sich aber längst nicht für alle Länder ein. Wenn Märkte sich öffnen, ist das für das betroffene Land oft ein sehr schmerzhafter Vorgang. Branchen, die auf dem abgeschotteten heimischen Markt gut platziert waren, brechen zusammen, Menschen werden teilweise dauerhaft arbeitslos. Eine staatliche Strukturpolitik oder Sozialpolitik, die Härten abfedern könnte, fehlt in vielen Entwicklungsländern. Armut und Verelendung können sich so als **Modernisierungshemmnisse** erweisen, welche die politische Stabilität untergraben und gewaltsame Konflikte hervorrufen.

**TTIP: Handelspartnerschaft EU – USA**
Kap. 6.2, M 2, M 3, M 5

Beispiel eines **bilateralen Handelsabkommens** abseits der WTO ist die geplante Handelspartnerschaft zwischen der EU und den USA (TTIP). Ihre Befürworter rechnen mit wirtschaftlichem Wachstum und einem Zuwachs an Arbeitsplätzen, die sich aus der **beiderseitigen Marktöffnung** und insbesondere dem **Abbau nicht-tarifärer Handelshemmnisse** ergäben.
Kritiker vor allem aus der europäischen Zivilgesellschaft befürchten demgegenüber den **Abbau europäischer Standards** etwa im Bereich Nahrungsmittelsicherheit, Arbeitsrecht und Datenschutz. Unternehmen könnten ihre Interessen durch die Anrufung von **Schiedsgerichten**, die nicht auf Normen der EU verpflichtend sind, durchsetzen.

# Die Funktionsweise internationaler Wirtschaftsregime analysieren und beurteilen

## a) Trends der Welthandelspolitik

Die Welthandelsgespräche liegen auf Eis, die westlichen Staaten denken darüber nach, wie sie ihre Unternehmen vor unerwünschten Investoren schützen können. [...] Es ist die Rückkehr des Protektionismus auf neuen Wegen. Und es sind ziemlich schlechte Nachrichten für die Weltwirtschaft. „Die protektionistischen Tendenzen nehmen weltweit zu", warnt Simon Johnson, Chefökonom des Internationalen Währungsfonds. „Wenn es etwas gibt, das der boomenden Weltwirtschaft den Garaus machen könnte, dann ist es genau das." Denn je mehr sich die Staaten voneinander abschotten und Zäune aus Schutzzöllen, Subventionen und rechtlichen Regelungen um sich herum errichten, desto schwieriger wird der Austausch von Waren, Arbeitskräften und Kapital. Damit aber kommt ausgerechnet das zum Erliegen, was der Welt ihren enormen Wohlstand erst beschert hat: die Globalisierung. [...] Nach zig Gipfelgesprächen, gescheiterten Schlichtungsversuchen und wieder neuen Anläufen ist nicht mehr viel übrig geblieben von dem gemeinsamen Wunsch, freiere Handelsbedingungen zu schaffen. Stattdessen haben sich die verhandelnden Mächte, allen voran die EU, die USA, Brasilien und Indien, in erbitterten Streitereien verloren. [...] Leidtragende sind die ärmsten Staaten. Bei den regionalen Verträgen, die längst abseits der erstarrten WTO abgeschlossen werden, bleiben sie außen vor oder bekommen die Regeln von den Großen diktiert. Dabei würde eine gütliche Einigung der Doha-Runde gerade ihnen mehr helfen als alle G8-Gipfel der vergangenen Jahre zusammen.

*Anja Struve, Viktoria Unterreiner, in: Die Welt, 1.7.2007*

## b) Entwicklung der Zahl präferentieller Handelsabkommen 1949–2007

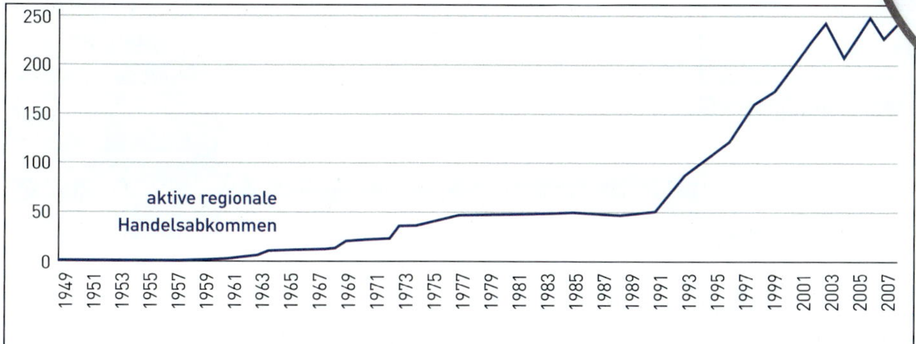


*Tobias Debiel u.a. (Hg.), Globale Trends 2010. Frieden – Entwicklung – Umwelt (Stiftung Entwicklung und Frieden), Bonn 2010, S. 339*

## Aufgaben

1. Beschreiben Sie die Ziele, Arbeitsweise und Entscheidungsstrukturen der Welthandelsorganisation (WTO).
2. Erläutern Sie ausgehend vom vorliegenden Material gegenwärtige Tendenzen der Welthandelspolitik.
3. Das WTO-Vertragswerk sieht die Förderung regionaler präferenzieller Handelsverträge vor, um das Organisationsziel der globalen Wohlfahrtssteigerung zu erreichen. Erörtern Sie Chancen und Risiken dieser Strategie.

PRÜFUNG
BITTE RUHE

# 7 Abiturvorbereitung

Jede Abituraufgabe ist so aufgebaut, dass in den einzelnen Aufgaben unterschiedliche Anforderungen an die Komplexität der Lösung gestellt werden. Hinweise auf die verschiedenen Anforderungsbereiche geben die Operatoren der Aufgabenstellung. Mit Operatoren sind die Handlungsanweisungen gemeint, die zur Lösung der Aufgaben erfüllt werden müssen. Es ist wichtig, die Operatoren und die damit verbundenen Erwartungen an eine vollständige Lösung richtig zu verstehen, weil nur so die volle Punktzahl der Bewertungseinheiten erreicht werden kann. Außerdem kann so vermieden werden, dass z. B. nicht lösungsrelevante Inhalte wiedergegeben und damit unnötig Zeit verschwendet wird.
Bei der Abiturprüfung im Fach Politik-Wirtschaft geht es insbesondere auch darum, fachspezifische methodische Kompetenzen zu überprüfen. Deshalb sind viele der gestellten Aufgaben eng an Quellenmaterialien (Texte, Grafiken, Statistiken, Diagramme, Karikaturen) gebunden. Diese stellen zusammen mit den im Unterricht erworbenen Kenntnissen die Grundlage für eine Vernetzung von Einzelinformationen zu einer problembezogenen Gesamtdarstellung dar.
Der Anforderungsbereich I umfasst das Wiedergeben und Beschreiben von Sachverhalten aus einem abgegrenzten Gebiet und im gelernten Zusammenhang sowie die reproduktive Verwendung gelernter und geübter Arbeitstechniken und Methoden.
Der Anforderungsbereich II umfasst das selbständige Erklären, Bearbeiten und Ordnen bekannter Inhalte und das angemessene Anwenden gelernter Inhalte und Methoden auf andere Sachverhalte.
Der Anforderungsbereich III umfasst den reflexiven Umgang mit neuen Problemstellungen, den eingesetzten Methoden und gewonnenen Erkenntnissen, um zu Begründungen, Folgerungen, Beurteilungen und Handlungsoptionen zu gelangen.

## KOMPETENZEN

In diesem Kapitel lernen Sie

... an konkreten Aufgabenstellungen und Lösungsvorschlägen, wie Sie sich strategisch auf die schriftliche und mündliche Abiturprüfung im Fach Politik-Wirtschaft vorbereiten können.

OPERATOREN

## 7.1 Operatoren im Zentralabitur

Die folgenden Operatoren finden im Fach Politik-Wirtschaft Verwendung in den Aufgabenvorschlägen im Zentralabitur.

| | |
|---|---|
| **Anforderungsbereich I** | |
| beschreiben | strukturiert und fachsprachlich angemessen Materialien vorstellen und/ oder Sachverhalte darlegen |
| gliedern | einen Raum, eine Zeit, oder einen Sachverhalt nach selbst gewählten oder vorgegebenen Kriterien systematisierend ordnen |
| wiedergeben | Kenntnisse (Sachverhalte, Fachbegriffe, Daten, Fakten, Modelle) und/oder (Teil-)Aussagen mit eigenen Worten sprachlich distanziert, strukturiert und damit unkommentiert darstellen |
| zusammen-fassen | Sachverhalte auf wesentliche Aspekte reduzieren und sprachlich distanziert, strukturiert und unkommentiert wiedergeben |
| **Anforderungsbereich II** | |
| analysieren | Materialien, Sachverhalte oder Räume kriterienorientiert oder aspektgeleitet erschließen und strukturiert darstellen |
| charakterisie-ren | Sachverhalte in ihren Eigenarten beschreiben, typische Merkmale kennzeichnen und diese dann *gegebenenfalls* unter einem oder mehreren bestimmten Gesichtspunkten zusammenführen |
| einordnen | begründet eine Position/Material zuordnen oder einen Sachverhalt begründet in einen Zusammenhang stellen |
| erklären | Sachverhalte so darstellen - gegebenenfalls mit Theorien und Modellen - , dass Bedingungen, Ursachen, Gesetzmäßigkeiten und/oder Funktions-zusammenhänge verständlich werden |
| erläutern | Sachverhalte in ihren komplexen Beziehungen an Beispielen und/oder Theorien verdeutlichen (auf Grundlage von Kenntnissen bzw. Materialanalyse) |
| herausarbeiten | Materialien auf bestimmte, explizit nicht unbedingt genannte Sachverhalte hin untersuchen und Zusammenhänge zwischen den Sachverhalten herstellen |
| vergleichen | Gemeinsamkeiten, Ähnlichkeiten und Unterschiede von Sachverhalten kriterienorientiert darlegen |
| **Anforderungsbereich III** | |
| beurteilen | den Stellenwert von Sachverhalten oder Prozessen in einem Zusammenhang überprüfen, um kriterienorientiert zu einem begründeten *Sachurteil* zu gelangen |
| entwickeln | zu einem Sachverhalt oder zu einer Problemstellung eine Einschätzung, ein konkretes Lösungsmodell, eine Gegenposition oder ein Lösungskonzept inhaltlich weiterführend und/oder zukunftsorientiert darlegen |
| erörtern | zu einer vorgegebenen Problemstellung eine reflektierte, abwägende Auseinandersetzung führen und zu einem begründeten Sach- und/oder Werturteil kommen |
| Stellung nehmen | Beurteilung mit zusätzlicher Reflexion individueller, sachbezogener und/ oder politischer Wertmaßstäbe, die Pluralität gewährleisten und zu einem begründeten eigenen *Werturteil* führen |
| überprüfen | Inhalte, Sachverhalte, Vermutungen oder Hypothesen auf der Grundlage eigener Kenntnisse oder mithilfe zusätzlicher Materialien auf ihre sachliche Richtigkeit bzw. auf ihre innere Logik hin untersuchen |

*Niedersächsisches Kultusministerium, November 2009*

## Hinweise zur Bearbeitung von Aufgabenstellungen

Bis zum Abitur wird von Ihnen gefordert, mit Operatoren formulierte Aufgaben zu bearbeiten. Im Folgenden werden fünf häufig verwendete Operatoren näher erklärt, um Ihnen die Bearbeitung der Aufgaben zu erleichtern.

### zusammenfassen

Sie sollen unter Beweis stellen, dass Sie einen fachspezifischen Text hinsichtlich seiner zentralen Aussagen „verstehen", indem Sie diesen mit eigenen Worten zusammenfassen.

Drei Gesichtspunkte sind hier zentral:

- die **inhaltliche Reduktion**; dabei ist zu beachten, dass oft in den Aufgaben ein Aspekt genannt wird, zu dem die Ausführungen zusammengefasst werden sollen. Alles andere sollte weggelassen werden.
- die **Strukturiertheit**; häufig ist es sinnvoll, sich vom Aufbau des Ausgangstextes selbst zu lösen und eine eigene sinnvolle Struktur für die Zusammenfassung zu finden.
- die **sprachliche Distanzierung**: Verwenden Sie durchgängig eigene Formulierungen (Ausnahme: Fachbegriffe) und grammatische Distanzierungsmittel (insb. Konjunktiv der indirekten Rede)

### einordnen

Sie sollen – wie bei allen Aufgaben des Anforderungsbereichs II – fundierte Fachkenntnisse nachweisen, hier indem Sie diese in einem neuen Zusammenhang anwenden. Sie wählen sie bewusst aus und stellen diese nachvollziehbar dar.

**Bearbeitungstipp:** Stellen Sie sich einen nur wenig vorgebildeten Leser vor! Nichts ist „selbstverständlich", sondern muss diesem Leser genau erklärt werden (Fachbegriffe definieren, Zusammenhänge genau darstellen etc.).

Hier sind zwei unterschiedliche Aufgabenformate vorstellbar: erstens Aufgaben, die genau angeben, in welchen Sachverhalt eine Position eingeordnet werden soll („*Ordnen Sie Bofingers Position in die Theorie der nachfrageorientierten Wirtschaftspolitik ein.*"); zweitens – und wahrscheinlicher – eine offenere Aufgabenstellung („*Ordnen Sie Benjamin Barbers Konzept ‚Starke Demokratie' demokratietheoretisch ein.*"). Beim zweiten Typus sollten Sie bei der schriftlichen Beantwortung der Aufgabe zunächst kurz darlegen, welche Demokratietheorien Sie zur Einordnung heranziehen. Dann können Sie ähnlich vorgehen wie bei der Aufgabenstellung → „vergleichen".

In beiden Varianten geht es oft darum, die im Material nicht unbedingt explizit geäußerten Grundannahmen etc. Fachkonzepten zuzuordnen und diese Zuordnung erklärend zu belegen.

OPERATOREN

## erläutern

Hier sollten Sie unter Beweis stellen, dass Sie eine im vorliegenden Material nicht weiter begründete, aber allgemein als zutreffend angesehene Aussage („Sachverhalt") auf der Basis fundierten Fachwissens umfassend erklären können. Dadurch zeigen Sie, dass Sie gegebene Aussagen tief zu durchdringen verstehen.

Zwei Hauptschwierigkeiten beinhaltet der Operator „erläutern":

- Zum Ersten weist der Sachverhalt häufig mehrere zu erläuternde Dimensionen auf, die zunächst von Ihnen identifiziert und in der Einleitung zur Aufgabenbearbeitung dargestellt werden müssen. Materialbeispiel: *„Das Problem des anthropogenen Klimawandels stellt eine der Hauptbedrohungen für die Menschheit dar und konnte politisch bislang allerhöchstens in Ansätzen gelöst werden."* Hier finden sich drei zu erläuternde Aspekte, nämlich erstens die Menschengemachtheit der globalen Erwärmung, zweitens die Behauptung, der Klimawandel sei eine globale Hauptbedrohung, und drittens die fehlende politische Lösung.
- Zum Zweiten müssen sinnvolle Beispiele und/oder Theorien zur Verdeutlichung der Aussage angeführt werden.

Materialbeispiel: Das Bedrohungspotential des Klimawandels könnte am Beispiel bereits einsetzender Versteppung und daraus resultierender Nahrungskonkurrenz inkl. Hungermigration verdeutlicht werden. Zusätzlich wäre es möglich, das Nichtzustandekommen umfassender politischer Lösungen (Scheitern von Klimagipfeln) mit der Rational-choice-Theorie systematisch zu analysieren.

## vergleichen

Vergleiche sind kein Selbstzweck, sondern dienen in der Regel dazu, die Spezifika eines Sachverhaltes durch die Abgrenzung von einem „verwandten" Sachverhalt zu erhellen.

**Bearbeitungstipps:** Vergegenwärtigen Sie sich die mögliche Zielsetzung des Vergleichs (Darlegen der Spezifika eines Sachverhalts durch Analogie und Abgrenzung), um eine problemorientierte Einleitung formulieren und tragfähige Vergleichskriterien entwickeln zu können.

Erfahrungsgemäß bereitet die **Kriterienorientierung** des Vergleichs die meisten Schwierigkeiten. Empfehlenswert ist daher in einem ersten Schritt, zur Vorbereitung auf die schriftliche Beantwortung der Aufgabe eine Matrix mit (min.) drei Spalten anzulegen: In der linken Spalte werden Vergleichskriterien festgehalten (die Sie in der Regel selbst finden müssen), zu denen dann die Spalten gefüllt werden.

| Beispiel | Politisches System der USA | Politisches System der BR Deutschland |
|---|---|---|
| Regierungstypus | | |
| Wahlmodus des Parlaments | | |
| Wahlmodi des/der Staats- und Regierungschefs | | |
| Befugnisse des Staatschefs | | |
| Realisierung der Gewaltenkontrolle | | |
| Gewichtung gesellschaftlicher Werte (Freiheit, Gleichheit...) | | |
| Bedeutung der Teilstaaten (Föderalismus) | | |
| ... | | |

Nicht immer müssen miteinander verglichene Gegenstände Gemeinsamkeiten und Ähnlichkeiten und Unterschiede aufweisen. Denkbar ist z. B. auch, dass sich nahezu ausschließlich Unterschiede finden.

Gemeinsamkeiten bzw. Ähnlichkeiten sowie Unterschiede könnten in einem zweiten Schritt farbig markiert werden. Im dritten Schritt kann der eigene Text anhand der Kriterien oder – meist empfehlenswerter – nach Gemeinsamkeiten und Unterschieden strukturiert werden, wobei die stärksten Übereinstimmungen/Unterschiede zuerst bzw. zuletzt genannt werden sollten.

## erörtern

In Ihrer Erörterung (und das gilt genauso auch für die Operatoren **„beurteilen"** und **„Stellung nehmen"**) sollen Sie unter Beweis stellen, dass Sie ein gegebenes Problem unter Nutzung Ihres Fachwissens und der Übernahme unterschiedlicher Perspektiven vielschichtig abwägen können. Es wird eine rein sachorientierte Sprachwahl verlangt.
Der erwartete Text unterscheidet sich daher deutlich von sich einseitig und oft polemisch positionierenden (Zeitungs-)Texten, die immer wieder auch Gegenstand des PoWi-Unterrichts sind.

Fünf Punkte sind wesentlich zu beachten:

- Ein politisches Urteil sollte unbedingt kategorial (Legitimität, Effizienz, Grundwerte) erfolgen und diese **Urteilskategorien** sollten je nach Problemstellung in **Kriterien** (z. B. Durchsetzbarkeit, Kosten, Legalität, Repräsentativität, Gleichheit, Freiheit, Sicherheit...) aufgefächert sein. Bei der schriftlichen Entfaltung von Argumenten sollten diese jeweils explizit den Kriterien zugeordnet werden, um dem Leser eine Orientierung zu ermöglichen.
- Der Operator „erörtern" fordert zwingend die Anführung von Pro- und Kontraargumenten.
- Jedes dieser Argumente muss durch einen (empirischen) **Beleg**, ein schlüssiges **Beispiel** oder eine **logische Herleitung** untermauert werden. Grenzen Sie diese umfassend und verständlich ausgearbeiteten Argumente stets durch Absätze ab.
- Die Argumente können auf zweierlei Weise angeordnet werden: Wenn Sie sich klar gewichten lassen, bietet sich das „**Sanduhrenmodell**" an (zuerst die Pro-, dann die Kontragesichtspunkte oder umgekehrt, endend mit dem überzeugendsten Argument für die eigene Meinung). Entkräften sich jeweils einzelne Argumente inhaltlich sinnvoll, ist das Modell „**dialektische Erörterung**" empfehlenswert (abwechselnd jeweils ein Pro- und ein Kontraargument auf der gleichen inhaltlichen Ebene, endend mit dem überzeugendsten Argument für die eigene Meinung).
- Im Schlussteil der Erörterung sollte die **eigene Position eindeutig geäußert** werden.

**Bearbeitungstipp:** Um Ihre Erörterung stimmig zu gliedern, muss Ihr Schreibziel, also die vertretene Position, im Voraus klar sein.
Hilfreich kann es hierfür sein, die Problemstellung in Form einer Meinungslinie zwischen den Enden „stimme vollauf zu" und „stimme überhaupt nicht zu" zu visualisieren und die eigene Position als Schreibziel darin zu markieren.

# 7.2 Die schriftliche Abiturprüfung

## 7.2.1 MUSTERKLAUSUR

### M 1 Joachim Gauck: Deutschlands Rolle in der Welt: Anmerkungen zu Verantwortung, Normen und Bündnissen

Ich möchte sprechen über die Rolle Deutschlands in der Welt. [...] Manche in Deutschland fragen, was es denn da eigentlich zu ändern gebe. Unser Land sei von Freunden umgeben, und weit und breit schicke sich kein Staat an, sich mit uns zu verfeinden. Sie glauben, dass die deutsche Außenpolitik ihre bekömmliche Rezeptur längst gefunden habe. Da gebe es wenig zu justieren, schon gar nichts zu ändern. Warum reparieren, was nicht kaputt ist?

Ohne Zweifel stimmt an diesem Argument, dass die deutsche Außenpolitik solide verwurzelt ist. Ihre wichtigste Errungenschaft ist, dass Deutschland mit Hilfe seiner Partner auf eine Vergangenheit aus Krieg und Dominanz eine Gegenwart von Frieden und Kooperation gebaut hat. Dazu zählen die Aussöhnung mit unseren Nachbarn, das Staatsziel der europäischen Einigung sowie das Bündnis mit den Vereinigten Staaten als Grundpfeiler der Nordatlantischen Verteidigungsallianz [NATO]. Deutschland tritt ein für einen Sicherheitsbegriff, der wertebasiert ist und die Achtung der Menschenrechte umfasst. Im außenpolitischen Vokabular reimt sich Freihandel auf Frieden und Warenaustausch auf Wohlstand.

Deutschland ist überdurchschnittlich globalisiert und es profitiert deshalb überdurchschnittlich von einer offenen Weltordnung – einer Weltordnung, die Deutschland erlaubt, Interessen mit grundlegenden Werten zu verbinden. Aus all dem leitet sich Deutschlands wichtigstes außenpolitisches Interesse im 21. Jahrhundert ab: dieses Ordnungsgefüge, dieses System zu erhalten und zukunftsfähig zu machen.

Deutschlands so definiertes Kerninteresse zu verfolgen, während sich die Welt rundherum tiefgreifend verändert, das ist die große Herausforderung unserer Zeit. Wenn es in den vergangenen Jahren eine Konstante gab, so ist es die Beobachtung, dass die Geschwindigkeit des Wandels permanent unterschätzt wurde. [...] Dies hat auch Konsequenzen für unsere Sicherheit: Unvermutet schnell geraten wir hinein in eine Welt, in der sich Einzelne so viel Vernichtungskraft kaufen können wie früher nur Staaten. Eine Welt, in der ökonomische und politische Macht wandert oder ganze Regionen aufrüsten. Im Nahen Osten drohen sich einzelne Feuer zu einem Flächenbrand zu verbinden. Just in dem Moment überdenkt die einzige Supermacht [USA] Ausmaß und Form ihres globalen Engagements. Ihr Partner Europa ist mit sich selbst beschäftigt. Im Zuge dieser Entwicklung zu glauben, man könne in Deutschland einfach so weitermachen wie bisher – das überzeugt mich nicht.

Wie der Wandel allmählich an bundesdeutschen Gewissheiten nagt, ist seit einiger Zeit nicht mehr zu übersehen. An der europäischen Idee halten wir fest. Aber Europas Krise verunsichert uns. Auch an der Nato halten wir fest. Aber über die Ausrichtung der Allianz debattieren wir seit Jahren, und ihrer finanziellen Auszehrung werfen wir uns nicht entgegen. Das Bündnis mit den Vereinigten Staaten stellen wir nicht in Frage. Aber Stresssymptome und Zukunftsungewissheit beobachten wir durchaus. Die regelbasierte Welt der Vereinten Nationen halten wir in hohen Ehren. Aber die Krise des Multilateralismus können wir nicht ignorieren. Die neuen Weltmächte, wir sähen sie gerne als Teilhaber einer Weltordnung. Aber einige suchen ihren Platz nicht in der Mitte des Systems, sondern eher am Rande. Wir fühlen uns von Freunden umgeben, wissen aber kaum, wie wir umgehen sollen mit diffusen Sicherheitsrisiken wie der Privatisierung von Macht durch Terroristen oder Cyberkriminelle. Wir beschweren uns, zu Recht, wenn Verbündete bei der elektronischen Gefahrenabwehr über das Ziel hinausschießen. Und doch ziehen wir es vor, auf sie angewiesen zu bleiben, und zögern, eigene Fähigkeiten zur Gefahrenabwehr zu verbessern.

Aus all dem folgt: Die Beschwörung des Altbekannten wird künftig nicht ausreichen! Die Kernfrage lautet doch: Hat Deutschland die neuen Gefahren und die Veränderung im Gefüge der internationalen Ordnung schon angemessen wahrgenommen? Reagiert es seinem Gewicht entsprechend? [...]

Lassen Sie mich ein paar Beispiele in Fragen kleiden: Tun wir, was wir tun könnten, um unsere Nachbarschaft zu stabilisieren, im Osten wie in Afrika? Tun wir, was wir tun müssten, um den Gefahren des Terrorismus zu begegnen? Und wenn wir überzeugende Gründe dafür gefunden haben, uns zusammen mit unseren Verbündeten auch militärisch zu engagieren, sind wir dann bereit, die Risiken fair mit ihnen zu teilen? Tun wir, was wir sollten, um neue oder wiedererstarkte Großmächte für die gerechte Fortentwicklung der internationalen Ordnung zu gewinnen? Ja, interessieren wir uns überhaupt für manche Weltgegenden so, wie es die Bedeutung dieser Länder verlangt? Welche Rolle wollen wir in den Krisen ferner Weltregionen spielen? Engagieren wir uns schon ausreichend dort, wo die Bundesrepublik eigene und eigens Kompetenz entwickelt hat – nämlich bei der Prävention von Konflikten? Ich meine: Die Bundesrepublik sollte sich als guter Partner früher, entschiedener und substantieller einbringen. [...]

Politiker müssen immer verantworten, was sie tun. Sie müssen aber auch die Folgen dessen tragen, was sie unterlassen. Auch wer nicht handelt, übernimmt doch Verantwortung. [...] Wir können nicht hoffen, verschont zu bleiben von den Konflikten der Welt. Aber wenn wir uns an deren Lösung beteiligen, können wir die Zukunft zumindest mitgestalten. Deshalb lohnt es sich für die Bundesrepublik, in die europäische Zusammenarbeit und in die internationale Ordnung angemessen zu investieren.

Es ist schon richtig: Probleme zu lösen, kann Geld kosten, manchmal viel Geld. Aber nicht nur in der europäischen Krise haben wir bewiesen, dass wir bereit sind, weit zu gehen, Bündnisverpflichtungen einzuhalten und Unterstützung zu leisten, weil dies letztlich auch in unserem eigenen Interesse liegt.

Manchmal kann auch der Einsatz von Soldaten erforderlich sein. Eines haben wir gerade in Afghanistan gelernt: Der Einsatz der Bundeswehr war notwendig, konnte aber nur ein Element einer Gesamtstrategie sein. Deutschland wird nie rein militärische Lösungen unterstützen, es wird politisch besonnen vorgehen und alle diplomatischen Möglichkeiten ausschöpfen. Aber wenn schließlich der äußerste Fall diskutiert wird – der Einsatz der Bundeswehr –, dann gilt: Deutschland darf weder aus Prinzip „nein“ noch reflexhaft „ja“ sagen. [...]

Zudem sollte es heute für Deutschland und seine Verbündeten selbstverständlich sein, Hilfe anderen nicht einfach zu versagen, wenn Menschenrechtsverletzungen in Völkermord, Kriegsverbrechen, ethnischen Säuberungen oder Verbrechen gegen die Menschlichkeit münden. Die Achtung der Menschenrechte ist nicht nur der Kern des Selbstverständnisses westlicher Demokratien. Sie ist eine ganz grundsätzliche Bedingung für die Garantie von Sicherheit, ja, für eine friedliche und kooperative Weltordnung.

Das Prinzip der staatlichen Souveränität und der Grundsatz der Nichteinmischung dürfen gewalttätige Regime nicht unantastbar machen. Hier setzt das „Konzept der Schutzverantwortung“ an: Es überträgt der internationalen Gemeinschaft den Schutz der Bevölkerung vor Massenverbrechen, wenn der eigene Staat diese Verantwortung nicht übernimmt. Als äußerstes Mittel ist dann der Einsatz von Militär möglich, und zwar nach sorgfältiger Prüfung und nach Folgenabwägung sowie Ermächtigung durch den Sicherheitsrat der Vereinten Nationen. [...]

Ich bin zutiefst davon überzeugt: Deutschland, der Welt stärker zugewandt, wird ein noch besserer Freund und ein noch besserer Alliierter sein – und übrigens ganz besonders in Europa.

*Rede zur Eröffnung der 50. Münchener Sicherheitskonferenz, 31.1.2014, www.bundespraesident.de, 31.1.2014*

## M 2 ● Friedensmission

*Karikatur: Kostas Koufogiorgos*

## Aufgaben

1. Fassen Sie Joachim Gaucks zentrale Aussagen zur bisherigen Rolle Deutschlands in der Welt und seine Forderungen an eine zukünftige deutsche Außenpolitik zusammen.
2. „Deutschland ist überdurchschnittlich globalisiert und es profitiert deshalb überdurchschnittlich von einer offenen Weltordnung [...]." (Z. 30 ff.). Erläutern Sie diese Aussage.
3. Vergleichen Sie die Aussage der Karikatur mit den dafür relevanten Ausführungen Gaucks zu Auslandseinsätzen der Bundeswehr.
4. „Die Bundesrepublik sollte sich als guter Partner früher, entschiedener und substantieller einbringen." (Z. 125 ff.) Erörtern Sie diese Aussage Gaucks.

## 7.2.2 Erwartungshorizont für die Musterklausur

| Lösungsskizze | Formulierungshilfen |
|---|---|
| **Aufgabe 1**<br>• Der **Einleitungssatz** sollte neben den Formalia (Autor, Erscheinungsmedium und -datum, Textsorte) die **Kernaussage/n** des Textes enthalten: *Aufgrund seines ökonomischen Gewichts, seiner diplomatischen und militärischen Expertise und seiner Eingewobenheit in internationale (westliche) Bündnissysteme sollte sich Deutschland als außenpolitischer Akteur deutlich aktiver an der Konfliktprävention und -beseitigung beteiligen als bisher.*<br>• Zu referierende **Hauptaussagen** sind: Deutschlands außenpolitisches Engagement (mit Hilfe wirtschaftlicher, diplomatischer und militärischer Mittel) sollte im Rahmen seiner internationalen Bündnissysteme ausgeweitet werden. Auch robuste Kampfeinsätze sollten möglich sein. Begründungen:<br>• Deutschlands Wirtschaft profitiere überproportional stark von der globalisierten Welt, die offene Märkte und Friedlichkeit und Sicherheit der Handelspartner und auf den Handelswegen erfordere.<br>• Durch die weltweite Öffnung (des Verkehrs, der Kommunikation, des Warenaustausches) hätten sich auch die Sicherheitsbedingungen geändert (z. B. Privatisierung von Gewaltanwendung bis hin zu Massenvernichtungspotenzial).<br>• „Krise des Multilateralismus": Großmächte entzögen sich (zeitweise) dem System der Vereinten Nationen.<br>• Deutschland hat als Mitglied von Sicherheitsbündnissen (insb. NATO) Bündnisverpflichtungen.<br>• Deutschlands Interesse an der Wahrung der Bürgerrechte bei der Gefahrenabwehr (z. B. Terrorismus) müsse dazu führen, dass die Gefahrenabwehr nicht anderen Bündnispartnern mit differentem Bürgerrechtsverständnis (z. B. den USA) überlassen bleibt. Allgemein gesagt eröffne eine stärkere sicherheitspolitische Beteiligung Deutschlands Mitgestaltungsmöglichkeiten im Sinne eigener Interessen und der eigenen Wertevorstellungen.<br>• Die Bedeutung mancher – bisher vernachlässigter – Weltregionen müsse ein gesteigertes Engagement nach sich ziehen.<br>• Deutschlands Diplomatie und Militär verfüge über spezielle Expertise, die noch nicht an jeder geeigneten Stelle eingebracht worden sei.<br>• Das Prinzip der Schutzverantwortung stehe über dem der Nichteinmischung/staatlichen Souveränität aus Gründen der unmittelbaren Menschenrechtsverteidigung.<br>Kriterien für den Einsatz des Militärs im Ausland seien:<br>• Zweck: Schutz der Zivilbevölkerung (als iustitia causa und intentio recta)<br>• letztes Mittel (ultima ratio)<br>• Legitimation durch den UN-Sicherheitsrat<br>• Folgenabwägung<br>• Militäreinsätze immer nur Teil einer Erfolg versprechenden Gesamtstrategie | • Einleitung mit Nennung der Kernaussage: *In seiner Rede zur Eröffnung der 50. Münchener Sicherheitskonferenz am 31.1.2014 formuliert Bundespräsident Joachim Gauck seine Forderung, dass ...*<br><br>Mögliche Textsorten: meinungsbetonte (Kommentar, Leitartikel, Leserbrief, Rede ...), nicht meinungsbetonte (Bericht, Reportage ...)<br><br>• Wiedergabe der Kernaussagen/-thesen/-argumente: *Der Verfasser legt dar/führt aus/begründet/erklärt dies mit/erläutert/betont/beweist/belegt/untermauert/plausibilisiert/stützt dies mit/zieht dazu heran/zeigt auf/führt zusammen/argumentiert grenzt sich ab von ...*<br><br>• Sprachliche Mittel zur Verknüpfung von referierten Gesichtspunkten können sein: *Zum ersten ... zum zweiten .../darüber hinaus/ergänzend/damit zusammenhängend/diesen Gedanken weiterführend/zentral für den Verfasser ist/daneben/* |
| **Aufgabe 2**<br>• Zunächst sollte erklärt werden, dass sich der Bundespräsident hier auf die wirtschaftliche Dimension von Globalisierung bezieht und nicht primär auf die gesellschaftliche, kulturelle oder politische.<br>• Deutschlands Wirtschaft hat einen extrem positiven Globalisierungssaldo:<br>• Die Außenhandelsbilanz Deutschlands weist seit Jahren einen extremen Exportüberschuss auf. Insbesondere werden Einnahmen im Bereich des Maschinenbaus, der Automobilindustrie und auch der chemischen Industrie erzielt. Die Außenhandelskraft ist so ausgeprägt, dass deutsche Produkte trotz des vergleichsweise starken Wechselkurses des Euro zum US-Dollar international konkurrenzfähig bleiben. | |

| Lösungsskizze | Formulierungshilfen |
|---|---|
| • Die „Arbeitsmarktbilanz" ist durch die Globalisierung der Wirtschaft nach anfänglichen Dellen deutlich positiv. Zwar sind Arbeitsplätze in der einfachen Fertigung durch Produktionsstättenverlagerung verloren gegangen. Dafür wurden aber erheblich mehr im Bereich Hochtechnologie und Kommunikationsdienstleistungen geschaffen. Sekundärer Effekt: höhere Nachfrage nach haushaltsnahen Dienstleistungen (Handwerker, Reinigung...) durch insgesamt höheres Einkommensvolumen.<br>• Vorteile für deutsche Konsumenten bestehen in niedrigeren Preisen insbesondere einfach herzustellender Güter durch weltweite statt nur nationaler Konkurrenz und eine hohe Diversifikation des Güterangebots.<br>• Folgende theoretische und realpolitische Bezüge sollten/könnten hergestellt werden: Theorie absoluter Kostenvorteile (Adam Smith) zur Erklärung von Betriebsverlagerungen; Wettbewerbsmodell nach Porter und ggf. Wertschöpfungskette zur Erklärung der internationalen Wettbewerbsfähigkeit der Bundesrepublik; Freihandelsdoktrin der WTO inkl. deren Prinzipien (Nichtdiskriminierung, Inländerbehandlung) | |
| **Aufgabe 3**<br>• Vor dem Vergleich muss die Karikatur umfassend analysiert und damit deren Gesamtaussage herausgearbeitet werden:<br>• Der **Einleitungssatz** sollte neben den Formalia (Zeichner, Titel, Erscheinungsmedium und -datum) entweder die Kernaussage der Karikatur oder eine oder mehrere **Deutungshypothese/n** enthalten:<br>• Unbedingt zu achten ist auf eine klare Trennung zwischen Beschreibung und Deutung der Karikatur.<br>• Die **Karikaturbeschreibung** sollte **systematisch** erfolgen (z. B. erst grober Bildaufbau und dann Details). Sie sollte **vollständig** auch in wesentlichen Einzelheiten sein (z. B. Körperhaltung und Mimik von Figuren).<br>• Die **Karikaturdeutung** kann gegliedert sein nach Teildeutungen (z. B. verwendete Symbole) und Gesamtdeutung inkl. Einordnung in den politischen Entstehungskontext. Sind in der Einleitung **Deutungshypothesen** aufgestellt worden, sollten diese hier explizit **überprüft** und ggf. als Deutung modifiziert (verändert, ergänzt) werden.<br>• Deutung: Kritik an unklarer Missionsvorstellung der deutschen Bundeswehr (wahrscheinlich in Afghanistan als dem größten bewaffneten Auslandseinsatz bisher). Friedensherstellung (*peace making*) und Friedenserhaltung (*peace keeping*) zögen unterschiedliche militärische und zivile Verhaltensweisen und auch Ausrüstung der Soldaten nach sich.<br>• Ggf. auch Hinweis darauf, dass eine naive Vorstellung von Friedenserhaltung („Brunnen bohren, Schulen bauen") in hoch konfliktuösen Weltregionen fehl am Platz und immer eine robust-militärische Flankierung notwendig sei.<br>• Ggf. Hinweis auf die unterschiedliche Perzeption von Einsätzen. Die Bevölkerung („Bürger in Uniform") mahnt Friedlichkeit an, das Militär weist auf Notwendigkeit der robusten Durchsetzung hin.<br>• **Vergleich**:<br>• Gemeinsamkeiten: Joachim Gauck fordert eine Güterabwägung vor Auslandseinsätzen und das Zusammenwirken militärischer und nicht-militärischer Befriedungsstrategien. Zumindest eine solche Kohärenz zwischen Mandat und Mittel kann man auch aus der Karikatur ableiten.<br>• Unterschiede:<br>a) Ebenen: Der Bundespräsident betrachtet Auslandseinsätze summarisch von außen. Der Karikaturist nimmt eine – ironisch überspitzte – Binnenperspektive ein. | Einleitung mit Deutungshypothesen: *Kostas Koufogiorgos kritisiert mit seiner Karikatur „Friedensmission", deren Erscheinungsort und -datum nicht angegeben sind, entweder ... oder ...*<br><br>Schlusssatz (Varianten) mit Gesamtdeutung:<br>• *Vor dem Hintergrund der Darlegungen konnte die erste Deutungshypothese, wonach der Zeichner ... aussagen/kritisieren/karikieren möchte, falsifiziert bzw. gestützt/untermauert/plausibel gemacht werden.*<br>• *Somit wird deutlich, dass keine der anfänglich aufgestellten/formulierten Deutungshypothesen vollauf zutrifft/plausibel ist, sondern als Gesamtaussage festgestellt/festgehalten/konstatiert werden kann: ...* |

| Lösungsskizze | Formulierungshilfen |
|---|---|
| b) Während der Bundespräsident von einer Ausweitung von Auslandseinsätzen positive Folgen erhofft (Durchsetzbarkeit von Frieden, nötigenfalls mit Waffengewalt), sieht der Karikaturist in der Umsetzung der Aufträge (z. B. in der Ziel- und Erfolgsdefinition) und in deren Vermittlung gegenüber der Bevölkerung große Schwierigkeiten.<br>c) Koufogiorgos hält Befriedung mittels Waffengewalt anscheinend für ein Paradoxon. Er würde sich wahrscheinlich gegen militärische Friedenseinsätze aussprechen. | |
| **Aufgabe 4**<br>• Der **Einleitungssatz** sollte die zu diskutierende Frage/These/Forderung und deren Urheber sowie optional einen ersten Hinweis auf die eigene Position aufweisen. Sinnvoll kann es auch sein, einen kurzen Überblick über den gewählten Aufbau der Argumente zu geben.<br>• Es wird eine **eindeutige** und wohlbegründete **Positionierung** (hier zur Forderung Gaucks) von Ihnen gefordert. Zudem sollte die **Argumentation kategorien-/kriteriengeleitet** erfolgen.<br>• Beispielsweise argumentiert Gauck auf der Sachebene mit *Effizienzgesichtspunkten*, wenn er implizit das Argument negativer wirtschaftlicher *Folgen* ungelöster bzw. uneingehegter internationaler Konflikte für die globalisierte Ökonomie der Bundesrepublik anführt.<br>• Auf der *Sachebene* führt der Bundespräsident auch *Legitimitätsargumente* an, wie z. B. die Weiterentwicklung des *Völkerrechts* hin zum Prinzip der Schutzverantwortung.<br>• Auf der *Wertebene* wird die Orientierung am in Deutschland herausgebildeten Verhältnis der Grundwerte *Freiheit* und *Sicherheit* bezogen auf die Wahrung der Bürgerrechte deutlich.<br>• Zudem spricht Gauck indirekt das Querschnittskriterium *Verhältnismäßigkeit der Mittel* an, wenn er Auslandseinsätze der Bundeswehr an Bedingungen knüpft.<br>• Gaucks Ausführungen sind auf zwei Ebenen kritisierbar: Erstens bleiben sie – auch aufgrund des Charakters einer öffentlichen Rede und wegen seiner Stellung als letztlich nicht mit den konkreten sicherheitspolitischen Entscheidungsbefugten – noch recht allgemein. Zweitens können auf inhaltlicher Ebene Einwände angebracht werden: | • Möglicher Einleitungssatz: *Im Folgenden setze ich mich mit Gaucks Forderung auseinander, dass sich die „Bundesrepublik […] als guter Partner früher, entschiedener und substantieller [bei der Bewältigung internationaler Konflikte] einbringen." soll. Dabei setze ich Gaucks Argumenten zunächst jeweils Überlegungen der Gegner solcher Aussagen entgegen und begründe zum Schluss/am Ende meine zustimmende/ablehnende Haltung.* |
| • Mögliche Verstärkung von Konflikten und Ausblendung dauerhaft gewaltarmer Konfliktlösung/-prävention durch stärkere militärische Intervention [Kategorie: Effizienz, Kriterium: unerwünschte Nebenfolgen].<br>• Mögliche Kosten für Aufrüstung [Kategorie: Effizienz, Kriterium: Minimalprinzip]<br>• Nutzen offensiverer Außenpolitik z. B. zur Terrorismusprävention unklar; globale sozioökonomische Verteilungsfragen ausgeklammert [Kategorie: Effizienz, Kriterium: Genauigkeit]<br>• Gefahr der Unterhöhlung des Prinzips der staatlichen Souveränität/der Nichteinmischung [Kategorie: Legitimität, Kriterium: Völkerrecht]<br>• Gefährdung deutscher Soldaten im Einsatz und anderer deutscher Bürger (durch hervorgehobenere sicherheitspolitische Rolle Deutschlands) [Grundwert: Sicherheit, Kategorie: Effizienz, Kriterium: unerwünschte Nebenfolgen] | • Zwischen Argumenten/Argumentblöcken für die eine bzw. die andere Seite bieten sich folgende sprachliche Überleitungen an:<br>*die Kritiker/Befürworter hingegen argumentieren damit …/auf der einen Seite… auf der anderen Seite …/ Entkräftet wird diese Aussage schlüssig durch die Überlegung …/ Dem setzt die andere Seite das sehr starke Argument entgegen, wonach …* |
| • Der **Schlussteil** enthält noch einmal Ihr eindeutiges Urteil (Achtung: Widersprüche zur Einleitung und zum Hauptteil vermeiden!) und referiert Ihr zentrales Argument in knappen Worten. | • Möglicher Schlusssatz: *Insbesondere wegen des Arguments … lehne ich ab/befürworte/unterstütze ich Joachim Gaucks Forderung* |

## 7.3 Die mündliche Abiturprüfung

Wenn Sie das Fach Politik-Wirtschaft als P5-Fach gewählt haben, so ist für Sie eine mündliche Prüfung von mindestens 20 Minuten verbindlich. Haben Sie Politik-Wirtschaft als Kurs auf erhöhtem Anforderungsniveau (P3) oder als P4-Fach gewählt, so können Sie sich unter Umständen freiwillig zu einer zusätzlichen mündlichen Prüfung melden bzw. eine solche Prüfung kann durch die Prüfungskommission Ihrer Schule festgesetzt werden.

In beiden Fällen hat die Prüfung eine wichtige Bedeutung für Ihr Abitur insgesamt – aber keine Sorge: mit einer guten Vorbereitung und etwas Vorübung lässt sich diese Prüfung gut bewältigen! Die Tipps auf dieser Seite geben Ihnen dazu Hilfestellung.
Die mündliche Abiturprüfung ist zu etwa gleichen Zeitumfängen in die Teile **‚Prüfungsvortrag'** und **‚Prüfungsgespräch'** gegliedert. Um den ‚Prüfungsvortrag' vorbereiten zu können, steht Ihnen eine 20minütige Vorbereitungszeit zur Verfügung.

Die Prüfung wird von Ihrem Kurslehrer (Prüfer) geleitet; ihm stehen zwei weitere Fachlehrkräfte zur Seite, von denen einer (der Fachprüfungsleiter) ebenfalls Fragen stellen darf.

| Schritt 1: Vorbereitungszeit | Dauer: 20 Minuten |
|---|---|
| **Setting: Was passiert?**<br>• Im Vorbereitungsraum setzen Sie sich alleine mit den (zwei bis drei) Prüfungsaufgaben und -materialien auseinander.<br>• Ihnen stehen in der Regel Fremdwörterlexika und das Grundgesetz als Hilfsmittel zur Verfügung.<br><br>**Ziel: Worauf arbeite ich hin?**<br>• Sie bereiten den Prüfungsvortrag vor.<br>• Sie erstellen Notizen, die es Ihnen ermöglichen, Ihre Ergebnisse flüssig, strukturiert und fachsprachlich sicher zu präsentieren.<br>• Achten Sie darauf, dass die erste Aufgabe (Anforderungsbereich I) zwar notwendig zur Bearbeitung der weiteren ist, aber den geringsten Anteil bei der Benotung der Prüfung hat. Der Schwerpunkt des Prüfungsvortrags sollte daher auf der zweiten (und ggf. dritten) Aufgabe liegen. | **Tipps** zur optimalen Durchführung<br>→ Verschaffen Sie sich zunächst einen Überblick über die Prüfungsaufgaben: Welche zentralen Fachbegriffe und Unterrichtsinhalte werden angesprochen? Welche Art von Antwort wird durch den Operator gefordert? Welche methodischen Anforderungen sind zu beachten (z. B. Karikaturanalyse)? Bleibt etwas unklar?<br>→ Bearbeiten Sie das Ihnen vorliegende Material.<br>Wichtig bei Texten (und ihrer Zusammenfassung):<br>• Nicht alles ist wichtig! Achten Sie vorrangig auf die Aspekte, die durch die Aufgaben vorgegeben werden.<br>• Schlagen Sie nur zur Not unbekannte Wörter nach. Meist genügt das Verstehen im Kontext.<br>→ Notieren Sie Ihre Arbeitsergebnisse *in Stichworten*! Achten Sie vor allem auf<br>• Lesbarkeit<br>• gedankliche Strukturierung (z. B. durch Zwischenüberschriften verdeutlichen)<br>• Verwendung der zentralen Fachbegriffe<br>• Nutzen Sie ggf. alternative Darstellungsformen wie Flussdiagramme, MindMaps o.ä. |

| Schritt 2: Die mündliche Prüfung | Dauer: etwa 20 Minuten |
|---|---|
| **2.1 Der Prüfungsvortrag** | **Dauer: etwa 10 Minuten** |
| **Setting: Was passiert?**<br>• Sie sitzen der Prüfungskommission gegenüber und präsentieren Ihre Ergebnisse zu den Prüfungsaufgaben.<br>• Der Prüfer greift in der Regel nicht in Ihren Vortrag ein.<br><br>**Ziel: Worauf arbeite ich hin?**<br>• Sie zeigen durch Ihren Prüfungsvortrag, dass Sie die Prüfungsaufgaben sachlich und methodisch sicher bearbeiten können.<br>• Der beste Vortrag ist der, nach dem der Prüfer keine Fragen mehr hat! Entfalten Sie also die Zusammenhänge ausführlich und stellen Sie selbstständig Verknüpfungen unterschiedlicher – relevanter! – Aspekte her anstatt auf Nachfragen des Prüfers zu warten. | **Tipps** zur optimalen Durchführung<br>→ Stellen Sie am Beginn der Prüfung Fragen, falls Ihnen noch etwas Wichtiges unklar geblieben ist.<br>→ Reden Sie sich „warm". Das geht am besten, indem Sie die jeweilige Aufgabenstellung mit eigenen Worten wiedergeben und/oder das bearbeitete Material kurz vorstellen (auch wenn Aufgabe 1 dies nicht ausdrücklich fordert).<br>→ Wählen Sie ein mittleres Sprechtempo.<br>→ Verwenden Sie Fachbegriffe, die Sie umgehend nach ihrer ersten Verwendung erklären bzw. definieren.<br>→ Bringen Sie ggf. weiterführende Aspekte ein – Ihr Prüfer wird darauf sicher im Prüfungsgespräch zurückkommen. |
| **2.2 Das Prüfungsgespräch** | **Dauer: ca. 10 Minuten** |
| **Setting: Was passiert?**<br>• Der Prüfer stellt Ihnen Fragen, die das Schwerpunktthema (Prüfungsaufgabe) in einen größeren Kontext (Semester) einordnen und prüft Ihre Kenntnisse aus (mindestens) einem weiteren Schwerpunkt (Semesterübergriff).<br>• Ggf. nutzt der Prüfer das Prüfungsgespräch, um Ihnen Gelegenheit zu geben, Ungenauigkeiten des Vortrages zu korrigieren oder Auslassungen zu ergänzen.<br><br>**Ziel: Worauf arbeite ich hin?**<br>• Sie zeigen durch Ihre Antworten, dass Sie auch mit Unterrichtsaspekten, die über das Schwerpunktthema hinausgehen, souverän umgehen können.<br>• Dabei sollte Ihr Gesprächsanteil möglichst hoch sein (kein Frage-Antwort „Ping-Pong"). | **Tipps** zur optimalen Durchführung<br>→ Hören Sie möglichst genau zu, wenn Ihr Prüfer Fragen und Impulse formuliert.<br>→ Begnügen Sie sich nach Möglichkeit nicht mit kurzen Antworten!<br>Führen Sie vielmehr den Problemzusammenhang, der durch eine Frage angesprochen wird, möglichst umfassend aus. Hierzu eignen sich vor allem Beispiele aus dem Unterricht und aktuelle politische Geschehnisse!<br>→ Auch hier gilt: erklären Sie die von Ihnen (oder dem Prüfer) verwendeten Fachbegriffe.<br>→ Bei Urteilsaufgaben: Legen Sie sich unbedingt auf eine Position fest, aber nicht zu schnell! Wichtiger ist es, dass Sie Ihre Fähigkeit unter Beweis stellen, ein Problem von mehreren Seiten abwägend (erörternd) zu betrachten. |

### 7.3.1 Vertiefende Prüfungsimpulse zu Kapitel 3.3

Es existieren nicht nur innenpolitische Maßnahmen zur Terrorprävention.
Erläutern Sie Erfolg versprechende Möglichkeiten zur globalen (ökonomischen, sozialen, politischen, militärischen) präventiven Terrorismusbekämpfung.

Wichtige Aufgabe des Staates ist es, seine Bürger vor Gewalteinwirkung anderer zu schützen.
Stellen Sie innenpolitische (Präventiv-) Maßnahmen gegen Anschläge von (internationalen) Terrorgruppen dar, durch die die Staatsbürger geschützt werden sollen.

Ordnen Sie Maßnahmen zur staatlichen Terror-Gefahrenabwehr staatstheoretisch bzw. verfassungsrechtlich ein.

Nehmen Sie Stellung zur (je nach Prüfungsverlauf) Vorratsdatenspeicherung/zum „Bundestrojaner“/zur präventiven Rasterfahndung.

„Mehr Sicherheit bedeutet auch mehr Freiheit.“
Überprüfen Sie diese Aussage des früheren Bundesverteidigungsministers Franz Josef Jung (CDU).

Stellen Sie sich vor, ein Passagierflugzeug (mit 200 zivilen Insassen) ist von Terroristen eines Selbstmordkommandos mit der Absicht entführt worden, es als Waffe gegen Zivilisten einzusetzen. Problematisieren Sie die Möglichkeit, dieses Flugzeug durch das Militär abschießen zu lassen.

## 7.3.2 Vertiefende Prüfungsimpulse zu Kapitel 6.2

Der Entscheidungsprozess der WTO basiert auf dem Prinzip „one state, one vote" und verspricht somit ein hohes Maß an Demokratie.
Erläutern Sie anhand der formalen und der informellen Entscheidungsprozesse innerhalb der WTO, inwieweit dieses Versprechen in der politischen Praxis eingelöst wird.

Auch das geplante Freihandelsabkommen zwischen der EU und den USA (TTIP) ist als ein präferentielles Handelsabkommen zu verstehen.
Konkretisieren Sie an diesem Beispiel die Vor- und Nachteile nicht-globaler Handelsabkommen. Berücksichtigen Sie dabei unterschiedliche Betrachtungsebenen und -perspektiven.

In letzter Zeit wird vermehrt über die Weltordnung des 21. Jahrhunderts (Stichwort: „Global Governance") diskutiert, die sich u. a. durch eine zunehmende Verrechtlichung und Zivilisierung internationaler Beziehungen auszeichne.
Ordnen Sie die WTO in diesen Zusammenhang ein. Vergleichen Sie die WTO in diesem Zusammenhang mit weiteren internationalen Organisationen (UN, ICC).

Erläutern Sie ausgehend vom Text mögliche Beziehungen zwischen der gegenwärtigen Struktur der Weltwirtschaft und der Entstehung internationaler Konflikte bzw. des Aufkommens transnationalen Terrorismus' [je nach behandelten Schwerpunkten].

Diskutieren Sie weiterführende Strategien zur Bewältigung der sicherheitspolitischen Herausforderungen des transnationalen Terrorismus' [soweit behandelt].

Globalisierungskritiker wie die transnationale NGO ATTAC fordern immer wieder die Abschaffung der WTO.
Nehmen Sie zu dieser Forderung begründet Stellung!

Adidas AG, Herzogenaurach – S. 118; AFP Agence France-Presse GmbH, Berlin – S. 170

Baaske Cartoons / Dieter Hanitzsch, Müllheim – S. 165; Baaske Cartoons / Gerhard Mester – S. 73; Bayerischer Rundfunk, München – S. 86; Bergmoser + Höller Verlag, Aachen – S. 37, 38, 50, 51; Berliner Morgenpost v. 13.05.2006 – S. 118; Brot für die Welt, Berlin – S. 9; Bundesanstalt für Geowissenschaften und Rohstoffe, Energiestudie 2013, S. 24, Hannover – S. 89; Bundeszentrale für politische Bildung, Bonn – S. 20, 146, 181

Paolo Calleri, Ulm – S. 84

ddp images / AP, Berlin – S. 104; ddp images / AP, Mary Altaffer – S. 65; ddp images / AP, CHAOSOI CHEONG – S. 82, 104; Der Spiegel, Hamburg – S. 151; DIZ Süddeutscher Verlag / Bilderdienst, München – S. 26; dpa-Infografik, Frankfurt – S. 44, 46, 88, 96, 99, 103, 108, 120 (2), 162; dpa Picture-Alliance / abaca, AA – S. 6; - / AFP, Joel Robine – S. 82; - / Ferhat Bouda – S. 22; - / Christian Charisius – S. 129; - / EPA, afp A3077 – S. 25; - / EPA, Peter Macdiarmid – S. 104; - / EPA, Stringer – S. 44; - / Maxppp, Danièle Costantini Pour LcmaRe – S. 6; - / pool – S. 133; - / Carsten Rehder – S. 17; - / Reiss – S. 8; - / United Archives TopFo 91050 – S. 8; - / Upi – S. 6; - / Zentralbild, Archiv Neumann – S. 6

Martin Erl / toonpool.com – S. 162

Fotolia / Yuri Arcurs – S. 154; - / epics – S. 154; - / Monika Hunacková – S. 116; - / Robertz Kneschke – S. 154; - / Marco2811 – S. 190; - / Igor Mojzes – S. 190

Getty Images / AFP, Baraa Al Halabi, München – Cover; - / AFP, Patrick Stollarz – S. 182; - / AFP, Munir uz Zaman – S. 82; - / Essam Al-Sudani – S. 82; - / Menahem Kahana – S. 61; - / The Asahi Shimbun Kontributor - S. 22

Emad Hajjaj, Amman – S. 13; Heidelberger Institut für Internationale Konfliktforschung e.V., Heidelberg – S. 7, 24; http://ffp.statesindex.org/rankings-2013-sortable (aufgerufen am 08.01.2015) - S. 15

Institut der deutschen Wirtschaft, Köln – S. 121, 184

Jürgen Janson, Landau – S. 93

Kevin Kallaugher – S. 150; Kostas Koufogiorgos, Stuttgart – S. 10, 198

Le monde diplomatique, Atlas der Globalisierung 2009, S. 56, 57 – S. 180 (2); Le monde diplomatique, Atlas der Globalisierung 2010, S. 72 – S. 97; Le monde diplomatique, Atlas der Globalisierung 2012, S. 39, – S. 144, 180

Nürnberger Menschenrechtszentrum NMRZ, Nürnberg – S. 71, 72

Heiko Sakurai, Köln – S. 91; Sennheiser electronic GmbH & Co KG, Wedemark – S. 130, 131; Klaus Stuttmann, Berlin – S. 167

Thinkstock / iStockphoto – S. 95, 122/123, 130 (4), 190; - / Stockbyte – S. 153; - / wavebreak Media – S. 190; Thomson Reuters / Stringer, Berlin – S. 82; Jürgen Tomicek, Werl-Westönnen – S. 32

Ullstein-Bild, Berlin – S. 163; Ullstein-Bild / Phalanx Photoagentur – S. 42

Harald Welzer, Klimakriege. Wofür im 21. Jahrhundert getötet wird, Fischer TB, 2010 – S. 97; www.bundeswehr.de – S. 28/29; www.wikimedia.org – S. 78, 79, 141; www.wikimedia.org / CC BY-SA3.0, Vincent van Zeijst – S. 70; www.wikimedia.org / Heinrich Böll-Stiftung – S. 23.